U0165497

李春福 著

日本刑事訴訟法
之翻譯與實務略述

日本刑事訴訟法の翻訳と実務略述

五南圖書出版公司 印行

自序

　　本書是繼「非常上訴制度之研究」、「刑事訴訟法論」之後的第三本學術論著；南北朝・劉勰《文心雕龍》謂：「觀千劍而後識器，操千曲而後曉聲。」能翻譯此書，使讀者能快速瞭解日本刑事訴訟法之現況，是很有意義與歡喜的事；基於此理念與諸多善緣聚會下完成此書，現在回想起來，是多麼自然的事，自然到無需找任何理由來支撐，好像本來就該是如此的樣子。

　　回顧我國刑事訴訟近代化，雖繼受「歐陸法系」，然其近代化之緣由，來自兩個重要源頭：一、清末民初的中國（1902-1928），溯源清末修律大臣・沈家本（1840-1913），禮聘日本法學家岡田朝太郎（1868-1936）所起草《大清刑事訴訟律草案》（1910）。二、為日治時期（1895-1945）的台灣法制。惟就我國現行「法律體制」沿革以觀，乃延續「清末民初」中國大陸時期之法制。

　　然不論我國上開何種刑事訴訟近代化之緣由，莫不直接繼受於日文漢字，例如從早期「職權主義」、「當事人主義」、「單一性、同一性」、「起訴狀一本主義」、「傳聞法則」、「證據開示」、「再審」、「既判力」，或是近年來「裁判員制度」、「被害者參加」、「證人刑事免責制度」、「證據收集之協議與合意制度」等日文漢字的引用，以及法院判決書格式之沿用，乃至法律實質內容之理論與演繹，至今依然深深地影響著我國。

　　日本在平成28年（2016）6月3日法律第54號通過諸多的立法，總共增刪條文達83條之多，可說是日本近年來的重要修法變革，包括交付審判前整理程序、辯護人及其國選辯護人對象之擴大適用、增設偵查中錄音及錄影（§301之2）之規定，及證人遠距詰問之適用、證據開示對象之擴大，證人姓名、住居隱匿的處置，以及證據收集之協議、合意制度

（§350之2至§350之15），與證人刑事免責制度（§157之2、§157之3）之引進等等。而其中，證據收集之協議、合意制度，與證人刑事免責制度，於平成30年（2018）6月1日開始實施等，亦均直接或間接影響於我國的未來修法，及實務、學說之走向。

本書日文與中文併陳，方便對照，並附日本重要實務與學說見解；本書除了引用本人著作外，其餘均參考日本學者論著為第一手資料，俾作為實務界援引參酌及學者、研究生之用，亦可作為近年來，日本人日益增多研究台灣法學的人參考之用。

於書將付梓之際，感謝學隸王志成、呂銘哲，及林敬耘、黃如茵、陳欣宜等同學為協力校對中文之部分，及五南圖書出版公司副總編劉靜芬小姐、節光華兄及其團隊們細緻編輯，深表感謝。同時，感謝日文楊德輝老師，雖非法律人，惟其佛學翻譯的造詣，適時提出若干文法的提點與建議；最後，本書雖經無數次細校，及學術能力有限，冀期臻於至善，惟魯魚亥豕，誠所難免，尚祈先進，惠予斧正。

李春福 撰

2020年8月10日

於東吳大學研究室

刑事法院的使命，不能處罰無辜的人；這個使命，不是審判的結果，而是前提。

刑事裁判の使命は、無辜の人を処罰することができない；この使命は、裁判にかける結果ではなくて、前提です。

凡 例

（略語表）

一、本書引用法規及條文名稱，多用略語；本書未特別標明者，均指日本
　　刑事訴訟法，例示如下：

　　§319Ⅰ=刑事訴訟法第319條第1項

　　§323Ⅰ但書=刑事訴訟法第323條第1項但書

　　§447Ⅰ①款但書：刑事訴訟法第447條第1項第1款但書

　　§441-§444=刑事訴訟法第441條至第444條

　　刑事收容法=刑事収容施設及び被収容者等の処遇に関する法律

　　刑訴費用法=刑事訴訟費用等に関する法律

　　刑訴施法行=刑事訴訟法施行法

　　刑訴法規則=刑事訴訟規則

二、判例、判決：

　　108年台上第645號判決=最高法院108年台上字第645號刑事判決

　　東京高判昭34.4.30高刑集12.5.486=東京高等裁判所昭和34年4月30日
　　判決・高等裁判所刑事判例集12卷5号486頁。

　　最判昭50.7.1刑集29.7.355=最高裁判所昭和50年7月1日判決・最高裁
　　判所刑事判例集29卷7号335頁。

　　最決平20.12.24刑集27.11.46=最高裁判所平成20年12月24日決定・最
　　高裁判所刑事判例集27卷11号46頁。

三、法律文獻與引註：

* 一律使用正式引註：即作者，書名，書局簡稱，年月及頁數。例如：李春福，《刑事訴訟法》，新學林圖書公司，2017年9月初版，頁202。惟若重複引同著作，則略引，例如：李春福，同前註5《刑事訴訟法》，頁304。

* 三井誠・河原俊也・上野友慈・岡慎一編，《新基本法コンメンタール刑事訴訟》，日本評論社，平成30年2月三版＝三井誠ほか編，《刑事訴訟法》，日本評論社，平成30年2月三版。惟若重複引同著作，則略引，例如：三井誠ほか編，《刑事訴訟法：三版》，頁230。

* 伊丹俊彥、合田悅三編集代表，編集委員上富敏伸、加藤俊治、河本雅也、吉村典晃編集代表，《逐条実務刑事訴訟法》，立花書坊，平成30年11月第1刷＝伊丹俊彥、合田悅三ほか編，《逐条実務刑事訴訟法》，立花書坊，平成30年11月第1刷。

* グループ・ジャマシイ（日）編著，徐一平（代表）等譯，《日本語句型辞典》，東京・くろしお出版，2001年10月出版＝徐一平（代表）等譯，《日本語句型辞典》，東京・くろしお出版，2001年10月出版。

譯者的說明

壹、前言

本書翻譯源於日本法務省網站[1]之最新日本刑事訴訟法（以下簡稱「刑訴」或「本法」）2020年8月10爲止，也就是以令和2年（2020）5月29日（令和2年法律第33號）之條文進行翻譯。本書翻譯最主要參考三本書，即：一、三井誠ほか編，《刑事訴訟法：三版》[2]。二、伊丹俊彥、合田悅三ほか編，《逐条実務刑事訴訟法》[3]。三、松本時夫、土本武司ほか編，《条解刑事訴訟法：四版》[4]；及其他日文法學相關參考書而成；同時，有關條文之條旨與條、項、款等編輯方式，均以三井誠ほか編，《刑事訴訟法：三版》一書爲其參照而成。

刑事訴訟法乃爲實現具體刑法之程序所規定的法律，日本刑事訴訟法之上位規範源於日本憲法，而其作爲補充法源的是「最高法院刑事訴訟規則」；除此之外，尚包括許多得作爲刑事訴訟上之實質性法源，諸如：法院法、檢察廳法、刑事補償法、檢察審查會法、警察職務執行法、少年法、律師法、警察法、刑事訴訟費用法，或國際偵查互助法、刑事確定訴訟紀錄法等相關法律；最近，還加入爲犯罪偵查之通訊監察法（平成11年法律第137號），及關於爲犯罪被害人等權利之保護附隨刑事程序之法律

---

[1] 日本法務省（相當於我國司法院）網址：https://elaws. e-gov. go. jp/search/elaws
Search/elaws_search/lsg0500/detail?lawId=323AC0000000131

[2] 此全書名：三井誠・河原俊也・上野友慈・岡慎一編，《新基本法コンメンタール刑事訴訟》，日本評論社，平成30年（2018）2月三版；本書簡稱爲：三井誠ほか編，《刑事訴訟法：三版》。

[3] 此全書名爲：伊丹俊彥、合田悅三編集代表，編集委員上富敏伸、加藤俊治、河本雅也、吉村典晃，《逐条実務刑事訴訟法》，立花書坊，平成30（2018）年11月第1刷；本書簡稱爲：伊丹俊彥、合田悅三ほか編，《逐条実務刑事訴訟法》。

[4] 此全書名爲：松尾浩也（1928-2017）監修，編集代表：松本時夫、土本武司、池田修、酒卷匡，《条解刑事訴訟法》，弘文堂，平成30（2018）年9月四版；本書簡稱爲：松本時夫、土本武司ほか編，《条解刑事訴訟法：四版》。

（平成12年法律第75號），裁判之速審法（平成15年法律第107號），關於裁判員參加審判之法律（平成16年法律第63號），及犯罪被害人等基本法等（平成16年法律第161號）[5]，均屬之。

　　日本刑事訴訟法自戰後1948年（昭和23年法律第131號），至今已歷經50次的修法；而回顧日本法制，歷經飛鳥（592-710）、奈良（710-794）、平安（794-1192），乃至江戶（1603-1867）等時代，主要仍繼受傳統中國之唐律，頒行《大寶律令》（701），《養老律令》（718）與《武家諸法度》（武家法）（1629）爲主的法制[6]；迨至，德川幕府第十五代德川慶喜，因世襲父職而爲將軍時，權勢已江河日下，蓋當時外有美、英、法、荷等國逼迫開放通商，內有長州藩、薩摩藩等諸侯頑強抗命之內外壓力下，畏於情勢，而於1867年（明治元年）11月向朝廷「大政奉還」，由此開始進入日本的明治維新時期，也開啓日本「脫亞入歐」繼受西方法制近代化之序幕。[7]

　　日本近代繼受「歐陸法系」約可分爲三個時期：即明治時期、大正時期與昭和時期。日本第一部刑事程序《治罪法》源於明治時期，乃由司法省顧問之法國學者波伊索那德（Boissonade,1825-1910）起草，並參酌法國1808年《治罪法》（Code d'instruction criminelle），而於明治13年（1880）7月17日公布（太政官布告第37號），全文共分六編，條文共480條，並與《舊刑法》（即明治時期第一部刑法）一併於明治15年（1882）元月1日施行。[8]

5　三井誠ほか編，《刑事訴訟法：三版》，頁3。

6　重松一義，《日本刑罰史年表》，東京柏書房，2007年7月初版，頁45-118。

7　石井良助，《日本刑事法史》，創文社，昭和61年2月初版，頁92-95；松尾浩也，《刑事訴訟法：下卷》，弘文堂，平成11年3月新版，頁320-321；岩村等，《入門日本近代法制史》，ナカニシヤ出版，2003年初版，頁4-6。

8　山中永之佑，《新日本近代法論》，法律文化社，2002年7月初版，頁201；吉井蒼生夫，《近代日本の國家形成と法》，日本評論社，1996年1月初版，頁90-92；又法國學者波伊索那德（Boissonade, 1825-1910），被日本學者敬稱「日本近代法之父」，可詳見：大久保泰甫，《日本近代法の父―ボワソナアド》，岩波書店，1977年12月初版。至於《治罪法》文獻內容，可參照：堀田正忠，《治罪法要論》（日本立法資

　　迨歐洲的普法戰爭（1870-1871）結束後，戰勝的普魯士，即以此作為盟主而建立德意志帝國（德國）（1871），隨著德國的統一，及其法制理論、體系與各類法典編纂之完備；斯時，日本逐轉向改採德國刑事訴訟之立法例，而於1890年（明治23年）10月頒布《刑事訴訟法》（又稱為「舊舊刑事訴訟法」），並於同年11月1日施行，全文共分八編，條文共334條，日本學界稱為《明治刑事訴訟法》[9]，此是日本近代的第二部刑事訴訟法典。

　　至於第二時期之大正時期，即1922年（大正11年），復修法頒布《刑事訴訟法》（此大正刑事訴訟法，又稱「舊刑事訴訟法」），並於1924年（大正13年）1月1日施行，全文共分九編，條文共632條[10]；此時期台灣在日本統治時期（1895年至1945年）50年間，於1922年至1945年亦曾適用此法[11]。又第三時期的昭和時期，即第二次世界大戰後，1945年（昭和20年）8月日本戰敗投降，在美國為首的「盟軍」占領日本下，引進英美法之立法精神，重新制定憲法，對日本司法與法律全面改革，復於1948年（昭和23年），修訂頒布現行《刑事訴訟法》（昭和24年1月1日施行），並改採英美法系之當事人主義，而一直沿用之今[12]。

貳、翻譯與編輯之若干說明

　　由於日本刑事訴訟法與我國法制有異，故在翻譯時之用語，有些用語

　　料全集－別卷165），信山社，明治18年刊（平成12年復刻版）。

9　高田卓爾，《刑事訴訟法》，青林書院，1984年2月二版，頁16-17；鈴木茂嗣，《刑事訴訟法》，青林書院，1997年3月改訂版，頁12。

10　此大正11年（1922）《刑事訴訟法》全文，見《臺灣六法－復刻版》，東京綠蔭書房，1999年2月初版，頁431-451。至於此時期的條文釋義，可參見古田正武，《刑事訴訟法綱要》，松華堂書店，昭和2年10月發行。

11　台灣因馬關條約（1895年），清朝將台灣割讓於日本50年間之法制，可分為三個時期：軍政時期、殖民地時期與內地延長時期；而第三時期即內地延長時期，即適用此1922年所頒布的刑事訴訟法；此內容可詳見李春福，〈臺灣日治時期刑事訴訟近代化之探討〉，《興大法學》第21期，2017年5月，頁22-29。

12　安富潔，《刑事訴訟法講義》，慶應義塾大学出版社，2017年7月四版，頁440。

可以直接援用，有些則無法採用，以及有關法條中之重要事項，一併臚列敘明如下：

一、此日本刑訴法全文，係源於日本法務省之網站，惟法條中，就多處有「あつた」（例如§20②款、§73Ⅰ），原是「あった」（っ是促音）；或是「なつた」（例如§20④款、§87Ⅰ）原係「なった」（っ是促音）；惟日本慣例於正式的法律文件、條文或重要文件，爲求慎重，皆用大寫，而無促音之情形；此等情形，不僅於此日本法務省網站中條文是如此，尙包括日本學者間之著作，例如三井誠ほか編，《刑事訴訟法：三版》，頁34、頁118；或伊丹俊彥、合田悅三ほか編，《逐条実務刑事訴訟法》，頁34、頁159，亦同均用大寫之情形，特予敘明。

二、條文中，所謂「引致」（例如§73Ⅰ、§75），或「送致」（例如§67Ⅱ、§350之6），或「移送」（例如§66Ⅲ、§125Ⅲ），或「護送」（例如§74、§153之2）；此「引致」雖可譯爲移送、移交或解送之意，惟爲尊重、統一與我國立法用語一致，就「引致」於檢察官或法官時，則譯爲「移送」；若「引致」於監獄或看守所、或司法警察機關時，則譯爲「解送」。

三、條文中，所稱「司法警察職員」，實包括司法警察官與司法警察，譯爲「司法警察」。日本司法警察職員，固是指身爲司法警察官的一般司法警察人員（§189Ⅰ，包括中央國家公安委員會所轄之警察廳，及地方都道府縣警察），與特定行政機關職員之特別司法警察身分所組成（§190）[13]；惟不論是「司法警察職員」或「司法警察」，乃指擁有犯罪偵查權限之人，在刑事訴訟法上之資格而言，而不側重其官名或職稱。[14]

四、條文中，所稱「証拠書類」，均譯爲「證據文書」（即書證），例如供述筆錄、扣押、勘驗筆錄、監聽譯文，或醫師診斷書等。

五、條文中，所稱「証拠物」，均譯爲「證物」；惟日本刑事訴訟法就

---

[13] 安富潔，《刑事訴訟法講義》，慶應義塾大学出版会，2017年4月四版，頁20-21。

[14] 土本武司，《刑事訴訟法要義》，有斐閣，平成3年4月初版，頁37。

「證物」，採廣義之解釋；亦即，除通常所稱有形「物證」外，尚包括「電磁的記錄」（譯爲「電磁紀錄」，例如§99Ⅱ），或記錄媒體（譯爲「影音儲存裝置」，例如§110之2）等準文書性質，以及第307條純以文書內容作爲證據物之文書，例如恐嚇信或僞造文書等。

六、條文中，「**疎**明」（例如§393Ⅰ），譯爲「釋明」。[15]

七、條文中，所稱「ものとする」（例如§23Ⅱ、§316之38Ⅳ）[16]，詞性爲句末片語（或稱「句末表現」），共出現36處，譯爲「規定、認爲、應該，或視爲、視同……」等[17]，惟視其立法文義之前後語義，適時而譯之。

八、條文中，有「には」，例如第42條第2項：「補佐人となるには……」或第77條第1項「被告人を勾留するには……」，此二處的「には」，共出現32處；此處「には」的詞性爲接續助詞，因「には」之前是動詞「する」之故，故譯爲；「如要」。[18]

---

[15] 法條中，「証明」（譯為「證明」，例如§333）與「疎明」（譯為「釋明」，例如§382之2Ⅲ），二者都是要藉由證據來查明確認某種事實，所使用的法律用語；惟二者，在意義內容，還是有若干上的不同；例如在刑訴法當中，所謂「證明」，指提出確實之證據來確認某事實，使法官或法院心懷確信之程度；而「釋明」，指提出某種程度之證據，雖未達到確信程度，惟大致上使人好像可以確信的，而來釐清證明某事實之意；可參見田島信威，《法令用語の基礎知識》，ぎょうせい株式會社，昭和59年9月初版，頁162。

[16] 「ものとする」與「とする」，二者在形式上，雖相似，惟二者卻差異頗大，「ものとする」經常使用在法令上，在日常用語中是看不到，可以說是法令獨特之表現，帶有一種微妙語氣，於法令中隨處被使用；可參見田島信威，同前註《法令用語の基礎知識》，頁90。

[17] グループ・ジャマシイ（日）編著，徐一平（代表）等譯，《日本語句型辭典》，東京・くろしお出版，2001年10月出版，頁448、頁774；肖厚國，《日語形式名詞與句型詳解》，華東理工大學出版社，2009年3月初版，頁188-189；李濯凡，《日語句型例解活用辭典》，清華大學出版社，2003年1月初版，頁592-593。

[18] 申泰海、趙基天、王笑峰，《詳解日語語法辭典》，鴻儒堂出版社，1996年7月版，頁1146以下；グループ・ジャマシイ（日）編著，徐一平（代表）等譯，同前註《日本語句型辭典》，頁584以下；李濯凡，同前註《日語句型例解活用辭典》，頁1146以下。

九、另外，日本刑訴法制上，就簡易裁判包括兩種情形：一為檢察官提起公訴階段，基於起訴裁量而聲請「略式程序」（§461以下）與「即決裁判程序」（§350之16以下）。二為提起公訴之後，由法院裁定適用「簡易審判程序」（§291之2以下）[19]；此與我國立法有簡易程序（我國刑訴§449以下）與簡式審判程序（我國刑訴§273之1以下）有別；惟觀諸日本「簡易審判程序」之立法，與我國「簡式審判程序」相仿，故將日本「簡易審判程序」譯為「簡式審判程序」，而與我國立法用語一致。

十、有關目次、簡目、詳目及章節等各部分索引頁，則僅用中譯文為編輯；蓋於各章內文中，也均有日中文對照，併予敘明。

放下自己是智慧，放下別人是慈悲。

---

[19] 田口守一，《刑事訴訟法》，弘文堂，2017年4月七版，頁230以下。

目 錄
Contents

昭和23年（1948）7.10法律第131號訂定

令和2年（2020）5.29法律第33號最後修正

第一編　總則
第一編　総則

第1條（本法之目的）

本法就刑事案件，以實現維護公共之福祉與保障個人之基本人權，同時，查明案件之真相，並正當、迅速地適用實現刑罰法令為目的。

第1条（法律の目的）

この法律は、刑事事件につき、公共の福祉の維持と個人の基本的人権の保障とを全うしつつ、事案の真相を明らかにし、刑罰法令を適正且つ迅速に適用実現することを目的とする。

- -

◇ 第1條相關問題

　　日本刑事訴訟法開宗明義第1條，簡要言之，約有三個內涵：一、什麼是「查明案件之眞相」？二、什麼是日本刑事程序上的特色。三、日本刑事訴訟法之目的。其要言如下：

　　其一，就「查明案件之眞相」：日本實務指出，訴訟上的證明，本來就不是以自然科學經驗爲基礎的理論證明，而是歷史的證明；自然科學的理論證明是以眞實本身爲其目標；然訴訟法上的歷史證明所證明的眞實，即具有高度的概然性爲已足；換言之，此證明所獲得的確信，達到一般人都無庸置疑程度的眞實。[1]

　　其二，日本刑事程序法的特色：日本學者松尾浩也首先提出「精密司法」的概念；然這個「精密司法」一詞是個多義、且廣泛的概念，而謂

---

[1]　最判昭23. 8. 15刑集2. 9. 224。

「精密司法」：「從偵查活動開始，即徹底以調查為中心，檢察官得到詳細的犯罪事證資料後，從證據的確實性和追訴的必要性兩個方面嚴密地分析案件，在後續的審判中，加上辯護人充分的防禦辯護，及法院認真審理查明案件之真相，並根據這個結果作出適切的判決。」[2]

然而，多年來日本刑事司法判裁運作的結果，檢察官起訴的定罪率是99.9%，這固然是精密司法的正面表現；但另一方面，也反應出無罪判決極少，重視偵查中的自白較多，及利用證人筆錄的機會很少，這幾乎是世界各國裁判少有的類似情況[3]。而目前精密司法問題點上，比起「正當之程序」更傾向於「查明真相」；從而，如果我們任憑安於現狀，而不重視「正當之程序」的話，此二者之間的平衡將會崩壞；因此，在刑事訴訟法解釋之際，吾人有必要牢記此理念。換言之，過去以當事人主義作為立法之原理，現在要應進一步將此作為解釋之原理，使日本的司法特色所產生之偏差，能不斷地加以改正。[4]

惟「精密司法」的美意，卻帶來「過度重視被告自白」，及淪為「筆錄審判」僵化之弊；嗣學者平野龍一提出「核心司法」的概念，認為如果主張或者採用參審制度，而這些偵查筆錄也必須明確、抓住要點、或針對案件的核心；然這些筆錄可能也會對證據調查的方法、羈押時間的長短產生影響；且在公判庭審理時訊問證人，或詰問證人，這不是強調精密的問題，而是要重視案件爭點的核心問題，這不是「粗糙的判決」，而應稱為「核心司法」[5]。從這些主張或觀念的改變，約可看得出，日本刑事程序上，從「精密司法」到「核心司法」的一個轉變。

其三，日本刑事訴訟法之目的：第1條雖對案件「查明真相」（或稱

---

[2] 松尾浩也，〈刑事司法の日本的特色―いわゆるモデル論とも関連して―〉，法曹時報46巻7号（1994年），頁1以下。

[3] 松尾浩也，〈刑事訴訟の課題〉，ジュリスト刑事訴訟法の争点，有斐閣，2002年4月三版，頁4以下、頁7。

[4] 松尾浩也，《刑事訴訟法：上巻》，弘文堂，1999年11月新版，頁16。

[5] 平野龍一，《刑事法研究・最終巻》，有斐閣，2005年7月発売，頁182；平野龍一，「参審制の採用による『核心司法』を」ジュリスト1148号（1999年）頁2、頁5。

發現眞實）與「人權保障」作出宣示性的規定；然而問題是，此二者是對立或互斥，到底在順序何者爲優？或是依訴訟程序在偵查中或審判中，而作出不同的優先順序之價值選擇？學說上有以下四說：

甲、查明眞相優先說（或稱實體眞實優先說）：此說以日本傳統的代表學者團藤重光，認爲刑事訴訟是實現刑罰權的程序；因而，日本刑事訴訟法§1規定的「查明案件之眞相」，就是採「實體眞實主義」，隱含著「必罰主義」的思維[6]，雖然團藤重光也重視「保障人權」[7]，這種爲了貫徹實體眞實主義的優位性，可以說是職權主義的本質[8]；此種見解，十足的承繼德國職權主義的傳統見解，認爲刑事訴訟就是爲了發現「實體眞實」與「刑法實現說」的觀點；這也意味著，刑事訴訟是傾向實現實體刑罰而設的。

同時，若採實體眞實主義優先說，必然會與職權主義連結；因爲，職權主義制度之本質，就是法院要依職權調查證據；而且，職權主義另一個特色就是「卷證併送」制度，由法院承繼檢察官所移送的卷宗證物；在承繼檢察官所移送有罪的卷證下，此時，法院是立於「有罪推定」的法理基礎上，這是嚴重違背刑事訴訟的帝王條款「無罪推定原則」。

乙、浮動說：此說認爲刑事訴訟法與時代思潮息息相關；也就是說，若政治上，重視國家主義、威權主義，或基於社會秩序維持的強烈要求，就會朝向處罰犯罪的價值選擇，而傾採實體眞實主義；反之，若是平和時代，則重視人權保障的價值選擇，就會傾向正當程序優位說。[9]

丙、利益衡量說：此說認爲，把實體眞實主義與正當法律程序，二者相互對立，是不妥當的；所謂「正當法律程序」，是依憲法規定，就刑法

---

[6] 團藤重光，《新刑事訴訟法綱要》，創文社，昭和59年3月七版，頁1、頁27；團藤重光，《条解刑事訴訟法：上卷》，弘文堂，1950年版，頁32。

[7] 團藤重光，同前註《新刑事訴訟法綱要》，頁32。

[8] 川端博、田口守一，《基本問題セミナー刑事訴訟法》，一粒米，1994年11月初版，頁2-3。

[9] 田宮裕，《刑事訴訟とデュー・プロセス》，有斐閣，1972年3月初版，頁143；松尾浩也，《刑事訴訟法：上卷》，弘文堂，昭和60年10月補正版五刷，頁13。

處罰程序，與人權保障間的一種「利益衡量」關係[10]。誠如學者所稱：日本刑事訴訟法第1條所謂查明案件之眞相是當然的要求，也是一個前提，是不需要再特別強調[11]。這在說明以實體眞實主義（或實現刑罰說）為前提，同時，也要保障人權，可謂是一種利益衡量或利益權衡的觀點。

丁、正當程序優先說：學者平野龍一從「正當法律程序」的觀點，重新建構與賦予「實體眞實主義」之內涵，而提出所謂「消極的實體眞實主義」；他認為實體眞實主義，可分為：積極的實體眞實主義與消極的實體眞實主義。所謂「積極的實體眞實主義」，指既然實施犯罪就必然能被發現與確認，就要毫無遺漏地給予處罰；而「消極的實體眞實主義」，就是不處罰無辜的人；也就是說，如果沒有犯罪的人，就不應當被處罰。[12]

至於「積極的實體眞實主義」與「消極的實體眞實主義」二者之區別何在？論者有謂實體眞實主義，本來就傾向於「處罰有罪者」，這也就是「積極的實體眞實主義」的特徵；反之，「消極的實體眞實主義」是不處罰無辜者，自然意味著向無罪方面追求眞實[13]。因朝無罪方向去追求眞實，故有誠如英國法諺所比喻：「即使就算放過十個人有罪者，也不能處罰一個無辜的人」，換言之，就是站在「無罪推定原則」來保障人權，朝無罪方向來追求眞實，而重視正當法律程序。[14]

日本「消極的實體眞實主義」的法理，即是立於「無罪推定原則」的基礎上；而這個「無罪推定原則」最明顯之處，就是表現在「起訴狀一本主義」之立法思維上；因為檢察官向法院提起公訴時，只有一張紙，僅載明被告姓名、「訴因」及所犯罪名（§256Ⅲ.Ⅵ），並不得添附其他卷證，不致使法官就該案件產生預斷之心證；所以，「起訴狀一本主義」是當事人主義精神之徹底實現。

---

[10] 鈴木茂嗣，《刑事訴訟法》，青林書院，1997年3月改訂版，頁17-18。

[11] 田宮裕，《刑事訴訟法》，有斐閣，1996年3月版，頁7。

[12] 平野龍一，《刑事訴訟法》，有斐閣，1958年12月版，頁8以下。

[13] 田宮裕，同前註9《刑事訴訟とデュー・プロセス》，頁142-143；田口守一，《刑事訴訟の目的》，成文堂，2010年12月增補版，頁51。

[14] 增井清彥，《刑事證據法》，立花書房，平成4年6月初版，頁114-115。

　　此丁、正當程序優先說，是目前日本學者的通說[15]。因為，正當法律程序本身是公正的，例如得選任辯護人，通知辯護人的在場權、接見權等，程序正義是刑事訴訟本質的要素；所以，正當法律程序不是阻止刑事訴訟之目的，而理解為一種訴訟目的。故重視人權保障，就是踐行正當法律程序，從「無法律、無處罰」（*Nulla poena sine lege*），乃至「無程序、無刑罰」（*Nulla poena sine processu*）[16]，這就是刑事訴訟法之核心目的。

謙穗是知識、智慧之源。

---

[15] 田宮裕，同前註9，頁39；田口守一，同前註13《刑事訴訟の目的》，頁57。
[16] 松尾浩也，同前註4《刑事訴訟法：上卷》，頁1。

第一章 法院之管轄
第一章 裁判所の管轄

第2條（土地管轄）
① 法院之土地管轄，依犯罪地或被告之住所、居所或所在地而定。[17]
② 針對在國外之日本船舶內犯罪，除前項規定之地點外，依該船舶之船籍所在地或犯罪後該船舶之停泊地而定。
③ 針對在國外之日本飛機內犯罪，除第1項規定之地點外，依犯罪後該飛機之著陸（包括著水。）地而定。

第2条（土地管轄）
① 裁判所の土地管轄は、犯罪地又は被告人の住所、居所若しくは現在地による。
② 国外に在る日本船舶内で犯した罪については、前項に規定する地の外、その船舶の船籍の所在地又は犯罪後その船舶の寄泊した地による。
③ 国外に在る日本航空機内で犯した罪については、第1項に規定する地の外、犯罪後その航空機の着陸（着水を含む。）した地による。

---

[17] 此第2條第1項所稱「現在地」（譯為「所在地」），依日本實務認為：在起訴當時，被告係任意或依合法強制處分現在之地（最決昭32.4.30刑集11.4.1502）；或公訴提起當時，被告被羈押之地，亦稱「現在地」（東京高判昭26.2.14判特21.26）；或經檢察官要求任意到場接受調查，並據該調查結果而起訴之情形，該調查之地，亦稱「現在地」（最決昭33.5.24刑集12.8.1535）。此等見解，均與我國實務相同（105年台非第60號判決、105年台非第210號判決）。

第3條（不同事物管轄之相牽連案件合併管轄）

① 不同事物管轄之數個案件相牽連時，上級法院得將案件合併管轄。

② 屬於高等法院特別權限之案件，與他案件相牽連時，高等法院得合併管轄。

第3条（事物管轄を異にする関連事件の併合管轄）

① 事物管轄を異にする数個の事件が関連するときは、上級の裁判所は、併せてこれを管轄することができる。

② 高等裁判所の特別権限に属する事件と他の事件とが関連するときは、高等裁判所は、併せてこれを管轄することができる。

第4條（審判之分離、移送(1)）

在不同事物管轄之數個相牽連案件，繫屬於上級法院之情形，認為沒有必要合併審判時，上級法院得以裁定將案件移送有管轄權之下級法院。

第4条（審判の分離・移送(1)）

事物管轄を異にする数個の関連事件が上級の裁判所に係属する場合において、併せて審判することを必要としないものがあるときは、上級の裁判所は、決定で管轄権を有する下級の裁判所にこれを移送することができる。

第5條（審判之合併(1)）

① 數個相牽連案件各別繫屬於上級法院及下級法院時，不受事物管轄之限制，上級法院得以裁定將繫屬於下級法院管轄之案件合併審判。

② 屬於高等法院特別權限之案件繫屬於高等法院，與此相牽連案件繫屬於下級法院時，高等法院得以裁定將繫屬於下級法院管轄之案件合併審判。

第5条（審判の併合(1)）

① 数個の関連事件が各別に上級の裁判所及び下級の裁判所に係属するときは、事物管轄にかかわらず、上級の裁判所は、決定で下級の裁判所の管轄に属する事件を併せて審判することができる。

② 高等裁判所の特別権限に属する事件が高等裁判所に係属し、これと関連する事件が下級の裁判所に係属するときは、高等裁判所は、決定で下級の裁判所の管轄に属する事件を併せて審判することができる。

第6條（不同土地管轄之相牽連案件合併管轄）

不同土地管轄之數個案件相牽連時，就其中1個案件有管轄權之法院，得合併管轄其他案件。但依其他法律規定屬於特定法院管轄之案件，不得為合併管轄。

第6条（土地管轄を異にする関連事件の併合管轄）

土地管轄を異にする数個の事件が関連するときは、1個の事件につき管轄権を有する裁判所は、併せて他の事件を管轄することができる。但し、他の法律の規定により特定の裁判所の管轄に属する事件は、これを管轄することができない。

第7條（審判之分離、移送(2)）

在不同土地管轄之數個相牽連案件，繫屬於同一法院之情形，認為沒有合併審判之必要時，該法院得以裁定將案件移送於有管轄權之他法院。

第7条（審判の分離・移送(2)）

土地管轄を異にする数個の関連事件が同一裁判所に係属する場合において、併せて審判することを必要としないものがあるときは、その裁判所は、決定で管轄権を有する他の裁判所にこれを移送することができる。

第8條（審判之合併(2)）

① 數個相牽連案件，分別繫屬於相同事物管轄之數個法院時，各法院得依檢察官或被告之聲請，以裁定合併於一個法院。

② 在前項之情形，各法院之裁定不一致時，各法院共同之直接上級法院，得依檢察官或被告之聲請，以裁定將案件合併於一個法院。

第8条（審判の併合(2)）

① 数個の関連事件が各別に事物管轄を同じくする数個の裁判所に係属するときは、各裁判所は、検察官又は被告人の請求により、決定でこれを一の裁判所に併合することができる。

② 前項の場合において各裁判所の決定が一致しないときは、各裁判所に共通する直近上級の裁判所は、検察官又は被告人の請求により、決定で事件を一の裁判所に併合することができる。

第9條（牽連案件）[18]

① 數個案件，於下列情形規定為相牽連之案件：

　一、1人犯數罪時。

　二、數人共犯一罪或數罪時。

　三、數人通謀而各別犯罪時。

② 藏匿犯人罪、湮滅證據罪、偽證罪、虛偽鑑定、通譯罪及關於贓物之罪，與各該本犯之罪，視為共犯之罪。

---

[18] 我國刑訴第7條規定：「有下列情形之一者，為相牽連之案件：

　一、一人犯數罪者。

　二、數人共犯一罪或數罪者。

　三、數人同時在同一處所各別犯罪者。

　四、犯與本罪有關係之藏匿人犯、湮滅證據、偽證、贓物各罪者。」

第9条（関連事件）

① 数個の事件は、左の場合に関連するものとする。

　一　1人が数罪を犯したとき。

　二　数人が共に同一又は別個の罪を犯したとき。

　三　数人が通謀して各別に罪を犯したとき。

② 犯人蔵匿の罪、証憑湮滅の罪、偽証の罪、虚偽の鑑定通訳の罪及び贓物に関する罪とその本犯の罪とは、共に犯したものとみなす。

第10條（同一案件與數個訴訟繫屬(1)）

① 同一案件繫屬於不同事物管轄之數個法院時，由上級法院審判。

② 上級法院得依檢察官或被告之聲請，以裁定命有管轄權之下級法院審判該案件。

第10条（同一事件と数個の訴訟係属(1)）

① 同一事件が事物管轄を異にする数個の裁判所に係属するときは、上級の裁判所が、これを審判する。

② 上級の裁判所は、検察官又は被告人の請求により、決定で管轄権を有する下級の裁判所にその事件を審判させることができる。

第11條（同一案件與數個訴訟繫屬(2)）

① 同一案件繫屬於相同事物管轄之數個法院時，由最初受理公訴之法院審判之。

② 各法院共同之直接上級法院，得依檢察官或被告之聲請，以裁定命受理公訴在後之法院審判。

第11条（同一事件と数個の訴訟係属(2)）

① 同一事件が事物管轄を同じくする数個の裁判所に係属するときは、最初に公訴を受けた裁判所が、これを審判する。

② 各裁判所に共通する直近上級の裁判所は、検察官又は被告人の請求により、決定で後に公訴を受けた裁判所にその事件を審判させることができる。

第12條（管轄區域外之職務執行）
① 法院為發現事實有必要時，得在管轄區域外執行職務。
② 前項之規定，於受命法官準用之。

第12条（管轄区域外の職務執行）
① 裁判所は、事実発見のため必要があるときは、管轄区域外で職務を行うことができる。
② 前項の規定は、受命裁判官にこれを準用する。

第13條（管轄錯誤之訴訟程序效力）
訴訟程序，不因管轄錯誤之理由，而失其效力。

第13条（管轄違いと訴訟手続の効力）
訴訟手続は、管轄違の理由によつては、その効力を失わない。

第14條（管轄錯誤及緊急處分）
① 法院雖無管轄權，但情況急迫之情形，為發現事實得進行必要之處分。
② 前項之規定，於受命法官準用之。

第14条（管轄違いと要急処分）
① 裁判所は、管轄権を有しないときでも、急速を要する場合には、事実発見のため必要な処分をすることができる。
② 前項の規定は、受命裁判官にこれを準用する。

第15條（聲請指定管轄(1)）

檢察官於下列之情形，應向有關的第一審法院共同之直接上級法院聲請指定管轄：

一、因法院之管轄區域不明，不能確定管轄法院時。

二、就宣告管轄錯誤之裁判，已確定之案件，而無其他管轄法院時。

第15条（管轄指定の請求(1)）

檢察官は、左の場合には、関係のある第一審裁判所に共通する直近上級の裁判所に管轄指定の請求をしなければならない。

一　裁判所の管轄区域が明らかでないため管轄裁判所が定まらないとき。

二　管轄違を言い渡した裁判が確定した事件について他に管轄裁判所がないとき。

第16條（聲請指定管轄(2)）

依據法律無管轄法院時，或無法知悉管轄法院時，檢察總長應向最高法院聲請指定管轄。

第16条（管轄指定の請求(2)）

法律による管轄裁判所がないとき、又はこれを知ることができないときは、檢事総長は、最高裁判所に管轄指定の請求をしなければならない。

第17條（聲請移轉管轄(1)）

① 檢察官於下列之情形，應向直接上級法院聲請移轉管轄：

　　一、法院因法律上理由或特別事由，不能行使裁判權時。

　　二、因地方之民心輿情、訴訟狀況及其他事由，有難以維持公平裁判之

　　虞時。[19]

② 前項各款之情形，被告亦得聲請移轉管轄。

第17条（管轄移転の請求(1)）

① 検察官は、左の場合には、直近上級の裁判所に管轄移転の請求をしなければならない。

　一　管轄裁判所が法律上の理由又は特別の事情により裁判権を行うことができないとき。

　二　地方の民心、訴訟の状況その他の事情により裁判の公平を維持することができない虞があるとき。

② 前項各号の場合には、被告人も管轄移転の請求をすることができる。

第18條（聲請移轉管轄(2)）

因犯罪性質、地方之民心輿情及其他事由，認為由管轄法院審判時，有妨

---

[19] 這是平成28年（2016）日本頗為轟動，有關移轉管轄姦殺案的案例，並闡述有關裁判員制度對此審理的觀點；實務略以「聲請人即被告隸屬美軍，被那霸地方法院以強姦致死、殺人及遺棄屍體罪嫌起訴；在沖繩縣內，『美軍基地』與『美日安保協定』爭議問題，被媒體大肆報導；加上，因為廣泛的抗議活動，使當地縣民知悉被告自白內容、及其自白之補強物證等等，不僅形成有罪的心證，更足致被嚴厲處罰之預斷；而且，裁判員的產生，必須由當地縣民選任，從以上這些種種理由，足見沖繩縣那霸地方法院，有難以期待公平審判，而請求移轉於東京地方法院云云；惟日本最高法院認為，裁判員制度之本旨，乃以人民的觀點、法感情，與法官之專業性而互為交流，透過相互加深的理解，能有實現更好的刑事裁判為其目標；而法院裁判員是審理案件之審判主體，這個審判主體，為確保公平性、中立性考量之程序下，來選任裁判員，以及在保障身分，與獨立行使其審判職權下的法官，二者所組成；而裁判員是負有依據法律，來公平誠實地行使職權為其義務；同時，審判長必須使裁判員能夠充分發揮他們的職責，期使公平法院能依據法律與證據，而進行妥適審判，這就是裁判員制度在這種情形下被充分的保障。因此，是被告上開主張的論點，尚難認為有第17條第1項第2款『有難以維持公平審判之虞』，而為無理由，應予駁回（最判平28年8月1日第398號判決）。

害公安之虞的情形，檢察總長應向最高法院聲請移轉管轄。

第18条（管轄移転の請求(2)）
犯罪の性質、地方の民心その他の事情により管轄裁判所が審判をするときは公安を害する虞があると認める場合には、検事総長は、最高裁判所に管轄移転の請求をしなければならない。

第19條（案件之移送）
① 法院認為適當時，得依檢察官或被告之聲請，或依職權，以裁定將繫屬於該管轄之案件，移送於相同事物管轄之其他法院。
② 移送之裁定，就被告案件已開始為調查證據之後，即不得為裁定移送。
③ 對於駁回移送之裁定或駁回移送聲請之裁定，限於因該裁定顯著妨害利益之情形，得釋明其事由，提起即時抗告。

第19条（事件の移送）
① 裁判所は、適当と認めるときは、検察官若しくは被告人の請求により又は職権で、決定を以て、その管轄に属する事件を事物管轄を同じくする他の管轄裁判所に移送することができる。
② 移送の決定は、被告事件につき証拠調を開始した後は、これをすることができない。
③ 移送の決定又は移送の請求を却下する決定に対しては、その決定により著しく利益を害される場合に限り、その事由を疎明して、即時抗告をすることができる。

在生活中悟道，乃幸福之人。

第二章　法院職員不得執行職務及迴避
第二章 裁判所職員の除斥及び忌避

第20條（不得執行職務之原因）

法官有下列之情形，由執行職務中被排除：

一、法官是被害人者。

二、法官現在是或曾經是被告或被害人之親屬者。

三、法官是被告或被害人之法定代理人、監護人、輔佐人、輔佐法定代理人、輔助人或輔助監督人者。

四、法官就該案件曾為證人或鑑定人者。

五、法官就該案件曾為被告之代理人、辯護人或輔佐人者。

六、法官就該案件曾擔任檢察官或司法警察之職務者。

七、法官就該案件曾參與依第266條第2款之裁定、略式命令、前審之裁判、第398條至第400條、第412條或第413條之規定發回或移送之情形的原判決，或曾參與為此等裁判基礎之調查者。但曾為受託法官參與之情形，不在此限。

第20条（除斥の原因）

裁判官は、次に掲げる場合には、職務の執行から除斥される。

一　裁判官が被害者であるとき。

二　裁判官が被告人又は被害者の親族であるとき、又はあつたとき。

三　裁判官が被告人又は被害者の法定代理人、後見監督人、保佐人、保佐監督人、補助人又は補助監督人であるとき。

四　裁判官が事件について証人又は鑑定人となつたとき。

五　裁判官が事件について被告人の代理人、弁護人又は補佐人となつたとき。

六　裁判官が事件について検察官又は司法警察員の職務を行つたとき。

七　裁判官が事件について第266条第2号の決定、略式命令、前審の裁判、第398条乃至第400条、第412条若しくは第413条の規定により差し戻し、若しくは移送された場合における原判決又はこれらの裁判の基礎となつた取調べに関与したとき。ただし、受託裁判官として関与した場合は、この限りでない。

第21條（迴避原因、迴避聲請權人）

① 法官應被排除不得執行職務時，或有不公平的裁判之虞時，檢察官或被告得聲請迴避。

② 辯護人得為被告聲請迴避。但不得違反被告明示之意思。

第21条（忌避の原因、忌避申立権者）

① 裁判官が職務の執行から除斥されるべきとき、又は不公平な裁判をする虞があるときは、検察官又は被告人は、これを忌避することができる。

② 弁護人は、被告人のため忌避の申立をすることができる。但し、被告人の明示した意思に反することはできない。

第22條（聲請迴避之時期）

就案件已提出聲請或陳述之後，不得以有不公平裁判之虞為理由，而聲請法官迴避。但之前不知有迴避之原因，或迴避之原因發生在後者，不在此限。

第22条（忌避申立ての時期）

事件について請求又は陳述をした後には、不公平な裁判をする虞があることを理由として裁判官を忌避することはできない。但し、忌避の原因があることを知らなかったとき、又は忌避の原因がその後に生じたとき

は、この限りでない。

第23條（對聲請迴避之裁定）

① 為合議庭成員之法官被聲請迴避時，應由該法官所屬之法院為裁定。在此情形，該法院是地方法院時，應以合議庭為裁定。

② 地方法院之獨任法官或家事法院法官被聲請迴避時，應由該法官所屬之法院以合議庭為裁定；簡易法院之法官被聲請迴避時，應由管轄之地方法院以合議庭為裁定。但被聲請迴避之法官認為聲請迴避有理由時，視為已有該項之裁定。

③ 被聲請迴避之法官，不得參與前2項之裁定。

④ 法院因被聲請迴避之法官退出，而無法為裁定時，應由直接上級法院為裁定。

第23条（忌避申立てに対する決定）

① 合議体の構成員である裁判官が忌避されたときは、その裁判官所属の裁判所が、決定をしなければならない。この場合において、その裁判所が地方裁判所であるときは、合議体で決定をしなければならない。

② 地方裁判所の1人の裁判官又は家庭裁判所の裁判官が忌避されたときはその裁判官所属の裁判所が、簡易裁判所の裁判官が忌避されたときは管轄地方裁判所が、合議体で決定をしなければならない。ただし、忌避された裁判官が忌避の申立てを理由があるものとするときは、その決定があつたものとみなす。

③ 忌避された裁判官は、前2項の決定に関与することができない。

④ 裁判所が忌避された裁判官の退去により決定をすることができないときは、直近上級の裁判所が、決定をしなければならない。

第24條（簡易駁回之程序）

① 明顯僅以遲延訴訟之目的聲請迴避，應以裁定駁回。於此情形，不適

用前條第3項之規定。駁回違反第22條之規定或違反法院規則所定之程序，所提起的聲請迴避之情形亦同。

② 前項之情形，被聲請迴避之受命法官、地方法院之獨任法官、家事法院或簡易法院之法官，得作出駁回聲請迴避之裁判。

第24条（簡易却下手続）

① 訴訟を遅延させる目的のみでされたことの明らかな忌避の申立は、決定でこれを却下しなければならない。この場合には、前条第3項の規定を適用しない。第22条の規定に違反し、又は裁判所の規則で定める手続に違反してされた忌避の申立を却下する場合も、同様である。

② 前項の場合には、忌避された受命裁判官、地方裁判所の1人の裁判官又は家庭裁判所若しくは簡易裁判所の裁判官は、忌避の申立てを却下する裁判をすることができる。

第25條（即時抗告）

對於駁回聲請迴避之裁定，得提起即時抗告。

第25条（即時抗告）

忌避の申立を却下する決定に対しては、即時抗告をすることができる。

第26條（法院書記官之排除職務、迴避）

① 本章之規定，除第20條第7款規定外，於法院書記官準用之。

② 裁定應由書記官所屬法院為之。但第24條第1項之情形，得由書記官所屬之受命法官作出駁回聲請迴避之裁判。

第26条（裁判所書記官の除斥・忌避）

① この章の規定は、第20条第7号の規定を除いて、裁判所書記にこれを準用する。

② 決定は、裁判所書記所属の裁判所がこれをしなければならない。但し、第24条第1項の場合には、裁判所書記の附属する受命裁判官が、忌避の申立を却下する裁判をすることができる。

與良友伴，路遥不覺遠。

第三章　訴訟能力

第三章 訴訟能力

第27條（法人之訴訟行為）

① 被告或犯罪嫌疑人是法人時，就其訴訟行為，由該代表人代表。

② 即使由數人共同代表法人之情形，就其訴訟行為由各自代表。

第27条（法人の訴訟行為）

① 被告人又は被疑者が法人であるときは、その代表者が、訴訟行為についてこれを代表する。

② 数人が共同して法人を代表する場合にも、訴訟行為については、各自が、これを代表する。

第28條（無意思能力人之訴訟行為）

關於不適用刑法（明治40年法律第45號）第39條或第41條規定之罪的案件，被告或犯罪嫌疑人無意思能力時，由其法定代理人（有2人以上時，得各自為之。下同。）代理其訴訟行為。

第28条（意思無能力者の訴訟行為）

刑法（明治40年法律第45号）第39条又は第41条の規定を適用しない罪に当たる事件について、被告人又は被疑者が意思能力を有しないときは、その法定代理人（2人以上あるときは、各自。以下同じ。）が、訴訟行為についてこれを代理する。[20]

---

[20] 日本實務認為，犯罪嫌疑人或被告能辨別重要利害關係，從而，能為相當之防禦者，即具有訴訟能力（最判平7. 2. 38刑集49. 2. 481）。

第29條（特別代理人）

① 依前2條之規定，無人代表或代理被告之人時，法院應依檢察官聲請或以職權，選任特別代理人。

② 在依前2條之規定，無人代表或代理犯罪嫌疑人之情形，已有檢察官、司法警察官或利害關係人之聲請時，亦與前項同。

③ 特別代理人，在代表或代理被告或犯罪嫌疑人進行訴訟行為之人產生前，執行該職務。

第29条（特別代理人）

① 前2条の規定により被告人を代表し、又は代理する者がないときは、検察官の請求により又は職権で、特別代理人を選任しなければならない。

② 前2条の規定により被疑者を代表し、又は代理する者がない場合において、検察官、司法警察員又は利害関係人の請求があつたときも、前項と同様である。

③ 特別代理人は、被告人又は被疑者を代表し又は代理して訴訟行為をする者ができるまで、その任務を行う。

第四章　辯護及輔佐
第四章 弁護及び補佐

◇ *辯護人之略述*

　　日本有關選任辯護人可分私選辯護人與國選辯護人，私人選任辯護人可參見本法第31條至第35條（包括《刑事訴訟規則》§17至§26）；而國選辯護人選任程序依第38條，及第272條踐行告知得聲請選任國選辯護人與需要提出資力申報書。

　　國選辯護人又分為：必要與任意之國選辯護人兩種情形，而在必要之國選辯護人亦有兩種情形：(1)適用死刑、無期徒刑或最輕本刑3年以上有期徒刑之懲役或禁錮案件（§289）；(2)被告因貧困或其他事由無法選任辯護人，而聲請國選辯護人時（§36）。另外，任意國選辯護人亦有三種情形，法院得依職權指定辯護人：(1)符合第37條規定被告是未成年人或70歲以上年長者等需要特別保護，而該被告無辯護人時；(2)被告屬於上開第37條各款規定等必須有辯護人之案件，而被告已選任辯護人，但該辯護人不出庭時（§290）；(3)第289條第3項在無辯護人不得開庭之情形，辯護人有不到場之虞時。[21]

第30條（辯護人之選任時期、選任權人）
① 被告或犯罪嫌疑人，得隨時選任辯護人。
② 被告或犯罪嫌疑人之法定代理人、輔佐人、配偶、直系親屬及兄弟姊妹，得獨立選任辯護人。

---

[21] 田口守一，《刑事訴訟法：七版》，頁254-257。

第30条（弁護人の選任時期・選任権者）
① 被告人又は被疑者は、何時でも弁護人を選任することができる。
② 被告人又は被疑者の法定代理人、保佐人、配偶者、直系の親族及び兄
　弟姉妹は、独立して弁護人を選任することができる。

第31條（辯護人之資格、特別辯護人）
① 辯護人，應從律師中選任之。
② 在簡易法院或地方法院，得經法院之許可，選任非律師為辯護人。但在
　地方法院，以已從其他律師中，選任的辯護人之情形為限。[22]

第31条（弁護人の資格、特別弁護人）
① 弁護人は、弁護士の中からこれを選任しなければならない。
② 簡易裁判所又は地方裁判所においては、裁判所の許可を得たときは、
　弁護士でない者を弁護人に選任することができる。ただし、地方裁判
　所においては、他に弁護士の中から選任された弁護人がある場合に限
　る。

第31條之2（向律師公會提出選任辯護人）
① 欲選任辯護人之被告或犯罪嫌疑人，得向律師公會提出申請選任辯護
　人。

---

[22] 此第31條第2項但書，乃指在地方法院已於律師中選任辯護人時而被律師拒絕，或被告
　本人認為選任律師為其辯護人是不適當之情形；可參見松本時夫、土本武司ほか編，
　《条解刑事訴訟法》，弘文堂，2018年9月四版，頁46。
　　　又此等選任非律師為辯護人僅限於簡易法院與地方法院，至於高等法院（§387）
　與最高法院（§414），以及偵查中（最決平5.10.19刑集47.8.67），均不得選任非律
　師為其辯護人；且聲請非律師為其辯護人經法院裁定不許可者，不得聲明不服（最決
　平5.7.20裁刑集262.339）。

② 律師公會受理前項申請之情形，應儘速從所屬律師中介紹欲擔任辯護人之人。

③ 律師公會在無欲擔任前項的辯護人之人時，應將其要旨儘速通知該申請之人。依同項規定，所介紹之律師拒絕被告或犯罪嫌疑人提出的選任辯護人之申請時，亦同。

第31条の2（弁護士会に対する弁護人選任の申出）

① 弁護人を選任しようとする被告人又は被疑者は、弁護士会に対し、弁護人の選任の申出をすることができる。

② 弁護士会は、前項の申出を受けた場合は、速やかに、所属する弁護士の中から弁護人となろうとする者を紹介しなければならない。

③ 弁護士会は、前項の弁護人となろうとする者がないときは、当該申出をした者に対し、速やかに、その旨を通知しなければならない。同項の規定により紹介した弁護士が被告人又は被疑者がした弁護人の選任の申込みを拒んだときも、同様とする。

第32條（選任之效力）

① 於提起公訴前已選任之辯護人，在第一審仍有效力。

② 在提起公訴後所選任之辯護人，應於每一審級分別選任。

第32条（選任の効力）

① 公訴の提起前にした弁護人の選任は、第一審においてもその効力を有する。

② 公訴の提起後における弁護人の選任は、審級ごとにこれをしなければならない。[23]

---

[23] 此第32條第2項之立法，乃指「審級代理」而言，不問私人選任或國選辯護人，均須每審級分別選任；即使在撤銷發回前之第1審與撤銷發回後之第1審，亦解為不同審級（最決昭27.12.2刑集6.12.1470）。

第33條（主任辯護人之指定）
被告有數名辯護人時，應依法院規則，選定主任辯護人。

第33条（主任弁護人の指定）
被告人に数人の弁護人があるときは、裁判所の規則で、主任弁護人を定めなければならない。

第34條（主任辯護人權限）
關於依前條規定所選定主任辯護人之權限，依法院規則所規定而定。

第34条（主任弁護人の権限）
前条の規定による主任弁護人の権限については、裁判所の規則の定めるところによる。

第35條（辯護人數之限制）
法院依照法院規則所規定，得限制被告或犯罪嫌疑人之辯護人人數。但關於被告之辯護人，以有特別情事時為限。[24]

　　至於原判決後，原所選任之辯護人得否逕為被告上訴？日本實務認為：辯護人得為被告之訴訟行為，除了性質上為不允許外，即使沒有經個別之特別授權，只要不違反被告之意思，均得代理為之；基於此觀點，關於選任辯護人不問是否是被告本人所選任、或依本法第30條第2項所定被告以外之人選任者，因也沒有認為應作為例外聲請上訴之理由，於原判決後，原所選任之辯護人，亦得代理被告提起聲請上訴之意旨（最大決昭63.2.17刑集42.2.299）。

[24] 作為日本《刑事訴訟法》補充法源的最高法院規則之一的「刑事訴訟規則」（簡稱：「刑訴規則」）認為辯護人2人以上，應設置主任辯護人；但在地方法院非律師之人經許可為辯護人時，不得選為主任辯護人（刑訴規則§19Ⅰ）。法院認為有特別情事時，每一被告辯護人之人數，得限制在3人以下（刑訴規則§26Ⅰ）；同時，在偵查中，每一犯罪嫌疑人辯護人之人數不得超過3人，但管轄受理該嫌疑案件之檢察官或司法警察

第35条（弁護人の数の制限）
裁判所は、裁判所の規則の定めるところにより、被告人又は被疑者の弁
護人の数を制限することができる。但し、被告人の弁護人については、
特別の事情のあるときに限る。

第36條（被告聲請國選辯護人）
被告因貧困或其他事由無法選任辯護人時，法院應依其聲請，為被告選任
辯護人。但被告以外之人已有選任辯護人之情形，不在此限。

第36条（請求による被告人国選弁護）
被告人が貧困その他の事由により弁護人を選任することができないとき
は、裁判所は、その請求により、被告人のため弁護人を附しなければな
らない。但し、被告人以外の者が選任した弁護人がある場合は、この限
りでない。

第36條之2（資力聲明書等之提出）
除依本法必要辯護人之情形外，被告如要前條之聲請時，應提出資力申報
書（係指該人所屬之現金、存款及按照其他依政令所規定資產之合計額
（以下稱「資力」。）及申報該明細之書面。下同。）。

第36条の2（資力申告書等の提出）
この法律により弁護人を要する場合を除いて、被告人が前条の請求をす

所屬機關所在地的地方法院或簡易法院，作出許可認為有特別情事時，不在此限（刑
訴規則§27Ⅰ參照）。
　　而此所謂「特別情事」，實務認為：根據犯罪嫌疑人辯護之意旨，可認為案件是
複雜、頻繁接見之必要性等，以及足有要求廣泛之辯護人活動，超過選任3人以上之辯
護人是有必要，且伴隨著難以預想障礙之情形（最判平24.5.10刑集66.7.663）。

るには[25]、資力申告書（その者に属する現金、預金その他政令で定め
るこれらに準ずる資産の合計額（以下「資力」という。）及びその内
訳を申告する書面をいう。以下同じ。）を提出しなければならない。

第36條之3（基準額以上之資力與向律師公會提出）

① 除依本法必要辯護人之情形外，其資力在基準額（係指依政令規定考量
標準的必要生活費用後，作為一般足以支付辯護人報酬及費用之數額。
下同。）以上之被告如要第36條之聲請，應事先向該管轄法院所在地之
地方法院管轄區域內的律師公會，提出第31條之2第1項之申請。

② 依前項規定，受理第31條之2第1項申請之律師公會，已進行依同條第3
項規定之通知時，應將該要旨通知前項之地方法院或該被告案件繫屬之
法院。

第36条の3（基準額以上の資力と弁護士会への申出）

① この法律により弁護人を要する場合を除いて、その資力が基準額（標
準的な必要生計費を勘案して一般に弁護人の報酬及び費用を賄うに足
りる額として政令で定める額をいう。以下同じ。）以上である被告人
が第36条の請求をするには、あらかじめ、その請求をする裁判所の所
在地を管轄する地方裁判所の管轄区域内に在る弁護士会に第31条の2
第1項の申出をしていなければならない。

② 前項の規定により第31条の2第1項の申出を受けた弁護士会は、同条第
3項の規定による通知をしたときは、前項の地方裁判所又は当該被告

---

25 此處「には」（其他條文，例如第36條之3第1項、第37條之3第1項……等，共出現31
處）的詞性為接續助詞，因「には」之前是動詞「する」之故，故譯為；「如要、如
要想」；可參見：グループ・ジャマシイ（日）編著，徐一平（代表）等譯，《日本語
句型辭典》，東京・くろしお出版，2001年10月出版，頁584以下；申泰海、趙基天、
王笑峰，《詳解日語語法辭典》，鴻儒堂出版社，1996年7月版，頁1146以下；李濯
凡，《日語句型例解活用辭典》，清華大學出版社，2003年1月初版，頁492以下。

事件が係属する裁判所に対し、その旨を通知しなければならない。

第37條（依職權選任被告之國選辯護人）

於下列情形，被告無辯護人時，法院得依職權選任辯護人：

一、被告是未成年時。

二、被告是70歲以上之人時。

三、被告是喪失聽力或喪失語言之人。

四、被告疑為心神喪失之人或精神耗弱之人。

五、其他認為有必要時。

第37条（職権による被告人国選弁護）

左の場合に被告人に弁護人がないときは、裁判所は、職権で弁護人を附することができる。

一　被告人が未成年者であるとき。

二　被告人が年齢70年以上の者であるとき。

三　被告人が耳の聞えない者又は口のきけない者であるとき。

四　被告人が心神喪失者又は心神耗弱者である疑があるとき。

五　その他必要と認めるとき。

第37條之2（犯罪嫌人聲請選任國選辯護人）

① 在對犯罪嫌疑人核發羈押票之情形，犯罪嫌疑人因貧困或其他事由無法選任辯護人時，法官應依其聲請為犯罪嫌疑人指定辯護人。但犯罪嫌疑人以外之人已有選任辯護人或犯罪嫌疑人已經釋放之情形，不在此限。

② 已被聲請羈押之犯罪嫌疑人，亦得為前項之聲請。

第37条の2（請求による被疑者国選弁護）

① 被疑者に対して勾留状が発せられている場合において、被疑者が貧困その他の事由により弁護人を選任することができないときは、裁判官

は、その請求により、被疑者のため弁護人を付さなければならない。ただし、被疑者以外の者が選任した弁護人がある場合又は被疑者が釈放された場合は、この限りでない。

② 前項の請求は、勾留を請求された被疑者も、これをすることができる。

第37條之3（資力申報書之提出等）

① 如要前條第1項之聲請，應提出資力申報書。

② 其資力在基準額以上之犯罪嫌疑人，如要提出前條第1項之聲請時，應事先向管轄受理該聲請羈押之法官所屬法院所在地的地方法院管轄區域內之律師公會，提出第31條之2第1項之申請。

③ 依前項之規定，受理第31條之2第1項申請之律師公會，已進行依同條第3項規定通知時，應將該要旨通知前項之地方法院。

第37条の3（資力申告書の提出等）

① 前条第1項の請求をするには、資力申告書を提出しなければならない。

② その資力が基準額以上である被疑者が前条第1項の請求をするには、あらかじめ、その勾留の請求を受けた裁判官の所属する裁判所の所在地を管轄する地方裁判所の管轄区域内に在る弁護士会に第31条の2第1項の申出をしていなければならない。

③ 前項の規定により第31条の2第1項の申出を受けた弁護士会は、同条第3項の規定による通知をしたときは、前項の地方裁判所に対し、その旨を通知しなければならない。

第37條之4（依職權選任犯罪嫌疑人之國選辯護人）

法官對犯罪嫌疑人核發羈押票，且在犯罪嫌疑人無辯護人之情形，針對因精神障礙或其他事由，判斷是否需要辯護人有困難之疑義的犯罪嫌疑人，

認為有必要時，得依職權指定辯護人。但犯罪嫌疑人經釋放之情形，不在此限。

第37条の4 （職権による被疑者国選弁護）

裁判官は、被疑者に対して勾留状が発せられ、かつ、これに弁護人がない場合において、精神上の障害その他の事由により弁護人を必要とするかどうかを判断することが困難である疑いがある被疑者について必要があると認めるときは、職権で弁護人を付することができる。ただし、被疑者が釈放された場合は、この限りでない。

第37條之5 （犯罪嫌疑人之國選辯護人之人數）

法官就適用死刑、無期徒刑之懲役或禁錮之案件，依第37條之2第1項或前條規定，在指定或已指定辯護人之情形，認為特別有必要時，得依職權再指定1名辯護人。但犯罪嫌疑人經釋放之情形，不在此限。

第37条の5 （被疑者国選弁護における弁護人の数）

裁判官は、死刑又は無期の懲役[26]若しくは禁錮に当たる事件について第37条の2第1項又は前条の規定により弁護人を付する場合又は付した場合において、特に必要があると認めるときは、職権で更に弁護人1人を付することができる。ただし、被疑者が釈放された場合は、この限りでない。

---

[26] 日本刑法第12條規定：「（第1項）懲役分為無期徒刑與有期徒刑。有期徒刑為1月以上20年以下。（第2項）懲役應拘禁於刑事設施內，並服所定之勞役。」另同法第13條規定：「（第1項）禁錮分為無期徒刑與有期徒刑。有期徒刑之禁錮為1月以上20年以下。（第2項）禁錮應拘禁於刑事設施內。」因而，得知日本刑法，就懲役與禁錮，雖同分為無期徒刑與有期徒刑，而且有期徒刑亦同分為1月以上20年以下，惟懲役除了拘禁於刑事設施之監獄，尚須服一定之勞役；而禁錮僅拘禁於刑事設施內；可參見日本法務省刑法網址（附於書末）。

第38條（國選辯護人之資格、報酬等聲請）

① 根據本法規定法院或審判長，或法官應選任的辯護人，應從律師中選任之。

② 依前項規定被選任之辯護人，得請求旅費、日費、住宿費及報酬。[27]

第38条（国選弁護人の資格、旅費等の請求）

① この法律の規定に基づいて裁判所若しくは裁判長又は裁判官が付すべき弁護人は、弁護士の中からこれを選任しなければならない。

② 前項の規定により選任された弁護人は、旅費、日当、宿泊料及び報酬を請求することができる。

第38條之2（犯罪嫌疑人之釋放與辯護人選任之效力）

由法官所作的辯護人之選任，犯罪嫌疑人就涉及該選任之案件，經釋放時，失其效力。但該釋放係由於停止執行羈押之情形時，不在此限。

第38条の2（被疑者の釈放と弁護人選任の効力）

裁判官による弁護人の選任は、被疑者がその選任に係る事件について釈放されたときは、その効力を失う。ただし、その釈放が勾留の執行停止によるときは、この限りでない。

第38條之3（辯護人之解除）

① 法院認為符合下列各款之一時，得解任法院、審判長或法官所指定之辯

---

27 此第38條第2項規定，雖由法院支付該國選辯護人之旅費、日費、住宿費及報酬；而有關《刑事訴訟費用法》第8條亦有如此規定；惟依《日本綜合支援法》第39條第1項規定，國選辯護人簽約之律師被選任為國選辯護人時，不適用刑訴第38條第2項規定，而是由《日本司法支援中心》依契約向律師給付相關報酬；可參見三井誠ほか編，《刑事訴訟法：三版》，頁64。

護人。
一、依第30條規定選任辯護人，因其他事由，已無指定辯護人之必要時。
二、被告與辯護人處於利益相反之狀況，辯護人不適合繼續執行該職務時。
三、因身心障礙或其他事由，辯護人無法執行職務，或執行職務已有困難時。
四、因辯護人明顯違反該任務，不適合繼續執行職務時。
五、因對辯護人有暴行、脅迫、或應歸責於被告之其他事由，致辯護人不適合繼續執行職務時。
② 如要解任辯護人，應事先聽取其意見。
③ 當解任辯護人時，應設法不會不當地限制被告之權利。
④ 提起公訴前，法官所選任的辯護人之解任，應由法官為之。在此情形，準用前3項之規定。

第38条の3（弁護人の解任）
① 裁判所は、次の各号のいずれかに該当すると認めるときは、裁判所若しくは裁判長又は裁判官が付した弁護人を解任することができる。
一 第30条の規定により弁護人が選任されたことその他の事由により弁護人を付する必要がなくなつたとき。
二 被告人と弁護人との利益が相反する状況にあり弁護人にその職務を継続させることが相当でないとき。
三 心身の故障その他の事由により、弁護人が職務を行うことができず、又は職務を行うことが困難となつたとき。
四 弁護人がその任務に著しく反したことによりその職務を継続させることが相当でないとき。
五 弁護人に対する暴行、脅迫その他の被告人の責めに帰すべき事由により弁護人にその職務を継続させることが相当でないとき。
② 弁護人を解任するには、あらかじめ、その意見を聴かなければならない。

③ 弁護人を解任するに当たつては、被告人の権利を不当に制限すること
　がないようにしなければならない。
④ 公訴の提起前は、裁判官が付した弁護人の解任は、裁判官がこれを行
　う。この場合においては、前3項の規定を準用する。

第38條之4（關於資力之虛偽記載）

以使法院或法官判斷錯誤為目的，就該資力，提出有虛偽記載的資力申報
書之人，處10萬日圓以下之罰鍰。

第38条の4（資力に関する虚偽記載）

裁判所又は裁判官の判断を誤らせる目的で、その資力について虚偽の記
載のある資力申告書を提出した者は、10万円以下の過料[28]に処する。

第39條（犯罪嫌疑人、被告與辯護人之接見及授受）

① 身體受拘束之被告或犯罪嫌疑人，在沒有見證人在場，得與辯護人或依
　得選任辯護人之人的委託，即將成為辯護人之人（在非律師之情形，以
　有第31條第2項之許可後為限。），進行接見，或授受文書或物品。
② 就前項之接見或授受，為了防止被告或犯罪嫌疑人逃亡、湮滅證據，或
　於戒護有妨礙之授受物，得以法令（包括法院之規則，以下同。）規定
　必要之措施。
③ 檢察官、檢察事務官或司法警察（指司法警察員及司法巡查。下同。）
　為了偵查有必要時，限於提起公訴前，關於第1項之接見或授受，得指
　定日期、場所及時間。但該指定，不得有類似不當限制犯罪嫌疑人準備
　防禦之權利。[29]

28　此第38條之4「過科」譯為「罰鍰」，與第133條同屬於行政秩序罰之性質，而是不刑
　　罰；可參見三井誠ほか編，同前註，頁165。
29　此第39條第3項日文文法，原譯為「不得是類似不當限制犯罪嫌疑人準備防禦之權

第39条（被告人・被疑者と弁護人の接見・授受）

① 身体の拘束を受けている被告人又は被疑者は、弁護人又は弁護人を選任することができる者の依頼により弁護人となろうとする者（弁護士でない者にあつては、第31条第2項の許可があつた後に限る。）と立会人なくして接見し、又は書類若しくは物の授受をすることができる。

② 前項の接見又は授受については、法令（裁判所の規則を含む。以下同じ。）で、被告人又は被疑者の逃亡、罪証の隠滅又は戒護に支障のある物の授受を防ぐため必要な措置を規定することができる。

③ 検察官、検察事務官又は司法警察職員（司法警察員及び司法巡査をいう。以下同じ。）は、捜査のため必要があるときは、公訴の提起前に限り、第1項の接見又は授受に関し、その日時、場所及び時間を指定することができる。但し、その指定は、被疑者が防禦の準備をする権利を不当に制限するようなものであつてはならない。

　　禁止律師接見，等同國家無辯護制度；蓋辯護人為充實被告之實質辯護權，與釐清犯罪事實之真相，尤其在偵查中，充實犯罪嫌疑人之防禦及安定心緒，誠為重要；惟接見權與在場權有別，在場權與意見陳述權（我國§245Ⅱ）僅止於檢調司法調查時，消極的在場與陳述而已；未若接見權係在「不受干擾、監視、及自由充分溝通」下，與犯罪嫌疑人得自由溝通。此接見權與偵查中為發現真實、偵查不公開原則下的一個衡平設計，也是一個法治國的特色之一。

　　上開第39條第3項規定「為了偵查有必要時」得指定日期、場所及時間，又稱指定接見，或稱暫緩接見（即同我國§34Ⅲ）之規定；惟該「為了偵查有必要時」究應如何解釋？日本學說上，有以下三說[30]：

_____

利。」惟不得「是」的語意，在中文語彙的詞句中所無，故譯為：不得「有」……，特此敘明。

[30] 古江賴隆，《事例演習刑事訴訟法》，有斐閣，2011年2月初版，頁158；加藤克佳，〈被疑者と弁護人の接見交通〉，《刑事訴訟法の争点・ジュリスト増刊》，有斐

甲、限定說：指對犯罪嫌疑人正在進行調查證據；或限於正針對利用犯罪嫌疑人之身體，所為實際現場蒐證、勘驗等情形，則得暫緩接見。

乙、準限定說：此說認為，除了上揭限定說之外，尚包括正準備開始為犯罪之調查；或將犯罪嫌疑人正準備帶往，與相關司法偵查人員會合於現場勘查或勘驗等情形時，均得暫緩接見。

丙、全盤偵查必要說（又稱廣義說）：亦即除了上開限定說、準限定說外，尚包括犯罪嫌疑人、共犯、辯護人等人為湮滅證罪；或為防止共犯之串證等，為屬廣泛偵查之必要時，均得暫緩接見。

上開三說，寬嚴認定不一；惟若依我國立法之文義解釋（§34Ⅲ），似採廣義說，即所謂「丙、全盤偵查必要說」（台北地方法院102年訴字222號判決參照）。而日本實務針對「為了偵查有必要時」之解釋認為：「若一旦准許接見，將會使調查證據中斷，致偵查產生明顯的障礙之情形者為限；……如辯護人於聲請接見之際，也是偵查機關正在調查嫌疑人時；或是會同檢調人員正在蒐證、勘驗之際；尚且，或在最近已確實預定期日為上開調查證據等情形，惟此時若准許辯護人接見，無疑地，將使預定期日無法為開始調查證據等，此等情形，即屬因調查中斷，致偵查產生明顯障礙之情形。[31]」顯然日本上開實務採「乙、準限定說」[32]。

筆者認為亦採「乙、準限定說」，其理由：(1)避免剝奪犯罪嫌疑人之防禦權；(2)判斷時點明確；(3)防止檢察官恣意；(4)衡平人權之保障與檢調發現真實二者之兼顧。日本實務再進一步認為，趁著午餐時間預定對犯罪嫌疑人為調查之情形，在午餐中或在午餐用完隨即為指定接見時日，因有可能調查中斷，即有對偵查產生顯著之妨礙，檢察官宜以翌日為指定

閣，2013年12月20日發行，頁105。

[31] 最大判平11.3.24民集53.3.514；關於此判決全文，可參見河上和雄ほか編，《大コンメンタール刑事訴訟法：1卷》，青林書院，2013年2月二版，頁454（河上和雄、河村博執筆）；伊丹俊彥、合田悦三ほか編，《逐条実務刑事訴訟法》，頁76-77。

[32] 栗田知穂，《エクササイズ刑事訴訟法》，有斐閣，2016年3月初版，頁104。

時日之處置較爲適當。[33]

其次，必須再探求一則爭點，即日本同條第3項但書謂「不得有類似不當限制犯罪嫌疑人準備防禦之權利」，此與我國刑訴第34條第3項後段「該指定不得妨害被告或犯罪嫌疑人之正當防禦及辯護人依第245條第2項前段規定之權利。」相當。惟所稱「不得有類似不當限制犯罪嫌疑人準備防禦之權利」究應如何解釋？亦屬十分抽象，判斷標準亦不明確！惟從比較法觀點，於指定接見後，如何會導致不當限制對犯罪嫌疑人準備防禦之權利，或因接見造成偵查機關本身的明顯障礙，日本實務似乎審酌二者之衡平觀點，而略以「爲了保障憲法對犯罪嫌疑人不受羈押、拘禁之人權，於犯罪嫌疑人被逮捕後的第一次接見，乃以選任辯護人爲其首要目的；且於往後受偵查機關調查時，能即時得到辯護人法律上的協力；因此，於符合指定接見之要件後，能夠迅速的接見即是特別重要。從而，偵查機關於准許指定接見之後，必須與辯護人協議，能即時或與最接近的時間點方便其接見，而不得有所延誤，否則，即有導致犯罪嫌疑人準備防禦之不當限制；同時，偵查機關本身也要檢視，避免因指定接見後，造成明顯的偵查障礙[34]。」此項見解，頗值我國實務運作之參考。

第40條（辯護人之文書、證物的閱覽、抄錄）
① 辯護人在公訴提起後，得在法院閱覽及抄錄關於訴訟之文書及證物。但就抄錄證物，應得到審判長之許可。
② 不受前項規定之限制，於第157條之6第4項規定之影音儲存媒體，不得抄錄。

第40条（弁護人の書類・証拠物の閲覧・謄写）
① 弁護人は、公訴の提起後は、裁判所において、訴訟に関する書類及び証拠物を閲覧し、且つ謄写することができる。但し、証拠物を謄写す

---

[33] 最判平12. 2. 24裁集民196. 841。
[34] 最判平12. 6. 13民集54. 5. 1635。

るについては、裁判長の許可を受けなければならない。

② 前項の規定にかかわらず、第157条の6第4項に規定する記録媒体[35]は、謄写することができない。

第41條（辯護人之獨立行為權）

辯護人，限於本法有特別規定之情形，得獨立進行訴訟行為。[36]

第41条（弁護人の独立行為権）

弁護人は、この法律に特別の定のある場合に限り、独立して訴訟行為をすることができる。

第42條（輔佐人）

① 被告之法定代理人、輔佐人、配偶、直系親屬及兄弟姊妹，得隨時擔任輔佐人。

② 如要擔任輔佐人，應將該要旨於每一審級提出。

③ 輔佐人只要不違反被告明示之意思，得行使被告可得行使之訴訟行為。但本法有特別規定之情形，不在此限。

第42条（補佐人）

① 被告人の法定代理人、保佐人、配偶者、直系の親族及び兄弟姉妹は、

---

[35] 此第40條第2項日文所稱「記錄媒體」，指將影像及聲音同時紀錄之裝置（如硬碟或光碟之類的儲存裝置），譯為「影音儲存裝置」，此可參見三井誠ほか等編，《刑事訴訟法》，日本評論社，2018年4月三版，頁70。

[36] 辯護人固得獨立進行訴訟行為，並應善盡為被告利益辯護之職責；例如第一審判處被告死刑，而其被告國選辯護人提起上訴意旨謂「被告之行為令人髮指，不寒而慄，而認為原判決適當」，日本實務就此認為辯護人沒有履行其應盡之義務，而應負損害賠償責任（東京地判昭38.11.28下民集14.11.2336）。

何時でも補佐人となることができる。

② 補佐人となるには、審級ごとにその旨を届け出なければならない。

③ 補佐人は、被告人の明示した意思に反しない限り、被告人がすることのできる訴訟行為をすることができる。但し、この法律に特別の定のある場合は、この限りでない。

第五章　裁判

第五章 裁判

第43條（判決、裁定、命令）

① 判決，除本法有特別規定之情形外，應基於言詞辯論為之。

② 裁定或命令，無需基於言詞辯論為之。

③ 就作成裁定或命令於有必要之情形，得為事實之調查。

④ 前項之調查，得命合議庭之庭員為之，或囑託地方法院、家事法院或簡易法院之法官為之。

第43条（判決、決定・命令）

① 判決は、この法律に特別の定のある場合を除いては、口頭弁論に基いてこれをしなければならない。

② 決定又は命令は、口頭弁論に基いてこれをすることを要しない。

③ 決定又は命令をするについて必要がある場合には、事実の取調をすることができる。

④ 前項の取調は、合議体の構成員にこれをさせ、又は地方裁判所、家庭裁判所若しくは簡易裁判所の裁判官にこれを嘱託することができる。

第44條（裁判之理由）

① 裁判應附理由。

② 對於不得上訴之裁定或命令，不需要附理由。但關於依第428條第2項得提出聲請異議之裁定，不在此限。

第44条（裁判の理由）
① 裁判には、理由を附しなければならない。
② 上訴を許さない決定又は命令には、理由を附することを要しない。但し、第428条第2項の規定により異議の申立をすることができる決定については、この限りでない。

第45條（候補法官之權限）
判決以外之裁判，得由候補法官一人為之。

第45条（判事補の権限）
判決以外の裁判は、判事補が一人でこれをすることができる。

第46條（副本、節本之請求）
被告及其他訴訟關係人，得以自己之費用，請求交付裁判書或記載裁判之筆錄副本或節本。[37]

第46条（謄本・抄本の請求）
被告人その他訴訟関係人は、自己の費用で、裁判書又は裁判を記載した調書の謄本又は抄本の交付を請求することができる。

---

[37] 此第46條日文所稱「謄本」，譯為「副本」；日文所稱「抄本」，譯為「節本」；依日本實務認為，所謂「副本」，即複製（影印）即可（最決昭28.5.21刑集7.5.1125）。

第六章　文書及送達
第六章　書類及び送達

第47條（訴訟文書之禁止公開）
關於訴訟之文書，不得在審判開庭前公開。但有公益上必要或其他事由，而認為適當之情形，不在此限。

第47条（訴訟書類の公開禁止）
訴訟に関する書類は、公判の開廷前には、これを公にしてはならない。但し、公益上の必要その他の事由があつて、相当と認められる場合は、この限りでない。

第48條（審判筆錄之作成、整理）
① 關於在審判期日之訴訟程序，應作成審判筆錄。
② 審判筆錄應依法院規則所規定，記載在審判期日之有關審判的重要事項。
③ 審判筆錄應於各審判期日後儘速整理，並至遲須於宣告判決前整理完畢。但宣告判決之審判期日的筆錄，於該審判期日後7日內；從審判期日至宣告判決日止之期間，在未滿10日情形之該審判期日筆錄，於該審判期日10日內（至宣告判決之日的期間不滿3日時，宣告該判決期日之審判期間後7日以內），整理完畢即可。

第48条（公判調書の作成、整理）
① 公判期日における訴訟手続については、公判調書を作成しなければならない。

② 公判調書には、裁判所の規則の定めるところにより、公判期日におけ
る審判に関する重要な事項を記載しなければならない。

③ 公判調書は、各公判期日後速かに、遅くとも判決を宣告するまでにこ
れを整理しなければならない。ただし、判決を宣告する公判期日の
調書は当該公判期日後7日以内に、公判期日から判決を宣告する日ま
での期間が10日に満たない場合における当該公判期日の調書は当該公
判期日後10日以内（判決を宣告する日までの期間が3日に満たないと
きは、当該判決を宣告する公判期日後7日以内）に、整理すれば足り
る。

第49條（被告之審判筆錄閱覽權）

被告無辯護人時，亦得依法院規則所規定閱覽審判筆錄。被告無法閱讀或
眼睛無法看時，得請求朗讀審判筆錄。

第49条（被告人の公判調書閲覧権）

被告人に弁護人がないときは、公判調書は、裁判所の規則の定めるとこ
ろにより、被告人も、これを閲覧することができる。被告人は、読むこ
とができないとき、又は目の見えないときは、公判調書の朗読を求める
ことができる。

第50條（審判筆錄未整理與當事人之權利）

① 審判筆錄在下次審判期日之前未整理完畢時，法院書記官應依檢察官、
被告或辯護人之聲請，於下次審判期日或該期日前，告知在上次審判期
日之證人供述的要旨。於此情形，提出聲請之檢察官、被告或辯護人就
證人供述要旨之正確性已提出異議時，應將該要旨記載於筆錄。

② 被告及辯護人未到庭，而已開庭之審判期日的審判筆錄，於下次審判期
日之前未整理完畢時，法院書記官應於下次審判期日或該期日前，向已
到庭之被告或辯護人告知關於在上次審判期日之審理的重要事項。

第50条（公判調書の未整理と当事者の権利）

① 公判調書が次回の公判期日までに整理されなかつたときは、裁判所書記は、検察官、被告人又は弁護人の請求により、次回の公判期日において又はその期日までに、前回の公判期日における証人の供述の要旨を告げなければならない。この場合において、請求をした検察官、被告人又は弁護人が証人の供述の要旨の正確性につき異議を申し立てたときは、その旨を調書に記載しなければならない。

② 被告人及び弁護人の出頭なくして開廷した公判期日の公判調書が、次回の公判期日までに整理されなかつたときは、裁判所書記は、次回の公判期日において又はその期日までに、出頭した被告人又は弁護人に前回の公判期日における審理に関する重要な事項を告げなければならない。

第51條（對審判筆錄記載之聲請異議）

① 檢察官、被告或辯護人，得對審判筆錄記載之正確性提出異議。已提出異議聲請時，應將該要旨記載於筆錄。

② 前項之聲請異議，至遲應在該審級之最終審判期日後14日內提出之。但就依第48條第3項但書規定宣判期日後已整理之筆錄，得於整理完畢之日起14日內提出之。

第51条（公判調書の記載に対する異議申立て）

① 検察官、被告人又は弁護人は、公判調書の記載の正確性につき異議を申し立てることができる。異議の申立があつたときは、その旨を調書に記載しなければならない。

② 前項の異議の申立ては、遅くとも当該審級における最終の公判期日後14日以内にこれをしなければならない。ただし、第48条第3項ただし書の規定により判決を宣告する公判期日後に整理された調書については、整理ができた日から14日以内にこれをすることができる。

第52條（審判筆錄之證明力）

依據在審判期日之訴訟程序記載於審判筆錄之內容，專依審判筆錄證明之。

第52条（公判調書の証明力）

公判期日における訴訟手続で公判調書に記載されたものは、公判調書のみによつてこれを証明することができる。

第53條（訴訟紀錄之閱覽）

① 任何人均得在被告案件終結後，閱覽訴訟紀錄。但對訴訟紀錄之保存，或對法院或檢察廳之事務有妨礙時，不在此限。
② 禁止公開辯論案件之訴訟紀錄，或認為不適於一般閱覽，而被禁止該閱覽之訴訟紀錄，不受前項規定之限制；就訴訟關係人或閱覽，若非具有正當理由，並特別得到訴訟紀錄保管人之許可者，不得閱覽之。
③ 就日本憲法第82條第2項但書所列之案件，不得禁止閱覽。
④ 就訴訟紀錄保管及其閱覽之費用，另以法律定之。

第53条（訴訟記録の閲覧）

① 何人も、被告事件の終結後、訴訟記録を閲覧することができる。但し、訴訟記録の保存又は裁判所若しくは検察庁の事務に支障のあるときは、この限りでない。
② 弁論の公開を禁止した事件の訴訟記録又は一般の閲覧に適しないものとしてその閲覧が禁止された訴訟記録は、前項の規定にかかわらず、訴訟関係人又は閲覧につき正当な理由があつて特に訴訟記録の保管者の許可を受けた者でなければ、これを閲覧することができない。
③ 日本国憲法第82条第2項但書に掲げる事件については、閲覧を禁止することはできない。
④ 訴訟記録の保管及びその閲覧の手数料については、別に法律でこれを定める。

第53條之2（資訊公開法等適用之除外）

① 就有關訴訟之文書及扣押物，關於行政機關保有之資訊公開法（平成11
年法律第42號）及關於獨立行政法人保有之資訊公開法律的規定（平成
13年法律第140號），不適用之。

② 就有關訴訟之文書及記錄於扣押物中之個人資訊，關於保有行政機關之
個人資訊保護法（平成15年法律第58號）第4章及關於獨立行政法人保
有之個人資訊保護法（平成15年法律第59號）第4章之規定，不適用。

③ 就有關訴訟之文書，關於公文書等管理之法律（平成21年法律第66號）
第2章之規定，不適用之。在此情形，針對就有關訴訟之文件的同法第
4章規定之適用，為同法第14條第1項中記載為「國之機關（除行政機關
外。本條以下同）。」，及同法第16條第1項第3款中記載為「國之機關
（除行政機關外）。」，視為「國之機關」。

④ 就扣押物，不適用關於公文書等管理之法律規定。

第53条の2（情報公開法等の適用除外）

① 訴訟に関する書類及び押収物については、行政機関の保有する情報の
公開に関する法律（平成11年法律第42号）及び独立行政法人等の保有
する情報の公開に関する法律（平成13年法律第140号）の規定は、適
用しない。

② 訴訟に関する書類及び押収物に記録されている個人情報については、
行政機関の保有する個人情報の保護に関する法律（平成15年法律第58
号）第4章及び独立行政法人等の保有する個人情報の保護に関する法
律（平成15年法律第59号）第4章の規定は、適用しない。

③ 訴訟に関する書類については、公文書等の管理に関する法律（平成21
年法律第66号）第2章の規定は、適用しない。この場合において、訴
訟に関する書類についての同法第4章の規定の適用については、同法
第14条第1項中「国の機関（行政機関を除く。以下この条において同
じ。）」とあり、及び同法第16条第1項第3号中「国の機関（行政機関
を除く。）」とあるのは、「国の機関」とする。

④ 押収物については、公文書等の管理に関する法律の規定は、適用しない。

第54條（文書之送達）

就文書之送達，除法院規則有特別規定之情形外，準用關於民事訴訟之法令規定（除關於公示送達規定外）。

第54条（書類の送達）

書類の送達については、裁判所の規則に特別の定のある場合を除いては、民事訴訟に関する法令の規定（公示送達に関する規定を除く。）を準用する。[38]

> 成功的路上，不會擁擠；因為，堅持的人不多。

---

[38] 日本實務認為：對刑事設施之收容人為送達，固應送達於該管刑事設施之長官，惟內部誤送於同名同姓之其他收容人，致被告本人未收受該書狀，故此起訴書狀繕本等同未合法於送達，該提起公訴之效力，溯及失其效力（最大決昭32.6.12刑集11.6.1649）。

第七章　期間
第七章　期間

第55條（期間之計算）

① 就期間之計算，以時計算者，從即時開始起算，以日、月或年計算者，始日不計入。但時效期間之始日，不論時間當作1日計算之。

② 月及年，按曆書計算之。

③ 期間之末日是星期日、星期六、相當有關於國民節日之法律（昭和23年法律第178號）規定之假日、1月2日、1月3日或從12月29日至12月31日止之日時，不算入於該期間內。但關於時效期間，不在此限。

第55条（期間の計算）

① 期間の計算については、時で計算するものは、即時からこれを起算し、日、月又は年で計算するものは、初日を算入しない。但し、時効期間の初日は、時間を論じないで1日としてこれを計算する。

② 月及び年は、暦に従つてこれを計算する。

③ 期間の末日が日曜日、土曜日、国民の祝日に関する法律（昭和23年法律第178号）に規定する休日、1月2日、1月3日又は12月29日から12月31日までの日に当たるときは、これを期間に算入しない。ただし、時効期間については、この限りでない。

第56條（法定期間之延長）

① 法定期間得依法院規則所規定，根據應進行訴訟行為人之住居所、或辦公室之所在地，與法院或檢察廳之所在地的距離及交通通信之便利與否，得予以延長。

② 前項之規定，對已宣告的裁判之提起上訴期間，不適用之。

第56条（法定期間の延長）
① 法定の期間は、裁判所の規則の定めるところにより、訴訟行為をすべ
　き者の住居又は事務所の所在地と裁判所又は検察庁の所在地との距離
　及び交通通信の便否に従い、これを延長することができる。
② 前項の規定は、宣告した裁判に対する上訴の提起期間には、これを適
　用しない。

第八章　被告之傳喚、拘提及羈押
第八章 被告人の召喚、勾引及び勾留

第57條（傳喚）
法院，得預留依法院規則所規定之適當猶豫期間，傳喚被告。

第57条（召喚）
裁判所は、裁判所の規則で定める相当の猶予期間を置いて、被告人を召喚することができる。

第58條（拘提）
法院於下列情形，得拘提被告：
一、被告無固定之住居所時。
二、被告無正當理由，不回應傳喚時或有不回應之虞時。

第58条（勾引）
裁判所は、次の場合には、被告人を勾引することができる。
一　被告人が定まつた住居を有しないとき。
二　被告人が、正当な理由がなく、召喚に応じないとき、又は応じないおそれがあるとき。

第59條（拘提之效力）
經拘提之被告，應移送法院之時起24小時以內釋放。但於該時間內，已經核發羈押票時，不在此限。

第59条（勾引の効力）

勾引した被告人は、裁判所に引致した時から24時間以内にこれを釈放しなければならない。但し、その時間内に勾留状が発せられたときは、この限りでない。

第60條（羈押之要件、期間與延長期間）[39]

① 法院有相當理由足以懷疑被告犯罪之情形，並符合下列各款之一時，得予以羈押：

一、被告無固定之住居所時。

二、被告有相當理由足以懷疑湮滅證據時。

三、被告逃亡或有相當理由足以懷疑逃亡時。

② 羈押之期間，規定從提起公訴之日起2個月。在特別有繼續羈押必要之情形，得以具體地附加其理由之裁定，每一個月延長1次。但除符合第89條第1款、第3款、第4款或第6款之情形外，規定延長以1次為限。

③ 就適用30萬元（關於刑法、暴力行為等處罰之法律（大正15年法律第60號）及關於經濟關係罰則整備之法律（昭和19年法律第4號）之罪以外的罪，目前暫定2萬元）以下之罰金、拘役或罰款之案件，限以被告無固定之住居所的情形，適用第1項規定。

第60条（勾留の要件、期間・期間の更新）

① 裁判所は、被告人が罪を犯したことを疑うに足りる相当な理由がある場合で、左の各号の一にあたるときは、これを勾留することができる。

一　被告人が定まつた住居を有しないとき。

二　被告人が罪証を隠滅すると疑うに足りる相当な理由があるとき。

三　被告人が逃亡し又は逃亡すると疑うに足りる相当な理由があると

---

[39] 此第60條，乃針對起訴後之羈押及延長羈押之規定，與第207條係指犯罪嫌疑人偵查中之羈押情形有別。

き。

② 勾留の期間は、公訴の提起があつた日から2箇月とする。特に継続の
必要がある場合においては、具体的にその理由を附した決定で、一箇
月ごとにこれを更新することができる。但し、第89条第1号、第3号、
第4号又は第6号にあたる場合を除いては、更新は、一回に限るものと
する。

③ 30万円（刑法、暴力行為等処罰に関する法律（大正15年法律第60号）
及び経済関係罰則の整備に関する法律（昭和19年法律第4号）の罪以
外の罪については、当分の間、2万円）以下の罰金、拘留又は科料に
当たる事件については、被告人が定まつた住居を有しない場合に限
り、第1項の規定を適用する。

第61條（羈押之訊問）

被告之羈押，如未對被告告知被告案件，並聽取關於羈押之陳述後，不得
為之。但被告已逃亡之情形，不在此限。

第61条（勾留質問）

被告人の勾留は、被告人に対し被告事件を告げこれに関する陳述を聴い
た後でなければ、これをすることができない。但し、被告人が逃亡した
場合は、この限りでない。

第62條（令狀）

被告之傳喚、拘提或羈押，應簽發傳票、拘票或羈押票為之。

第62条（令状）

被告人の召喚、勾引又は勾留は、召喚状、勾引状又は勾留状を発してこ

れをしなければならない。⁴⁰

第63條（傳票之方式）

傳票上，應記載被告之姓名及住居所、罪名、應到場之年、月、日、時及場所，以及無正當理由不到場時，得簽發拘票之要旨及其他依法院規則所規定之事項，並應由審判長或受命法官簽名、蓋章。

第63条（召喚状の方式）

召喚状には、被告人の氏名及び住居、罪名、出頭すべき年月日時及び場所並びに正当な理由がなく出頭しないときは勾引状を発することがある⁴¹旨その他裁判所の規則で定める事項を記載し、裁判長又は受命裁判官が、これに記名押印しなければならない。

第64條（拘票、押票之方式）

① 拘票或羈押票，應記載被告之姓名及住居所、罪名、公訴事實之要旨、應移送之場所或應羈押之刑事設施、有效期間及該期間經過後不得執行，並應返還令狀之要旨，以及核發之年、月、日及其他依法院規則所規定之事項，由審判長或法官簽名、蓋章。

---

⁴⁰ 日本刑訴有關限制人身之強制處分，例如傳喚（第63條第1項）、拘提與羈押（第64條第1項），均採令狀原則，均由法院（法官）則進行審查，惟二者性質不同，「傳喚、拘提」係屬於許可票之性質；而「羈押票」則是屬於命令票之性質迥異，蓋羈押屬於重度人身自由限制處分之故；可參見土本武司，《刑事訴訟法要義》，有斐閣，平成3年4月初版，頁153。

⁴¹ 此第63條中所謂「ことがある」，譯為有「可能」之意；與「ことができる」譯為「得」或「可以」之意，二者有異；惟在此處將「ことがある」譯為「得」，可參見，申泰海、趙基天、王笑峰，《詳解日語語法辭典》，鴻儒堂出版社，1996年7月版，頁384以下；グループ・ジャマシイ（日）編著，徐一平（代表）等譯，《日本語句型辭典》，東京・くろしお出版，2001年10月出版，頁150以下。

② 被告之姓名不明時，得以相貌、體格及其他足以特定被告之事項，指明被告。
③ 被告之住居所不明時，不需記載之。

第64条（勾引状・勾留状の方式）
① 勾引状又は勾留状には、被告人の氏名及び住居、罪名、公訴事実の要旨、引致すべき場所又は勾留すべき刑事施設、有効期間及びその期間経過後は執行に着手することができず令状はこれを返還しなければならない旨並びに発付の年月日その他裁判所の規則で定める事項を記載し、裁判長又は受命裁判官が、これに記名押印しなければならない。
② 被告人の氏名が明らかでないときは、人相、体格その他被告人を特定するに足りる事項で被告人を指示することができる。
③ 被告人の住居が明らかでないときは、これを記載することを要しない。

第65條（傳喚之程序）
① 傳票應送達。
② 被告提出記載於期日到場之旨的書狀，或對到場之被告以言詞命其下次到場時，與已送達傳票之情形有同一之效力。以言詞命其到場之情形，應將該要旨記載於筆錄。
③ 對於收容在鄰近法院刑事設施內之被告，得通知刑事設施職員（係指刑事設施之長官或其指定的刑事設施之職員。下同。）實施傳喚。在此情形，於被告自刑事設施職員處收受通知時，視為已有送達傳票。

第65条（召喚の手続）
① 召喚状は、これを送達する。
② 被告人から期日に出頭する旨を記載した書面を差し出し、又は出頭した被告人に対し口頭で次回の出頭を命じたときは、召喚状を送達した場合と同一の効力を有する。口頭で出頭を命じた場合には、その旨を

調書に記載しなければならない。

③ 裁判所に近接する刑事施設にいる被告人に対しては、刑事施設職員（刑事施設の長又はその指名する刑事施設の職員をいう。以下同じ。）に通知してこれを召喚することができる。この場合には、被告人が刑事施設職員から通知を受けた時に召喚状の送達があつたものとみなす。

第66條（囑託拘提）

① 法院得囑託被告所在地之地方法院、家事法院或簡易法院之法官拘提被告。

② 受託法官得轉囑託有受託權限之其他地方法院、家事法院或簡易法院之法官。

③ 受託法官就受託事項無權限時，得將囑託移送有受託權限之其他地方法院、家事法院或簡易法院之法官。

④ 接受囑託或移送之法官，應簽發拘票。

⑤ 第64條之規定，就前項之拘票準用之。在此情形，應將依囑託簽發拘票之旨記載於拘票上。

第66条（勾引の嘱託）

① 裁判所は、被告人の現在地の地方裁判所、家庭裁判所又は簡易裁判所の裁判官に被告人の勾引を嘱託することができる。

② 受託裁判官は、受託の権限を有する他の地方裁判所、家庭裁判所又は簡易裁判所の裁判官に転嘱することができる。

③ 受託裁判官は、受託事項について権限を有しないときは、受託の権限を有する他の地方裁判所、家庭裁判所又は簡易裁判所の裁判官に嘱託を移送することができる。

④ 嘱託又は移送を受けた裁判官は、勾引状を発しなければならない。

⑤ 第64条の規定は、前項の勾引状についてこれを準用する。この場合においては、勾引状に嘱託によつてこれを発する旨を記載しなければな

らない。

第67條（囑託拘提之程序）

① 前條之情形，依囑託而簽發拘票之法官，應從解送被告之時起24小時內，調查其人別有無錯誤。

② 被告人別沒有錯誤時，應儘速並直接移送到被指定之法院。於此情形，依囑託而簽發拘票之法官，應簽定被告應到達指定法院之期間。

③ 前項之情形，第59條之期間，自被告到達所指定法院之時起算。

第67条（嘱託による勾引の手続）

① 前条の場合には、嘱託によつて勾引状を発した裁判官は、被告人を引致した時から24時間以内にその人違でないかどうかを取り調べなければならない。

② 被告人が人違でないときは、速やかに且つ直接これを指定された裁判所に送致しなければならない。この場合には、嘱託によつて勾引状を発した裁判官は、被告人が指定された裁判所に到着すべき期間を定めなければならない。

③ 前項の場合には、第59条の期間は、被告人が指定された裁判所に到着した時からこれを起算する。

第68條（命令到案、命令同行與拘提）

法院有必要時，得命被告到場或同行到指定之場所。被告無正當理由而不回應時，得拘提至該場所。於此情形，第59條之期間，自被告移送到該場所之時起算。

第68条（出頭命令・同行命令と勾引）

裁判所は、必要があるときは、指定の場所に被告人の出頭又は同行を命ずることができる。被告人が正当な理由がなくこれに応じないときは、

その場所に勾引することができる。この場合には、第59条の期間は、被告人をその場所に引致した時からこれを起算する。

第69條（緊急處分情形之審判長權限）
審判長於情況急迫之情形，得為第57條至第62條、第65條、第66條及前條規定之處分，或命令合議庭之庭員為之。

第69条（急速を要する場合の裁判長の権限）
裁判長は、急速を要する場合には、第57条乃至第62条、第65条、第66条及び前条に規定する処分をし、又は合議体の構成員にこれをさせることができる。

第70條（拘票、押票之執行機關）
① 拘票或羈押票，依檢察官之指揮，由檢察事務官或司法警察執行之。但於情況急迫之情形，得由審判長、受命法官或地方法院、家事法院或簡易法院之法官指揮執行之。
② 對收容在刑事設施內之被告，所簽發之羈押票，依檢察官之指揮，由刑事設施職員執行之。

第70条（勾引状・勾留状の執行機関）
① 勾引状又は勾留状は、検察官の指揮によつて、検察事務官又は司法警察職員がこれを執行する。但し、急速を要する場合には、裁判長、受命裁判官又は地方裁判所、家庭裁判所若しくは簡易裁判所の裁判官は、その執行を指揮することができる。
② 刑事施設にいる被告人に対して発せられた勾留状は、検察官の指揮によつて、刑事施設職員がこれを執行する。

第71條（管轄區域外執行拘提、羈押、執行囑託）
檢察事務官或司法警察有必要時，得在管轄區域外執行拘票或羈押票，或請求該地之檢察事務官或司法警察執行。

第71条（管轄区域外における勾引状・勾留状の執行・執行の嘱託）
検察事務官又は司法警察職員は、必要があるときは、管轄区域外で、勾引状若しくは勾留状を執行し、又はその地の検察事務官若しくは司法警察職員にその執行を求めることができる。

第72條（被告之所在處偵查、拘票、押票之執行囑託）
① 被告現在地不明時，審判長得囑託檢察長偵查及執行拘票或羈押票。
② 受囑託之檢察長，應命該管轄內之檢察官進行偵查及執行拘票或羈押票之程序。

第72条（被告人の所在捜査、勾引状・勾留状の執行の嘱託）
① 被告人の現在地が判らないときは、裁判長は、検事長にその捜査及び勾引状又は勾留状の執行を嘱託することができる。
② 嘱託を受けた検事長は、その管内の検察官に捜査及び勾引状又は勾留状の執行の手続をさせなければならない。

第73條（拘票、押票之執行程序）
① 如要執行拘票時，應向被告出示拘票之後，儘速並直接移送至指定之法院或其他場所。就第66條第4項之拘票，應將被告移送至簽發拘票之法官。
② 如要執行羈押票時，應向被告出示羈押票之後，儘速並直接解送至指定之刑事設施。
③ 在未持有拘票或羈押票而無法出示之情形，於情況急迫時，得不受前2項規定之限制，對被告告知公訴事實之要旨及令狀經簽發之旨後實施執

行。但應儘速向被告出示該令狀。

第73条（勾引状・勾留状の執行手続）
① 勾引状を執行するには、これを被告人に示した上、できる限り速やかに且つ直接、指定された裁判所その他の場所に引致しなければならない。第66条第4項の勾引状については、これを発した裁判官に引致しなければならない。
② 勾留状を執行するには、これを被告人に示した上、できる限り速やかに、かつ、直接、指定された刑事施設に引致しなければならない。
③ 勾引状又は勾留状を所持しないためこれを示すことができない場合において、急速を要するときは、前2項の規定にかかわらず、被告人に対し公訴事実の要旨及び令状が発せられている旨を告げて、その執行をすることができる。但し、令状は、できる限り速やかにこれを示さなければならない。

第74條（移送中之暫時留置）
在解送受拘票或羈押票執行之被告的情形，有必要時，得將被告暫時留置於最近之刑事設施內。

第74条（護送中の仮留置）
勾引状又は勾留状の執行を受けた被告人を護送する場合において必要があるときは、仮に最寄りの刑事施設にこれを留置することができる。

第75條（拘提被告之留置）
在解送受拘票執行之被告的情形，有必要時，得將被告留置於刑事設施內。

第75条（勾引された被告人の留置）

勾引状の執行を受けた被告人を引致した場合において必要があるときは、これを刑事施設に留置することができる。

第76條（拘提被告與公訴事實之要旨、辯護人選任權之告知）

① 拘提被告時，應立即對被告告知公訴事實之要旨及得選任辯護人之意旨，以及因貧困或其他事由無法自行選任辯護人時，得聲請選任辯護人之意旨。但被告有辯護人時，僅告知公訴事實之要旨即可。

② 當依前項之規定，告知得選任辯護人之意旨時，應教示得指定律師、律師法人或律師公會，提出聲請選任辯護人之意旨及該向何單位提出該聲請。

③ 第1項之告知及前項之教示，得命合議庭之庭員或法院書記官實施之。

④ 依第66條第4項規定已簽發拘票之情形，第1項之告知及第2項教示應由簽發該拘票之法官實施之。但得命法院書記官實施該項告知及教示。

第76条（勾引された被告人と公訴事実の要旨・弁護人選任権の告知）

① 被告人を勾引したときは、直ちに被告人に対し、公訴事実の要旨及び弁護人を選任することができる旨並びに貧困その他の事由により自ら弁護人を選任することができないときは弁護人の選任を請求することができる旨を告げなければならない。ただし、被告人に弁護人があるときは、公訴事実の要旨を告げれば足りる。

② 前項の規定により弁護人を選任することができる旨を告げるに当たつては、弁護士、弁護士法人又は弁護士会を指定して弁護人の選任を申し出ることができる旨及びその申出先[42]を教示しなければならない。

③ 第1項の告知及び前項の教示は、合議体の構成員又は裁判所書記官に

---

[42] 第76條第2項此處「先」（さき），宜譯為「該向誰或向何單位（連絡窗口）」提出之意；可參見劉元孝主編，《簡明日華辭典》，永大出版社，1997年5月初版，頁1047；陳伯陶，《新時代日漢辭典》，大新書局，1992年1月版，頁708。

これをさせることができる。

④ 第66条第4項の規定により勾引状を発した場合には、第1項の告知及び第2項の教示は、その勾引状を発した裁判官がこれをしなければならない。ただし、裁判所書記官にその告知及び教示をさせることができる。

第77條（羈押與辯護人選任權等之告知）

① 如要羈押被告，應對被告告知得選任辯護人之意旨，及因貧困或其他情形無法自行選任辯護人時，得聲請選任辯護人之意旨。但被告有辯護人時，不在此限。

② 當依前項之規定，告知得選任辯護人之意旨時，應教示得指定律師、律師法人或律師公會，提出聲請選任辯護人之意旨及該向誰提出該聲請。

③ 於第61條但書之情形，將被告羈押後，應立即告知第1項規定事項，及公訴事實之要旨。同時，教示前項規定之事項。但被告有辯護人時，僅告知公訴事實之要旨即可。

④ 前條第3項之規定，就第1項之告知，第2項之教示，以及前項之告知及教示準用之。

第77条（勾留と弁護人選任権等の告知）

① 被告人を勾留するには、被告人に対し、弁護人を選任することができる旨及び貧困その他の事由により自ら弁護人を選任することができないときは弁護人の選任を請求することができる旨を告げなければならない。ただし、被告人に弁護人があるときは、この限りでない。

② 前項の規定により弁護人を選任することができる旨を告げるに当つては、勾留された被告人は弁護士、弁護士法人又は弁護士会を指定して弁護人の選任を申し出ることができる旨及びその申出先を教示しなければならない。

③ 第61条ただし書の場合には、被告人を勾留した後直ちに、第1項に規定する事項及び公訴事実の要旨を告げるとともに、前項に規定する事

項を教示しなければならない。ただし、被告人に弁護人があるとき
は、公訴事実の要旨を告げれば足りる。

④ 前条第3項の規定は、第1項の告知、第2項の教示並びに前項の告知及
び教示についてこれを準用する。

第78條（選任辯護人之聲請）

① 經拘提或羈押之被告，得向法院或刑事設施首長或其代理人指定律師、
律師法人或律師公會，提出聲請選任辯護人。但被告有辯護人時，不在
此限。

② 受理前項申請之法院或刑事設施首長或其代理人，應立即將該要旨通知
被告指定之律師、律師法人或律師公會。被告指定2人以上之辯護人或2
個以上之律師法人或律師公會，提出前項聲請時，僅通知其中1名律師
或1個律師法人或律師公會即可。

第78条（弁護人選任の申出）

① 勾引又は勾留された被告人は、裁判所又は刑事施設の長若しくはその
代理者に弁護士、弁護士法人又は弁護士会を指定して弁護人の選任を
申し出ることができる。ただし、被告人に弁護人があるときは、この
限りでない。

② 前項の申出を受けた裁判所又は刑事施設の長若しくはその代理者は、
直ちに被告人の指定した弁護士、弁護士法人又は弁護士会にその旨を
通知しなければならない。被告人が2人以上の弁護士又は2以上の弁護
士法人若しくは弁護士会を指定して前項の申出をしたときは、そのう
ちの1人の弁護士又は1の弁護士法人若しくは弁護士会にこれを通知す
れば足りる。

第79條（羈押與向辯護人等之通知）

羈押被告時，應立即將該要旨通知辯護人。被告無辯護人時，應將該要旨

通知被告之法定代理人、輔佐人、配偶、直系親屬及兄弟姊妹中的被告所指定之1人。

第79条（勾留と弁護人等への通知）
被告人を勾留したときは、直ちに弁護人にその旨を通知しなければならない。被告人に弁護人がないときは、被告人の法定代理人、保佐人、配偶者、直系の親族及び兄弟姉妹のうち被告人の指定する者1人にその旨を通知しなければならない。

第80條（羈押與接見、授受書物）
羈押中之被告，得與第39條第1項規定者以外之人，在法令之範圍內，進行接見及授受文書或物品。依拘票而被留置於刑事設施內之被告，亦同。

第80条（勾留と接見交通）
勾留されている被告人は、第39条第1項に規定する者以外の者と、法令の範囲内で、接見し、又は書類若しくは物の授受をすることができる。勾引状により刑事施設に留置されている被告人も、同様である。

第81條（接見書物之限制）
法院有相當理由足以懷疑逃亡或湮滅證據時，得依檢察官之聲請或依職權，禁止羈押中被告與第39條第1項規定者以外之人接見，或檢閱與該人應授受之文書或其他物品，禁止其授受或扣押之。但不得禁止授受糧食或扣押之。

第81条（接見交通の制限）
裁判所は、逃亡し又は罪証を隠滅すると疑うに足りる相当な理由があるときは、検察官の請求により又は職権で、勾留されている被告人と第39条第1項に規定する者以外の者との接見を禁じ、又はこれと授受すべき書

類その他の物を檢閲し、その授受を禁じ、若しくはこれを差し押えることができる。但し、糧食の授受を禁じ、又はこれを差し押えることはできない。

第82條（羈押理由開示之聲請）

① 羈押中之被告，得向法院聲請羈押理由之開示。

② 羈押中被告之辯護人、法定代理人、輔佐人、配偶、直系親屬、兄弟姊妹及其他利害關係人，亦得為前項之聲請。

③ 前2項之聲請，有具保、停止執行羈押或撤銷羈押時，或羈押票之效力消滅時，失其效力。

第82条（勾留理由開示の請求）

① 勾留されている被告人は、裁判所に勾留の理由の開示を請求することができる。

② 勾留されている被告人の弁護人、法定代理人、保佐人、配偶者、直系の親族、兄弟姉妹その他利害関係人も、前項の請求をすることができる。

③ 前2項の請求は、保釈、勾留の執行停止若しくは勾留の取消があつたとき、又は勾留状の効力が消滅したときは、その効力を失う。

第83條（羈押理由開示(1)－法庭）

① 羈押理由之開示，應在公開之法庭進行。

② 法庭，由法官及法院書記官出席後開庭。

③ 被告及其辯護人不到場時，不得開庭。但針對被告到場，因被告疾病或其他不得已之事由而無法到場，且被告無異議時；針對辯護人到場，被告無異議時，不在此限。

第83条（羈押理由開示(1)－法廷）

① 勾留の理由の開示は、公開の法廷でこれをしなければならない。

② 法廷は、裁判官及び裁判所書記が列席してこれを開く。

③ 被告人及びその弁護人が出頭しないときは、開廷することはできない。但し、被告人の出頭については、被告人が病気その他やむを得ない事由によつて出頭することができず且つ被告人に異議がないとき、弁護人の出頭については、被告人に異議がないときは、この限りでない。

第84條（羈押理由開示(2)－方式）

① 在法庭，審判長應告知羈押之理由。

② 檢察官或被告及辯護人，以及上述所指以外之聲請人，得陳述意見。但審判長認為適當時，得命其提出記載意見之書面，以代替意見之陳述。

第84条（勾留理由開示(2)－方式）

① 法廷においては、裁判長は、勾留の理由を告げなければならない。

② 検察官又は被告人及び弁護人並びにこれらの者以外の請求者は、意見を述べることができる。但し、裁判長は、相当と認めるときは、意見の陳述に代え意見を記載した書面を差し出すべきことを命ずることができる。

第85條（依受命法官之開示）

羈押理由之開示，得命合議庭之庭員進行之。

第85条（受命裁判官による開示）

勾留の理由の開示は、合議体の構成員にこれをさせることができる。

第86條（同一羈押理聲請之競合）

就同一之羈押，於第82條之聲請有二個以上之情形，就最初之聲請進行羈押理由之開示。其他之聲請，應在開示羈押理由終了後，以裁定駁回之。

第86条（同一の勾留についての請求の競合）

同一の勾留について第82条の請求が二以上ある場合には、勾留の理由の開示は、最初の請求についてこれを行う。その他の請求は、勾留の理由の開示が終つた後、決定でこれを却下しなければならない。

第87條（撤銷羈押）

① 羈押之理由或已無羈押之必要時，法院應依檢察官、羈押中之被告或其辯護人、法定代理人、輔佐人、配偶、直系親屬或兄弟姊妹之聲請或依職權，以裁定撤銷羈押。

② 第82條第3項之規定，就前項之聲請準用之。

第87条（勾留の取消し）

① 勾留の理由又は勾留の必要がなくなつたときは、裁判所は、検察官、勾留されている被告人若しくはその弁護人、法定代理人、保佐人、配偶者、直系の親族若しくは兄弟姉妹の請求により、又は職権で、決定を以て勾留を取り消さなければならない。

② 第82条第3項の規定は、前項の請求についてこれを準用する。

第88條（聲請具保）

① 羈押中之被告或其辯護人、法定代理人、輔佐人、配偶、直系親屬或兄弟姊妹，得聲請具保。

② 第82條第3項之規定，就前項之聲請準用之。

第88条（保釈の請求）
① 勾留されている被告人又はその弁護人、法定代理人、保佐人、配偶者、直系の親族若しくは兄弟姉妹は、保釈の請求をすることができる。
② 第82条第3項の規定は、前項の請求についてこれを準用する。

第89條（必要具保）

聲請具保時，除下列情形外，應予准許。[43]

一、被告所犯適用死刑、無期徒刑或最輕本刑1年以上有期徒刑之懲役或禁錮的罪時。

二、被告之前曾就適用死刑、無期徒刑或最高刑期超過10年有期徒刑之懲役或禁錮的罪，而受有罪之宣告時。

三、被告為慣犯適用最輕本刑3年以上有期徒刑之懲役或禁錮的罪時。[44]

四、被告有相當理由足以懷疑湮滅罪證時。

五、被告有相當理由足以懷疑會作出加害被害人，或其他對於案件之審判有必要知識之人，或其親屬等之身體或其財產，或使上開等人畏懼之行為時。

---

[43] 此第89條係屬「權利具保」（必要具保）之除外事由，其中第1款至第3款所稱「適用之‧‧‧‧罪」，均指法定刑而言；此可見松尾浩也監修，《条解刑事訴訟法》，弘文堂，2018年9月四版增補版，頁187-188。

　　又所謂第1款事由，係以起訴時之公訴事實的法定刑作為判斷基準，因而本款日文「短期1年以上‧‧‧‧」即指「最輕本刑1年以上‧‧‧‧」；第2款乃指「之前」所犯之罪的法定刑，而非指宣告刑，至於所謂「受有罪之宣告時」，日本實務認為：係指有罪判決之宣告為已足，不以判決確定為必要，即使為刑之免除或緩刑亦同；惟若緩刑期間屆滿，其刑之宣告失其效力，與未曾受刑之宣告相同，故不適用此第2款（廣島高決昭47.1.7判時673號95頁）。

[44] 有關此第89條第3款慣犯之規定，即使被告有多次前科及其犯行，例如雖是竊盜罪慣犯，惟若現在起訴係屬與常業慣犯竊盜不同之傷害罪時，即不符合該「慣犯」之要件；可參見土本武司，《刑事訴訟法要義》，有斐閣，平成3年4月初版，頁232。

六、被告之姓名或住居所不明時。

第89条（必要的保釈）
保釈の請求があつたときは、次の場合を除いては、これを許さなければならない。
一　被告人が死刑又は無期若しくは短期1年以上の懲役若しくは禁錮に当たる罪を犯したものであるとき。
二　被告人が前に死刑又は無期若しくは長期10年を超える懲役若しくは禁錮に当たる罪につき有罪の宣告を受けたことがあるとき。
三　被告人が常習として長期3年以上の懲役又は禁錮に当たる罪を犯したものであるとき。
四　被告人が罪証を隠滅すると疑うに足りる相当な理由があるとき。
五　被告人が、被害者その他事件の審判に必要な知識を有すると認められる者若しくはその親族の身体若しくは財産に害を加え又はこれらの者を畏怖させる行為をすると疑うに足りる相当な理由があるとき。
六　被告人の氏名又は住居が分からないとき。

第90條（職權具保）
法院於具保之情形，除了考量被告有逃亡或湮滅罪證之虞的程度外，且因繼續拘束其身體，致被告所受之健康上、經濟上、社會生活上，或防禦準備之不利益程度及其他之情事，而認為適當時，得依職權准許具保。

第90条（職権保釈）
裁判所は、保釈された場合に被告人が逃亡し又は罪証を隠滅するおそれの程度のほか、身体の拘束の継続により被告人が受ける健康上、経済上、社会生活上又は防御の準備上の不利益の程度その他の事情を考慮し、適当と認めるときは、職権で保釈を許すことができる。

第91條（不當長期拘禁與羈押之撤銷、具保）

① 由於羈押之拘禁不當地延長時，法院應依第88條所規定者之聲請，或依職權以裁定撤銷羈押或准許具保。

② 第82條第3項之規定，就前項之聲請準用之。

第91条（不当に長い拘禁と勾留の取消し・保釈）

① 勾留による拘禁が不当に長くなつたときは、裁判所は、第88条に規定する者の請求により、又は職権で、決定を以て勾留を取り消し、又は保釈を許さなければならない。

② 第82条第3項の規定は、前項の請求についてこれを準用する。

第92條（檢察官意見之聽取）

① 法院如要作出准許具保之裁定，或駁回聲請具保之裁定，應聽取檢察官之意見。

② 除依檢察官聲請之情形外，作出撤銷羈押之裁定時，與前項同。但情況急迫之情形，不在此限。

第92条（検察官の意見の聴取）

① 裁判所は、保釈を許す決定又は保釈の請求を却下する決定をするには、検察官の意見を聴かなければならない。

② 検察官の請求による場合を除いて、勾留を取り消す決定をするときも、前項と同様である。但し、急速を要する場合は、この限りでない。

第93條（具保金額、具保之條件）

① 准許具保之情形，應定保證金金額。

② 保證金額，必須考量犯罪性質及情狀、證據之證明力、以及被告之性格及資產，足以保證被告到庭之相當金額。

③ 准許具保之情形，得附加限制被告住居及其他認為適當之條件。

第93条（保証金額、保釈の条件）
① 保釈を許す場合には、保証金額を定めなければならない。
② 保証金額は、犯罪の性質及び情状、証拠の証明力並びに被告人の性格及び資産を考慮して、被告人の出頭を保証するに足りる相当な金額でなければならない。
③ 保釈を許す場合には、被告人の住居を制限しその他適当と認める条件を附することができる。

第94條（具保之程序）
① 准許具保之裁定，若非保證金已繳納之後，不得執行具保。
② 法院得准許非聲請具保之人繳納保證金。
③ 法院得准許以有價證券，或法院認為適當之被告以外之人，所提出之保證書代替保證金。

第94条（保釈の手続）
① 保釈を許す決定は、保証金の納付があつた後でなければ、これを執行することができない。
② 裁判所は、保釈請求者でない者に保証金を納めることを許すことができる。
③ 裁判所は、有価証券又は裁判所の適当と認める被告人以外の者の差し出した保証書を以て保証金に代えることを許すことができる。

第95條（羈押之執行停止）
法院認為適當時，得以裁定將羈押中之被告，責付予親屬、保護團體或其他之人，或限制被告住居而停止羈押之執行。

第95条（勾留の執行停止）
裁判所は、適当と認めるときは、決定で、勾留されている被告人を親
族、保護団体その他の者に委託し、又は被告人の住居を制限して、勾留
の執行を停止することができる。

第96條（具保、羈押執行停止之撤銷、保證金沒收）

① 法院，符合下列各款情形之一，得依檢察官之聲請，或依職權裁定撤銷
具保或撤銷羈押之停止執行。

一、被告受傳喚，無正當理由不到場時。

二、被告逃亡或有相當理由足以懷疑逃亡時。

三、被告湮滅罪證或有相當理由足以懷疑湮滅證據時。

四、有相當理由足以懷疑被告可能作出加害於被害人，或其他對於案件
之審判有必要知識之人，或其親屬之身體或其財產，或使此等人畏
懼之行為時。

五、被告違反限制住居或其他法院所定之條件時。

② 撤銷具保之情形，法院得以裁定沒收保證金之全部或一部。

③ 被具保之人受刑之宣告，在判決確定之後，因執行而受傳喚，無正當理
由不到場時或逃亡時，應依檢察官之聲請，以裁定沒收保證金之全部或
一部。

第96条（保釈・勾留執行停止の取消し、保証金の没取）
① 裁判所は、左の各号の一にあたる場合には、検察官の請求により、又
は職権で、決定を以て保釈又は勾留の執行停止を取り消すことができ
る。

一　被告人が、召喚を受け正当な理由がなく出頭しないとき。

二　被告人が逃亡し又は逃亡すると疑うに足りる相当な理由があると
き。

三　被告人が罪証を隠滅し又は罪証を隠滅すると疑うに足りる相当な
理由があるとき。

　四　被告人が、被害者その他事件の審判に必要な知識を有すると認めら
　　　れる者若しくはその親族の身体若しくは財産に害を加え若しく
　　　は加えようとし、又はこれらの者を畏怖させる行為をしたとき。
　五　被告人が住居の制限その他裁判所の定めた条件に違反したとき。
② 保釈を取り消す場合には、裁判所は、決定で保証金の全部又は一部を
　没取することができる。
③ 保釈された者が、刑の言渡を受けその判決が確定した後、執行のため
　呼出を受け正当な理由がなく出頭しないとき、又は逃亡したときは、
　検察官の請求により、決定で保証金の全部又は一部を没取しなければ
　ならない。

第97條（關於上訴與羈押之裁定）
① 針對在提起上訴期間內之案件，而尚未提起上訴者，應進行延長羈押、
　撤銷羈押，或具保或停止執行羈押、或撤銷羈押之情形，應由原審法院
　作出裁定。
② 針對在上訴中之案件，而訴訟紀錄尚未到達上訴法院者，應進行前項裁
　定之法院，依法院規則所規定而定。
③ 前2項之規定，於應進行開示羈押理由之情形準用之。

第97条（上訴と勾留に関する決定）
① 上訴の提起期間内の事件でまだ上訴の提起がないものについて、勾留
　の期間を更新し、勾留を取り消し、又は保釈若しくは勾留の執行停止
　をし、若しくはこれを取り消すべき場合には、原裁判所が、その決定
　をしなければならない。
② 上訴中の事件で訴訟記録が上訴裁判所に到達していないものについて
　前項の決定をすべき裁判所は、裁判所の規則の定めるところによる。
③ 前2項の規定は、勾留の理由の開示をすべき場合にこれを準用する。

第98條（具保、羈押執行停止之撤銷等與收容程序）

① 已作出撤銷具保或撤銷停止羈押執行之裁定時，或停止執行羈押之期間屆滿時，應由檢察事務官、司法警察或刑事設施職員，依檢察官之指揮，向被告出示羈押票之副本、及撤銷具保裁定或撤銷停止執行羈押裁定之副本、或指定期間停止執行羈押裁定之副本後，將其收容於刑事設施內。

② 在因未持有前項之書面致無法為出示之情形，而情況急迫時，得不受同項規定之限制，得依檢察官之指揮，對被告告知撤銷具保或撤銷停止執行羈押之要旨，或停止執行羈押的期間屆滿之要旨後，將其收容於刑事設施內。但此等書面，應儘速出示該書面。

③ 第71條之規定，於依前2項規定之收容準用之。

第98条（保釈・勾留執行停止止の取消し等と収容の手続）

① 保釈若しくは勾留の執行停止を取り消す決定があつたとき、又は勾留の執行停止の期間が満了したときは、検察事務官、司法警察職員又は刑事施設職員は、検察官の指揮により、勾留状の謄本及び保釈若しくは勾留の執行停止を取り消す決定の謄本又は期間を指定した勾留の執行停止の決定の謄本を被告人に示してこれを刑事施設に収容しなければならない。

② 前項の書面を所持しないためこれを示すことができない場合において、急速を要するときは、同項の規定にかかわらず、検察官の指揮により、被告人に対し保釈若しくは勾留の執行停止が取り消された旨又は勾留の執行停止の期間が満了した旨を告げて、これを刑事施設に収容することができる。ただし、その書面は、できる限り速やかにこれを示さなければならない。

③ 第71条の規定は、前2項の規定による収容についてこれを準用する。

第九章　扣押及搜索

第九章 押収及び捜索[45]

第99條（扣押、提出命令）

① 法院有必要時，得扣押證物或認為應沒收之物。但有特別規定之情形，不在此限。

② 應扣押之物是電腦時，該電腦以電氣通信回路連接之影音儲存裝置，為了保管認為該電腦已作成或變更之電磁紀錄，或得進行該電腦變更或刪除之電磁紀錄，從處於足以認為仍在使用狀態之裝置中，得將其電磁紀錄複製到該電腦或其他影音儲存裝置之後，而扣押該電腦或該其他影音儲存裝置。

③ 法院得指定應扣押之物，及命所有人、持有人或保管人將該物提出。

第99条（差押え、提出命令）

① 裁判所は、必要があるときは、証拠物又は没収すべき物と思料するものを差し押えることができる。但し、特別の定のある場合は、この限りでない。

② 差し押さえるべき物が電子計算機であるときは、当該電子計算機に電気通信回線で接続している記録媒体であつて、当該電子計算機で作成若しくは変更をした電磁的記録[46]又は当該電子計算機で変更若しくは

---

[45] 本第九章為因應電腦廣泛普及於社會，日本於2011年（平成23年）6月17日成立「改正對於資訊處理高度化等目的刑法等一部之法律」（平成年法律第74號），並於同月24日公布；同時，本刑事訴訟法即依該法律，作為關於伴隨資訊處理高度化之程序法，予以規範；可詳見三井誠ほか編，《刑事訴訟法：三版》，頁136以下。

[46] 有關日文所稱「電磁的記録」，依日本刑法第7條之2定義為：「在本法所稱『電磁紀錄』，以電子、磁氣的方式，或其他以知覺無法認識之方式所製作之記錄，而供電腦

消去をすることができることとされている電磁的記録を保管するために使用されていると認めるに足りる状況にあるものから、その電磁的記録を当該電子計算機又は他の記録媒体に複写した上、当該電子計算機又は当該他の記録媒体を差し押さえることができる。

③ 裁判所は、差し押えるべき物を指定し、所有者、所持者又は保管者にその物の提出を命ずることができる。

第99條之2（附紀錄命令之扣押）

法院有必要時，得實施附紀錄命令之扣押（命保管電磁紀錄之人或其他有利用電磁紀錄權限之人，將必要之電磁紀錄複製到影音儲存裝置，或使其列印之後，扣押該影音儲存裝置。下同。）。

第99条の2（記録命令付差押え）

裁判所は、必要があるときは、記録命令付差押え（電磁的記録を保管する者その他電磁的記録を利用する権限を有する者に命じて必要な電磁的記録を記録媒体に記録させ、又は印刷させた上、当該記録媒体を差し押さえることをいう。以下同じ。）をすることができる。

第100條（郵件等扣押）

① 由被告寄發，或對被告已寄發之郵件、書信或有關電信之文書，法院得

作資訊處理之用。」此可參見日本法務省網址（附於書末從略）。而我國刑法第10條第6項，亦有相同之規定：「稱電磁紀錄者，謂以電子、磁性、光學或其他相類之方式所製成，而供電腦處理之紀錄。」

　　惟日文稱「電磁的記録」，均譯為「電磁紀錄」，俾與我國上開立法用語一致；同理，與此相類似之概念，例如日文所稱「訴訟記録」（如§53、§378、§381）、或「記録命令」（如§99之2、§106、§110），吾人亦均譯為「訴訟紀錄」或「紀錄命令」，特此一併敘明。

基於法令之規定，得命處理通信事務者保管，或將所持有物扣押，或命其提出。

② 不符合前項規定之郵件、書信或有關電信之文書，基於法令之規定，命處理通信事務者保管，或所持有之物品，限於有狀況足以認為與被告案件有關者，始得扣押，或命其提出。

③ 依前2項之規定實施處分時，應將該要旨通知寄信人或收信人。但因通知致有妨害審理之虞的情形時，不在此限。

第100条（郵便物等の押収）

① 裁判所は、被告人から発し、又は被告人に対して発した郵便物、信書便物又は電信に関する書類で法令の規定に基づき通信事務を取り扱う者が保管し、又は所持するものを差し押え、又は提出させることができる。

② 前項の規定に該当しない郵便物、信書便物又は電信に関する書類で法令の規定に基づき通信事務を取り扱う者が保管し、又は所持するものは、被告事件に関係があると認めるに足りる状況のあるものに限り、これを差し押え、又は提出させることができる。

③ 前2項の規定による処分をしたときは、その旨を発信人又は受信人に通知しなければならない。但し、通知によつて審理が妨げられる虞がある場合は、この限りでない。

第101條（留存）

被告或其他之人所遺留之物，或由所有人、持有人或保管人任意提出之物，得留存之。

第101条（領置）

被告人その他の者が遺留した物又は所有者、所持者若しくは保管者が任意に提出した物は、これを領置することができる。

第102條（搜索）

① 法院有必要時，得就被告之身體、物品或住居所及其他場所，進行搜索。

② 就被告以外之人的身體、物品或住居所或其他場所，限於有狀況足以認為應扣押之物存在的情形，始得進行搜索。

第102条（搜索）

① 裁判所は、必要があるときは、被告人の身体、物又は住居その他の場所に就き、捜索をすることができる。

② 被告人以外の者の身体、物又は住居その他の場所については、押収すべき物の存在を認めるに足りる状況のある場合に限り、捜索をすることができる。

第103條（公務上秘密與扣押拒絕權(1)）

就公務員或曾為公務員之人所保管或持有之物，由本人或該公務機關聲明是有關職務上秘密之物時，如無該監督機關之允許不得扣押。但該監督機關，除有妨害國家重大利益之情形以外，不得拒絕允許。

第103条（公務上秘密と押収拒絶権(1)）

公務員又は公務員であつた者が保管し、又は所持する物について、本人又は当該公務所から職務上の秘密に関するものであることを申し立てたときは、当該監督官庁の承諾がなければ、押収をすることはできない。但し、当該監督官庁は、国の重大な利益を害する場合を除いては、承諾を拒むことができない。

第104條（公務上秘密與扣押拒絕權(2)）

① 下列之人，已為前條之聲明時，就第1款所列之人、或就第2款所列之人，若未經該院或內閣之允許，不得進行扣押。

　　一、衆議院或參議院之議員或曾任該職者。
　　二、內閣總理大臣及其他國務大臣或曾任該職者。
② 在前項之情形，衆議院、參議院或內閣，除有妨害國家重大利益之情形外，不得拒絕允許。

第104条（公務上秘密と押収拒絶権(2)）

① 左に掲げる者が前条の申立をしたときは、第1号に掲げる者については その院、第二号に掲げる者については内閣の承諾がなければ、押収 をすることはできない。
　　一　衆議院若しくは参議院の議員又はその職に在つた者
　　二　内閣総理大臣その他の国務大臣又はその職に在つた者
② 前項の場合において、衆議院、参議院又は内閣は、国の重大な利益を 害する場合を除いては、承諾を拒むことができない。

第105條（業務上秘密與扣押拒絕權）

醫師、牙醫、助產師、護理師、律師（包括外國法律事務律師。）、代辦人、公證人、宗教職業者或曾任此等職務之人，因已受業務上委託，就保管或持有物涉及他人秘密之物，得拒絕扣押。但經本人允許之情形，或可認為拒絕扣押純為被告利益而濫用權利之情形（被告是本人之情形除外。），以及其他法院規則有規定之事由的情形，不在此限。

第105条（業務上秘密と押収拒絶権）

医師、歯科医師、助産師、看護師、弁護士（外国法事務弁護士を含む。）、弁理士、公証人、宗教の職に在る者又はこれらの職に在つた者は、業務上委託を受けたため、保管し、又は所持する物で他人の秘密に関するものについては、押収を拒むことができる。但し、本人が承諾した場合、押収の拒絶が被告人のためのみにする権利の濫用と認められる場合（被告人が本人である場合を除く。）その他裁判所の規則で定める事由がある場合は、この限りでない。

第106條（扣押票、附紀錄命令扣押票、搜索票）

在審判庭外之扣押、附紀錄命令之扣押或搜索，應核發扣押票、附紀錄命令扣押票或搜索票為之。

第106条（差押状・記録命令付差押状・捜索状）

公判廷外における差押え、記録命令付差押え又は捜索は、差押状、記録命令付差押状又は捜索状を発してこれをしなければならない。

第107條（扣押票、附紀錄命令扣押票、搜索票之方式）

① 扣押票、附紀錄命令扣押票或搜索票上，應記載被告之姓名、罪名、應扣押之物，應命紀錄或印刷之電磁紀錄，及應命人紀錄或印刷之人，或應搜索之場所、身體或物品、有效期間及期間經過後，即不得著手執行，令狀應返還之要旨，及簽發之年月日及其他法院規則所定之事項，並由審判長簽名、蓋章。

② 進行依第99條第2項所規定之處分時，前項之扣押票，除同項規定之事項外，就應扣押之電腦以電氣通信回路連接之影音儲存裝置，應記載將該電磁紀錄應複製之範圍。

③ 第64條第2項之規定，就第1項之扣押票、附紀錄命令扣押票或搜索票準用之。

第107条（差押状・記録命令付差押状・捜索状の方式）

① 差押状、記録命令付差押状又は捜索状には、被告人の氏名、罪名、差し押さえるべき物、記録させ若しくは印刷させるべき電磁的記録及びこれを記録させ若しくは印刷させるべき者又は捜索すべき場所、身体若しくは物、有効期間及びその期間経過後は執行に着手することができず令状はこれを返還しなければならない旨並びに発付の年月日その他裁判所の規則で定める事項を記載し、裁判長が、これに記名押印しなければならない。

② 第99条第2項の規定による処分をするときは、前項の差押状に、同項

に規定する事項のほか、差し押さえるべき電子計算機に電気通信回線
で接続している記録媒体であつて、その電磁的記録を複写すべきもの
の範囲を記載しなければならない。
③ 第64条第2項の規定は、第1項の差押状、記録命令付差押状又は捜索状
についてこれを準用する。

第108條（扣押票、附紀錄命令扣押票、搜索票之執行）

① 扣押票、附紀錄命令扣押票或搜索票，依檢察官之指揮，由檢察事務官
或司法警察執行。但法院為了保護被告認為有必要時，審判長得命法院
書記官或司法警察執行。
② 法院關於扣押票、附紀錄命令扣押票或搜索票之執行，對於該執行者得
以書面作出適當之指示。
③ 前項之指示，得命合議庭之庭員為之。
④ 第71條之規定，就扣押票、附紀錄命令扣押票或搜索票之執行準用之。

第108条（差押状・記録命令付差押状・捜索状の執行）

① 差押状、記録命令付差押状又は捜索状は、検察官の指揮によつて、検
察事務官又は司法警察職員がこれを執行する。ただし、裁判所が被告
人の保護のため必要があると認めるときは、裁判長は、裁判所書記官
又は司法警察職員にその執行を命ずることができる。
② 裁判所は、差押状、記録命令付差押状又は捜索状の執行に関し、その
執行をする者に対し書面で適当と認める指示をすることができる。
③ 前項の指示は、合議体の構成員にこれをさせることができる。
④ 第71条の規定は、差押状、記録命令付差押状又は捜索状の執行につい
てこれを準用する。

第109條（執行協助）

檢察事務官或法院書記官，就扣押票、附紀錄命令扣押票或搜索票之執行

有必要時，得請求司法警察協助。

第109条（執行の補助）
検察事務官又は裁判所書記官は、差押状、記録命令付差押状又は捜索状
の執行について必要があるときは、司法警察職員に補助を求めることが
できる。

第110條（執行之程序）
扣押票、附紀錄命令扣押票或搜索票，應出示予該受處分之人。

第110条（執行の手続）
差押状、記録命令付差押状又は捜索状は、処分を受ける者にこれを示さ
なければならない。

第110條之2（代替扣押電磁紀錄之影音儲存裝置的處分）
應扣押之物是涉及電磁紀錄之影音儲存裝置時，執行扣押票之人，得以執
行下列處分代替該扣押。在審判庭為執行扣押之情形，亦同。
一、將紀錄在應扣押的影音儲存裝置中之電磁紀錄，複製、列印、或移轉
　　至其他影音儲存裝置之後，並扣押該其他影音儲存裝置。
二、命受扣押之人，將紀錄在應扣押的影音儲存裝置中之電磁紀錄，複
　　製、列印、移轉至其他影音儲存裝置之後，並扣押該其他影音儲存裝
　　置。

第110条の2（電磁的記録に係る記録媒体の差押えに代わる処分）
差し押さえるべき物が電磁的記録に係る記録媒体であるときは、差押状
の執行をする者は、その差押えに代えて次に掲げる処分をすることがで
きる。公判廷で差押えをする場合も、同様である。
一　差し押さえるべき記録媒体に記録された電磁的記録を他の記録媒体

に複写し、印刷し、又は移転した上、当該他の記録媒体を差し押さ
えること。
二 差押えを受ける者に差し押さえるべき記録媒体に記録された電磁的
記録を他の記録媒体に複写させ、印刷させ、又は移転させた上、当
該他の記録媒体を差し押さえること。

第111條（執行與必要之處分）
① 就扣押票、附紀錄命令扣押票或搜索票之執行，得為開鎖、開封及執行
其他必要之處分。在審判庭實施執行扣押、附紀錄命令扣押或搜索，亦
同。
② 前項之處分，就扣押物亦得執行之。

第111条（執行と必要な処分）
① 差押状、記録命令付差押状又は捜索状の執行については、錠をはず
し、封を開き、その他必要な処分をすることができる。公判廷で差押
え、記録命令付差押え又は捜索をする場合も、同様である。
② 前項の処分は、押収物についても、これをすることができる。

第111條之2（執行與要求）
應扣押之物是涉及電磁紀錄之影音儲存裝置時，執行扣押票或搜索票之
人，得對受該處分之人，得要求其操作電腦或其他必要之協力。在審判庭
執行扣押或搜索之情形，亦同。

第111条の2（執行と要請）
差し押さえるべき物が電磁的記録に係る記録媒体であるときは、差押状
又は捜索状の執行をする者は、処分を受ける者に対し、電子計算機の操
作その他の必要な協力を求めることができる。公判廷で差押え又は捜索
をする場合も、同様である。

第112條（執行中之禁止出入）

① 扣押票、附紀錄命令扣押票或搜索票之執行中，對任何人未經許可，均得禁止出入該場所。

② 不遵守前項禁止之人，得使其離開或至執行終了為止，派看守人看守該人。

第112条（執行中の出入禁止）

① 差押状、記録命令付差押状又は捜索状の執行中は、何人に対しても、許可を得ないでその場所に出入りすることを禁止することができる。

② 前項の禁止に従わない者は、これを退去させ、又は執行が終わるまでこれに看守者を付することができる。

第113條（當事人之在場）

① 檢察官、被告或辯護人，得於執行扣押票、附紀錄命令扣押票或搜索票時在場。但身體受拘束之被告，不在此限。

② 實施扣押票、附紀錄命令扣押票或搜索票執行之人，應事先將執行之日時及場所，依前項規定通知得在場之人。但上開之人，事先已向法院明示不到場之意思的情形，或情況急迫之情形，不在此限。

③ 法院，就扣押票或搜索票之執行有必要時，得命被告在場。

第113条（当事者の立会い）

① 検察官、被告人又は弁護人は、差押状、記録命令付差押状又は捜索状の執行に立ち会うことができる。ただし、身体の拘束を受けている被告人は、この限りでない。

② 差押状、記録命令付差押状又は捜索状の執行をする者は、あらかじめ、執行の日時及び場所を前項の規定により立ち会うことができる者に通知しなければならない。ただし、これらの者があらかじめ裁判所に立ち会わない意思を明示した場合及び急速を要する場合は、この限りでない。

③ 裁判所は、差押状又は捜索状の執行について必要があるときは、被告人をこれに立ち会わせることができる。

第114條（負責人等在場）

① 在公務機關內，實施扣押票、附紀錄命令扣押票或搜索票之執行時，應通知機關首長或其代理人，並使其在場。

② 除依前項規定之情形外，在有人住居或看守之住宅、建築物或船舶內，實施扣押票、附紀錄命令扣押票或搜索票之執行時，應使住居之主人或看守之人或其代理之人在場。在無法使前述之人在場時，應使鄰居或地方公共團體之職員在場。

第114条（責任者等の立会い）

① 公務所内で差押状、記録命令付差押状又は捜索状の執行をするときは、その長又はこれに代わるべき者に通知してその処分に立ち会わせなければならない。

② 前項の規定による場合を除いて、人の住居又は人の看守する邸宅、建造物若しくは船舶内で差押状、記録命令付差押状又は捜索状の執行をするときは、住居主若しくは看守者又はこれらの者に代わるべき者をこれに立ち会わせなければならない。これらの者を立ち会わせることができないときは、隣人又は地方公共団体の職員を立ち会わせなければならない。

第115條（女子身體之搜索與在場）

就婦女身體，實施搜索票執行之情形，應命成年之女性在場。但情況急迫之情形，不在此限。

第115条（女子の身体の捜索と立会い）

女子の身体について捜索状の執行をする場合には、成年の女子をこれに

立ち会わせなければならない。但し、急速を要する場合は、この限りで
ない。

第116條（夜間之扣押票、搜索票之執行）

① 在日出前、日沒後，如因令狀未記載得於夜間執行之意旨，不得為了實施扣押票、附紀錄命令扣押票或搜索票之執行，而進入有人住居或有人看守之住宅、建築物或船舶內。

② 在日沒前，已著手扣押票、附紀錄命令扣押票或搜索票之執行時，即使在日沒後，仍得繼續該處分。

第116条（夜間の差押状・捜索状の執行）

① 日出前、日没後には、令状に夜間でも執行することができる旨の記載がなければ、差押状、記録命令付差押状又は捜索状の執行のため、人の住居又は人の看守する邸宅、建造物若しくは船舶内に入ることはできない。

② 日没前に差押状、記録命令付差押状又は捜索状の執行に着手したときは、日没後でも、その処分を継続することができる。

第117條（夜間扣押票、搜索票執行之例外）

在下列之場所，就實施扣押票、附紀錄命令扣押票或搜索票之執行，不需依前條第1項規定之限制：

一、被認定為常用於賭博、彩券或妨害風俗的行為之場所。

二、旅館、飲食店或在其他夜間公眾亦得出入之場所。但限於在公開之時間內。

第117条（夜間の差押状・捜索状の執行の例外）

次に掲げる場所で差押状、記録命令付差押状又は捜索状の執行をするについては、前条第1項に規定する制限によることを要しない。

一　賭博、富くじ又は風俗を害する行為に常用されるものと認められる
　　場所
二　旅館、飲食店その他夜間でも公衆が出入りすることができる場所。
　　ただし、公開した時間内に限る。

第118條（中止執行與必要之處分）
在中止扣押票、附紀錄命令扣押票或搜索票執行之情形，有必要時，得於
該執行終結前，封鎖該場所或設置看守人。

第118条（執行の中止と必要な処分）
差押状、記録命令付差押状又は捜索状の執行を中止する場合において必
要があるときは、執行が終わるまでその場所を閉鎖し、又は看守者を置
くことができる。

第119條（搜索證明書之交付）
在實施搜索之情形，而無證物或應沒收之物時，應依受搜索人之請求，交
付該意旨之證明書。

第119条（捜索証明書の交付）
捜索をした場合において証拠物又は没収すべきものがないときは、捜索
を受けた者の請求により、その旨の証明書を交付しなければならない。

第120條（扣押目錄之作成、交付）
於實施扣押之情形，應製作目錄，並交付該物予所有人、持有人或保管人
（包含依第110條之2規定所受處分之人）或其上開之人可代理之人。

第120条（押収目録の作成・交付）
押収をした場合には、その目録を作り、所有者、所持者若しくは保管者
（第110条の2の規定による処分を受けた者を含む。）又はこれらの者に
代わるべき者に、これを交付しなければならない。

第121條（扣押物之保管、廢棄）

① 就搬運或不便保管之扣押物，得設置看守人，或經所有人或其他之人允
　 許後，使其保管之。

② 有發生危險之虞的扣押物，得將其毀棄。

③ 前2項之處分，除經法院為特別指示之情形外，亦得由實施扣押票執行
　 之人為之。

第121条（押収物の保管・廃棄）

① 運搬又は保管に不便な押収物については、看守者を置き、又は所有者
　 その他の者に、その承諾を得て、これを保管させることができる。

② 危険を生ずる虞がある押収物は、これを廃棄することができる。

③ 前2項の処分は、裁判所が特別の指示をした場合を除いては、差押状
　 の執行をした者も、これをすることができる。

第122條（扣押物變賣之保管價金）

關於得沒收之扣押物有滅失，或破損之虞的物品或不便保管之物品時，得
變賣並保管其價金。

第122条（押収物の売却代価の保管）
没収することができる押収物で滅失若しくは破損の虞があるもの又は保
管に不便なものについては、これを売却してその代価を保管することが
できる。

第123條（扣押物發還、暫時發還、影音儲存裝置之交付）

① 扣押物無留置之必要者，不待被告案件之終結，應以裁定發還之。

② 扣押物，依所有人、持有人、保管人或提出人之聲請，得以裁定暫時將扣押物發還。

③ 扣押物，依第110條之2規定移轉電磁紀錄或使移轉之後，而已扣押之影音儲存裝置，無留存必要之情形，受扣押之人與該影音儲存裝置之所有人、持有人或保管人不同時，不待被告案件之終結，應以裁定對受該扣押之人，交付該影音儲存裝置或准許複製該電磁紀錄。

④ 就作成前3項之裁定，應聽取檢察官及被告或辯護人之意見。

第123条（押収物の還付・仮還付、記録媒体の交付等）

① 押収物で留置の必要がないものは、被告事件の終結を待たないで、決定でこれを還付しなければならない。

② 押収物は、所有者、所持者、保管者又は差出人の請求により、決定で仮にこれを還付することができる。

③ 押収物が第110条の2の規定により電磁的記録を移転し、又は移転させた上差し押さえた記録媒体で留置の必要がないものである場合において、差押えを受けた者と当該記録媒体の所有者、所持者又は保管者とが異なるときは、被告事件の終結を待たないで、決定で、当該差押えを受けた者に対し、当該記録媒体を交付し、又は当該電磁的記録の複写を許さなければならない。

④ 前3項の決定をするについては、検察官及び被告人又は弁護人の意見を聴かなければならない。

第124條（扣押贓物發還被害人）

① 經扣押之贓物，無留存之必要者，限於應發還予被害人之理由明確時，應不待被告案件之終結，聽取檢察官及被告或辯護人之意見後，以裁定發還於被害人。

② 前項之規定，不妨害利害關係人依民事訴訟程序主張其權利。

第124条（押収贓物の被害者還付）

① 押収した贓物で留置の必要がないものは、被害者に還付すべき理由が明らかなときに限り、被告事件の終結を待たないで、検察官及び被告人又は弁護人の意見を聴き、決定でこれを被害者に還付しなければならない。

② 前項の規定は、民事訴訟の手続に従い、利害関係人がその権利を主張することを妨げない。

第125條（受命法官、受託法官）

① 扣押或搜索，得命合議庭之庭員為之，或囑託應執行地之地方法院、家事法院或簡易法院之法官為之。

② 受託法官，得轉囑託於有受託權限之其他地方法院、家事法院或簡易法院之法官。

③ 受託法官就受託事項無權限時，得將囑託移轉於有受託權限之其他地方法院、家事法院或簡易法院之法官。

④ 就受命法官或受託法官實施扣押或搜索，準用關於法院實施扣押或搜索之規定。但第100條第3項之通知，應由法院實施之。

第125条（受命裁判官、受託裁判官）

① 押収又は捜索は、合議体の構成員にこれをさせ、又はこれをすべき地の地方裁判所、家庭裁判所若しくは簡易裁判所の裁判官にこれを嘱託することができる。

② 受託裁判官は、受託の権限を有する他の地方裁判所、家庭裁判所又は簡易裁判所の裁判官に転嘱することができる。

③ 受託裁判官は、受託事項について権限を有しないときは、受託の権限を有する他の地方裁判所、家庭裁判所又は簡易裁判所の裁判官に嘱託を移送することができる。

④ 受命裁判官又は受託裁判官がする押収又は捜索については、裁判所がする押収又は捜索に関する規定を準用する。但し、第100条第3項の通

知は、裁判所がこれをしなければならない。

第126條（拘票、羈押票之執行與被告之搜索）

檢察事務官或司法警察在執行拘票或羈押票之情形，有必要時，得進入有人住居或有人看守之住宅、建築物或船舶內搜索被告。在此情形，不需要搜索票。

第126条（勾引状・勾留状の執行と被告人の捜索）

檢察事務官又は司法警察職員は、勾引状又は勾留状を執行する場合において必要があるときは、人の住居又は人の看守する邸宅、建造物若しくは船舶内に入り、被告人の捜索をすることができる。この場合には、捜索状は、これを必要としない。

第127條（準用規定）

第111條、第112條、第114條及第118條之規定，關於依前條之規定，由檢察事務官或司法警察實施之搜索準用之。但情況急迫時，不需依第114條第2項之規定。

第127条（準用規定）

第111条、第112条、第114条及び第118条の規定は、前条の規定により檢察事務官又は司法警察職員がする捜索についてこれを準用する。但し、急速を要する場合は、第114条第2項の規定によることを要しない。

最高形式的打坐是專注。

第十章　勘驗
第十章 検証

第128條（勘驗）

法院為發現事實有必要時，得為勘驗。

第128条（検証）

裁判所は、事実発見のため必要があるときは、検証することができる。

第129條（勘驗與必要之處分）

就勘驗，得進行檢查身體、解剖屍體、挖掘墳墓、破壞物品或其他必要之處分。

第129条（検証と必要な処分）

検証については、身体の検査、死体の解剖、墳墓の発掘、物の破壊その他必要な処分をすることができる。

第130條（夜間勘驗）

① 日出前、日沒後，如未經住居主人或看守人，或其代理人之允許，不得為勘驗，而進入有人住居或有人看守之住宅、建築物或船舶內。但在日出後，有無法達成勘驗目的之虞之情形，不在此限。

② 在日沒前，已著手勘驗時，即使在日沒後，仍得繼續該處分。

③ 就第117條規定之場所，不需依第1項規定之限制。

第130条（夜間の検証）

① 日出前、日没後には、住居主若しくは看守者又はこれらの者に代るべき者の承諾がなければ、検証のため、人の住居又は人の看守する邸宅、建造物若しくは船舶内に入ることはできない。但し、日出後では検証の目的を達することができない虞がある場合は、この限りでない。

② 日没前検証に着手したときは、日没後でもその処分を継続することができる。

③ 第117条に規定する場所については、第1項に規定する制限によることを要しない。

第131條（關於身體檢查之注意、女子身體檢查與在場）

① 關於身體之檢查，應考量接受檢查人之性別、健康狀態及其他情事之後，並應特別注意檢查之方法，注意避免損害該人之名譽。

② 在檢查婦女身體之情形，應使醫師或成年女性在場。

第131条（身体検査に関する注意、女子の身体検査と立会い）

① 身体の検査については、これを受ける者の性別、健康状態その他の事情を考慮した上、特にその方法に注意し、その者の名誉を害しないように注意しなければならない。

② 女子の身体を検査する場合には、医師又は成年の女子をこれに立ち会わせなければならない。

第132條（為身體檢查之傳喚）

法院為檢查身體，得傳喚被告以外之人到法院或指定之場所。

第132条（身体検査のための召喚）

裁判所は、身体の検査のため、被告人以外の者を裁判所又は指定の場所

に召喚することができる。

第133條（不到場與罰鍰、費用賠償）

① 依前條規定，已受傳喚之人，無正當理由而不到場時，得以裁定處以10萬元以下之罰鍰，並得命其賠償因不到場所生之費用。

② 對於前項之裁定，得提起即時抗告。

第133条（不出頭と過料・費用賠償）

① 前条の規定により召喚を受けた者が正当な理由がなく出頭しないときは、決定で、10万円以下の過料に処し、かつ、出頭しないために生じた費用の賠償を命ずることができる。

② 前項の決定に対しては、即時抗告をすることができる。

第134條（不到場與刑罰）

① 依第132條規定受傳喚，無正當理由不到場者，處10萬元以下之罰金或拘役。

② 犯前項之罪者，得依情節併科罰金及拘役。

第134条（不出頭と刑罰）

① 第132条の規定により召喚を受け正当な理由がなく出頭しない者は、10万円以下の罰金[47]又は拘留に処する。

② 前項の罪を犯した者には、情状により、罰金及び拘留[48]を併科するこ

---

[47] 此第134條第1項係對刑事司法協力義務之違反，科以刑罰上之「罰金」，與前條（第133條罰鍰）是行政秩序罰有別，故本條限於故意犯之情形；可詳見三井誠ほか編，《刑事訴訟法》，三版，頁166。

[48] 此第134條第2項所謂「拘留」相當於我國「拘役」，依日本刑法第16條規定：「拘役為1日以上30日未滿，拘禁於刑事設施內。」可見日本法務省網站（附於書末）。

とができる。

第135條（不到場與再傳喚、拘提）
依第132條規定傳喚而不回應者，得再傳喚或拘提。

第135条（不出頭と再召喚・勾引）
第132条の規定による召喚に応じない者は、更にこれを召喚し、又はこれを勾引することができる。

第136條（關於傳喚、拘提之準用規定）
第62條、第63條及第65條之規定，關於依第132條及前條規定之傳喚準用之；第62條、第64條、第66條、第67條、第70條、第71條及第73條第1項之規定，關於依前條規定之拘提準用之。

第136条（召喚・勾引に関する準用規定）
第62条、第63条及び第65条の規定は、第132条及び前条の規定による召喚について、第62条、第64条、第66条、第67条、第70条、第71条及び第73条第1項の規定は、前条の規定による勾引についてこれを準用する。

第137條（拒絕身體檢查與罰鍰、費用賠償）
① 被告或被告以外之人，無正當理由而拒絕檢查身體時，得以裁定處10萬元以下之罰鍰，並得命其賠償因拒絕所生之費用。
② 對於前項之裁定，得提起即時抗告。

第137条（身体検査の拒否と過料・費用賠償）
① 被告人又は被告人以外の者が正当な理由がなく身体の検査を拒んだときは、決定で、10万円以下の過料に処し、かつ、その拒絶により生じ

た費用の賠償を命ずることができる。

② 前項の決定に対しては、即時抗告をすることができる。

第138條（拒絕身體檢查與刑罰）

① 無正當理由而拒絕檢查身體者，處10萬元以下之罰金或拘役。

② 犯前項之罪者，得依情節併科罰金及拘役。

第138条（身体検査の拒否と刑罰）

① 正当な理由がなく身体の検査を拒んだ者は、10万円以下の罰金又は拘留に処する。

② 前項の罪を犯した者には、情状により、罰金及び拘留を併科することができる。

第139條（強制身體檢查）

法院認為對拒絕檢查身體之人，處以罰鍰或科以刑罰，仍無效果時，得直接進行檢查身體。

第139条（身体検査の強制）

裁判所は、身体の検査を拒む者を過料に処し、又はこれに刑を科しても、その効果がないと認めるときは、そのまま、身体の検査を行うことができる。

第140條（強制身體檢查之訓示規定）

法院依137條規定科以罰鍰，或依前條規定實施檢查身體時，應事先聽取檢察官之意見後，並為瞭解受身體檢查人所表示異議之理由，作出適當之努力。

第140条（身体検査の強制に関する訓示規定）
裁判所は、第137条の規定により過料を科し、又は前条の規定により身体の検査をするにあたつては、あらかじめ、検察官の意見を聴き、且つ、身体の検査を受ける者の異議の理由を知るため適当な努力をしなければならない。

第141條（勘驗之協助）
就實施勘驗而有必要時，得命司法警察協助。

第141条（検証の補助）
検証をするについて必要があるときは、司法警察職員に補助をさせることができる。

第142條（準用規定）
第111條之2至第114條、第118條及第125條之規定，關於勘驗準用之。[49]

第142条（準用規定）
第111条の2から第114条まで、第118条及び第125条の規定は、検証についてこれを準用する。

---

[49] 日本實務認為：就第113條準用於勘驗之情形，例如對辯護人於勘驗時，未事先將日時及場所為通知，已有違法侵害辯護人之在場權，若係基於此勘驗而作成之勘驗筆錄，是無證據能力（最大判昭24.5.18刑集3.6.783）。

第十一章　詰問證人
第十一章 証人尋問

第143條（證人之資格）

法院，除本法有特別規定之情形外，得以任何人作為證人進行詰問。

第143条（証人の資格）

裁判所は、この法律に特別の定のある場合を除いては、何人でも証人としてこれを尋問することができる。

第143條之2（證人之傳喚）

法院，得依法院規則所規定的預留相當之猶豫期間，傳喚證人。

第143条の2（証人の召喚）

裁判所は、裁判所の規則で定める相当の猶予期間を置いて、証人を召喚することができる。

第144條（公務上秘密與證人之資格(1)）

公務員或曾為公務員之人，就已知悉之事實，由本人或該公務機關聲明屬於有關職務上之秘密事項時，如未經該管監督機關之允許，不得作為證人進行詰問。但該管監督機關，除妨害國家重大利益之情形外，不得拒絕承諾。

第144条（公務上秘密と証人の資格(1)）

公務員又は公務員であつた者が知り得た事実について、本人又は当該公務所から職務上の秘密に関するものであることを申し立てたときは、当該監督官庁の承諾がなければ証人としてこれを尋問することはできない。但し、当該監督官庁は、国の重大な利益を害する場合を除いては、承諾を拒むことができない。

第145條（公務上秘密與證人之資格(2)）

① 下列之人，已為前條之聲明時，就第1款所列之人、或就第2款所列之人，若非經該院或內閣的允許，不得作為證人進行詰問：

　一、衆議院或參議院之議員，或曾擔任該職者。

　二、內閣總理大臣及其他國務大臣，或曾擔任該職者。

② 在前項之情形，衆議院、參議院或內閣，除妨害國家重大利益之情形外，不得拒絕允許。

第145条（公務上秘密と証人の資格(2)）

① 左に掲げる者が前条の申立をしたときは、第1号に掲げる者についてはその院、第2号に掲げる者については内閣の承諾がなければ、証人としてこれを尋問することはできない。

　一　衆議院若しくは参議院の議員又はその職に在つた者

　二　内閣総理大臣その他の国務大臣又はその職に在つた者

② 前項の場合において、衆議院、参議院又は内閣は、国の重大な利益を害する場合を除いては、承諾を拒むことができない。

第146條（自己之刑事責任與拒絕證言權）

任何人，得拒絕致自己受刑事訴追或受有罪判決之虞的證言。[50]

第146条（自己の刑事責任と証言拒絶権）

何人も、自己が刑事訴追を受け、又は有罪判決を受ける虞のある証言を拒むことができる。

第147條（近親者之刑事責任與拒絕證言權）[51]

任何人，得拒絕下列之人受刑事追訴或有罪判決之虞的證言：

一、自己之配偶、三親等内血親或二親等内姻親，或曾與自己有此等親戚關係之人。

二、自己之監護人、監護監督人或輔佐人。

三、自己擔任該人之監護人、監護監督人或輔佐人。

第147条（近親者の刑事責任と証言拒絶権）

何人も、左に掲げる者が刑事訴追を受け、又は有罪判決を受ける虞のある証言を拒むことができる。

一　自己の配偶者、三親等内の血族若しくは二親等内の姻族又は自己とこれらの親族関係があつた者

二　自己の後見人、後見監督人又は保佐人

---

[50] 此第146條亦可譯為：「任何人之陳述致自己受刑事訴追或受有罪判決之虞者，得拒絕證言。」又本條所謂「任何人」，僅指自然人而言；因而，法人之代表人或代理人，若對法人以有刑事訴追之虞為理由時，該法人之代表人或代理人，不得拒絕證言；可參見伊丹俊彦、合田悦三ほか編，《逐条実務刑事訴訟法》，頁250。又此第146條乃至149條，均屬證人拒絕證言權之規定；日本實務認為：本條（即第146條）是基於憲法第38條第1項證人不自證己罪之規定（最大判昭27.8.6刑集6.8.974）。

[51] 此第147條與前條第146條不同，日本實務認為：第146條是基於憲法第38條第1項證人不自證己罪之規定；惟本條（即第147條）並不是為了實現憲法第38條第1項保障之規定，而是從立法的考量，承認證言義務之例外規定（最大判昭27.8.6刑集6.8.974）。

三　自己を後見人、後見監督人又は保佐人とする者

第148條（近親者之刑事責任與拒絕證言權之例外）

即使是對於共犯或共同被告之1人或數人有前條關係者，僅就關於其他共犯或共同被告之事項，不得拒絕證言。

第148条（近親者の刑事責任と証言拒絶権の例外）

共犯又は共同被告人の1人又は数人に対し前条の関係がある者でも、他の共犯又は共同被告人のみに関する事項については、証言を拒むことはできない。

第149條（業務上秘密與拒絕證言權）

醫師、牙醫、助產師、護理師、律師（包括外國法律事務律師）、代書、公證人、宗教在職業之人或曾擔任上開該職之人，針對關於因為受業務上委託，而知悉之事實涉及他人之秘密者，得拒絕證言。但經本人允許之情形，或可認為拒絕證言純為被告利益而濫用權利之情形（被告是本人之情形除外。），以及有其他依法院規則所定之事由的情形，不在此限。[52]

第149条（業務上秘密と証言拒絶権）

医師、歯科医師、助産師、看護師、弁護士（外国法事務弁護士を含む。）、弁理士、公証人、宗教の職に在る者又はこれらの職に在つた者は、業務上委託を受けたため知り得た事実で他人の秘密に関するものについては、証言を拒むことができる。但し、本人が承諾した場合、証言の拒絶が被告人のためのみにする権利の濫用と認められる場合（被告人

---

[52] 關於新聞記者得否拒絕證言，日本實務認為：新聞記者不得賦與證人有拒絕證言權，就本法第149條並無類推適用之餘地，已有判決先例在卷可稽，故本條是限定列舉之規定，不許作為類推適用（最大判昭27.8.6刑集6.8.974）。

が本人である場合を除く。）その他裁判所の規則で定める事由がある場合は、この限りでない。

第150條（不到場與罰鍰、費用賠償）[53]

① 已受傳喚之證人，無正當理由而不到場時，得以裁定處10萬元以下之罰鍰，並命其賠償因不到場所生之費用。

② 對前項之裁定，得提起即時抗告。

第150条（不出頭と過料・費用賠償）

① 召喚を受けた証人が正当な理由がなく出頭しないときは、決定で、10万円以下の過料に処し、かつ、出頭しないために生じた費用の賠償を命ずることができる。

② 前項の決定に対しては、即時抗告をすることができる。

第151條（不到場與刑罰）

作為證人受到傳喚，而無正當理由不到場者，處1年以下有期徒刑之懲役或30萬元以下之罰金。

第151条（不出頭と刑罰）

証人として召喚を受け正当な理由がなく出頭しない者は、1年以下の懲役又は30万円以下の罰金に処する。

---

[53] 此第150條裁處「過科」（即罰鍰）是行政秩序罰，而非刑罰；日本實務認為：此為維持訴訟程序之秩序違反行為，由該程序指揮之法院或書記官，得直接予以科處；此與科處刑罰性質之罰金、拘役性質，就其目的、要件與程序等，均屬不同（最大判昭39.6.5刑集18.5.189）。

第152條（證人之再傳喚、拘提）

法院對證人無正當理由，經傳喚而不回應時，或有不回應之虞時，得拘提該證人。

第152条（証人の再召喚・勾引）

裁判所は、証人が、正当な理由がなく、召喚に応じないとき、又は応じないおそれがあるときは、その証人を勾引することができる。

第153條（準用規定）

第62條、第63條及第65條之規定，就證人之傳喚準用之；第62條、第64條、第66條、第67條、第70條、第71條及第73條第1項之規定，就證人之拘提準用之。

第153条（準用規定）

第62条、第63条及び第65条の規定は、証人の召喚について、第62条、第64条、第66条、第67条、第70条、第71条及び第73条第1項の規定は、証人の勾引についてこれを準用する。

第153條之2（證人之留置）

在執行解送或移送受拘提證人之情形，於有必要時，得暫時留置於當時最近之警察署或其他適當之場所。

第153条の2（証人の留置）

勾引状の執行を受けた証人を護送する場合又は引致した場合において必要があるときは、一時最寄の警察署その他の適当な場所にこれを留置することができる。

第154條（宣誓）
證人，除本法有特別規定之情形外，應命宣誓。

第154条（宣誓）
証人には、この法律に特別の定のある場合を除いて、宣誓をさせなければならない。

第155條（無宣誓能力）
① 無法理解宣誓意旨之人，應不命其宣誓，直接進行詰問。
② 即使是前項所列之人已作宣誓時，亦無妨害其供述作為證言之效力。[54]

第155条（宣誓無能力）
① 宣誓の趣旨を理解することができない者は、宣誓をさせないで、これを尋問しなければならない。
② 前項に掲げる者が宣誓をしたときでも、その供述は、証言としての効力を妨げられない。

第156條（推測事項之證言）
① 證人，得命其供述依該實際經驗之事實所推測之事項。
② 前項之供述，即使是屬於鑑定之內容，亦無妨害其作為證言之效力。

第156条（推測事項の証言）
① 証人には、その実験した事実により推測した事項を供述させることが

---

[54] 日本實務認為：第155條第2項，假使命無宣誓能力人所為之宣示，該供述仍有證據能力；但若其為虛偽供述並不成立偽證罪（最大判昭27.11.5刑集6.10.1159）；亦不得科以第160條之行政秩序罰鍰、及第161條之刑事懲役或罰金；同時，亦承認4歲被害者及8歲目擊者，均有具言能力（京都地判1967.9.28刑集9.9.1214）。

できる。

② 前項の供述は、鑑定に属するものでも、証言としての効力を妨げられない。

第157條（當事人在場權及詰問權）

① 檢察官、被告或辯護人，得於詰問證人時在場。

② 詰問證人之時間及場所，應事先通知依前項之規定得於詰問時在場之人。但上開之人，事先已向法院明示不在場之意思時，不在此限。

③ 第1項規定之人，於詰問證人在場時，得告知審判長，並詰問該證人。

第157条（当事者の立会権・尋問権）

① 検察官、被告人又は弁護人は、証人の尋問に立ち会うことができる。

② 証人尋問の日時及び場所は、あらかじめ、前項の規定により尋問に立ち会うことができる者にこれを通知しなければならない。但し、これらの者があらかじめ裁判所に立ち会わない意思を明示したときは、この限りでない。

③ 第1項に規定する者は、証人の尋問に立ち会つたときは、裁判長に告げて、その証人を尋問することができる。

- -

✧ 證人刑事免責制度

刑事免責制度（§157之2、§157之3）[55]，與協議、合意制度

---

[55] 日本證人刑事免責制度源於1975年代，轟動世界的美國洛克希德（Lockheed）飛機公司為與競爭對手爭取訂單，而向日本首相田中角榮等政要行賄5億日元，致使原打算採購日本全日空航空客機，而改購買洛克希德航空客機；本案於1983年10月，在經過長達7年的審理後，日本東京地方裁判所作出判決，被告田中角榮因違反外匯管理法與受賄罪，判處有期徒刑4年，並追繳罰金5億日元；迨至1996年2月22日最高法院作出判決，駁回本案之上訴，並維持原審之見解。詳可參見：https://www.npf.org.tw/1/8459

（§350之2至§350之15）是日本在平成28年（2016）6月通過諸多的修法中，所引進之重要制度，並於平成30年（2018）6月1日正式實施。[56]

　　所謂證人刑事免責制度，乃基於證人因自證己罪而行使拒絕證言權，導致對查明犯罪事實無法取得必要之證言的情事；例如在組織性之犯罪等，對於該參與者之證人，依法院之裁定因而給予刑事免責，使該證人失去拒絕自證己罪之特權，而強制其供述義務來證明其他之人有罪的制度。[57]

　　日本如同我國一樣，任何人都有作證之義務，若證人經傳喚到庭而無正當理由拒絕證述時，得依日本刑訴第160條第1款科10萬元以下罰鍰；若虛偽之陳述，亦構成日本刑法第169條偽證罪之處罰3個月以上10年以下有期徒刑之懲役。惟因證人之陳述，致自己受刑事訴追或有罪判決之虞者，固得拒絕證言（§146），但對一些例如組織性犯罪，而具有共犯結構或關係之犯罪，難以查明其犯罪事實，，因而，如同在美國於一定的容許範圍內、程序要件下，採行此免責制度。[58]

　　刑事訴追之免責制度，是由檢察官所提出，也是基於檢察官之訴追裁量權（§248），引進此種刑事免責制度在政策上具有重大意義，尤其是爲了查明組織性的犯罪，因行使自證己罪之拒絕證言權，而拒絕供述之情形，惟若強制其供述，就能查明組織犯罪之其他人有利證據，這也是對證

　　此美國洛克希德公司向日本銷售飛機的賄賂案件，爲獲得證人（即美國該公司董事長）的證言，而透過國際司法互助囑託對證人進行訊問，因證人已行使自負己罪拒絕證言權，日本方面爲給予事實上的刑事免責，遂由檢察總長簽發不起訴裁示保證書；因此作成囑託訊問證人筆錄，並提交日本法院，而該案件爭議的問題，即是囑託訊問證人筆錄之證據能力如何？最高法院認爲日本刑事訴訟法並沒有刑事免責制度相關之規定，從而否定該囑託訊問筆錄之證據能力（最大判平7.2.22刑集49.2.1洛克希德丸紅案）。

[56] 可參見三井誠ほか編，《刑事訴訟法：三版》，頁184。

[57] 松尾浩也監製，松本時夫、土本武司ほか編代表，《条解刑事訴訟法》，弘文堂，2018年9月四版，頁1341。

[58] 松尾浩也監製，松本時夫、土本武司ほか編代表，同前註，頁1341。

人的一種獎賞。[59]

　檢察官聲請證人刑事免責程序，得在開始詰問證人之前（§157之2），也可以在詰問證人之後提出（§157之3），就檢察官預料對證人有受到刑事追訴之虞事項進行詰問時，考量就該事項的證言之重要性、有關犯罪之輕重及情狀，及其他之情事，得向法院以第157條之2第1項、第157條之3第1項為前提聲請刑事免責之裁定。同時，法院裁定免責，只能基於檢察官之聲請，因為檢察官是個訴追的彈劾者，只有他才能判斷是否需要透過刑事免責來獲取他人犯罪的證據；惟若在對證人的詰問事項中，不包含自負己罪內容等沒有免責裁定之理由時，法院得不作出免責之裁定（§157之2Ⅱ、§157之3Ⅱ）。[60]

　經法院裁定免責的效果：（一）證人接受詰問所作的供述，及其因陳述所獲得之派生證據，不得作為不利於證人本人案件之證據使用（§157之2Ⅰ①款）。（二）在作出免責裁定之證人詰問，證人不得行使拒絕證言權（§146、§157之2Ⅰ②款）。（三）證人如拒絕證言，將科以罰鍰（§160Ⅰ）或依拒絕作證罪為處刑（§161）。[61]

　因此，當法院作出裁定免責時，就該證人的證詞及其因證言所取得之派生證據，均不得採為該證人本案之證據使用；所以，證詞越多及其因證言所得到證據越多，就能擴大免責之範圍。但經法院裁定免責，並不是免除或禁止對該證人之訴追，因而，若檢察官另使用該證據以外之證據，或蒐集其他犯罪證據來證明犯罪時，則可能仍會受到訴追或起訴。[62]

第157條之2（證人詰問開始前之聲請刑事免責）

① 檢察官預料就證人有受刑事追訴，或受有罪判決之虞事項的詰問情形，考量就該事項的證言之重要性、有關犯罪之輕重及情狀，及其他之情

[59] 田口守一，《刑事訴訟法：七版》，頁183。
[60] 伊丹俊彥、合田悅三ほか編，《逐条実務刑事訴訟法》，頁262-267。
[61] 田口守一，《刑事訴訟法：七版》，頁185。
[62] 伊丹俊彥、合田悅三ほか編，《逐条実務刑事訴訟法》，頁264以下。

事，而認為有必要時，得事先向法院聲請，依以下所列之條件進行詰問該證人：

一、回應詰問所作之供述，以及基於此供述所得到之證據，證人在該證人詰問中所作之行為，符合第161條或刑法第169條之罪的情形；除了用在涉及與該行為相關此等之罪的案件外，在證人的刑事案件中，不得將上開之行為作為對證人不利益之證據。

二、不受第146條規定之限制，不得拒絕自己有受刑事訴追，或受有罪判決之虞的證言。

② 法院受理前項之聲請時，除了明顯認為在應詰問該證人之事項中，不包含證人有受刑事訴追，或受有罪判決之虞的事項外，應依同項各款所列之條件，作出進行該證人詰問之旨的裁定。

第157条の2（証人尋問開始前の刑事免責請求）

① 検察官は、証人が刑事訴追を受け、又は有罪判決を受けるおそれのある事項についての尋問を予定している場合であつて、当該事項についての証言の重要性、関係する犯罪の軽重及び情状その他の事情を考慮し、必要と認めるときは、あらかじめ、裁判所に対し、当該証人尋問を次に掲げる条件により行うことを請求することができる。

一　尋問に応じてした供述及びこれに基づいて得られた証拠は、証人が当該証人尋問においてした行為が第161条又は刑法第169条の罪に当たる場合に当該行為に係るこれらの罪に係る事件において用いるときを除き、証人の刑事事件において、これらを証人に不利益な証拠とすることができないこと。

二　第146条の規定にかかわらず、自己が刑事訴追を受け、又は有罪判決を受けるおそれのある証言を拒むことができないこと。

② 裁判所は、前項の請求を受けたときは、その証人に尋問すべき事項に証人が刑事訴追を受け、又は有罪判決を受けるおそれのある事項が含まれないと明らかに認められる場合を除き、当該証人尋問を同項各号に掲げる条件により行う旨の決定をするものとする。

第157條之3（證人詰問開始後之聲請刑事免責）

① 檢察官就證人有受刑事追訴，或受有罪判決之虞的事項，認為有拒絕證言之情形，考量就該事項的證人之重要性、有關犯罪之輕重及情狀，及其他之情事，而認為必要時，得向法院聲請，依前條第1項各款所列之條件進行其後該證人之詰問。

② 法院受理前項之聲請時，認為該證人並無拒絕證言之情形，或除了明顯認為在應詰問該證人之事項中，不包含證人有受刑事訴追，或受有罪判決之虞的事項外，應依前條第1項各款所列之條件，作出進行其後該證人詰問之旨的裁定。

第157条の3（証人尋問開始後の刑事免責請求）

① 検察官は、証人が刑事訴追を受け、又は有罪判決を受けるおそれのある事項について証言を拒んだと認める場合であつて、当該事項についての証言の重要性、関係する犯罪の軽重及び情状その他の事情を考慮し、必要と認めるときは、裁判所に対し、それ以後の当該証人尋問を前条第1項各号に掲げる条件により行うことを請求することができる。

② 裁判所は、前項の請求を受けたときは、その証人が証言を拒んでいないと認められる場合又はその証人に尋問すべき事項に証人が刑事訴追を受け、若しくは有罪判決を受けるおそれのある事項が含まれないと明らかに認められる場合を除き、それ以後の当該証人尋問を前条第1項各号に掲げる条件により行う旨の決定をするものとする。

第157條之4（陪伴證人在場）

① 法院在詰問證人之情形，考量證人之年齡、身心之狀態、及其他情事，認為證人有顯著不安或感到緊張之虞時，得聽取檢察官及被告或辯護人之意見後，認為適合於緩和其不安或緊張，且無妨害法官或訴訟關係人之詰問、或證人之供述、或對其供述之內容造成不當影響之虞者，得命陪伴人於該證人之供述中陪伴證人。

② 依前項之規定，被指派陪伴證人之人，在該證人供述中，不得妨害法官或訴訟關係人之詰問、或證人之供述、或作出類似對其供述內容造成不當影響之言行舉止。

第157条の4（証人への付添い）

① 裁判所は、証人を尋問する場合において、証人の年齢、心身の状態その他の事情を考慮し、証人が著しく不安又は緊張を覚えるおそれがあると認めるときは、検察官及び被告人又は弁護人の意見を聴き、その不安又は緊張を緩和するのに適当であり、かつ、裁判官若しくは訴訟関係人の尋問若しくは証人の供述を妨げ、又はその供述の内容に不当な影響を与えるおそれがないと認める者を、その証人の供述中、証人に付き添わせることができる。

② 前項の規定により証人に付き添うこととされた者は、その証人の供述中、裁判官若しくは訴訟関係人の尋問若しくは証人の供述を妨げ、又はその供述の内容に不当な影響を与えるような言動をしてはならない。

第157條之5（詰問證人之際的遮蔽證人）

① 法院在詰問證人之情形，依犯罪之性質，證人之年齡、身心之狀態、與被告之關係及其他情事，認為證人在被告面前（包括依次條第1項及第2項所規定之方法的情形。）供述時，有受壓迫而明顯危害精神平穩之虞的情形，認為適當時，得聽取檢察官及被告或辯護人之意見後，在被告與該證人之間，採取有助於做到由單方或彼此雙方，無法認識對方狀態之措施。但就有助於做到無法由被告認識證人狀態之措施，限於辯護人在場之情形，始得採用之。

② 法院在詰問證人之情形，考量犯罪之性質，證人之年齡、身心之狀態、對其名譽之影響及其他情事，而認為適當時，得聽取檢察官及被告或辯護人之意見後，在旁聽人與該證人之間，採取有助於做到彼此無法認識對方狀態之措施。

第157条の5（証人尋問に際しての証人の遮へい）

① 裁判所は、証人を尋問する場合において、犯罪の性質、証人の年齢、心身の状態、被告人との関係その他の事情により、証人が被告人の面前（次条第1項及び第2項に規定する方法による場合を含む。）において供述するときは圧迫を受け精神の平穏を著しく害されるおそれがあると認める場合であつて、相当と認めるときは、検察官及び被告人又は弁護人の意見を聴き、被告人とその証人との間で、一方から又は相互に相手の状態を認識することができないようにするための措置を採ることができる。ただし、被告人から証人の状態を認識することができないようにするための措置については、弁護人が出頭している場合に限り、採ることができる。

② 裁判所は、証人を尋問する場合において、犯罪の性質、証人の年齢、心身の状態、名誉に対する影響その他の事情を考慮し、相当と認めるときは、検察官及び被告人又は弁護人の意見を聴き、傍聴人とその証人との間で、相互に相手の状態を認識することができないようにするための措置を採ることができる。

第157條之6（依視訊影音方式之詰問證人）

① 法院，在以下所列之人作為證人詰問之情形，而認為適當時，得聽取檢察官及被告或辯護人之意見後，因法官或訴訟關係人為了詰問證人，在法庭坐席場所以外之其他場所，於同一建築物內之設備裝置（指與上開之人坐席場所的同一建築物內。在次項相同。）命該證人就坐，藉由影像與音聲之傳送接收，得彼此認識對方之狀態，同時通話之方法進行詰問：

一、從刑法第176條至第179條為止或第181條之罪、同法第225條或第226條之2第3項之罪（限於猥褻或涉及結婚目的部分。在本款以下同。）、同法第227條第1項（限於涉及以幫助為目的之部分，而犯第225條或第226條之2第3項之罪。）或第3項（限於涉及猥褻目的之部分。）或第241條第1項或第3項之罪，或上開之罪的未遂罪之

被害人。

二、兒童福利法（昭和22年法律第164號）第60條第1項之罪或涉及同法第34條第1項第9款之同法第60條第2項之罪或涉及兒童性交易、兒童色情行為等之法律及處罰，以及關於兒童保護等之法律（平成11年法律第52號）從第4條至第8條為止之罪之被害人。

三、除前2款所列之人以外，依犯罪之性質、證人之年齡、身心之狀態、與被告之關係及其他之情事，在法官或訴訟關係人因詰問證人在場之場所供述時，認為有受壓迫而明顯危害精神平穩之虞者。

② 法院在證人詰問之情形，有以下所列之情形，而認為適當時，得聽取檢察官及被告或辯護人之意見後，在同一建築物以外之場所，依法院規則所規定之設備裝置命證人在場就坐，藉由影像與音聲之傳送接收，得彼此認識對方之狀態，同時通話之方法進行詰問：

一、依犯罪之性質、證人之年齡、身心之狀態、與被告之關係及其他之情事，認為證人在同一建築物內在場時，有明顯危害精神平穩之虞時。

二、伴隨移動前往出庭於同一建築物內之際，認為有作出加害於證人之身體或財產，或使證人心生畏怖或困擾的行為之虞時。

三、前往同一建築物內出庭後於離開之際，利用尾隨或其他之方法，因而證人之住居、工作場所及其他通常所在之場所被特定，認為有作出加害於證人或其親屬之身體或財產，或使上開之人心生畏怖或困擾的行為之虞時。

四、證人居住於偏遠地，依其年齡、職業、健康狀態及其他情事，認為在同一建築物內出庭，有顯著困難時。

③ 在依前2項規定之方法，進行證人詰問之情形（除依前項第4款規定之情形外。），法院審酌該證人在往後之刑事程序，就同一事實有再度作為證人，而被要求供述之情形；遇有證人同意時，得聽取檢察官及被告或辯護人之意見後，將該證人之詰問及供述、以及該狀況，紀錄於影音儲

存裝置（限於能同時紀錄影像及音聲之設備裝置。）。[63]

④ 依前項之規定，記錄證人之詰問及供述、以及該狀況之影音儲存裝置，應添附於訴訟紀錄，並作為筆錄之一部分。

第157条の6（ビデオリンク方式による証人尋問）

① 裁判所は、次に掲げる者を証人として尋問する場合において、相当と認めるときは、検察官及び被告人又は弁護人の意見を聴き、裁判官及び訴訟関係人が証人を尋問するために在席する場所以外の場所であつて、同一構内（これらの者が在席する場所と同一の構内をいう。次項において同じ。）にあるものにその証人を在席させ、映像と音声の送受信により相手の状態を相互に認識しながら通話をすることができる方法によつて、尋問することができる。

一 刑法第176条から第179条まで若しくは第181条の罪、同法第225条若しくは第226条の2第3項の罪（わいせつ又は結婚の目的に係る部分に限る。以下この号において同じ。）、同法第227条第1項（第225条又は第226条の2第3項の罪を犯した者を幇助する目的に係る部分に限る。）若しくは第3項（わいせつの目的に係る部分に限る。）若しくは第241条第1項若しくは第3項の罪又はこれらの罪の未遂罪の被害者

二 児童福祉法（昭和22年法律第164号）第60条第1項の罪若しくは同法第34条第1項第9号に係る同法第60条第2項の罪又は児童買春、児童ポルノに係る行為等の規制及び処罰並びに児童の保護等に関する法律（平成11年法律第52号）第4条から第8条までの罪の被害者

---

[63] 此第157條之6第3項所稱「記錄媒體」，中文譯為「影音儲存裝置」；而日文所稱「記錄媒體」有廣狹二義，廣義的「記錄媒體」，指將影像及聲音得同時記錄之裝置（如硬碟或光碟之類的影音儲存物），均屬之；惟本條項（即第157條之6第3項）乃指狹義的「記錄媒體」，此僅限於法庭上供攻防用，所呈現「記錄媒體」之證物；可詳見三井誠ほか編，《刑事訴訟法：三版》，頁70。

　　三　前2号に掲げる者のほか、犯罪の性質、証人の年齢、心身の状
　　　　態、被告人との関係その他の事情により、裁判官及び訴訟関係人
　　　　が証人を尋問するために在席する場所において供述するときは圧
　　　　迫を受け精神の平穏を著しく害されるおそれがあると認められる
　　　　者

② 裁判所は、証人を尋問する場合において、次に掲げる場合であつて、
　　相当と認めるときは、検察官及び被告人又は弁護人の意見を聴き、同
　　一構内以外にある場所であつて裁判所の規則で定めるものに証人を在
　　席させ、映像と音声の送受信により相手の状態を相互に認識しながら
　　通話をすることができる方法によつて、尋問することができる。

　　一　犯罪の性質、証人の年齢、心身の状態、被告人との関係その他の
　　　　事情により、証人が同一構内に出頭するときは精神の平穏を著し
　　　　く害されるおそれがあると認めるとき。

　　二　同一構内への出頭に伴う移動に際し、証人の身体若しくは財産に
　　　　害を加え又は証人を畏怖させ若しくは困惑させる行為がなされる
　　　　おそれがあると認めるとき。

　　三　同一構内への出頭後の移動に際し尾行その他の方法で証人の住
　　　　居、勤務先その他その通常所在する場所が特定されることによ
　　　　り、証人若しくはその親族の身体若しくは財産に害を加え又はこ
　　　　れらの者を畏怖させ若しくは困惑させる行為がなされるおそれが
　　　　あると認めるとき。

　　四　証人が遠隔地に居住し、その年齢、職業、健康状態その他の事情
　　　　により、同一構内に出頭することが著しく困難であると認めると
　　　　き。

③ 前2項に規定する方法により証人尋問を行う場合（前項第4号の規定に
　　よる場合を除く。）において、裁判所は、その証人が後の刑事手続に
　　おいて同一の事実につき再び証人として供述を求められることがある
　　と思料する場合であつて、証人の同意があるときは、検察官及び被告
　　人又は弁護人の意見を聴き、その証人の尋問及び供述並びにその状況
　　を記録媒体（映像及び音声を同時に記録することができるものに限

る。）に記録することができる。

2　前項の規定により証人の尋問及び供述並びにその状況を記録した記録媒体は、訴訟記録に添付して調書の一部とするものとする。

第158條（法院外之證人傳喚、所在地之詰問）

① 法院考量證人之重要性、年齡、職業、健康狀態及其他之情事，與案件之輕重後，並聽取檢察官及被告或辯護人之意見後，而認為必要時，得傳喚至法院以外或其現在處所進行詰問。

② 於前項之情形，法院應事先給予檢察官、被告及辯護人知悉詰問事項之機會。

③ 檢察官、被告或辯護人得聲請附加於前項之詰問事項，並就必要之事項為詰問。

第158条（裁判所外への証人召喚・所在地尋問）

① 裁判所は、証人の重要性、年齢、職業、健康状態その他の事情と事案の軽重とを考慮した上、検察官及び被告人又は弁護人の意見を聴き、必要と認めるときは、裁判所外にこれを召喚し、又はその現在場所でこれを尋問することができる。

② 前項の場合には、裁判所は、あらかじめ、検察官、被告人及び弁護人に、尋問事項を知る機会を与えなければならない。

③ 検察官、被告人又は弁護人は、前項の尋問事項に附加して、必要な事項の尋問を請求することができる。

第159條（所在地詰問當事人不在場之處置）

① 檢察官、被告或辯護人在前條之證人詰問不在場時，法院應對不在場之人，給予知悉證人供述內容之機會。

② 前項證人之供述，對於被告有難以預期的顯著不利益之情形，被告或辯護人得再行聲請，就必要之事項為詰問。

③ 法院認為前項之聲請無理由時，得駁回之。

第159条（所在地尋問に当事者が立ち会わなかったときの措置）
① 裁判所は、検察官、被告人又は弁護人が前条の証人尋問に立ち会わなかつたときは、立ち会わなかつた者に、証人の供述の内容を知る機会を与えなければならない。
② 前項の証人の供述が被告人に予期しなかつた著しい不利益なものである場合には、被告人又は弁護人は、更に必要な事項の尋問を請求することができる。
③ 裁判所は、前項の請求を理由がないものと認めるときは、これを却下することができる。

第160條（拒絕宣誓、證言與罰鍰、費用賠償）[64]
① 證人無正當理由，而拒絕宣誓或證言時，得以裁定處10萬元以下之罰鍰，並命其賠償因拒絕所生之費用。
② 對於前項之裁定，得提起即時抗告。

第160条（宣誓・証言の拒絶と過料・費用賠償）
① 証人が正当な理由がなく宣誓又は証言を拒んだときは、決定で、10万円以下の過料に処し、かつ、その拒絶により生じた費用の賠償を命ずることができる。
② 前項の決定に対しては、即時抗告をすることができる。

---

[64] 日本實務認為：此第160條立法目的，係對證人宣誓或證言拒絕之情形，乃為維持訴訟程序之秩序，以法律規定科處秩序罰作為間接強制之手段，此與本法第133條、第137條均同其意旨；惟本條與第161條科處刑罰之立法目的、要件，以及實現刑事程序等性質迥異（最判昭39.6.5刑集18.5.189）。

第161條（拒絕宣誓、證言與刑罰）[65]
無正當理由，而拒絕宣誓或證言者，處1年以下有期徒刑之懲役或30萬元以下之罰金。

第161条（宣誓・証言の拒絶と刑罰）
正当な理由がなく宣誓又は証言を拒んだ者は、1年以下の懲役又は30万円以下の罰金に処する。

第162條（命令同行、拘提）
法院有必要時，得以裁定命將證人帶到指定之場所。證人無正當理由，而不回應同行時，得拘提之。

第162条（同行命令・勾引）
裁判所は、必要があるときは、決定で指定の場所に証人の同行を命ずることができる。証人が正当な理由がなく同行に応じないときは、これを勾引することができる。

第163條（受命法官、受託法官）
① 應在法院外詰問證人時，得命合議庭之庭員實施之，或囑託證人現在地之地方法院、家事法院或簡易法院之法官為之。
② 受託法官得轉囑託於有受託權限之其他地方法院、家事法院或簡易法院之法官。
③ 受託法官就受託事項無權限時，得囑託移送有受託權限之其他地方法院、家事法院或簡易法院之法官。

---

[65] 此第161條之保護法益，乃藉由詰問證人，而實現刑事司法之維持與運作，故對拒絕宣誓或證言之人，科處刑罰以確保其實效，此與本法第134條、第138條、第151條均同其旨趣；此可見三井誠ほか編，《刑事訴訟法：三版》，頁197。

④ 受命法官或受託法官，關於詰問證人，得由所屬法院或審判長作出處分。但第150條及第160條之裁定，亦得由法院為之。
⑤ 第158條第2項及第3項，以及第159條規定之程序，不受前項規定限制，應由法院為之。

第163条（受命裁判官、受託裁判官）
① 裁判所外で証人を尋問すべきときは、合議体の構成員にこれをさせ、又は証人の現在地の地方裁判所、家庭裁判所若しくは簡易裁判所の裁判官にこれを嘱託することができる。
② 受託裁判官は、受託の権限を有する他の地方裁判所、家庭裁判所又は簡易裁判所の裁判官に転嘱することができる。
③ 受託裁判官は、受託事項について権限を有しないときは、受託の権限を有する他の地方裁判所、家庭裁判所又は簡易裁判所の裁判官に嘱託を移送することができる。
④ 受命裁判官又は受託裁判官は、証人の尋問に関し、裁判所又は裁判長に属する処分をすることができる。但し、第150条及び第160条の決定は、裁判所もこれをすることができる。
⑤ 第158条第2項及び第3項並びに第159条に規定する手続は、前項の規定にかかわらず、裁判所がこれをしなければならない。

第164條（證人旅費、日費、住宿費）
① 證人得聲請旅費、日費及住宿費用。但無正當理由，而拒絕宣誓或證言者，不在此限。
② 證人在已預先收受支給之旅費、日費或住宿費用之情形，無正當理由而不到場或拒絕宣誓或證言時，應返還收受支給之費用。

第164条（証人の旅費・日当・宿泊料）
① 証人は、旅費、日当及び宿泊料を請求することができる。但し、正当な理由がなく宣誓又は証言を拒んだ者は、この限りでない。

② 証人は、あらかじめ旅費、日当又は宿泊料の支給を受けた場合におい
て、正当な理由がなく、出頭せず又は宣誓若しくは証言を拒んだとき
は、その支給を受けた費用を返納しなければならない。

原諒別人，實際上是提升自己。

第十二章　鑑定

第十二章 鑑定

第165條（鑑定）

法院，得命有學識經驗之人為鑑定。

第165条（鑑定）
裁判所は、学識経験のある者に鑑定を命ずることができる。

第166條（宣誓）

鑑定人，應命宣誓。

第166条（宣誓）
鑑定人には、宣誓をさせなければならない。

第167條（鑑定留置）

① 針對關於被告之心神或身體之鑑定，有必要時，法院得定期間，將被告留置於醫院或其他適當之場所。

② 前項之留置，應簽發鑑定留置票為之。

③ 就第1項之留置有必要時，法院得依應收容被告之醫院或其他場所管理人之聲請，或依職權，命司法警察看守被告。

④ 法院有必要時，得將留置期間延長或縮短。

⑤ 關於羈押之規定，除本法有特別規定之情形外，就第1項之留置準用之。但關於具保之規定，不在此限。

⑥ 第1項之留置，就未判決羈押日數之計算，視為羈押。

第167条（鑑定留置）
① 被告人の心神又は身体に関する鑑定をさせるについて必要があるとき
　は、裁判所は、期間を定め、病院その他の相当な場所に被告人を留置
　することができる。
② 前項の留置は、鑑定留置状を発してこれをしなければならない。
③ 第1項の留置につき必要があるときは、裁判所は、被告人を収容すべ
　き病院その他の場所の管理者の申出により、又は職権で、司法警察職
　員に被告人の看守を命ずることができる。
④ 裁判所は、必要があるときは、留置の期間を延長し又は短縮すること
　ができる。
⑤ 勾留に関する規定は、この法律に特別の定のある場合を除いては、第
　1項の留置についてこれを準用する。但し、保釈に関する規定は、こ
　の限りでない。
⑥ 第1項の留置は、未決勾留日数の算入については、これを勾留とみな
　す。

第167條之2（鑑定留置與羈押之執行停止）
① 對羈押中被告，執行鑑定留置時，在被告留置期間內，視同停止羈押之
　執行。
② 在前項之情形，撤銷前條第1項之處分，或留置期間屆滿時，準用第98
　條之規定。

第167条の2（鑑定留置と勾留の執行停止）
① 勾留中の被告人に対し鑑定留置状が執行されたときは、被告人が留置
　されている間、勾留は、その執行を停止されたものとする。
② 前項の場合において、前条第1項の処分が取り消され又は留置の期間
　が満了したときは、第98条の規定を準用する。

第168條（鑑定人與必要之處分、許可票）

① 鑑定人就鑑定有必要之情形，經法院之許可，得進入有人住居或有人看守之住宅、建築物或船舶內，並得檢查身體、解剖遺體、挖掘墳墓、或破壞物品。

② 法院如要進行前項之許可，應簽發記載被告之姓名、罪名及應進入之場所、應檢查之身體、應解剖之遺體、應挖掘之墳墓或應破壞之物品，及鑑定人之姓名及其他法院規則所定事項之許可票。

③ 法院關於檢查身體，得附記認為適當之條件。

④ 鑑定人對於接受第1項處分之人，應出示許可票。

⑤ 前3項之規定，就鑑定人在審判庭進行的第1項之處分，不適用之。

⑥ 第131條、第137條、第138條及第140條之規定，就鑑定人依第1項規定，進行檢查身體準用之。

第168条（鑑定人と必要な処分、許可状）

① 鑑定人は、鑑定について必要がある場合には、裁判所の許可を受けて、人の住居若しくは人の看守する邸宅、建造物若しくは船舶内に入り、身体を検査し、死体を解剖し、墳墓を発掘し、又は物を破壊することができる。

② 裁判所は、前項の許可をするには、被告人の氏名、罪名及び立ち入るべき場所、検査すべき身体、解剖すべき死体、発掘すべき墳墓又は破壊すべき物並びに鑑定人の氏名その他裁判所の規則で定める事項を記載した許可状を発して、これをしなければならない。

③ 裁判所は、身体の検査に関し、適当と認める条件を附することができる。

④ 鑑定人は、第1項の処分を受ける者に許可状を示さなければならない。

⑤ 前3項の規定は、鑑定人が公判廷でする第1項の処分については、これを適用しない。

⑥ 第131条、第137条、第138条及び第140条の規定は、鑑定人の第1項の規定によつてする身体の検査についてこれを準用する。

第169條（受命法官）
法院，得命合議庭之庭員，就鑑定為必要之處分。但就第167條第1項規定之處分，不在此限。

第169条（受命裁判官）
裁判所は、合議体の構成員に鑑定について必要な処分をさせることができる。但し、第167条第1項に規定する処分については、この限りでない。

第170條（檢察官、辯護人之在場）
檢察官及辯護人，得於鑑定時在場。於此情形，準用第157條第2項之規定。

第170条（検察官・弁護人の立会い）
検察官及び弁護人は、鑑定に立ち会うことができる。この場合には、第157条第2項の規定を準用する。

第171條（準用規定）
前章之規定，除關於拘提之規定外，就鑑定準用之。

第171条（準用規定）
前章の規定は、勾引に関する規定を除いて、鑑定についてこれを準用する。

第172條（向法官聲請檢查身體）
① 受身體檢查之人，拒絕鑑定人依第168條第1項規定進行的身體檢查之情形，鑑定人得向法官聲請檢查該人之身體。

② 受理前項聲請之法官，得準用第10章之規定進行身體檢查。

第172条（裁判官に対する身体検査の請求）
① 身体の検査を受ける者が、鑑定人の第168条第1項の規定によつてする身体の検査を拒んだ場合には、鑑定人は、裁判官にその者の身体の検査を請求することができる。
② 前項の請求を受けた裁判官は、第10章の規定に準じ身体の検査をすることができる。

第173條（聲請鑑定費用、鑑定必要費用之支付、償還）
① 鑑定人，除旅費、日費及住宿費用外，得聲請鑑定費用，及收受鑑定必要費用之支給或償還。
② 鑑定人，在已預先收受鑑定必要費用的支給之情形，而無正當理由不到場，或拒絕宣誓或鑑定時，應返還收受該支給之費用。

第173条（鑑定料の請求、鑑定必要費用の支払・償還）
① 鑑定人は、旅費、日当及び宿泊料の外、鑑定料を請求し、及び鑑定に必要な費用の支払又は償還を受けることができる。
② 鑑定人は、あらかじめ鑑定に必要な費用の支払を受けた場合において、正当な理由がなく、出頭せず又は宣誓若しくは鑑定を拒んだときは、その支払を受けた費用を返納しなければならない。

第174條（鑑定證人）
就關於依特別之知識，已得知的過去事實之詰問，不適用本章規定，而適用前章之規定。

第174条（鑑定証人）
特別の知識によつて知り得た過去の事実に関する尋問については、この章の規定によらないで、前章の規定を適用する。

把人拉下來，你一定是在下面。

第十三章　通譯及翻譯
第十三章 通訳及び翻訳

第175條（通譯(1)）

使不通曉國語之人為陳述時，應命通譯進行翻譯。[66]

第175条（通訳(1)）

国語に通じない者に陳述をさせる場合には、通訳人に通訳をさせなければならない。

第176條（通譯(2)）

使喪失聽力之人或喪失語言之人為陳述時，得命通譯進行翻譯。

第176条（通訳(2)）

耳の聞えない者又は口のきけない者に陳述をさせる場合には、通訳人に通訳をさせることができる。

---

[66] 在法庭當場的翻譯（口譯）要完全準確性是很困難，因此，除了從（詰）訊問的方法等方面下工夫，並確認雙方主要意思是一件重要的工作；同時，為了事後確認翻譯內容，以避免爭執，針對口譯之錄音，就是一個確認的方法；另外，理解翻譯的內容，也是被告的權利之一，公民權利與政治權利國際公約第14條第3款規定，不能理解法院使用之語言或不會說法院使用之語言時，應當免費提供口譯；此可見田口守一，《刑事訴訟法：七版》，頁136以下。

第177條（翻譯）
非國語之文字或符號，得命翻譯之。

第177条（翻訳）
国語でない文字又は符号は、これを翻訳させることができる。

第178條（準用規定）
前章之規定，就通譯及翻譯準用之。

第178条（準用規定）
前章の規定は、通訳及び翻訳についてこれを準用する。

第十四章　證據保全

第十四章　証拠保全

第179條（聲請證據保全）

① 被告、犯罪嫌疑人或辯護人，如不事先保全證據，致該證據之使用有困難之情事，限於在第一次審判期日前，得向法官聲請扣押、搜索、勘驗、詰問證人或鑑定之處分。

② 受理前項聲請之法官，關於該處分，與法院或審判長有同一權限。

第179条（証拠保全の請求）

① 被告人、被疑者又は弁護人は、あらかじめ証拠を保全しておかなければその証拠を使用することが困難な事情があるときは、第1回の公判期日前に限り、裁判官に押収、捜索、検証、証人の尋問又は鑑定の処分を請求することができる。

② 前項の請求を受けた裁判官は、その処分に関し、裁判所又は裁判長と同一の権限を有する。

第180條（當事人文書、證物閱覽權、抄錄權）

① 檢察官及辯護人，得在法院閱覽及抄錄關於前條第1項處分之文書及證物。但就辯護人進行抄錄證物，應得到法院之許可。

② 不受前項之規定限制，於第157條之6第4項規定之影音儲存裝置，不得抄錄。

③ 被告或犯罪嫌疑人，經法官之許可，得在法院閱覽第1項之文書及證物。但被告或犯罪嫌疑人有辯護人時，不在此限。

第180条（当事者の書類・証拠物の閲覧権・謄写権）

① 検察官及び弁護人は、裁判所において、前条第1項の処分に関する書類及び証拠物を閲覧し、且つ謄写することができる。但し、弁護人が証拠物の謄写をするについては、裁判官の許可を受けなければならない。

② 前項の規定にかかわらず、第157条の6第4項に規定する記録媒体は、謄写することができない。

③ 被告人又は被疑者は、裁判官の許可を受け、裁判所において、第1項の書類及び証拠物を閲覧することができる。ただし、被告人又は被疑者に弁護人があるときは、この限りでない。

發現自己的短處，就是增加自己的長處。

第十五章　訴訟費用

第十五章 訴訟費用

第181條（被告、犯罪嫌疑人訴訟費用之負擔）

① 已經宣告刑罰時，應命被告負擔訴訟費用之全部或一部。但被告明顯因貧困致無法繳納訴訟費用時，不在此限。

② 因應可歸責被告的事由所生之費用，即使未宣告刑罰之情形，亦得命被告負擔訴訟費用。

③ 在僅檢察官提起上訴之情形，駁回上訴時或撤回上訴時，關於上訴之訴訟費用，不得命被告負擔。但就應可歸責被告的事由所生之費用，不在此限。

④ 在未提起公訴之情形，因應可歸責犯罪嫌疑人的事由所生之費用時，得命犯罪嫌疑人負擔訴訟費用。

第181条（被告人・被疑者の訴訟費用の負担）

① 刑の言渡をしたときは、被告人に訴訟費用の全部又は一部を負担させなければならない。但し、被告人が貧困のため訴訟費用を納付することのできないことが明らかであるときは、この限りでない。

② 被告人の責に帰すべき事由によつて生じた費用は、刑の言渡をしない場合にも、被告人にこれを負担させることができる。

③ 検察官のみが上訴を申し立てた場合において、上訴が棄却されたとき、又は上訴の取下げがあつたときは、上訴に関する訴訟費用は、これを被告人に負担させることができない。ただし、被告人の責めに帰すべき事由によつて生じた費用については、この限りでない。

④ 公訴が提起されなかつた場合において、被疑者の責めに帰すべき事由により生じた費用があるときは、被疑者にこれを負担させることがで

きる。

第182條（共犯訴訟費用之連帶負擔）
共犯之訴訟費用，得命共犯連帶負擔之。

第182条（共犯の訴訟費用の連帯負担）
共犯の訴訟費用は、共犯人に、連帯して、これを負担させることができる。

第183條（告訴人等之負擔訴訟費用）
① 就告訴、告發或依聲請，經提起公訴之案件，被告受無罪或免訴裁判之情形，告訴人、告發人或聲請人有故意或重大過失時，得命該人負擔訴訟費用。
② 就告訴、告發或有聲請之案件，未提起公訴之情形，告訴人、告發人或聲請人有故意或重大過失時，與前項規定同。

第183条（告訴人等の訴訟費用負担）
① 告訴、告発又は請求により公訴の提起があつた事件について被告人が無罪又は免訴の裁判を受けた場合において、告訴人、告発人又は請求人に故意又は重大な過失があつたときは、その者に訴訟費用を負担させることができる。
② 告訴、告発又は請求があつた事件について公訴が提起されなかつた場合において、告訴人、告発人又は請求人に故意又は重大な過失があつたときも、前項と同様とする。

第184條（上訴等之撤回與費用負擔）
檢察官以外之人，撤回上訴或撤回再審或撤回聲請通常裁判之情形，得命

該人負擔關於上訴、再審或通常裁判之費用。

第184条（上訴等の取下げと費用負担）

検察官以外の者が上訴又は再審若しくは正式裁判の請求を取り下げた場合には、その者に上訴、再審又は正式裁判に関する費用を負担させることができる。

第185條（被告負擔之裁判）

在依裁判終結訴訟程序之情形，命被告負擔訴訟費用時，應依職權為該項裁判。對於該裁判，限以就本案裁判有上訴時，始得聲明不服。

第185条（被告人負担の裁判）

裁判によつて訴訟手続が終了する場合において、被告人に訴訟費用を負担させるときは、職権でその裁判をしなければならない。この裁判に対しては、本案の裁判について上訴があつたときに限り、不服を申し立てることができる。

第186條（第三人負擔之裁判）

在依裁判終結訴訟程序之情形，命被告以外之人負擔訴訟費用時，應依職權另為該項裁定。對於該裁定，得提起即時抗告。

第186条（第三者負担の裁判）

裁判によつて訴訟手続が終了する場合において、被告人以外の者に訴訟費用を負担させるときは、職権で別にその決定をしなければならない。この決定に対しては、即時抗告をすることができる。

第187條（非以裁判終結訴訟之訴訟費用負擔）
在非依裁判終結訴訟程序之情形，命負擔訴訟費用時，應由最終案件繫屬之法院，依職權為該項裁定。對於該裁定，得提起即時抗告。

第187条（裁判によらない訴訟手続終了における訴訟費用負担）
裁判によらないで訴訟手続が終了する場合において、訴訟費用を負担させるときは、最終に事件の係属した裁判所が、職権でその決定をしなければならない。この決定に対しては、即時抗告をすることができる。

第187條之2（不起訴與訴訟費用負擔）
在不提起公訴之情形，命負擔訴訟費用時，應依檢察官之聲請，由法院以裁定行之。對於該裁定，得提起即時抗告。

第187条の2（不起訴と訴訟費用負担）
公訴が提起されなかつた場合において、訴訟費用を負担させるときは、検察官の請求により、裁判所が決定をもつてこれを行う。この決定に対しては、即時抗告をすることができる。

第188條（訴訟費用負擔數額之算定）
在命負擔訴訟費用之裁判中，未表示其金額時，應由指揮執行之檢察官算定之。

第188条（訴訟費用負担額の算定）
訴訟費用の負担を命ずる裁判にその額を表示しないときは、執行の指揮をすべき検察官が、これを算定する。

第十六章　費用之補償
第十六章　費用の補償

第188條之2（無罪判決與費用之補償）

① 無罪判決確定時，由國家對曾為該案件被告之人，進行補償該判決所需之費用。但就因應可歸責於曾為該被告之人而生之費用，得不予補償。

② 可認定因曾為被告之人，以誤導偵查或審判為目的，而為虛偽之自白，或製作其他有罪之證據，以致受到提起公訴時，得不為前項補償之全部或一部。

③ 依第188條之5第1項規定提出聲請補償之情形，就依第188條之4規定補償之費用，不予以第1項之補償。

第188条の2（無罪判決と費用の補償）

① 無罪の判決が確定したときは、国は、当該事件の被告人であつた者に対し、その裁判に要した費用の補償をする。ただし、被告人であつた者の責めに帰すべき事由によつて生じた費用については、補償をしないことができる。

② 被告人であつた者が、捜査又は審判を誤らせる目的で、虚偽の自白をし、又は他の有罪の証拠を作ることにより、公訴の提起を受けるに至つたものと認められるときは、前項の補償の全部又は一部をしないことができる。

③ 第188条の5第1項の規定による補償の請求がされている場合には、第188条の4の規定により補償される費用については、第1項の補償をしない。

第188條之3（費用補償之程序）

① 前條第1項之補償，依曾為被告之人之聲請，由作成無罪判決之法院以裁定行之。
② 前項之聲請，應在無罪判決確定之後6個月內為之。
③ 對於有關補償之裁定，得提起即時抗告。

第188条の3（費用補償の手続）

① 前条第1項の補償は、被告人であつた者の請求により、無罪の判決をした裁判所が、決定をもつてこれを行う。
② 前項の請求は、無罪の判決が確定した後6箇月以内にこれをしなければならない。
③ 補償に関する決定に対しては、即時抗告をすることができる。

第188條之4（檢察官上訴與費用之補償）

在僅檢察官單獨提起上訴之情形，上訴被駁回或撤回上訴，致涉及該上訴之原判決確定時，除了因該無罪判決確定之情形外，國家對該案件之被告或曾為被告之人，給予補償因上訴該審級所生之費用。但就因應可歸責於被告或曾為被告之人所生之費用，得不予補償。

第188条の4（檢察官上訴と費用の補償）

檢察官のみが上訴をした場合において、上訴が棄却され又は取り下げられて当該上訴に係る原裁判が確定したときは、これによつて無罪の判決が確定した場合を除き、国は、当該事件の被告人又は被告人であつた者に対し、上訴によりその審級において生じた費用の補償をする。ただし、被告人又は被告人であつた者の責めに帰すべき事由によつて生じた費用については、補償をしないことができる。

第188條之5（檢察官上訴與費用補償之程序）

① 前條之補償，依被告或曾為被告之人之聲請，由該上訴法院之最高法院或高等法院，以裁定行之。

② 前項之聲請，應由涉及該上訴之原判決確定之後，2個月內為之。

③ 對於高等法院所為關於補償之裁定，得提起第428條第2項之聲明異議。於此情形，亦準用關於即時抗告之規定。

第188条の5（検察官上訴と費用補償手続）

① 前条の補償は、被告人又は被告人であつた者の請求により、当該上訴裁判所であつた最高裁判所又は高等裁判所が、決定をもつてこれを行う。

② 前項の請求は、当該上訴に係る原裁判が確定した後2箇月以内にこれをしなければならない。

③ 補償に関する決定で高等裁判所がしたものに対しては、第428条第2項の異議の申立てをすることができる。この場合には、即時抗告に関する規定をも準用する。

第188條之6（補償費用之範圍）

① 依第188條之2第1項或第188條之4規定補償費用之範圍，僅限於被告或曾為被告之人或曾為此等辯護人之人，在審判前之準備程序及審判期日到場所需之旅費、日費及住宿費用，以及對於曾為辯護人之人的報酬；關於上開金額，就有關刑事訴訟費用之法律規定中，為被告或曾為被告之人，針對曾為證人、辯護人之人，準用關於辯護人之規定。[67]

---

[67] 此第188條之6第1項規定辯護人之報酬，係依據準用《關於刑事訴訟費用等法律》（昭和46年法律第41號）第8條第2項規定，由法院根據所認為適當而算定之；另有關國選辯護人之支給報酬額，目前日本司法支援中心，有明示其算定基準，即考慮案件之性質、內容、審理經過，及辯護活動之狀況等，核算之；可參見三井誠ほか編，《刑事訴訟法：七版》，頁237。

② 法院在審判前之準備程序或審判期日到場之辯護人有2人以上時，考量案件性質、審理狀況及其他情事，將前項曾為辯護人之人的旅費、日費及住宿費用，得限於涉及主任辯護人及其他一部分之辯護人。

第188条の6（補償きれる費用の範囲）

① 第188条の2第1項又は第188条の4の規定により補償される費用の範囲は、被告人若しくは被告人であつた者又はそれらの者の弁護人であつた者が公判準備及び公判期日に出頭するに要した旅費、日当及び宿泊料並びに弁護人であつた者に対する報酬に限るものとし、その額に関しては、刑事訴訟費用に関する法律の規定中、被告人又は被告人であつた者については証人、弁護人であつた者については弁護人に関する規定を準用する。

② 裁判所は、公判準備又は公判期日に出頭した弁護人が2人以上あつたときは、事件の性質、審理の状況その他の事情を考慮して、前項の弁護人であつた者の旅費、日当及び宿泊料を主任弁護人その他一部の弁護人に係るものに限ることができる。

第188條之7（刑事補償法之特例）

就有關補償之聲請或其他補償之程序、補償與依其他法律的損害賠償之關係、受補償權利之轉讓或扣押，以及對於被告或曾為被告之人之繼承人的補償，除依本法有特別規定情形外，依照刑事補償法（昭和25年法律第1號）第1條規定的補償之例處理。

第188条の7（刑事補償法の例）

補償の請求その他補償に関する手続、補償と他の法律による損害賠償との関係、補償を受ける権利の譲渡又は差押え及び被告人又は被告人であつた者の相続人に対する補償については、この法律に特別の定めがある場合のほか、刑事補償法（昭和25年法律第1号）第1条に規定する補償の例による。

喜歡你所做的每一件事，而不是喜歡做你想做的事。

第二編　第一審

第二編 第一審

第一章　偵查

第一章 捜査

第189條（一般司法警察與偵查）

① 警察官，分別依其他法律或國家公安委員會、或都道府縣公安委員會所規定，以司法警察之身分執行職務。

② 規定司法警察知有犯罪時，實施偵查犯人及證據。

第189条（一般司法警察職員と捜査）

① 警察官は、それぞれ、他の法律又は国家公安委員会若しくは都道府県公安委員会の定めるところにより、司法警察職員として職務を行う。

② 司法警察職員は、犯罪があると思料するときは、犯人及び証拠を捜査するものとする。

第190條（特別司法警察）

關於森林、鐵路及其他特別之事項，應以司法警察之身分執行職務者，及其職務之範圍，另以法律規定之。

第190条（特別司法警察職員）

森林、鉄道その他特別の事項について司法警察職員として職務を行うべ

き者及びその職務の範囲は、別に法律でこれを定める。

第191條（檢察官、檢察事務官與偵查）
① 檢察官認為必要時，得自行偵查犯罪。
② 檢察事務官，應受檢察官之指揮進行偵查。

第191条（検察官・検察事務官と捜査）
① 検察官は、必要と認めるときは、自ら犯罪を捜査することができる。
② 検察事務官は、検察官の指揮を受け、捜査をしなければならない。

第192條（關於偵查之協助）
檢察官與都道府縣公安委員會及司法警察，關於偵查應相互協力。

第192条（捜査に関する協力）
検察官と都道府県公安委員会及び司法警察職員とは、捜査に関し、互に協力しなければならない。

第193條（檢察官對於司法警察之指示、指揮）
① 檢察官依其管轄區域，對司法警察關於偵查得作出必要的一般性指示。在此情形之指示，為適切地進行偵查及確保其他公訴之實施，規定根據訂立有關必要事項之一般性的準則來執行。
② 檢察官依其管轄區域，為了對司法警察要求協助偵查，得作出必要的一般性指揮。
③ 檢察官在自行偵查犯罪之情形，有必要時，得指揮司法警察命其輔助偵查。
④ 在前3項之情形，司法警察應服從檢察官之指示或指揮。

第193条（検察官の司法警察職員に対する指示・指揮）

① 検察官は、その管轄区域により、司法警察職員に対し、その捜査に関し、必要な一般的指示をすることができる。この場合における指示は、捜査を適正にし、その他公訴の遂行を全うするために必要な事項に関する一般的な準則を定めることによつて行うものとする。

② 検察官は、その管轄区域により、司法警察職員に対し、捜査の協力を求めるため必要な一般的指揮をすることができる。

③ 検察官は、自ら犯罪を捜査する場合において必要があるときは、司法警察職員を指揮して捜査の補助をさせることができる。

④ 前3項の場合において、司法警察職員は、検察官の指示又は指揮に従わなければならない。

第194條（對司法警察之懲戒、罷免之訴追）

① 檢察總長、檢察長或地方檢察廳廳長，在司法警察無正當理由，不服從檢察官之指示或指揮之情形，認為必要時，就身為警察官之司法警察，得向國家公安委員會或都道府縣公安委員會；就身為警察官者以外的司法警察，得向該人有懲戒或罷免權限之人，分別提出懲戒或罷免之訴追。

② 國家公安委員會、都道府縣公安委員會，或身為警察官者等具有懲戒或罷免以外的司法警察權限之人，認為前項之訴追有理由時，應依其他法律所規定，進行懲戒或罷免受訴追之人。

第194条（司法警察職員に対する懲戒・罷免の訴追）

① 検事総長、検事長又は検事正は[1]、司法警察職員が正当な理由がなく

---

[1] 検事総長（最高検察廳廳長）、検事長（高等検察廳廳長）、以及検事正（地方検察廳廳長），検察機構與四級法院相對應，分為最高検察廳、高等検察廳、地方検察廳、區（鎮）検察廳。検察官分為検事總長（總検察長）、次長検事、検事長（高等検察廳長）、検事（地方検察廳長稱検事正）、副検事等。検事長以上官員由內閣任

検察官の指示又は指揮に従わない場合において必要と認めるときは、警察官たる司法警察職員については、国家公安委員会又は都道府県公安委員会に、警察官たる者以外の司法警察職員については、その者を懲戒し又は罷免する権限を有する者に、それぞれ懲戒又は罷免の訴追をすることができる。

② 国家公安委員会、都道府県公安委員会又は警察官たる者以外の司法警察職員を懲戒し若しくは罷免する権限を有する者は、前項の訴追が理由のあるものと認めるときは、別に法律の定めるところにより、訴追を受けた者を懲戒し又は罷免しなければならない。

第195條（檢察官等之管轄區域外職務執行）

檢察官及檢察事務官，為了偵查有必要時，得在管轄區域外執行職務。

第195条（検察官等の管轄区域外職務執行）

検察官及び検察事務官は、捜査のため必要があるときは、管轄区域外で職務を行うことができる。

第196條（偵查上之注意事項）

檢察官、檢察事務官及司法警察、以及辯護人，或於其他職務上與偵查有關之人，應注意設法避免侵害犯罪嫌疑人或其他人之名譽，並注意設法勿讓他人造成妨害偵查。

第196条（捜査上の注意）

検察官、検察事務官及び司法警察職員並びに弁護人その他職務上捜査に関係のある者は、被疑者その他の者の名誉を害しないように注意し、且

命，法務大臣對檢事總長有指揮權等《日本檢察廳法》第1條至第10條、第14條；可見日本法務省網站（附於書末）。

つ、捜査の妨げとならないように注意しなければならない。

第197條（偵查中必要之調查、請求通信電磁紀錄之保全）

① 就偵查為達成其目的，得進行必要之調查。但強制處分，如本法無特別規定之情形，不得為之。

② 就偵查得照會公務機關或公私團體，並要求必要事項之報告。

③ 檢察官、檢察事務官或司法警察，為了執行扣押或附紀錄命令之扣押，有必要時，對於經營提供用於執行電氣通信之設備，供他人通信之用的事業者，或為了自己的業務設置可媒介不特定或多數人進行通信之設備者，得以書面訂定不超過30日之期間，要求不得刪除其業務上紀錄之特定電信送信者、收信者、通信日時及其他必要之電磁紀錄。在此情形，就該電磁紀錄，最後認為執行扣押或附紀錄命令扣押沒有必要時，應撤銷上開之要求。

④ 依前項之規定，就要求不刪除之期間，有特別必要時，得在不超過30日之範圍內延長之。但要求不刪除之期間，通常不得超過60日。

⑤ 在進行依第2項或第3項規定之要求的情形，有必要時，得要求上開事業者不得任意洩漏相關之事項。

第197条（捜査に必要な取調べ、通信履歴の電磁的記録の保全要請）

① 捜査については、その目的を達するため必要な取調をすることができる。但し、強制の処分は、この法律に特別の定のある場合でなければ、これをすることができない。

② 捜査については、公務所又は公私の団体に照会して必要な事項の報告を求めることができる。

③ 検察官、検察事務官又は司法警察員は、差押え又は記録命令付差押えをするため必要があるときは、電気通信を行うための設備を他人の通信の用に供する事業を営む者又は自己の業務のために不特定若しくは多数の者の通信を媒介することのできる電気通信を行うための設備を設置している者に対し、その業務上記録している電気通信の送信元、

送信先、通信日時その他の通信履歴の電磁的記録のうち必要なものを特定し、30日を超えない期間を定めて、これを消去しないよう、書面で求めることができる。この場合において、当該電磁的記録について差押え又は記録命令付差押えをする必要がないと認めるに至つたときは、当該求めを取り消さなければならない。

④ 前項の規定により消去しないよう求める期間については、特に必要があるときは、30日を超えない範囲内で延長することができる。ただし、消去しないよう求める期間は、通じて60日を超えることができない。

⑤ 第2項又は第3項の規定による求めを行う場合において、必要があるときは、みだりにこれらに関する事項を漏らさないよう求めることができる。

　　上開第197條第1項規定：「就偵查爲達其目的，得進行必要之調查。但強制處分除本法有特別規定之，不得爲之。」從本條項的文義解釋，即宣示偵查中，以「任意偵查原則」作爲原則性的規定；而例外有強制處分情形，則必須要法律依據之特別規定，始得爲之，此乃爲充分保障人權，故謂「強制處分法定主義」。[2]

　　一個法治國爲避免侵害人權，並兼顧執法之正當性，釐清強制處分與任意處分之分際，誠屬重要；因而，論述二者間之區別，及其二者間界限如何判斷，分述如下：

壹、強制處分與任意處分之區別

　　日本法上，就強制處分的定義爲何？並無明文；因而，有關強制處分與任意處分區別之學說，大要有以下五說：

　　甲、有形強制力説：此説是傳統的見解，此説以二人代表，一者謂伴

---

[2] 井上正仁，《強制捜査と任意捜査》，有斐閣，2014年12月新版，頁2-3；池田修、前田雅英，《刑事訴訟法講義》，東京大学出版会，2012年2月四版，頁80。

隨直接強制之物理有形力的行使，以及課以制裁義務之間接強制（例如通知或傳喚不到庭，即有後續的拘提處分），即是所謂「強制處分」；除此以外，則稱爲「任意處分」[3]。二者指偵查中，有所謂沒有使用強制力之情形，以及使用強制力之情形；前者即是任意偵查，而後者是依據強制處分所進行的偵查，則稱爲強制偵查；易言之，所謂「強制」不僅指物理的強制力，尚包括使相對人負有觀念上義務之情形。[4]

　　乙、半強制說：又稱「中間階段說」，指在強制處分與任意處分之間，尚有一個過度的階段，而此階段，並不涉及強制力的行使；惟此階段，係爲了「說服」行爲，雖爲有形力的行使，但尚未到達實施強制力的階段，則稱爲「任意處分」[5]；例如爲了勸請、說服相對人任意同行的搭肩行爲，即屬適例。

　　丙、侵害個人權利、利益説：此說認爲強制處分，並不是在於是否是有形力的行使，乃因沒有得到相對人的同意，而有侵害個人權益、利益的處分作爲其判斷基準[6]。

　　丁、重要權利、利益之實質性侵害説：主張此說者，以二人爲代表，一爲學者三井誠認爲：以是否是實質侵害或危害相對人的權利、利益的處分，作爲其強制處分之判斷基準[7]。二爲學者井上正仁認爲：所謂「強制處分」，乃指壓制個人的意思，以及制約其個人身體、住居、財產等重要權利、利益之實質性侵害即屬之[8]；換言之，不應單純僅考量侵害程度之問題，而應著眼於權利、利益所侵害乃至制約之「質」的問題；藉以區別何者是重要的權利、利益？何者不是重要的權利、利益。[9]

---

[3] 團藤重光，《条解刑事訴訟法（上）》，弘文堂，1950年3月初版，頁361。

[4] 平野龍一，《刑事訴訟法》，有斐閣，1958年12月初版，頁82。

[5] 出射義夫，〈任意、実力、強制〉，ジュリスト65号，1954年9月，有斐閣，頁41；出射義夫，《検察・裁判・弁護》，有斐閣，1973年6月初版，頁144以下。

[6] 田宮裕，《刑事訴訟法》，有斐閣，1998年12月新版七版，頁71。

[7] 三井誠，《刑事手続法（Ⅰ）》，有斐閣，2003年8月新版，頁81。

[8] 井上正仁，同前註1，頁12；井上正仁，〈強制処分与任意処分の限界〉，《刑事訴訟法判例百選》，有斐閣，2005年3月八版，頁5。

[9] 井上正仁，《強制搜查と任意搜查》，有斐閣，2014年12月新版，頁12。

　　戊、新的強制處分說：此說認為在一定的條件下，宜承認所謂「無令狀的強制處分」存在，例如照相、攝影、手機、電話通訊監聽等，皆屬侵害個人隱私之重要權利、利益事項；因而，依據日本憲法第31條精神（相當我國憲法§8），基於正當法律程序之要求，在「必要性」、「相當性」等一定條件下，而宜承認其有「無令狀的強制處分」存在[10]。惟此說缺點，於立法上有其困難，且判斷標準不一，於現實必要上難以適用；同時，若採此寬鬆解釋之「無令狀強制處分」，將會弱化「令狀主義」之危險。[11]

　　上開五說，目前日本學者通說，採「丁、重要權利、利益之實質性侵害說」[12]，並依序評析與論述如下：

一、日本學者指出：三井誠認為，以是否是實質侵害或危害相對人的權利、利益的處分，作為其強制處分之判斷基準；與井上正仁認為：所謂「強制處分」，乃指壓制個人的意思，以及制約其個人身體、住居、財產等重要權利、利益之實質性侵害的區分有異；且其區別基準之適用於結論上，亦有所不同[13]。惟筆者認為上開二位學者，雖於判斷角度有所不同，然二者判斷基準仍在於有無「重要權利、利益之實質性侵害說」為論據。

二、關於有形力的行使，例如司法警察官為了叫住相對人，而以手輕輕地抓住其手腕，從外觀上而言，雖似有形力的行使；惟如果馬上認定這是強制處分，則是值得商榷的；蓋偵查中，司法警察官往往對相對人所為「職務詢問」或請其「任意同行」，而使用現實有形力欲將其帶

[10] 大久保隆志，《刑事訴訟法》，新世社，2014年4月初版，頁24；安富潔，《刑事訴訟法》，三省堂，2013年6月二版，頁41。

[11] 椎橋隆幸，《刑事訴訟法の理論的展開》，信山社，2010年8月初版，頁8。

[12] 井上正仁、大澤裕，川出敏裕編，《刑事訴訟法判例百選》，有斐閣，2017年5月十版，頁54；栗田知穗，《エクササイズ刑事訴訟法》，有斐閣，2016年3月初版，頁57；上口裕，《刑事訴訟法》，成文堂，2013年10月三版，頁64；池田修、前田雅英，《刑事訴訟法講義》，東京大学出版会，2012年2月四版，頁86；椎橋隆幸，同前註11，頁8。

[13] 椎橋隆幸，同前註11，頁8。

走，惟置於此種壓制下的行為是不被許可的；但相對人若突然站起來企圖想要走開離去等相似類行為；此時，司法警察官為了要制止其離去行為，而為搭肩或捉住其手腕，或輕握其手肘等行為，均屬尚未達到強制處分，乃為法所容許之行為，此於日本早期的實務判例，已多次宣示這樣之見解。[14]

三、嗣日本於1976年（昭和51）著名判例，即進一步宣示著：(1)所謂「強制處分」，並非意味著伴隨有形力行使之手段；也就是不以有形力作為判斷標準；(2)凡對壓制其個人意志，以及加諸於身體、住居、財產等之制約等二個要素，來作為強制處分判定之標準；(3)即使在不符合強制手段之有形力行使，仍有可能侵害某種法益或有侵害之危險情形；因此，若不問何種情況，均為容許的話，應屬不相當；故應考量其必要性、緊急性等之後，在具體的情況下，被認為在相當之限度內，始可稱得上是被容許的[15]。可見日本實務判例，針對任意偵查可能會侵害權利的界限，以「必要性、緊急性」、「相當性」作為判斷基準，乃為多數學者所採。[16]

四、2009年日本實務亦認為，司法偵查機關並沒有得到寄貨人與收貨人之允許，就宅配業者於運送過程中的貨物，從外部以X光來照射，並針對觀察照射貨物內容之行為，此乃嚴重侵害對寄貨人與收貨人貨物內容之個人隱私權，可以解釋為具有勘驗性質之強制處分[17]。從這個判例觀點認為：(1)違背相對人的意思；(2)以是否對於重要權利或利益的侵害乃至制約，來作為任意處分與強制處分之區別基準；(3)即使被歸類為任意偵查，仍要考量其必要性、緊急性，以及檢討其具體

---

[14] 最(一)決昭29.7.15刑集8.7.2294、札幌高裁函館支判昭27.12.15高刑集5.12.2294、仙台高判昭30.10.13高刑裁特2.12.998。

[15] 最判昭51.3.16刑集30.2.187。

[16] 酒卷匡，《刑事訴訟法》，有斐閣，2015年11月初版，頁34-35；大久保隆志，同前註10，頁24；池田修、前田雅英，同前註12，頁86；田口守一，《刑事訴訟法》，弘文堂，2017年4月七版，頁43-44。

[17] 最決平21.9.28刑集63.7.868。

事例，在何種場合與何種範圍內，有無被相當性的容許。[18]

五、2017年3月15日有關GPS（衛星定位偵查）偵查，日本實務判決理由亦重申上開1976年（昭和51）判例見解略謂：未經汽車使用者之同意，秘密安裝GPS於其車輛，而為檢索並掌握其行蹤位置，此等以GPS作為刑事程序上的偵查行為，據此機器秘密安裝，可能造成侵害個人之隱私權，可以合理的推認違反其個人之意思；此種侵入私領域GPS偵查手段，有壓制個人之意思，而且是侵害憲法所保障的重要之法律利益，此種處分若在刑事訴訟法上，若沒有特別規定的話，即屬不被容許之強制處分[19]。換言之，目前日本實務認為以GPS作為刑事程序上的偵查行為，係屬無令狀不得為之的強制處分；我國實務亦採此見解（106年台上第3788號判決）。

六、日本學者認為，所謂「強制處分」，乃指：(1)違反相對人的意思；(2)重要權利、利益之實質性侵害[20]。而此見解，相當於上開日本學者井上正仁所採「丁、重要權利、利益之實質性侵害說」，就此，故可推論日本此上開最新判例，似傾向採學者井上正仁之見解。

貳、強制處分與任意處分之界限如何判斷

　　強制或任意處分之界限為何？如何判斷法無明文。例如對犯罪嫌疑人要求其打開其身上所持有物，若當相對人拒絕時之情形，嗣司法警察從其口袋外觀而予觸摸，似感覺確實有東西的場合，此是否該當於實質的搜索或強制處分？即屬不明；因而，作為任意處分到底要到何種程度，才算是被允許？而它的界限又在哪裡？這都是我們必須檢討的。

　　在此，首先必須檢討被侵害的權利內容與其侵害的程序、態樣；依據被侵害的內容與態樣不同，被允許侵害之程度與態樣也不相同；因此，考慮侵害的程度與態樣都認為是必要的。而偵查中，有多少程度是屬必要

---

[18] 三井誠ほか編，《刑事訴訟法》，日本評論社，2018年2月三版，頁245。

[19] 最決平29.3.15刑集71.3.13。

[20] 川出敏裕，《刑事訴訟法（搜查、證據篇）》，立花書房，平成28年4月初版，頁4-5；栗田知穗，同前註12，頁57。

性？也是我們必須檢討的，當偵查於必要性較高的場合，就必須以較強硬程度的手段；是故，這個「必要性」有等級、層次之分，所以必須考慮其必要性的程度。

如此一來，任意偵查的界限，一般認為要依據被侵害利益的內容，及侵害程度、態樣，與其偵查的必要性等相關情狀來決定。在偵查活動中，最廣義的意義，包括警察行政職務活動，故可稱為一般的「偵查比例原則」（或稱單純的「比例原則」）；因而，我們可以說，以被侵害利益的內容，以及侵害程度、態樣，與偵查之必要性等彼此間的「平衡」，來作為認定是否為「任意偵查」活動的界限。

然而，日本實務判例認為：即使不符合強制手段的有形力行使，也可能會侵害某種法益、或有侵害危險之可能；因此，若不問為何種情況，均為容許的話，應認為是不相當。所以，應在考量其必要性、緊急性之後，於具體情況下，在認為相當的限度內，始被容許。[21]

上開昭和51年（1976）判例即在闡述有形力行使的界限，也是在說明與規範「任意偵查」之一般界限。所謂「必要性、緊急性」，指進行該偵查活動，所採取案件偵查手段是必要的；否則，一旦若錯失該時點，就會導致將來案件偵查之進行，會有困難乃至不可能之情形。所謂「相當性」，指該具體的狀況下，與偵查必要性來作比較衡量，而能符合社會一般通念之相當性手段而言。在此意義下，日本實務判例針對任意偵查可能會侵害權利、利益之界限，而以「必要性、緊急性」、「相當性」作為判斷基準，乃為多數學者所採。[22]

同時，日本學者指出，因為「必要性」是指時間已有迫切性；若從廣義而言，「必要性」應包括「緊急性」，蓋「必要性」本身即包含有「緊急性」；因此，把「必要性」當成一個獨立的要素，而與「緊急性」分別並列，倒不如將「必要性、緊急性」一起作為判斷要素會更周延[23]；吾人

---

[21] 最決昭51.3.16刑集30.2.187。

[22] 酒卷匡，同前註16，頁34-35；大久保隆志，同前註10，頁24；池田修、前田雅英，同前註12，頁86；田口守一，同前註16，頁43-44。

[23] 大久保隆志，同前註10，頁23。

以幾個具體案例，說明如下：

第一個案例：以作爲類似接近有形力行使的類型，例如司法警察阻止相對人移動場所，而予以留置現場之措施，這樣的留置措施是否逸脫任意偵查之界限，仍有不少的爭議？例如：(1)有吸毒之犯罪嫌疑人；(2)從外觀上來看，有吸毒之異常舉止行動；(3)而且，明明在下雪容易滑倒的道路上，卻又甘冒危險的發動開車行爲；而司法警察爲拿下其車子鑰匙之後，將留置嫌疑人於現場達6個半小時；此司法警察爲了要求任意同行，固然可以稱得上是「說服」行爲，惟長時間剝奪相對人的移動自由，在這一點上，顯然逸脫任意偵查的界限。[24]

在此，檢討上開(1)及(2)的行爲，顯然有符合偵查上的「必要性」要件。(3)爲路滑又甘冒危險之開車行爲，若不及時阻止，相對人即有可能開車離開，故亦符合「緊急性」；因而，此實質上，已滿足該當「必要性、緊急性」此二要件之判斷。但是司法警察取下其鑰匙，而阻止開車行爲且留置長時間的這一點上，縱然即使當初的行爲是適法，也因長時間限制相對人移動自由，致有法益上侵害，即屬欠缺「相當性」之判斷要件而有不當。[25]

因此，這個限制移動自由是一種法益之侵害，而以此長時間之繼續性侵害，來作爲判斷「相當性」的決定要素，實屬的論。雖然此時沒有直接拘束其身體，尚稱不上是逮捕的行爲，惟事實上，已限制相對人在一定場所範圍的移動，可謂已剝奪相對人的移動自由，而得評價爲如同監禁的狀態；換言之，雖然絲毫沒有採用直接強制身體的手段，但已形同被「網子罩住」一般；猶如在「網子」範圍內，雖然可以自由活動，惟卻無法離開此種繼續狀態範圍之外，此種附加繼續狀態期間的侵害程度，應可認定已逸脫「相當性」的範圍。[26]

第二個案例：與此同樣的情形，例如吸毒之犯罪嫌疑人，由司法警察依法爲職務詢問起至聲請強制驗尿令狀之提出，約有4小時留置在現場的

---

[24] 最決平6.9.16刑集48.6.20。

[25] 大久保隆志，同前註10，頁24。

[26] 大久保隆志，同前註10，頁24-25。

案例；嗣經司法警察放棄對嫌疑人請求任意驗尿，而改以聲請強制驗尿而言，此意味犯罪嫌疑人有濃厚的犯罪涉嫌；就此時點，實務認為是個「分水嶺」，而有到達「強制程序之移行階段」；雖然「任意處分」的性質並沒有改變，惟與「純粹的任意處分」性質已有所不同；這種達到「移行階段」就犯罪嫌疑人行蹤所在的確保，有非常高的必要性，故此相當程度強烈要求犯罪嫌疑人留置在現場之處置，是被容許的；因而，日本實務認為本件留置行為是適法的。[27]

第三個案例：日本實務亦認為，對已經停車的犯罪嫌疑人所為之職務詢問，嗣犯罪嫌疑人在下車而站立小便後，隨即上車欲開車離去，嗣由司法警察拔去車鑰匙之後，隨即留置現場繼續詢問，嗣約2小時後，犯罪嫌疑人請求歸還汽車鑰匙被拒絕後，更有後續1小時半留置雖屬違法；惟司法警察於開始職務詢問後約50分鐘，即開始為強制採尿令狀之聲請，而迅速採取此等手續作為理由，並無重大違法之處，係屬適法之例[28]；蓋司法警察即使為令狀之聲請，惟其核發准否，尚屬不明之階段，故日本實務認為對相對人為移動自由多一層的限制，並無不當。

第四個案例：針對有無限制移動自由一事，於疑似吸食毒品為開始的職務詢問，在勸告任意同行而有明顯不配合態度之犯罪嫌疑人，嗣於汽車內留置長達3小時，顯已超過說服行為之限度，而有剝奪相對人之移動自由；例如在車站附近的汽車分隔島，就涉嫌吸毒嫌疑人為職務詢問，從開始職務詢問到強制採尿令狀之聲請，長達2小時30分乃至3小時10分，而有阻擋犯罪嫌疑人進出等行為，實務認為就司法警察所為該車站附近半徑約50公尺的留置犯罪嫌疑人措施，係屬違法。[29]

綜上所述，上開渠等案件，雖然是就具體個案而為認定，就承認其「必要性」殊值肯定，但在「相當性」的判斷上，乃有可能是違法的情形；因此，縱因留置的措置當初並沒有違法，於空間軸的考量其強制程度

---

[27] 東京高判平22. 11. 8高刑集63. 3. 4；與此同樣裁判例，東京高判平21. 7. 1判夕1314號302頁。

[28] 東京高判平23. 3. 17東高刑時報62卷1~12號23頁。

[29] 東京高判平20. 9. 25東高刑時報59卷1~12號83頁。

雖屬較低；惟若留置相對人過久，則在時間軸之累積侵害程度，顯有較高的情形時，於經綜合考量之後，仍有可能達到逸脫「相當性」的範疇。

第198條（要求犯罪嫌疑人到場、詢問）

① 檢察官、檢察事務官或司法警察，就實施犯罪之偵查有必要時，得要求犯罪嫌疑人到場進行詢問。但犯罪嫌疑人除了被逮捕或羈押之情形外，得拒絕到場或於到場後得隨時離開。

② 於前項詢問之際，對於犯罪嫌疑人應事先告知，無須違反自己之意思而為供述之要旨。

③ 犯罪嫌疑人之供述，得製作成筆錄。

④ 前項筆錄，應使犯罪嫌疑人閱覽，或向其宣讀，詢問有無錯誤，犯罪嫌疑人提出聲明增減、變更時，應將該供述記載於筆錄。

⑤ 犯罪嫌疑人聲明筆錄無誤時，得要求其簽名蓋章。但經拒絕之情形，不在此限。

第198条（被疑者の出頭要求・取調べ）

① 検察官、検察事務官又は司法警察職員は、犯罪の捜査をするについて必要があるときは、被疑者の出頭を求め、これを取り調べることができる。但し、被疑者は、逮捕又は勾留されている場合を除いては、出頭を拒み、又は出頭後、何時でも退去することができる。[30]

② 前項の取調に際しては、被疑者に対し、あらかじめ、自己の意思に反

---

[30] 此第198條第1項的立法意旨，並無強制處分之性質，如同我們司法警察通知書的性質（我國刑訴§71之1），因而，就本條日文所稱「取り調べる」，固可譯為「調查、訊問、尋問、審訊」等意，此可參見：日文電子辭書（CASIO XD-A6800）中，広辞苑、明鏡国語、日中辞典等自明；惟為配合我國刑訴之法律用語，例如我國刑訴第100條之1的訊問被告（指檢察官或法官所為之訊問），及第100條之2的詢問犯罪嫌疑人（指司法警察官或司法警察詢問犯罪嫌疑人）不同，故此處譯為「詢問」，以符合我國之法律性質及其法律用語；同時，於往後有此相同性質之法律用語（例如日本刑訴§223、§226、§227、§301之2），均譯為「詢問」，特予敘明。

して供述をする必要がない旨を告げなければならない。

③ 被疑者の供述は、これを調書に録取することができる。

④ 前項の調書は、これを被疑者に閲覧させ、又は読み聞かせて、誤がないかどうかを問い、被疑者が増減変更の申立をしたときは、その供述を調書に記載しなければならない。

⑤ 被疑者が、調書に誤のないことを申し立てたときは、これに署名押印することを求めることができる。但し、これを拒絶した場合は、この限りでない。

◇ 強制處分與令狀主義

　　上開第198條第1項規定：「檢察官、檢察事務官或司法警察，就實施犯罪之偵查有必要時，得要求犯罪嫌疑人到場進行詢問。但犯罪嫌疑人除了被逮捕或羈押之情形外，得拒絕到場或於到場後得隨時離開。」顯然本項規定，係屬「通知書」的性質，檢察官僅得要求犯罪嫌疑人到場接受詢問，並無強制處分的性質；此與我國現行檢察官擁有傳喚（我國刑訴§71-§72）、拘提（我國刑訴§75-§77）等強制處分權限迥異。

　　換言之，日本法上，只要有拘束人身自由之處分，除現行犯之逮捕（§212）、緊急逮捕（§210）外，均採由法院核發的司法審查（§199），又稱爲「令狀主義」。然而，從過去以來，日本多數的學者往往把「強制處分法定主義」與「令狀主義」二者，視爲一體而混同之[31]；惟最近學者認爲：「強制處分法定主義」與「令狀主義」二者性質迥異，而各自具有獨立存在之意義；前者（強制處分法定主義），乃在規範該處分，係由誰以什麼樣的形式，來運用該強制處分之判斷；後者（令狀主義），乃在立法規範認定許可情況之條件、以及針對具體個案准許與否之處分[32]。易言之，「強制處分法定主義」乃屬立法所欲規範的範疇，

---

[31] 田宮裕，《刑事訴訟法》，有斐閣，1998年12月新版七刷，頁72；米山耕二，〈犯罪捜査と写真撮影〉，《刑事訴訟法の理論と実務─施行30年の總檢討》，判例タイムズ社，1980年10月発行，頁273。

[32] 井上正仁，《強制捜査と任意捜査》，有斐閣，2014年12月新版，頁28；椎橋隆幸，

與「令狀主義」係法院針對具體個案之司法審查有別。[33]

　　從上開觀點得知，就我國刑訴法所謂「強制處分法定主義」，僅指現行法律有明文規定之強制處分而言，例如檢察官擁有傳喚、拘提或限制出境、出海等權限，均係法律有明文規定；惟「令狀主義」，則專指司法審查而言，例如羈押（我國刑訴§102Ⅳ）、搜索（我國刑訴§128Ⅲ）等，均由法院裁定核發；因此，就我國現行法而言，「強制處分法定主義」與「令狀主義」二者性質迥異。易言之，「令狀主義」必是「強制處分法定主義」；然「強制處分法定主義」未必就是「令狀主義」。

第199條（令狀逮捕之要件）

① 檢察官、檢察事務官或司法警察，有相當之理由足以懷疑犯罪嫌疑人犯罪時，得依法官事先核發之逮捕票進行逮捕。但就適用30萬元（就有關刑法、暴力行為處罰之法律及關於經濟關係罰則整備法律以外之罪，目前暫定2萬元）以下之罰金、拘役或罰款之罪，以犯罪嫌疑人無固定之住居所或無正當理由，而不回應依前條規定要求到場之情形為限。

② 法官有相當之理由足以懷疑犯罪嫌疑人犯罪時，依檢察官或司法警察（就身為司法警察官之司法警察，由國家公安委員會或都道府縣公安委員會指定之警部以上者為限，在本條以下同。）之聲請，核發前項之逮捕票。但明顯認為無逮捕必要時，不在此限。

③ 檢察官或司法警察在第1項聲請逮捕票之情形，就同一犯罪事實對該犯罪嫌疑人之前已聲請或已核發逮捕票時，應將該意旨通知法院。

第199条（逮捕状による逮捕の要件）

① 検察官、検察事務官又は司法警察職員は、被疑者が罪を犯したことを

《刑事訴訟法の理論的展開》，信山社，2010年8月初版，頁8。

[33] 酒卷匡，《刑事訴訟法》，有斐閣，2015年11月初版，頁24-25；安富潔，《刑事訴訟法》，三省堂，2017年4月四版，頁51；渡辺直行，《刑事訴訟法》，成文堂，2011年3月補訂版，頁28、頁36。

疑うに足りる相当な理由があるときは、裁判官のあらかじめ発する逮捕状により、これを逮捕することができる。ただし、30万円（刑法、暴力行為等処罰に関する法律及び経済関係罰則の整備に関する法律の罪以外の罪については、当分の間、2万円）以下の罰金、拘留又は科料に当たる罪については、被疑者が定まつた住居を有しない場合又は正当な理由がなく前条の規定による出頭の求めに応じない場合に限る。

② 裁判官は、被疑者が罪を犯したことを疑うに足りる相当な理由があると認めるときは、検察官又は司法警察員（警察官たる司法警察員については、国家公安委員会又は都道府県公安委員会が指定する警部以上の者に限る。以下本条において同じ。）の請求により、前項の逮捕状を発する。但し、明らかに逮捕の必要がないと認めるときは、この限りでない。

③ 検察官又は司法警察員は、第1項の逮捕状を請求する場合において、同一の犯罪事実についてその被疑者に対し前に逮捕状の請求又はその発付があつたときは、その旨を裁判所に通知しなければならない。

第200條（逮捕票之方式）

① 逮捕票，應記載犯罪嫌疑人之姓名及住居所、罪名、犯罪嫌疑事實之要旨、應解送之機關或其他場所，有效期間及經過該期間後不得進行逮捕，並應退還逮捕票之意旨，以及簽發之年月日及其他依法院規則所規定之事項，並應由法官簽名、蓋章。

② 第64條第2項及第3項之規定，關於逮捕票準用之。

第200条（逮捕状の方式）

① 逮捕状には、被疑者の氏名及び住居、罪名、被疑事実の要旨、引致すべき官公署その他の場所、有効期間及びその期間経過後は逮捕をすることができず令状はこれを返還しなければならない旨並びに発付の年月日その他裁判所の規則で定める事項を記載し、裁判官が、これに記

名押印しなければならない。

② 第64条第2項及び第3項の規定は、逮捕状についてこれを準用する。

第201條（逮捕票之逮捕程序）

① 如要依逮捕票逮捕犯罪嫌疑人，應向犯罪嫌疑人出示逮捕票。

② 第73條第3項之規定，依逮捕票逮捕犯罪嫌疑人之情形準用之。

第201条（逮捕状による逮捕の手続）

① 逮捕状により被疑者を逮捕するには、逮捕状を被疑者に示さなければならない。

② 第73条第3項の規定は、逮捕状により被疑者を逮捕する場合にこれを準用する。

第202條（移送檢察官、司法警察官）

檢察事務官或司法巡查，已依逮捕票逮捕犯罪嫌疑人時，檢察事務官應立即移送檢察官，司法巡查應立即解送於司法警察官。

第202条（検察官・司法警察員への引致）

検察事務官又は司法巡査が逮捕状により被疑者を逮捕したときは、直ちに、検察事務官はこれを検察官に、司法巡査はこれを司法警察員に引致しなければならない。

第203條（司法警察逮捕程序、移送檢察官時間之限制）

① 司法警察依逮捕票逮捕犯罪嫌疑人時，或接收依逮捕票所逮捕之犯罪嫌疑人時，應立即告知犯罪事實之要旨及得選任辯護人要旨之後，並給予辯解之機會，認為無留置之必要時，應立即釋放；認為有留置之必要時，應從犯罪嫌疑人身體受拘束之時起48小時內，將犯罪嫌疑人連同文

書及證物，一併移送檢察官之程序。

② 在前項情形，詢問犯罪嫌疑人有無辯護人；如犯罪嫌疑人有辯護人時，即無需告知得選任辯護人之要旨。

③ 司法警察當依第1項規定，告知得選任辯護人之要旨時，應對犯罪嫌疑人教示得指定律師、律師法人或律師公會聲請選任辯護人之意旨，及該向何單位提出申請。

④ 司法警察當依第1項規定，告知得選任辯護人之要旨時，對於犯罪嫌疑人應告知在後續聲請羈押之情形，如因貧困或其他情形無法自行選任辯護人時，得向法官聲請選任辯護人之要旨，以及如要向法官聲請選任辯護人，應提出資力申報書之要旨及其資力在基準額以上時，應先教示向律師公會（指依第37條之3第2項規定，應提出第31條之2第1項申請的律師公會。）提出聲請選任辯護人之意旨。

⑤ 未於第1項之時間限制內，完成移送程序時，應立即釋放犯罪嫌疑人。

第203條（司法警察員の手続、検察官送致の時間の制限）

① 司法警察員は、逮捕状により被疑者を逮捕したとき、又は逮捕状により逮捕された被疑者を受け取つたときは、直ちに犯罪事実の要旨及び弁護人を選任することができる旨を告げた上、弁解の機会を与え、留置の必要がないと思料するときは直ちにこれを釈放し、留置の必要があると思料するときは被疑者が身体を拘束された時から48時間以内に書類及び証拠物とともにこれを検察官に送致する手続をしなければならない。

② 前項の場合において、被疑者に弁護人の有無を尋ね、弁護人があるときは、弁護人を選任することができる旨は、これを告げることを要しない。

③ 司法警察員は、第1項の規定により弁護人を選任することができる旨を告げるに当たつては、被疑者に対し、弁護士、弁護士法人又は弁護士会を指定して弁護人の選任を申し出ることができる旨及びその申出先を教示しなければならない。

④ 司法警察員は、第1項の規定により弁護人を選任することができる旨

を告げるに当たつては、被疑者に対し、引き続き勾留を請求された場合において貧困その他の事由により自ら弁護人を選任することができないときは裁判官に対して弁護人の選任を請求することができる旨並びに裁判官に対して弁護人の選任を請求するには資力申告書を提出しなければならない旨及びその資力が基準額以上であるときは、あらかじめ、弁護士会（第37条の3第2項の規定により第31条の2第1項の申出をすべき弁護士会をいう。）に弁護人の選任の申出をしていなければならない旨を教示しなければならない。

⑤ 第1項の時間の制限内に送致の手続をしないときは、直ちに被疑者を釈放しなければならない。

第204條（檢察官之程序、聲請羈押時間之限制）

① 檢察官依逮捕票逮捕犯罪嫌疑人時，或接收依逮捕票所逮捕之犯罪嫌疑人時（除依前條規定移送之犯罪嫌疑人外。），應立即告知犯罪事實之要旨及得選任辯護人意旨之後，並給予辯解之機會，認為無留置之必要時，應立即釋放；認有留置必要時，應從犯罪嫌疑人身體受拘束之時起48小時內，向法官聲請羈押犯罪嫌疑人。但於該限制時間內已提起公訴時，即無需提出聲請羈押。

② 檢察官當依前項規定，告知得選任辯護人之要旨時，應對犯罪嫌疑人教示得指定律師、律師法人或律師公會聲請選任辯護人之意旨，及該向何單位提出申請。

③ 檢察官當依第1項規定，告知得選任辯護人之要旨時，對於犯罪嫌疑人應告知在後續聲請羈押之情形，如因貧困或其他情形無法自行選任辯護人時，得向法官聲請選任辯護人之要旨，以及如要向法官聲請選任辯護人，應提出資力申報書之要旨及其資力在基準額以上時，應先教示向律師公會（指依第37條之3第2項規定，應提出第31條之2第1項申請的律師公會。）提出聲請選任辯護人之意旨。

④ 未於第1項時間限制內，聲請羈押或提起公訴時，應立即釋放犯罪嫌疑人。

⑤ 前條第2項規定，於第1項之情形準用之。

第204条（検察官の手続、勾留請求の時間の制限）

① 検察官は、逮捕状により被疑者を逮捕したとき、又は逮捕状により逮捕された被疑者（前条の規定により送致された被疑者を除く。）を受け取つたときは、直ちに犯罪事実の要旨及び弁護人を選任することができる旨を告げた上、弁解の機会を与え、留置の必要がないと思料するときは直ちにこれを釈放し、留置の必要があると思料するときは被疑者が身体を拘束された時から48時間以内に裁判官に被疑者の勾留を請求しなければならない。但し、その時間の制限内に公訴を提起したときは、勾留の請求をすることを要しない。

② 検察官は、前項の規定により弁護人を選任することができる旨を告げるに当たつては、被疑者に対し、弁護士、弁護士法人又は弁護士会を指定して弁護人の選任を申し出ることができる旨及びその申出先を教示しなければならない。

③ 検察官は、第1項の規定により弁護人を選任することができる旨を告げるに当たつては、被疑者に対し、引き続き勾留を請求された場合において貧困その他の事由により自ら弁護人を選任することができないときは裁判官に対して弁護人の選任を請求することができる旨並びに裁判官に対して弁護人の選任を請求するには資力申告書を提出しなければならない旨及びその資力が基準額以上であるときは、あらかじめ、弁護士会（第37条の3第2項の規定により第31条の2第1項の申出をすべき弁護士会をいう。）に弁護人の選任の申出をしていなければならない旨を教示しなければならない。

④ 第1項の時間の制限内に勾留の請求又は公訴の提起をしないときは、直ちに被疑者を釈放しなければならない。

⑤ 前条第2項の規定は、第1項の場合にこれを準用する。

第205條（檢察官聲請羈押程序時間之限制）

① 檢察官依第203條規定接收移送之犯罪嫌疑人時，並給予辯解之機會，認為無留置必要時，應立即釋放；認為有留置必要時，應從接收犯罪嫌疑人之時起24小時內，向法官聲請羈押犯罪嫌疑人。

② 前項之限制時間，從犯罪嫌疑人身體受拘束之時起，不得超過72小時。

③ 於前2項之限制時間內，已提起公訴時，即無需提出聲請羈押。

④ 未於第1項及第2項之限制時間內，聲請羈押或提起公訴時，應立即釋放犯罪嫌疑人。

第205条（検察官の手続勾留請求の時間の制限）

① 検察官は、第203条の規定により送致された被疑者を受け取つたときは、弁解の機会を与え、留置の必要がないと思料するときは直ちにこれを釈放し、留置の必要があると思料するときは被疑者を受け取つた時から24時間以内に裁判官に被疑者の勾留を請求しなければならない。

② 前項の時間の制限は、被疑者が身体を拘束された時から72時間を超えることができない。

③ 前2項の時間の制限内に公訴を提起したときは、勾留の請求をすることを要しない。

④ 第1項及び第2項の時間の制限内に勾留の請求又は公訴の提起をしないときは、直ちに被疑者を釈放しなければならない。

第206條（限制時間之不能遵守）

① 檢察官或司法警察因不得已之事由，致無法遵守前3條時間之限制時，檢察官得向法官釋明其事由，而聲請羈押犯罪嫌疑人。

② 受理前項聲請之法官，如非認為該遲延是基於不得已事由之正當情形，不得核發羈押票。

第206条（制限時間の遵守不能）

① 検察官又は司法警察員がやむを得ない事情によつて前3条の時間の制限に従うことができなかつたときは、検察官は、裁判官にその事由を疎明して、被疑者の勾留を請求することができる。

② 前項の請求を受けた裁判官は、その遅延がやむを得ない事由に基く正当なものであると認める場合でなければ、勾留状を発することができない。

第207條（犯罪嫌疑人之羈押）

① 受理依前3條規定聲請羈押之法官，關於羈押處分與法院或審判長有同一之權限。但就具保，不在此限。

② 前項法官，當告知聲請羈押之犯罪嫌疑人所涉案件時，應對犯罪嫌疑人告知得選任辯護人之意旨，以及如因貧困或其他事由，無法自行選任辯護人時，得聲請選任辯護人之要旨。但犯罪嫌疑人有辯護人時，不在此限。

③ 當依前項規定，告知得選任辯護人之意旨時，應對羈押之犯罪嫌疑人教示得指定律師、律師法人或律師公會聲請選任辯護人之意旨，及該向何單位提出申請。

④ 當依第2項規定，告知得選任辯護人之意旨時，如要聲請選任辯護人應提出資力申報書之要旨，以及其資力在基準額以上時，應先向律師公會（指依第37條之3第2項規定，應提出第31條之2第1項申請的律師公會。）提出聲請選任辯護人。

⑤ 法官受理第1項羈押聲請時，應儘速核發羈押票。但認為無羈押理由時，以及依前條第2項之規定不得核發羈押票時，應不核發羈押票，並命立即釋放犯罪嫌疑人。

第207条（被疑者の勾留）

① 前3条の規定による勾留の請求を受けた裁判官は、その処分に関し裁判所又は裁判長と同一の権限を有する。但し、保釈については、この

限りでない。

② 前項の裁判官は、勾留を請求された被疑者に被疑事件を告げる際に、被疑者に対し、弁護人を選任することができる旨及び貧困その他の事由により自ら弁護人を選任することができないときは弁護人の選任を請求することができる旨を告げなければならない。ただし、被疑者に弁護人があるときは、この限りでない。

③ 前項の規定により弁護人を選任することができる旨を告げるに当たつては、勾留された被疑者は弁護士、弁護士法人又は弁護士会を指定して弁護人の選任を申し出ることができる旨及びその申出先を教示しなければならない。

④ 第2項の規定により弁護人の選任を請求することができる旨を告げるに当たつては、弁護人の選任を請求するには資力申告書を提出しなければならない旨及びその資力が基準額以上であるときは、あらかじめ、弁護士会（第37条の3第2項の規定により第31条の2第1項の申出をすべき弁護士会をいう。）に弁護人の選任の申出をしていなければならない旨を教示しなければならない。

⑤ 裁判官は、第1項の勾留の請求を受けたときは、速やかに勾留状を発しなければならない。ただし、勾留の理由がないと認めるとき、及び前条第2項の規定により勾留状を発することができないときは、勾留状を発しないで、直ちに被疑者の釈放を命じなければならない。

第208條（起訴前之羈押期間、期間之延長）

① 依前條規定，就羈押犯罪嫌疑人之案件，自提出聲請羈押之日起，10日內未提起公訴時，檢察官應立即釋放犯罪嫌疑人。

② 法官認為有不得已之事由時，得依檢察官之聲請延長前項之期間。該期間之延長，通常不得超過10日。

第208条（起訴前の勾留期間、期間の延長）

① 前条の規定により被疑者を勾留した事件につき、勾留の請求をした日

から10日以内に公訴を提起しないときは、検察官は、直ちに被疑者を釈放しなければならない。

② 裁判官は、やむを得ない事由があると認めるときは、検察官の請求により、前項の期間を延長することができる。この期間の延長は、通じて10日を超えることができない。

第208條之2（羈押期間之再延長）

法官就適用刑法第2編第2章乃至第4章，或第8章之罪之案件，依檢察官之聲請，得依前條第2項規定已延長之期間，再為延長。該期間之延長，通常不得超過5日。

第208条の2（勾留期間の再延長）

裁判官は、刑法第2編第2章乃至第4章又は第8章の罪にあたる事件については、検察官の請求により、前条第2項の規定により延長された期間を更に延長することができる。この期間の延長は、通じて5日を超えることができない。

第209條（就逮捕票的逮捕之準用規定）

第74條、第75條及第78條之規定，關於依逮捕票之逮捕準用之。

第209条（逮捕状による逮捕についての準用規定）

第74条、第75条及び第78条の規定は、逮捕状による逮捕についてこれを準用する。

第210條（緊急逮捕）

① 檢察官、檢察事務官或司法警察，有充分理由足以懷疑所犯適用死刑、無期徒刑或最輕本刑3年以上有期徒刑之懲役或禁錮之罪，因情況急迫

無法聲請法官之逮捕票時，得告知其理由後，將犯罪嫌疑人逮捕。於此情形，應立即向法院提出聲請逮捕票之程序。逮捕票未核發時，應立即釋放犯罪嫌疑人。

② 第200條之規定，關於前項之逮捕票準用之。

第210条（緊急逮捕）

① 検察官、検察事務官又は司法警察職員は、死刑又は無期若しくは長期3年以上の懲役若しくは禁錮にあたる罪を犯したことを疑うに足りる充分な理由がある場合で、急速を要し、裁判官の逮捕状を求めることができないときは、その理由を告げて被疑者を逮捕することができる。この場合には、直ちに裁判官の逮捕状を求める手続をしなければならない。逮捕状が発せられないときは、直ちに被疑者を釈放しなければならない。

② 第200百条の規定は、前項の逮捕状についてこれを準用する。

第211條（緊急逮捕與準用規定）

依前條規定，犯罪嫌疑人已被逮捕之情形，準用關於依第199條規定，犯罪嫌疑人已被逮捕之情形的規定。

第211条（緊急逮捕と準用規定）

前条の規定により被疑者が逮捕された場合には、第199条の規定により被疑者が逮捕された場合に関する規定を準用する。

第212條（現行犯、準現行犯）

① 犯罪在實施中或剛實施完犯罪者，為現行犯。

② 符合下列各款之一者，犯罪終了之後時間不久，明顯被發現，視為現行犯：

一、被追呼為犯人時。

二、持有贓物或持有明顯可認為供犯罪使用之兇器或其他物品時。

三、身體或衣服有犯罪顯著之證跡時。

四、受盤問而即將逃跑時。

第212条（現行犯人・準現行犯人）

① 現に罪を行い、又は現に罪を行い終つた者を現行犯人とする。

② 左の各号の一にあたる者が、罪を行い終つてから間がないと明らかに
　認められるときは、これを現行犯人とみなす。

　一　犯人として追呼されているとき。

　二　贓物又は明らかに犯罪の用に供したと思われる兇器その他の物を
　　　所持しているとき。

　三　身体又は被服に犯罪の顕著な証跡があるとき。

　四　誰何されて逃走しようとするとき。

第213條（現行犯逮捕程序）

不論任何人，雖無逮捕票，均得逮捕現行犯。

第213条（現行犯逮捕）

現行犯人は、何人でも、逮捕状なくしてこれを逮捕することができる。

第214條（由私人逮捕之現行犯與被逮捕之送交）

檢察官、檢察事務官或司法警察以外之人，逮捕現行犯時，應立即送交地方檢察廳或區檢察廳之檢察官或司法警察。

第214条（私人による現行犯逮捕と被逮捕者の引渡し）

檢察官、檢察事務官及び司法警察職員以外の者は、現行犯人を逮捕したときは、直ちにこれを地方檢察庁若しくは区檢察庁の檢察官又は司法警察職員に引き渡さなければならない。

第215條（司法巡查接受現行犯之程序）

① 司法巡查接收現行犯時，應儘速解送司法警察。

② 司法巡查接收犯人時，應聽取逮捕者之姓名、住居所及逮捕事由。有必要時，得要求對逮捕者一同到警察官署。

第215条（現行犯人を受け取った司法巡査の手続）

① 司法巡査は、現行犯人を受け取つたときは、速やかにこれを司法警察員に引致しなければならない。

② 司法巡査は、犯人を受け取つた場合には、逮捕者の氏名、住居及び逮捕の事由を聴き取らなければならない。必要があるときは、逮捕者に対しともに官公署に行くことを求めることができる。

第216條（現行犯逮捕與準用規定）

逮捕現行犯之情形，準用依第199條規定逮捕犯罪嫌疑人之情形有關的規定。

第216条（現行犯逮捕と準用規定）

現行犯人が逮捕された場合には、第199条の規定により被疑者が逮捕された場合に関する規定を準用する。

第217條（輕微案件與現行犯逮捕）

關於適用30萬元（有關刑法、暴力行為等處罰之法律及有關經濟關係罰則整備法律之罪以外的罪，目前暫訂2萬元）以下之罰金、拘役或罰款之罪的現行犯，限於以犯人之住居所或姓名不明之情形，或犯人有逃亡之虞情形，適用從第213條至前條之規定。

第217条（軽微事件と現行犯逮捕）

30万円（刑法、暴力行為等処罰に関する法律及び経済関係罰則の整備に

関する法律の罪以外の罪については、当分の間、2万円）以下の罰金、拘留又は科料に当たる罪の現行犯については、犯人の住居若しくは氏名が明らかでない場合又は犯人が逃亡するおそれがある場合に限り、第213条から前条までの規定を適用する。

第218條（依令狀之扣押、附紀錄命令之扣押、搜索、勘驗）

① 檢察官、檢察事務官或司法警察，就實施犯罪偵查有必要時，依法官所核發之令狀得進行扣押、附紀錄命令扣押、搜索或勘驗。在此情形，對於身體之檢查，應依身體檢查令狀。

② 應扣押之物是電腦時，該電腦以電氣通信回路連接之影音儲存裝置，為了保管認為該電腦已作成或變更之電磁紀錄，或得進行該電腦變更或刪除之電磁紀錄，從處於足以認為仍在使用狀態之裝置中，得將其電磁紀錄複製到該電腦或其他影音儲存裝置之後，而扣押該電腦或該其他影音儲存裝置。

③ 對身體受拘束之犯罪嫌疑人採取指紋或腳印，測量身高或體重，或如要拍攝照片，以犯罪嫌疑人不裸露為限，即不需要依第1項之令狀。

④ 第1項之令狀，依檢察官、檢察事務官或司法警察之聲請而核發之。

⑤ 檢察官、檢察事務官或司法警察如要提出聲請身體檢查令狀，應說明身體檢查之必要理由，以及受身體檢查人之性別、健康狀態，及其他依法院規則所規定之事項。

⑥ 法官關於身體檢查，得附加認為適當之條件。

第218条（令状による差押え・記録命令付差押え・捜索・検証）

① 検察官、検察事務官又は司法警察職員は、犯罪の捜査をするについて必要があるときは、裁判官の発する令状により、差押え、記録命令付差押え、捜索又は検証をすることができる。この場合において、身体の検査は、身体検査令状によらなければならない。

② 差し押さえるべき物が電子計算機であるときは、当該電子計算機に電気通信回線で接続している記録媒体であつて、当該電子計算機で作成

若しくは変更をした電磁的記録又は当該電子計算機で変更若しくは消
去をすることができることとされている電磁的記録を保管するために
使用されていると認めるに足りる状況にあるものから、その電磁的記
録を当該電子計算機又は他の記録媒体に複写した上、当該電子計算機
又は当該他の記録媒体を差し押さえることができる。

③ 身体の拘束を受けている被疑者の指紋若しくは足型を採取し、身長若
しくは体重を測定し、又は写真を撮影するには、被疑者を裸にしない
限り、第1項の令状によることを要しない。

④ 第1項の令状は、検察官、検察事務官又は司法警察員の請求により、
これを発する。

⑤ 検察官、検察事務官又は司法警察員は、身体検査令状の請求をするに
は、身体の検査を必要とする理由及び身体の検査を受ける者の性別、
健康状態その他裁判所の規則で定める事項を示さなければならない。

⑥ 裁判官は、身体の検査に関し、適当と認める条件を附することができ
る。

第219條（扣押等令狀之方式）

① 前條之令狀，記載犯罪嫌疑人或被告之姓名、罪名、應扣押之物、應紀
錄或印刷之電磁紀錄，及應使其記錄或印刷之人、應搜索場所、身體或
物品、應勘驗之場所或物品、或應檢查之身體及關於身體檢查之條件、
有效期間，及該期間經過後即不得著手進行扣押、附紀錄命令扣押、搜
索或勘驗，應返還該令狀之要旨，以及核發之年月日及其他依法院規則
所規定之事項，並應由法官簽名、蓋章。

② 於前條第2項情形，在同條之令狀，除前項規定之事項外，應記載應扣
押之電腦係以電氣通信回路連接之影音儲存裝置，及應複製該電磁紀錄
之範圍。

③ 第64條第2項規定，於前條之令狀準用之。

第219条（押え等の令状の方式）

① 前条の令状には、被疑者若しくは被告人の氏名、罪名、差し押さえるべき物、記録させ若しくは印刷させるべき電磁的記録及びこれを記録させ若しくは印刷させるべき者、捜索すべき場所、身体若しくは物、検証すべき場所若しくは物又は検査すべき身体及び身体の検査に関する条件、有効期間及びその期間経過後は差押え、記録命令付差押え、捜索又は検証に着手することができず令状はこれを返還しなければならない旨並びに発付の年月日その他裁判所の規則で定める事項を記載し、裁判官が、これに記名押印しなければならない。

② 前条第2項の場合には、同条の令状に、前項に規定する事項のほか、差し押さえるべき電子計算機に電気通信回線で接続している記録媒体であつて、その電磁的記録を複写すべきものの範囲を記載しなければならない。

③ 第64条第2項の規定は、前条の令状についてこれを準用する。

第220條（無令狀之扣押、搜索、勘驗）

① 檢察官、檢察事務官或司法警察，在依第199條規定逮捕犯罪嫌疑人之情形或逮捕現行犯之情形，有必要時，得進行下列之處分。在依第210條規定逮捕犯罪嫌疑人，而有必要時，亦同。

　　一、進入有人住居或有人看守之住宅、建築物或船舶內搜索犯罪嫌疑人。

　　二、在逮捕之現場，進行扣押、搜索或勘驗。

② 在前項後段之情形，於未能取得逮捕票時，應立即返還該扣押物。第123條第3項規定，關於此情形準用之。

③ 如要進行第1項之處分，無需令狀。

④ 第1項第2款及前項之規定，由檢察事務官或司法警察執行拘提票或羈押票之情形準用之。執行對犯罪嫌疑人所核發的拘票或羈押票之情形，亦準用第1項第1款之規定。

第220条（令状によらない差押え・捜索・検証）

① 検察官、検察事務官又は司法警察職員は、第199条の規定により被疑
　者を逮捕する場合又は現行犯人を逮捕する場合において必要があると
　きは、左の処分をすることができる。第210条の規定により被疑者を
　逮捕する場合において必要があるときも、同様である。

　一　人の住居又は人の看守する邸宅、建造物若しくは船舶内に入り被
　　　疑者の捜索をすること。

　二　逮捕の現場で差押、捜索又は検証をすること。

② 前項後段の場合において逮捕状が得られなかつたときは、差押物は、
　直ちにこれを還付しなければならない。第123条第3項の規定は、この
　場合についてこれを準用する。

③ 第1項の処分をするには、令状は、これを必要としない。

④ 第1項第2号及び前項の規定は、検察事務官又は司法警察職員が勾引状
　又は勾留状を執行する場合にこれを準用する。被疑者に対して発せら
　れた勾引状又は勾留状を執行する場合には、第1項第1号の規定をも準
　用する。

第221條（留存）

檢察官、檢察事務官或司法警察，就犯罪嫌疑人或其他人所遺留之物，或
所有人、持有人或保管人任意所提出之物，得留存之。

第221条（領置）

檢察官、檢察事務官又は司法警察職員は、被疑者その他の者が遺留した
物又は所有者、所持者若しくは保管者が任意に提出した物は、これを領
置することができる。

第222條（關於扣押、搜索、勘驗之準用規定）

① 第99條1項、第100條、第102條至第105條、第110條至第112條、第114

條、第115條及第118條至第124條之規定，就檢察官、檢察事務官或司法警察依第218條、第220條及前條之規定實施扣押或搜索時準用之；第110條、第111條之2、第112條、第114條、第118條、第129條、第131條及第137條至第140條之規定，就檢察官、檢察事務官或司法警察依第218條或第220條之規定實施勘驗時準用之。但司法巡查不得實施第122條至第124條規定之處分。

② 在依第220條規定搜索犯罪嫌疑人之情形，而情況急迫時，不需依第114條第2項之規定。

③ 第116條及第117條之規定，就檢察官、檢察事務官或司法警察依第218條規定實施扣押、附紀錄命令扣押或搜索，準用之。

④ 如未於令狀中，記載得於夜間實施勘驗之要旨，檢察官、檢察事務官或司法警察在日出前、日沒後，不得依第218條之規定為實施勘驗，而進入有人住居或有人看守之住宅、建築物或船舶內。但就第117條所規定之場所，不在此限。

⑤ 於日沒前已著手勘驗時，即使在日沒後，仍得繼續進行該處分。

⑥ 就檢察官、檢察事務官或司法警察依第218條規定，實施扣押、搜索或勘驗時，有必要時，得命犯罪嫌疑人在場。

⑦ 依第1項規定，對於拒絕身體檢查之人，處以罰鍰或命其賠償時，應向法院聲請該處分。

第222条（押収・捜索・検証に関する準用規定）

① 第99条第1項、第100条、第102条から第105条まで、第110条から第112条まで、第114条、第115条及び第118条から第124条までの規定は、検察官、検察事務官又は司法警察職員が第218条、第220条及び前条の規定によつてする押収又は捜索について、第110条、第111条の2、第112条、第114条、第118条、第129条、第131条及び第137条から第140条までの規定は、検察官、検察事務官又は司法警察職員が第218条又は第220条の規定によつてする検証についてこれを準用する。ただし、司法巡査は、第122条から第124条までに規定する処分をすることができない。

② 第220条の規定により被疑者を捜索する場合において急速を要するときは、第114条第2項の規定によることを要しない。

③ 第116条及び第117条の規定は、検察官、検察事務官又は司法警察職員が第218条の規定によつてする差押え、記録命令付差押え又は捜索について、これを準用する。

④ 日出前、日没後には、令状に夜間でも検証をすることができる旨の記載がなければ、検察官、検察事務官又は司法警察職員は、第218条の規定によつてする検証のため、人の住居又は人の看守する邸宅、建造物若しくは船舶内に入ることができない。但し、第117条に規定する場所については、この限りでない。

⑤ 日没前検証に着手したときは、日没後でもその処分を継続することができる。

⑥ 検察官、検察事務官又は司法警察職員は、第218条の規定により差押、捜索又は検証をするについて必要があるときは、被疑者をこれに立ち会わせることができる。

⑦ 第1項の規定により、身体の検査を拒んだ者を過料に処し、又はこれに賠償を命ずべきときは、裁判所にその処分を請求しなければならない。

第222條之2（電子通信之監聽）

未得通信當事人任何一方之同意，關於實施通訊監察之強制處分，另依法律規定之。

第222条の2（電気通信の傍受）

通信の当事者のいずれの同意も得ないで電気通信の傍受を行う強制の処分については、別に法律で定めるところによる。

第223條（第三人自行到場、調查、鑑定等之囑託）

① 檢察官、檢察事務官或司法警察，就實施偵查犯罪，有必要時，得要求

　犯罪嫌疑人以外之人到場進行詢問，或囑託其作鑑定、通譯或翻譯。
② 第198條第1項但書及第3項至第5項之規定，於前項之情形準用之。

第223条（第三者の任意出頭・取調べ、鑑定等の嘱託）
① 検察官、検察事務官又は司法警察職員は、犯罪の捜査をするについて必要があるときは、被疑者以外の者の出頭を求め、これを取り調べ、又はこれに鑑定、通訳若しくは翻訳を嘱託することができる。
② 第198条第1項但書及び第3項乃至第5項の規定は、前項の場合にこれを準用する。

第224條（囑託鑑定與鑑定留置之聲請）
① 在依前條第1項規定囑託鑑定之情形，認為有必要為第167條第1項規定之處分時，檢察官、檢察事務官或司法警察，應向法官聲請該處分。
② 法官認為前項之聲請適當時，應準用第167條之情形實施該處分。於此情形，準用第167條之2之規定。

第224条（鑑定の嘱託と鑑定留置の請求）
① 前条第1項の規定により鑑定を嘱託する場合において第167条第1項に規定する処分を必要とするときは、検察官、検察事務官又は司法警察員は、裁判官にその処分を請求しなければならない。
② 裁判官は、前項の請求を相当と認めるときは、第167条の場合に準じてその処分をしなければならない。この場合には、第167条の2の規定を準用する。

第225條（鑑定受託人與必要之處分、許可狀）
① 依第223條第1項規定接受囑託鑑定之人，經法官之許可，得實施第168條第1項規定之處分。
② 前項許可之聲請，應由檢察官、檢察事務官或司法警察提出。

③ 法官認為前項之聲請適當時，應核發許可票。

④ 第168條第2項至第4項及第6項之規定，於前項之許可票準用之。

第225条（鑑定受託者と必要な処分、許可状）

① 第223条第1項の規定による鑑定の嘱託を受けた者は、裁判官の許可を受けて、第168条第1項に規定する処分をすることができる。

② 前項の許可の請求は、検察官、検察事務官又は司法警察員からこれをしなければならない。

③ 裁判官は、前項の請求を相当と認めるときは、許可状を発しなければならない。

④ 第168条第2項乃至第4項及び第6項の規定は、前項の許可状についてこれを準用する。

第226條（第1次審判期日前之聲請訊問證人(1)）

明顯可認為在犯罪偵查具有不可或缺之知識者，對於依第223條第1項規定所作之詢問，拒絕到場或供述之情形，限於在第1次審判期日前，檢察官得向法官聲請對該人的證人詰問。

第226条（第1回公判期日前の証人尋問の請求(1)）

犯罪の捜査に欠くことのできない知識を有すると明らかに認められる者が、第223条第1項の規定による取調に対して、出頭又は供述を拒んだ場合には、第1回の公判期日前に限り、検察官は、裁判官にその者の証人尋問を請求することができる。

第227條（第1次審判期日前之請聲訊問證人(2)）

① 依第223條第1項之規定，於檢察官、檢察事務官或司法警察詢問時，已作任意供述之人，在審判期日有作出與先前所作不同的供述之虞，且認為該人之供述為證明犯罪所不可或缺之情形，限於在第1次審判期日

前，檢察官得向法官聲請對該人的證人詰問。

② 檢察官如要提出前項之聲請，應釋明以證人詰問為必要之理由，以及該證人對證明犯罪係屬不可或缺之人。

第227条（第1回公判期日前の証人尋問の請求(2)）

① 第223条第1項の規定による検察官、検察事務官又は司法警察職員の取調べに際して任意の供述をした者が、公判期日においては前にした供述と異なる供述をするおそれがあり、かつ、その者の供述が犯罪の証明に欠くことができないと認められる場合には、第1回の公判期日前に限り、検察官は、裁判官にその者の証人尋問を請求することができる。

② 前項の請求をするには、検察官は、証人尋問を必要とする理由及びそれが犯罪の証明に欠くことができないものであることを疎明しなければならない。

第228條（法官詰問證人之權限）

① 受理前2條聲請之法官，關於詰問證人，與法院或審判長有同一之權限。

② 法官認為無造成妨害偵查之虞時，得命被告、犯罪嫌疑人或辯護人於前項詰問時在場。

第228条（証人尋問における裁判官の権限）

① 前2条の請求を受けた裁判官は、証人の尋問に関し、裁判所又は裁判長と同一の権限を有する。

② 裁判官は、捜査に支障を生ずる虞がないと認めるときは、被告人、被疑者又は弁護人を前項の尋問に立ち会わせることができる。

第229條（檢驗屍體）

① 有非正常死亡或有疑為非正常死亡之屍體時，應由管轄該屍體所在地之地方檢察廳或區檢察廳檢察官進行檢驗屍體。
② 檢察官得命檢察事務官或司法警察進行前項之處分。

第229条（検視）

① 変死者又は変死の疑のある死体があるときは、その所在地を管轄する地方検察庁又は区検察庁の検察官は、検視をしなければならない。
② 検察官は、検察事務官又は司法警察員に前項の処分をさせることができる。

第230條（告訴權人(1)）

因犯罪而被害之人，得提出告訴。

第230条（告訴権者(1)）

犯罪により害を被つた者は、告訴をすることができる。

第231條（告訴權人(2)）

① 被害人之法定代理人，得獨立提出告訴。
② 被害人死亡時，得由該配偶、直系親屬或兄弟姊妹提出告訴。但不得違反被害人明示之意思。

第231条（告訴権者(2)）

① 被害者の法定代理人は、独立して告訴をすることができる。
② 被害者が死亡したときは、その配偶者、直系の親族又は兄弟姉妹は、告訴をすることができる。但し、被害者の明示した意思に反することはできない。

第232條（告訴權人(3)）

被害人之法定代理人是犯罪嫌疑人時、是犯罪嫌疑人之配偶時，或是犯罪嫌疑人之4親等內血親或3親等內之姻親時，被害人之親屬，得獨立提出告訴。

第232条（告訴権者(3)）

被害者の法定代理人が被疑者であるとき、被疑者の配偶者であるとき、又は被疑者の4親等内の血族若しくは3親等内の姻族であるときは、被害者の親族は、独立して告訴をすることができる。

第233條（告訴權人(4)）

① 就毀損死者名譽之罪，得由死者之親屬或子孫提出告訴。
② 就毀損名譽之罪，被害人並未提出告訴而死亡時，與前項同。但不得違反被害人明示之意思。

第233条（告訴権者(4)）

① 死者の名誉を毀損した罪については、死者の親族又は子孫は、告訴をすることができる。
② 名誉を毀損した罪について被害者が告訴をしないで死亡したときも、前項と同様である。但し、被害者の明示した意思に反することはできない。

第234條（告訴權人之指定）

就告訴乃論之罪，無人得提出告訴之情形，檢察官得依利害關係人之聲請，指定得提出告訴之人。

第234条（告訴権者の指定）

親告罪について告訴をすることができる者がない場合には、検察官は、

利害関係人の申立により告訴をすることができる者を指定することができる。

第235條（告訴乃論罪之告訴期間）

告訴乃論罪之告訴，從知悉犯人之日起，經過6個月時，不得行使告訴權。但就依刑法第232條第2項規定，由外國之代表人提出之告訴，及對於派遣至日本之外國使節的同法第230條或第231條之罪，由該使節提出告訴者，不在此限。

第235条（親告罪の告訴期間）
親告罪の告訴は、犯人を知つた日から6箇月を経過したときは、これをすることができない。ただし、刑法第232条第2項の規定により外国の代表者が行う告訴及び日本国に派遣された外国の使節に対する同法第230条又は第231条の罪につきその使節が行う告訴については、この限りでない。

第236條（告訴期間之獨立性）

得為告訴之人有數人之情形，一人已逾告訴之期間，其效力不及於其他之人。

第236条（告訴期間の独立）
告訴をすることができる者が数人ある場合には、1人の期間の徒過は、他の者に対しその効力を及ぼさない。

第237條（撤回告訴）

① 告訴在提起公訴之前，得撤回告訴。
② 撤回告訴之人，不得再行告訴。
③ 前2項之規定，關於針對應等待聲請始受理之案件的聲請準用之。

第237条（告訴の取消し）

① 告訴は、公訴の提起があるまでこれを取り消すことができる。

② 告訴の取消をした者は、更に告訴をすることができない。

③ 前2項の規定は、請求を待つて受理すべき事件についての請求についてこれを準用する。

第238條（告訴不可分）

① 就告訴乃論之罪，對於共犯之一人或數人提出或撤回告訴，對於其他共犯亦生效力。

② 前項之規定，關於針對應等待告發或聲請始受理之案件的告發或聲請或撤回亦準用之。

第238条（告訴の不可分）

① 親告罪について共犯の一人又は数人に対してした告訴又はその取消は、他の共犯に対しても、その効力を生ずる。

② 前項の規定は、告発又は請求を待つて受理すべき事件についての告発若しくは請求又はその取消についてこれを準用する。

第239條（告發）

① 不論任何人，知有犯罪時，得為告發。

② 官吏或公吏，因執行職務而知有犯罪時，應為告發。

第239条（告発）

① 何人でも、犯罪があると思料するときは、告発をすることができる。

② 官吏又は公吏は、その職務を行うことにより犯罪があると思料するときは、告発をしなければならない。

第240條（告訴、撤回告訴之代理）
告訴，得由代理人為之。就撤回告訴亦同。

第240条（告訴・告訴取消しの代理）
告訴は、代理人によりこれをすることができる。告訴の取消についても、同様である。

第241條（告訴、告發之方式）
① 告訴或告發，應以書面或言詞向檢察官或司法警察為之。
② 檢察官或司法警察受理以言詞所為之告訴或告發時，應製作筆錄。

第241条（告訴・告発の方式）
① 告訴又は告発は、書面又は口頭で検察官又は司法警察員にこれをしなければならない。
② 検察官又は司法警察員は、口頭による告訴又は告発を受けたときは調書を作らなければならない。

第242條（司法警察受理告訴、告發程序）
司法警察受理告訴或告發時，應儘速將相關文書及證物送交檢察官。

第242条（告訴・告発を受けた司法警察員の手続）
司法警察員は、告訴又は告発を受けたときは、速やかにこれに関する書類及び証拠物を検察官に送付しなければならない。

第243條（準用規定）
前2條之規定，關於告訴或告發之撤回準用之。

第243条（準用規定）
前2条の規定は、告訴又は告発の取消についてこれを準用する。

第244條（外國代表人等告訴之特別方式）
依刑法第232條第2項之規定，由外國代表人提出告訴或撤回告訴，不受第241條及前條規定之限制，得向外務大臣提出之。關於對派遣至日本之外國使節的第230條或第231條之罪，由該使節提出告訴或撤回告訴，亦同。

第244条（外国代表者等の告訴の特別方式）
刑法第232条第2項の規定により外国の代表者が行う告訴又はその取消は、第241条及び前条の規定にかかわらず、外務大臣にこれをすることができる。日本国に派遣された外国の使節に対する刑法第230条又は第231条の罪につきその使節が行う告訴又はその取消も、同様である。

第245條（自首）
第241條及第242條之規定，關於自首亦準用之。

第245条（自首）
第241条及び第242条の規定は、自首についてこれを準用する。

第246條（由司法警察案件移送檢察官）
司法警察實施偵查犯罪時，除本法有特別規定之情形外，應儘速將案件連同文書及證物一併移送檢察官。但就檢察官已指定之案件，不在此限。

第246条（司法警察員から検察官への事件の送致）
司法警察員は、犯罪の捜査をしたときは、この法律に特別の定のある場合を除いては、速やかに書類及び証拠物とともに事件を検察官に送致し

なければならない。但し、検察官が指定した事件については、この限り
でない。

任何正向、負面的付出與作為，到後來都會回到自己的身上，
這是生命的奧秘。

第二章　公訴
第二章 公訴

第247條（國家訴追主義）
公訴，由檢察官提起。[34]

第247条（国家訴追主義）
公訴は、検察官がこれを行う。

第248條（起訴裁量主義）
依犯人之性格、年齡及境遇、犯罪之輕重及情狀，與犯罪後之情況，無必要訴追時，得不提起公訴。

第248条（起訴裁量主義）
犯人の性格、年齢及び境遇、犯罪の軽重及び情状並びに犯罪後の情況に

---

[34] 本第247條專指由檢察官提起公訴，也就是實行國家追訴乃委由檢察官，又稱檢察官起訴獨占，此固然意味著由法學專精的法律人來掌理，惟實也隱含著危害的可能性，因為畢竟是人，難保無誤無失；例如檢察官判斷失誤或因其他情事，就本來不應起訴的案件而起訴，或對本來應起訴的案件不予起訴，故日本就此建立一套完善配套的救濟制度，包括檢察審查會，與交付審判制度（§262以下）。

　　同時，即使審判的結果為宣告被告無罪，此時，被告即可成為刑事補償的對象，雖並不直接意味著檢察官提起公訴本身是違法，惟若檢察官沒有合理根據濫行提起公訴，該檢察官就構成違法有責的國家賠償問題；日本實例上承認國家賠償的事例，也逐步出現（東京地判昭35.5.11下民集11.5.1029，東京地判昭39.4.15下民集15.4.781，高知地判昭44.11.24判例時報592號83頁，東京高判昭45.8.11判例時報600號32頁）。

より訴追を必要としないときは、公訴を提起しないことができる。

第249條（公訴效力之人的範圍）

公訴之效力，不及於檢察官所指定之被告以外之人。

第249条（公訴の効力の人的範囲）

公訴は、検察官の指定した被告人以外の者にその効力を及ぼさない。

第250條（公訴時效之期間）

① 時效，就致人於死之罪，而適用有期徒刑禁錮以上之刑（除適用死刑之外），因經過以下所列之期間而完成：

一、就適用無期徒刑懲役或無期徒刑禁錮之罪為30年。

二、就適用最高刑期20年懲役或20年禁錮之罪為20年。

三、就前2款所列之罪以外之罪為10年。

② 時效，就致人於死，而適用有期徒刑禁錮以上之刑以外之罪，因經過以下所列之期間而完成：

一、就適用死刑之罪為25年。

二、就適用無期徒刑懲役或無期徒刑禁錮之罪為15年。

三、就適用最高刑期15年以上之懲役或禁錮之罪為10年。

四、就適用最高刑期未滿15年之懲役或禁錮之罪為7年。

五、就適用最高刑期未滿10年之懲役或禁錮之罪為5年。

六、就適用最高刑期未滿5年之懲役或禁錮或罰金之罪為3年。

七、就適用拘役或罰款之罪為1年。

第250条（公訴時効の期間）

① 時効は、人を死亡させた罪であつて禁錮以上の刑に当たるもの（死刑に当たるものを除く。）については、次に掲げる期間を経過することによつて完成する。

  一 無期の懲役又は禁錮に当たる罪については30年
  二 長期20年の懲役又は禁錮に当たる罪については20年
  三 前2号に掲げる罪以外の罪については10年
② 時効は、人を死亡させた罪であつて禁錮以上の刑に当たるもの以外の
 罪については、次に掲げる期間を経過することによつて完成する。
  一 死刑に当たる罪については25年
  二 無期の懲役又は禁錮に当たる罪については15年
  三 長期15年以上の懲役又は禁錮に当たる罪については10年
  四 長期15年未満の懲役又は禁錮に当たる罪については7年
  五 長期10年未満の懲役又は禁錮に当たる罪については5年
  六 長期5年未満の懲役若しくは禁錮又は罰金に当たる罪については3
   年
  七 拘留又は科料に当たる罪については1年

第251條（作為時效期間基準之刑(1)）
就應併科二個以上之主刑，或應科處二個以上之主刑的其中一個，從其中
較重之刑，適用前條之規定。

第251条（時効期間の基準となる刑(1)）
二以上の主刑を併科し、又は二以上の主刑中その一を科すべき罪につい
ては、その重い刑に従つて、前条の規定を適用する。

第252條（作為時效期間基準之刑(2)）
依刑法應加重或減輕刑罰之情形，按照未加重或減輕之刑罰，則適用第250
條之規定。

第252条（時効期間の基準となる刑(2)）
刑法により刑を加重し、又は減軽すべき場合には、加重し、又は減軽し

ない刑に従つて、第250条の規定を適用する。

第253條（時效之起算點）

① 時效，從犯罪行為終了之時起，開始進行。

② 在共犯之情形，從最後行為終了時起，對所有之共犯起算其時效期間。

第253条（時効の起算点）

① 時効は、犯罪行為が終つた時から進行する。

② 共犯の場合には、最終の行為が終つた時から、すべての共犯に対して時効の期間を起算する。

第254條（時效之停止(1)）

① 時效，因就該案件提起公訴而停止進行；從管轄錯誤或公訴不受理之裁判確定之時起，開始進行。

② 對於共犯之一人，因提起公訴而時效停止，對於其他之共犯亦有效力。在此情形，已停止之時效，從就該案件所作的裁判確定之時起，開始進行。

第254条（時効の停止(1)）

① 時効は、当該事件についてした公訴の提起によつてその進行を停止し、管轄違又は公訴棄却の裁判が確定した時からその進行を始める。

② 共犯の1人に対してした公訴の提起による時効の停止は、他の共犯に対してその効力を有する。この場合において、停止した時効は、当該事件についてした裁判が確定した時からその進行を始める。

第255條（時效之停止(2)）

① 犯人在國外之情形或因犯人逃匿，致無法有效送達起訴書副本或告知略

式命令之情形，時效於犯人在國外之期間或逃匿之期間停止進行。

② 對證明犯人在國外或因犯人逃匿，致無法有效送達起訴書副本或告知略式命令之必要事項，依法院規則規定之。

第255条（時効の停止(2)）

① 犯人が国外にいる場合又は犯人が逃げ隠れているため有効に起訴状の謄本の送達若しくは略式命令の告知ができなかつた場合には、時効は、その国外にいる期間又は逃げ隠れている期間その進行を停止する。

② 犯人が国外にいること又は犯人が逃げ隠れているため有効に起訴状の謄本の送達若しくは略式命令の告知ができなかつたことの証明に必要な事項は、裁判所の規則でこれを定める。

第256條（起訴書、訴因、法條）

① 提起公訴，應提出起訴書。

② 起訴書，應記載下列事項：

　　一、被告之姓名、及其他足以特定被告之事項。

　　二、公訴事實。

　　三、罪名。

③ 公訴事實之記載，應明示訴因，並予以記載。如要明示訴因，應儘可能以日時、場所及方法來特定應構成犯罪之事實為之。

④ 罪名，應明示適用處罰條文，並予以記載。但處罰條文記載錯誤，以對被告之防禦不生實質上不利益之虞為限，不影響提起公訴之效力。

⑤ 數個訴因及處罰條文，得以預備或擇一的方式，予以記載。

⑥ 起訴書，不得添附可能使法官就該案件產生預斷之虞的文書或其他物件，或引用其內容。

第256条（起訴状、訴因、罰条）

① 公訴の提起は、起訴状を提出してこれをしなければならない。

② 起訴状には、左の事項を記載しなければならない。
　　一　被告人の氏名その他被告人を特定するに足りる事項
　　二　公訴事実
　　三　罪名
③ 公訴事実は、訴因を明示してこれを記載しなければならない。訴因を明示するには、できる限り日時、場所及び方法を以て罪となるべき事実を特定してこれをしなければならない。
④ 罪名は、適用すべき罰条を示してこれを記載しなければならない。但し、罰条の記載の誤は、被告人の防禦に実質的な不利益を生ずる虞がない限り、公訴提起の効力に影響を及ぼさない。
⑤ 数個の訴因及び罰条は、予備的に又は択一的にこれを記載することができる。
⑥ 起訴状には、裁判官に事件につき予断を生ぜしめる虞のある書類その他の物を添附し、又はその内容を引用してはならない。

第257條（撤回之公訴）
公訴，得在第一審判決前撤回。

第257条（公訴の取消し）
公訴は、第一審の判決があるまでこれを取り消すことができる。

第258條（其他管轄案件之移送）
檢察官，認為案件不屬於該所屬檢察廳所對應之法院管轄時，應將該案件連同文書及證物，一併移送管轄法院所對應之檢察廳檢察官。

第258条（他の管轄への事件送致）
検察官は、事件がその所属検察庁の対応する裁判所の管轄に属しないものと思料するときは、書類及び証拠物とともにその事件を管轄裁判所に

対応する検察庁の検察官に送致しなければならない。

第259條（對犯罪嫌疑人為不起訴處分之通知）

檢察官，就案件在作出不提起公訴處分之情形，遇有犯罪嫌疑人聲請時，應儘速告知該不起訴之要旨。

第259条（被疑者に対する不起訴処分の告知）

検察官は、事件につき公訴を提起しない処分をした場合において、被疑者の請求があるときは、速やかにその旨をこれに告げなければならない。

第260條（對告訴人等起訴、不起訴處分等之通知）

檢察官，就有告訴、告發或聲請之案件，作出提起公訴或不提起公訴之處分時，應儘速將該要旨通知告訴人、告發人或聲請人。撤回起訴或將案件移送其他檢察廳之檢察官時，亦同。

第260条（告訴人等に対する起訴・不起訴処分等の通知）

検察官は、告訴、告発又は請求のあつた事件について、公訴を提起し、又はこれを提起しない処分をしたときは、速やかにその旨を告訴人、告発人又は請求人に通知しなければならない。公訴を取り消し、又は事件を他の検察庁の検察官に送致したときも、同様である。

第261條（對告訴人等不起訴理由之告知）

檢察官，就有告訴、告發或聲請之案件，在作出不提起公訴處分之情形，遇有告訴人、告發人或聲請人之聲請時，應儘速將該不起訴處分之理由告知告訴人、告發人或聲請人。

第261条（告訴人等に対する不起訴処分理由の告知）

検察官は、告訴、告発又は請求のあつた事件について公訴を提起しない処分をした場合において、告訴人、告発人又は請求人の請求があるときは、速やかに告訴人、告発人又は請求人にその理由を告げなければならない。

第262條（聲請交付審判之程序）

① 就刑法第193條至第196條或破壞活動防止法（昭和27年法律第240號）第45條或關於實施無差別大量殺人行為之團體規制法律（平成11年法律第147號）第42條或第43條之罪，已為告訴或告發之人，對於檢察官不起訴之處分有不服時，得向管轄該檢察官所屬檢察廳所在地之地方法院，聲請將該案件交付法院審判。

② 前項之聲請，應從接受第260條通知之日起7日以內，向作出不提起公訴處分之檢察官提出聲請書。

第262条（付審判の請求手続）

① 刑法第193条から第196条まで又は破壊活動防止法（昭和27年法律第240号）第45条若しくは無差別大量殺人行為を行った団体の規制に関する法律（平成11年法律第147号）第42条若しくは第43条の罪について告訴又は告発をした者は、検察官の公訴を提起しない処分に不服があるときは、その検察官所属の検察庁の所在地を管轄する地方裁判所に事件を裁判所の審判に付することを請求することができる。

② 前項の請求は、第260条の通知を受けた日から7日以内に、請求書を公訴を提起しない処分をした検察官に差し出してこれをしなければならない。

第263條（聲請之撤回）

① 前條第1項之聲請，在作出第266條之裁定以前，得撤回之。

② 已為前項撤回之人，就該案件不得再為前條第1項之聲請。

第263条（請求の取下げ）
① 前条第1項の請求は、第266条の決定があるまでこれを取り下げることができる。
② 前項の取下をした者は、その事件について更に前条第1項の請求をすることができない。

第264條（提起公訴之義務）
檢察官認為第262條第1項之聲請有理由時，應提起公訴。

第264条（公訴提起の義務）
検察官は、第262条第1項の請求を理由があるものと認めるときは、公訴を提起しなければならない。

第265條（聲請交付審判之程序）
① 就第262條第1項聲請之審理及裁判，應以合議庭進行之。
② 法院有必要時，得命合議庭之庭員調查事實，或囑託地方法院、簡易法院法官為調查。於此情形，受命法官及受託法官，與法院或審判長有同一之權限。

第265条（付審判請求手続の審判）
① 第262条第1項の請求についての審理及び裁判は、合議体でこれをしなければならない。
② 裁判所は、必要があるときは、合議体の構成員に事実の取調をさせ、又は地方裁判所若しくは簡易裁判所の裁判官にこれを嘱託することができる。この場合には、受命裁判官及び受託裁判官は、裁判所又は裁判長と同一の権限を有する。

第266條（駁回聲請之裁定、交付審判之裁定）

法院受理第262條第1項之聲請時，應依下列之區別，分別作出裁定：

一、聲請違反法律上之程式，或是聲請權消滅後始提出時，或聲請無理由
　　時，駁回其聲請。

二、聲請有理由時，將該案件交付管轄地方法院審判。

第266条（請求棄却の決定、付審判の決定）

裁判所は、第262条第1項の請求を受けたときは、左の区別に従い、決定
をしなければならない。

一　請求が法令上の方式に違反し、若しくは請求権の消滅後にされたも
　　のであるとき、又は請求が理由のないときは、請求を棄却する。

二　請求が理由のあるときは、事件を管轄地方裁判所の審判に付する。

第267條（公訴提起之擬制）

作出前條第2款之裁定時，就該案件視為已提起公訴。

第267条（公訴提起の擬制）

前条第2号の決定があつたときは、その事件について公訴の提起があつた
ものとみなす。

第267條之2（對檢察審查會之交付審判裁定之通知）

法院在作出第266條第2款裁定之情形，就同一案件，有依檢察審查會法
（昭和23年法律第147號）第2條第1項第1款規定進行審查之檢察審查會或
有同法第41條之6第1項作出起訴議決之檢察審查會（依同法第41條之9第1
項規定擔任提起公訴及維持公訴之人，經指定後，該被指定之人）時，應

將作出該裁定之要旨通知之。[35]

第267条の2（検察審査会に対する付審判決定の通知）

裁判所は、第266条第2号の決定をした場合において、同一の事件について、検察審査会法（昭和23年法律第147号）第2条第1項第1号に規定する審査を行う検察審査会又は同法第41条の6第1項の起訴議決をした検察審査会（同法第41条の9第1項の規定により公訴の提起及びその維持に当たる者が指定された後は、その者）があるときは、これに当該決定をした旨を通知しなければならない。

第268條（公訴之維持與指定辯護人）

① 法院依第266條第2款規定，案件交付該法院審判時，應從律師之中指定，就該案件，擔任維持公訴之人。[36]

② 接受前項指定之律師，就該案件為了維持公訴進行，至裁判之確定為止，執行檢察官之職務。但對檢察事務官及司法警察人員之指揮偵查，應囑託檢察官為之。

③ 依前項規定執行檢察官職務之律師，視為依法令從事公務之職員。

④ 法院認為受第1項指定之律師，不適任執行職務時或有其他特別之情事時，得隨時撤銷其指定。

---

[35] 本條（第267條之2）在2004年（平成16年）修訂檢察審查會法時，導入此起訴議決制度，針對同一案件，由告訴人等提出對於法院聲請交付審判與聲請檢察審查會請求審查，就所屬法院聲請交付審判之審理與所屬檢察審查會之審查，已併行審理之情形，基於法院交付審判之裁定與檢察審查會之起訴議決，為避免作出雙重之提起公訴，法院在作出交付審判裁定之情形，依規定應向檢察審查會為通知之義務（檢查審查會第41條之12參照）；可參見三井誠ほか編，《刑事訴訟法：三版》，頁329。

[36] 此第268條第1項規定日本交付審判制度，乃由律師替代檢察官執行公訴之角色，可謂是日本檢察官獨占制度之例外；可參見河上和雄、中山善房ほか編，《大コンメンタール刑事訴訟法：5卷》，青林書院，2013年2月二版，頁295（高橋省吾執筆）；三井誠ほか編，同前註《刑事訴訟法》，頁312。

⑤ 對於受第1項指定之律師，其給付依政令所規定之金額報酬。

第268条（公訴の維持と指定弁護士）

① 裁判所は、第266条第2号の規定により事件がその裁判所の審判に付されたときは、その事件について公訴の維持にあたる者を弁護士の中から指定しなければならない。

② 前項の指定を受けた弁護士は、事件について公訴を維持するため、裁判の確定に至るまで検察官の職務を行う。但し、検察事務官及び司法警察職員に対する捜査の指揮は、検察官に嘱託してこれをしなければならない。

③ 前項の規定により検察官の職務を行う弁護士は、これを法令により公務に従事する職員とみなす。

④ 裁判所は、第1項の指定を受けた弁護士がその職務を行うに適さないと認めるときその他特別の事情があるときは、何時でもその指定を取り消すことができる。

⑤ 第1項の指定を受けた弁護士には、政令で定める額の手当を給する。

第269條（對聲請人之費用賠償的裁定）

法院駁回第262條第1項聲請之情形或已撤回該聲請之情形，得以裁定命聲請人賠償，因關於該聲請程序所生費用之全部或一部。對於此裁定，得提起即時抗告。

第269条（請求者に対する費用賠償の決定）

裁判所は、第262条第1項の請求を棄却する場合又はその請求の取下があつた場合には、決定で、請求者に、その請求に関する手続によって生じた費用の全部又は一部の賠償を命ずることができる。この決定に対しては、即時抗告をすることができる。

第270條（檢察官文書、證物之閱覽權、抄錄權）
① 檢察官提起公訴後，得閱覽並抄錄有關訴訟之文書及證物。
② 不受前項規定之限制，第157條之6第4項規定之影音儲存裝置，不得抄錄。

第270条（検察官の書類‧証拠物の閲覧権‧謄写権）
① 検察官は、公訴の提起後は、訴訟に関する書類及び証拠物を閲覧し、且つ謄写することができる。
② 前項の規定にかかわらず、第157条の6第4項に規定する記録媒体は、謄写することができない。

涓涓的滴水毫無起眼，卻能穿石；真正靠的力量，不是水滴，而是堅持。

第三章　審判

第三章 公判

第一節　審判準備及審判程序

第一節 公判準備及び公判手続

第271條（起訴書副本之送達、未送達與公訴提起之失效）

① 法院收到提起公訴時，應迅速將起訴書副本送達於被告。

② 從提起公訴之日起2個月以內，未送達起訴書副本時，公訴之提起溯及失其效力。

第271条（起訴状謄本の送達、不送達と公訴提起の失効）

① 裁判所は、公訴の提起があつたときは、起訴状の謄本を被告人に送達しなければならない。

② 公訴の提起があつた日から2箇月以内に起訴状の謄本が送達されないときは、公訴の提起は、さかのぼつてその効力を失う。

第272條（辯護人選任權、選任聲請權之告知）

① 法院收到提起公訴時，應迅速向被告告知得選任辯護人之意旨，及因貧困或其他事由無法選任辯護人時，應告知得聲請選任辯護人之意旨。但被告有辯護人時，不在此限。

② 法院除依本法規定需有辯護人之情形外，當依前項規定告知得聲請選任辯護人之意旨，如要聲請選任辯護人，應提出資力申報書之要旨及資力在基準額以上時，應事先教示向律師公會（指依第36條之3第1項規定，應向律師公會提出第31條之2第1項之申請。）提出聲請選任辯護人之意

旨。

第272条（弁護人選任権・選任請求権の告知）

① 裁判所は、公訴の提起があつたときは、遅滞なく被告人に対し、弁護人を選任することができる旨及び貧困その他の事由により弁護人を選任することができないときは弁護人の選任を請求することができる旨を知らせなければならない。但し、被告人に弁護人があるときは、この限りでない。

② 裁判所は、この法律により弁護人を要する場合を除いて、前項の規定により弁護人の選任を請求することができる旨を知らせるに当たつては、弁護人の選任を請求するには資力申告書を提出しなければならない旨及びその資力が基準額以上であるときは、あらかじめ、弁護士会（第36条の3第1項の規定により第31条の2第1項の申出をすべき弁護士会をいう。）に弁護人の選任の申出をしていなければならない旨を教示しなければならない。

第273條（審判期日之指定、傳喚、通知）

① 審判長，應指定審判期日。

② 審判期日，應傳喚被告。

③ 審判期日，應通知檢察官、辯護人及輔佐人。

第273条（公判期日の指定、召喚、通知）

① 裁判長は、公判期日を定めなければならない。

② 公判期日には、被告人を召喚しなければならない。

③ 公判期日は、これを検察官、弁護人及び補佐人に通知しなければならない。

第274條（傳票送達之擬制）

對在法院院內之被告，已經通知審判期日時，與已送達傳票之情形有同一之效力。

第274条（召喚狀送達の擬制）

裁判所の構内にいる被告人に対し公判期日を通知したときは、召喚狀の送達があつた場合と同一の効力を有する。

第275條（期日與送達與其期間之猶豫期間）

在第1次審判期日與對被告送達傳票之期間，應預留依法院規則所規定之猶豫期間。

第275条（期日と送達との間の猶予期間）

第1回の公判期日と被告人に対する召喚狀の送達との間には、裁判所の規則で定める猶予期間を置かなければならない。

第276條（審判期日之變更）

① 法院，得依檢察官、被告或辯護人之聲請或依職權變更審判期日。
② 如要變更審判期日，應依法院規則所規定，事先聽取檢察官及被告或辯護人意見。但情況急迫之情形，不在此限。
③ 前項但書之情形，在變更後之審判期日，首先，應對檢察官及被告或辯護人給予提出異議之機會。

第276条（公判期日の変更）

① 裁判所は、検察官、被告人若しくは弁護人の請求により又は職権で、公判期日を変更することができる。
② 公判期日を変更するには、裁判所の規則の定めるところにより、あらかじめ、検察官及び被告人又は弁護人の意見を聴かなければならな

い。但し、急速を要する場合は、この限りでない。
③ 前項但書の場合には、変更後の公判期日において、まず、検察官及び
被告人又は弁護人に対し、異議を申し立てる機会を与えなければなら
ない。

第277條（對不當期日變更之救濟）

法院濫用權限而變更審判期日時，訴訟關係人得依最高法院規則或訓令所
規定，請求司法行政監督上之處置。

第277条（不当な期日変更に対する救済）

裁判所がその権限を濫用して公判期日を変更したときは、訴訟関係人
は、最高裁判所の規則又は訓令の定めるところにより、司法行政監督上
の措置を求めることができる。

第278條（未到場與診斷書之提出）

審判期日受傳喚之人，因疾病或其他事由而不能到場時，應依法院規則所
定提出醫師診斷證明書或其他資料。

第278条（不出頭と診断書の提出）

公判期日に召喚を受けた者が病気その他の事由によつて出頭することが
できないときは、裁判所の規則の定めるところにより、医師の診断書そ
の他の資料を提出しなければならない。

第278條之2（對檢察官、辯護人到場、在席、在庭之命令）

① 法院認為必要時，得對檢察官或辯護人，命其於準備程序或審判期日時
到場，並命其程序進行之期間在席或在庭。
② 審判長在情況急迫時，得作出前項規定之命令，或命合議庭之庭員為

之。

③ 已受依前2項規定命令之檢察官或辯護人無正當理由而不遵從時，得以裁定處10萬元以下之罰鍰，並命賠償因不遵從該命令所生之費用。

④ 對於前項之裁定，得提起即時抗告。

⑤ 法院作出第3項之裁定時，就檢察官應通知該檢察官有指揮監督之權限者；就擔任辯護人之律師，應通知該律師所屬之律師公會或日本律師聯合公會，聲請採取適當之處置。

⑥ 受理依前項所規定聲請之人，應將該所採取之處置通知法院。

第278条の2（検察官・弁護人に対する出頭・在席・在廷の命令）

① 裁判所は、必要と認めるときは、検察官又は弁護人に対し、公判準備又は公判期日に出頭し、かつ、これらの手続が行われている間在席し又は在廷することを命ずることができる。

② 裁判長は、急速を要する場合には、前項に規定する命令をし、又は合議体の構成員にこれをさせることができる。

③ 前2項の規定による命令を受けた検察官又は弁護人が正当な理由がなくこれに従わないときは、決定で、10万円以下の過料に処し、かつ、その命令に従わないために生じた費用の賠償を命ずることができる。

④ 前項の決定に対しては、即時抗告をすることができる。

⑤ 裁判所は、第3項の決定をしたときは、検察官については当該検察官を指揮監督する権限を有する者に、弁護士である弁護人については当該弁護士の所属する弁護士会又は日本弁護士連合会に通知し、適当な処置をとるべきことを請求しなければならない。

⑥ 前項の規定による請求を受けた者は、そのとつた処置を裁判所に通知しなければならない。

第279條（法院對公務所等之照會）

法院得依檢察官、被告或辯護人之聲請或依職權，照會公務機關或公私立團體，並要求其作必要事項之報告。

第279条（公務所等に対する裁判所の照会）

裁判所は、検察官、被告人若しくは弁護人の請求により又は職権で、公務所又は公私の団体に照会して必要な事項の報告を求めることができる。

第280條（關於羈押之處分）

① 提起公訴後至第1次審判期日前，關於羈押之處分，由法官為之。

② 依第199條或第210條規定被逮捕、或以現行犯被逮捕之犯罪嫌疑人尚未被羈押者，而已在第204條或第205條之時間限制內，提起公訴之情形，法官應儘速告知被告案件，並聽取其有關之陳述，如不簽發押羈票時，應立即命釋放被告。

③ 前2項之法官，關於該處分與法院或審判長有同一之權限。

第280条（勾留に関する処分）

① 公訴の提起があつた後第1回の公判期日までは、勾留に関する処分は、裁判官がこれを行う。

② 第199条若しくは第210条の規定により逮捕され、又は現行犯人として逮捕された被疑者でまだ勾留されていないものについて第204条又は第205条の時間の制限内に公訴の提起があつた場合には、裁判官は、速やかに、被告事件を告げ、これに関する陳述を聴き、勾留状を発しないときは、直ちにその釈放を命じなければならない。

③ 前2項の裁判官は、その処分に関し、裁判所又は裁判長と同一の権限を有する。

第281條（審判期日外之詰問證人）

關於證人，法院考量第158條所列事項之後，聽取檢察官、被告或辯護人之意見，以認為必要時為限，得在審判期日外詰問證人。

第281条（公判期日外の証人尋問）

証人については、裁判所は、第158条に掲げる事項を考慮した上、検察官及び被告人又は弁護人の意見を聴き必要と認めるときに限り、公判期日外においてこれを尋問することができる。

第281條之2（同前－被告之退庭）

法院，在審判期日外詰問證人中，被告在場之情形，認為證人在被告面前（包括採取第157條之5第1項規定的處置之情形，以及依第157條之6第1項、第2項規定的方法之情形。），受壓迫而無法為充分之供述時，限於辯護人在場之情形，得聽取檢察官及辯護人意見後，在該證人陳述時，命被告退庭。於此情形，應在供述完畢後，告知被告證言之要旨，並給予被告詰問該證人之機會。

第281条の2（同前－被告人の退席）

裁判所は、公判期日外における証人尋問に被告人が立ち会つた場合において、証人が被告人の面前（第157条の5第1項に規定する措置を採る場合並びに第157条の6第1項及び第2項に規定する方法による場合を含む。）においては圧迫を受け充分な供述をすることができないと認めるときは、弁護人が立ち会つている場合に限り、検察官及び弁護人の意見を聴き、その証人の供述中被告人を退席させることができる。この場合には、供述終了後被告人に証言の要旨を告知し、その証人を尋問する機会を与えなければならない。

第281條之3（複製等之適切管理）

辯護人，在檢察官因被告案件為審理之準備，給予閱覽或抄錄之機會的有關證據之複製等（指如實紀錄複製及其他證據之全部或一部之物及書面。以下同。），應適切地管理，不得恣意委託他人保管。

第281条の3（複製等の適正管理）
弁護人は、検察官において被告事件の審理の準備のために閲覧又は謄写の機会を与えた証拠に係る複製等（複製その他証拠の全部又は一部をそのまま記録した物及び書面をいう。以下同じ。）を適正に管理し、その保管をみだりに他人にゆだねてはならない。

第281條之4（複製等之目的外使用之禁止）

① 被告或辯護人（包括第440條規定之辯護人）或曾為被告或辯護人之人，不得以下列之程序或使用該準備之目的以外之目的，將檢察官因被告案件為審理之準備，給予閱覽或抄錄之機會的有關證據之複製等，交付、提示或以電信通訊迴路線傳輸提供他人。

一、該被告案件之審理及為了其他涉及該被告案件的裁判之審理。

二、關於該被告案件之下列的程序：
　　(一)依第1編第16章規定之費用補償的程序。
　　(二)有第349條第1項聲請情形之程序。
　　(三)有第350條聲請情形之程序。
　　(四)聲請上訴權回復之程序。
　　(五)聲請再審之程序。
　　(六)非常上訴之程序。
　　(七)聲請第500條第1項之程序。
　　(八)聲請第502條之程序。
　　(九)依刑事補償法所規定之聲請補償的程序。

② 關於違反前項規定的情形之處置，應根據被告之防禦權，考量是否損害複製等之內容、行為之目的及態樣、關係人之名譽、其私生活或業務之平穩；以及涉及該複製等之證據在審判期日是否已經調查，及其調查之方法及其他情事。

第281条の4（複製等の目的外利用の禁止）
① 被告人若しくは弁護人（第440条に規定する弁護人を含む。）又はこ

れらであつた者は、検察官において被告事件の審理の準備のために閲覧又は謄写の機会を与えた証拠に係る複製等を、次に掲げる手続又はその準備に使用する目的以外の目的で、人に交付し、又は提示し、若しくは電気通信回線を通じて提供してはならない。

一　当該被告事件の審理その他の当該被告事件に係る裁判のための審理

二　当該被告事件に関する次に掲げる手続

　　イ　第1編第16章の規定による費用の補償の手続

　　ロ　第349条第1項の請求があつた場合の手続

　　ハ　第350条の請求があつた場合の手続

　　ニ　上訴権回復の請求の手続

　　ホ　再審の請求の手続

　　ヘ　非常上告の手続

　　ト　第500条第1項の申立ての手続

　　チ　第502条の申立ての手続

　　リ　刑事補償法の規定による補償の請求の手続

② 前項の規定に違反した場合の措置については、被告人の防御権を踏まえ、複製等の内容、行為の目的及び態様、関係人の名誉、その私生活又は業務の平穏を害されているかどうか、当該複製等に係る証拠が公判期日において取り調べられたものであるかどうか、その取調べの方法その他の事情を考慮するものとする。

第281條之5（目的外使用與刑罰）

① 被告或曾為被告之人，以前條第1項各款所列之程序，或以使用其準備之目的以外之目的，在檢察官因被告案件為審理之準備，給予閱覽或抄錄之機會的有關證據之複製等，交付、提示或以電信通訊迴路線傳輸提供他人時，處1年以下有期徒刑之懲役或50萬元以下罰金。

② 辯護人（包括第440條規定之辯護人。以下在本項同。）或曾為辯護人之人以取得財產上利益或其他利益作為對價之目的，在檢察官因被告案

件為審理之準備，給予閱覽或抄錄之機會的有關證據之複製等，交付、
提示或以電信通訊迴路線傳輸提供他人時，亦與前項同。

第281条の5（目的外利用と刑罰）

① 被告人又は被告人であつた者が、検察官において被告事件の審理の準
　備のために閲覧又は謄写の機会を与えた証拠に係る複製等を、前条第
　1項各号に掲げる手続又はその準備に使用する目的以外の目的で、人
　に交付し、又は提示し、若しくは電気通信回線を通じて提供したとき
　は、1年以下の懲役又は50万円以下の罰金に処する。

② 弁護人（第440条に規定する弁護人を含む。以下この項において同
　じ。）又は弁護人であつた者が、検察官において被告事件の審理の準
　備のために閲覧又は謄写の機会を与えた証拠に係る複製等を、対価と
　して財産上の利益その他の利益を得る目的で、人に交付し、又は提示
　し、若しくは電気通信回線を通じて提供したときも、前項と同様とす
　る。

第281條之6（連續開庭、繼續審理）

① 法院，就審理需要2日以上之案件，應儘可能連續開庭，繼續進行審
　理。

② 訴訟關係人應嚴守期日，避免對審理造成障礙。

第281条の6（連日的開廷・継続審理）

① 裁判所は、審理に2日以上を要する事件については、できる限り、連
　日開廷し、継続して審理を行わなければならない。

② 訴訟関係人は、期日を厳守し、審理に支障を来さないようにしなけれ
　ばならない。

第282條（審判庭）

① 審判期日之調查，在審判庭進行之。

② 審判庭，由法官、法院書記官到庭，並由檢察官出席而開庭。

第282条（公判廷）

① 公判期日における取調は、公判廷でこれを行う。

② 公判廷は、裁判官及び裁判所書記が列席し、且つ檢察官が出席してこれを開く。[37]

第283條（法人與代理人到場）

被告是法人之情形，得命代理人到場。

第283条（法人と代理人の出頭）

被告人が法人である場合には、代理人を出頭させることができる。

第284條（輕微案件與到場義務之免除）

針對適用50萬元（有關刑法、暴力行為等處罰之法律，及有關經濟關係罰則整備之法律的罪以外之罪，目前暫定5萬元）以下罰金或罰款之案件，被告於審判期日無需到場。但被告得使代理人到場。

第284条（軽微事件と出頭義務の免除）

50万円（刑法、暴力行為等処罰に関する法律及び経済関係罰則の整備に関する法律の罪以外の罪については、当分の間、5万円）以下の罰金又は

---

[37] 此第282條第2項所謂「列席」譯為「到庭」；「出席」則譯為「出庭」。又第283條至第286條之2，或第289條第2項、第3項，第290條等條文所謂「出頭」則譯為「到場」；另第288條第2項、第278條之2第1項所謂「在廷」，則譯為「在庭」等，以為統一其法律用語，特予敘明。

科料に当たる事件については、被告人は、公判期日に出頭することを要しない。ただし、被告人は、代理人を出頭させることができる。

第285條（到場義務與其免除）

① 適用拘役案件之被告，諭知宣告判決之情形，應於審判期日到場。其他之情形，法院認為被告到場對其權利之保護無關重要時，得准許被告於審判期日不到場。

② 被告適用最重本刑3年以下有期徒刑之懲役或禁錮，或適用超過50萬元（有關刑法、暴力行為等處罰之法律及有關經濟關係罰則整備之法律的罪以外之罪，目前暫定5萬元）罰金之案件，諭知第291條程序之情形及宣告判決之情形，應於審判期日到場。於其他情形，依前項後段之規定處理。

第285条（出頭義務とその免除）

① 拘留にあたる事件の被告人は、判決の宣告をする場合には、公判期日に出頭しなければならない。その他の場合には、裁判所は、被告人の出頭がその権利の保護のため重要でないと認めるときは、被告人に対し公判期日に出頭しないことを許すことができる。

② 長期3年以下の懲役若しくは禁錮又は50万円（刑法、暴力行為等処罰に関する法律及び経済関係罰則の整備に関する法律の罪以外の罪については、当分の間、5万円）を超える罰金に当たる事件の被告人は、第291条の手続をする場合及び判決の宣告をする場合には、公判期日に出頭しなければならない。その他の場合には、前項後段の例による。

第286條（被告到場與開庭）

除前3條規定之情形外，被告未於審判期日到場時，不得開庭。

第286条（被告人の出頭と開廷）
前3条に規定する場合の外、被告人が公判期日に出頭しないときは、開廷することはできない。

第286條之2（拒絕到場與審判程序）
在被告如不到場，不得開庭之情形，羈押中之被告於審判期日接受傳喚，無正當理由拒絕到場，而由刑事設施職員解送顯有困難時，法院即使在被告未到場，仍得進行該期日之審判程序。

第286条の2（出頭拒否と公判手続）
被告人が出頭しなければ開廷することができない場合において、勾留されている被告人が、公判期日に召喚を受け、正当な理由がなく出頭を拒否し、刑事施設職員による引致を著しく困難にしたときは、裁判所は、被告人が出頭しないでも、その期日の公判手続を行うことができる。

第287條（審判庭不拘束被告人身自由）
① 在審判庭，不得拘束被告之身體。但被告使用暴力或企圖逃亡之情形，不在此限。
② 即使不拘束被告身體之情形，仍得附設看守人看守被告。

第287条（公判廷における身体の不拘束）
① 公判廷においては、被告人の身体を拘束してはならない。但し、被告人が暴力を振い又は逃亡を企てた場合は、この限りでない。
② 被告人の身体を拘束しない場合にも、これに看守者を附することができる。

第288條（被告在庭義務、法庭之秩序維持）

① 被告如未經審判長之許可，不得退庭。

② 審判長為使被告在庭，或為維持法庭秩序，得為適當之處分。

第288条（被告人の在廷義務、法廷の秩序維持）

① 被告人は、裁判長の許可がなければ、退廷することができない。

② 裁判長は、被告人を在廷させるため、又は法廷の秩序を維持するため
相当な処分をすることができる。

第289條（必要辯護）

① 審理適用死刑、無期徒刑或最輕本刑3年以上有期徒刑之懲役或禁錮案
件之情形，如無辯護人到場，不得開庭。[38]

② 在無辯護人不得開庭之情形，辯護人不到場或事後不在庭時，或無辯護
人時，審判長應依職權指定辯護人。

③ 在無辯護人不得開庭之情形，辯護人有不到場之虞時，法院得依職權指
定辯護人。

第289条（必要的弁護）

① 死刑又は無期若しくは長期3年を超える懲役若しくは禁錮にあたる事
件を審理する場合には、弁護人がなければ開廷することはできない。

② 弁護人がなければ開廷することができない場合において、弁護人が出

---

[38] 此第289條第1項日文法條所稱「長期3年を超える」，譯為「最高刑期超過3年」，
惟是否該當於必要辯護之案件，係以訴因所示之罪的「法定刑」作為判斷之基準，此
可參三井誠ほか編，《刑事訴訟法：三版》，頁362；同時，此與我國刑訴第31條第
1項、第284條強制辯護案件之立法相仿，故將本條項譯為「最輕本刑3年以上有期徒
刑」；同理，基於依「法定刑」為判斷基準，於本法第89條、第210條第1項、第250
條、第285條第2項、第291條之2、第301條之2第1項第2款、第350條之16第1項，均依
此旨趣進行翻譯，特予敘明。

　　頭しないとき若しくは在廷しなくなつたとき、又は弁護人がないとき
　　は、裁判長は、職権で弁護人を付さなければならない。
③ 弁護人がなければ開廷することができない場合において、弁護人が出
　　頭しないおそれがあるときは、裁判所は、職権で弁護人を付すること
　　ができる。

第290條（裁量的國選辯護）

於第37條各款之情形，辯護人不到場時，法院得依職權指定辯護人。

第290条（裁量的国選弁護）

第37条各号の場合に弁護人が出頭しないときは、裁判所は、職権で弁護
人を附することができる。

第290條之2（被害人特定事項之隱匿）

① 法院，在處理下列案件之情形，遇有該案件之被害人等（指在被害人或
　　被害人已死亡之情形，或其身心有重大障礙之情形，及其配偶、直系親
　　屬或兄弟姊妹。以下同。）或該被害人之法定代理人，或由受上開之人
　　委託之律師提出聲請時，得聽取被告或辯護人意見後，認為適當時，在
　　公開的法庭作出將被害人特定事項（指姓名及住所、其他使該案件被害
　　人特定之事項。以下同。）隱匿要旨之裁定。
　　一、刑法第176條至第179條或第181條之罪、同法第225條或第226條
　　　　之2第3項之罪（限於涉及猥褻或結婚之目的部分。以下與本款
　　　　同。）、同法第227條第1項（限於涉及幫助犯第225條或第226條之
　　　　2第3項之罪的人為目的之部分）或第3項（限於涉及猥褻為目的之
　　　　部分。）或第241條第1項或第3項之罪或涉及上開之罪的未遂罪案
　　　　件。
　　二、兒童福祉法第60條第1項之罪或同法第34條第1項第9款涉及同法第
　　　　60條第2項之罪或涉及兒童性交易、兒童色情行為等規定及處罰，

以及關於兒童保護法律第4條至第8條之罪的案件。

三、前2款所列案件之外，依犯行之態樣、被害之狀況及其他之情事，可認為因被害人特定事項在法庭被公開，有顯著危害被害人等之名譽或社會生活平穩之虞的案件。

② 前項之聲請，應事先向檢察官提出。在此情形，應由檢察官添具意見後通知法院。

③ 法院，在第1項所定以外之案件，依犯行之態樣、被害之狀況及其他之情事，可認為因被害人特定事項在公開的法庭被公開，有作出加害於被害人或其親屬之身體或財產，或使此等之人心生畏怖或困擾的行為之虞的案件，得聽取檢察官及被告或辯護人意見後，認為適當時，在公開的法庭作出隱匿被害人特定事項要旨之裁定。

④ 法院，就已作出第1項或前項裁定之案件，嗣後認為在公開的法庭隱匿被害人特定事項已不適當時；以及依第312條規定因所犯法條已撤回或變更，而致不符合第1項第1款或第2款所列之案件時；或嗣後認為已不符合同項第3款所列之案件或前項規定之案件時，應以裁定撤銷第1項或前項之裁定。

第290条の2（被害者特定事項の秘匿）

① 裁判所は、次に掲げる事件を取り扱う場合において、当該事件の被害者等（被害者又は被害者が死亡した場合若しくはその心身に重大な故障がある場合におけるその配偶者、直系の親族若しくは兄弟姉妹をいう。以下同じ。）若しくは当該被害者の法定代理人又はこれらの者から委託を受けた弁護士から申出があるときは、被告人又は弁護人の意見を聴き、相当と認めるときは、被害者特定事項（氏名及び住所その他の当該事件の被害者を特定させることとなる事項をいう。以下同じ。）を公開の法廷で明らかにしない旨の決定をすることができる。

一　刑法第176条から第179条まで若しくは第181条の罪、同法第215条若しくは第226条の2第3項の罪（わいせつ又は結婚の目的に係る部分に限る。以下この号において同じ。）、同法第227条第1項（第225条又は第226条の2第3項の罪を犯した者を幇助する目的に

　　係る部分に限る。）若しくは第3項（わいせつの目的に係る部分
　　に限る。）若しくは第241条第1項若しくは第3項の罪又はこれら
　　の罪の未遂罪に係る事件。

二　児童福祉法第60条第1項の罪若しくは同法第34条第1項第9号に係
　　る同法第60条第2項の罪又は児童買春、児童ポルノに妨る行為等
　　の規制及び処罰並びに児童の保護等に関する法律第4条から第8条
　　までの罪に係る事件。

三　前2号に掲げる事件のほか、犯行の態様、被害の状況その他の事
　　情により、被害者特定事項が公開の法廷で明らかにされることに
　　より被害者等の名誉又は社会生活の平穏が著しく害されるおそれ
　　があると認められる事件。

② 前項の申出は、あらかじめ、検察官にしなければならない。この場合
　において、検察官は、意見を付して、これを裁判所に通知するものと
　する。

③ 裁判所は、第1項に定めるもののほか、犯行の態様、被害の状況その
　他の事情により、被害者特定事項が公開の法廷で明らかにされること
　により被害者若しくはその親族の身体若しくは財産に害を加え又はこ
　れらの者を畏怖させ若しくは困惑させる行為がなされるおそれがある
　と認められる事件を取り扱う場合において、検察官及び被告人又は弁
　護人の意見を聴き、相当と認めるときは、被害者特定事項を公開の法
　廷で明らかにしない旨の決定をすることができる。

④ 裁判所は、第1項又は前項の決定をした事件について、被害者特定事
　項を公開の法廷で明らかにしないことが相当でないと認めるに至つた
　とき、第312条の規定により罰条が撤回若しくは変更されたため第1項
　第1号若しくは第2号に掲げる事件に該当しなくなつたとき又は同項第
　3号に掲げる事件若しくは前項に規定する事件に該当しないと認める
　に至つたときは、決定で、第1項又は前項の決定を取り消さなければ
　ならない。

第290條之3（證人等特定事項之隱匿）

① 法院，在下列之情形，由證人、鑑定人、通譯、翻譯或供述筆錄等（指供述書，已錄取供述之文書上，有供述人之簽名或蓋章者，或能錄影或錄音之影音儲存裝置，所紀錄之供述內容。以下同。）之供述者（在本項以下稱為「證人等」）有提出聲請時，得聽取檢察官及被告或辯護人之意見後，認為適當時，在公開的法庭作出將證人等特定事項（指姓名及住所、其他使該證人等特定之事項。以下同。）隱匿要旨之裁定。

　一、認為因證人等特定事項在公開的法庭被公開，有作出加害於證人等或其親屬之身體或財產，或使上開之人心生畏怖或困擾的行為之虞時。

　二、除前款所列之情形外，認為因證人等特定事項在公開的法庭被公開，有顯著損害證人等之名譽或社會生活平穩之虞時。

② 法院，就已作出前項裁定之案件，嗣後認為在公開的法庭隱匿證人特定事項已不適當時，應以裁定撤銷同項之裁定。

第290条の3（証人等特定事項の秘匿）

① 裁判所は、次に掲げる場合において、証人、鑑定人、通訳人、翻訳人又は供述録取書等（供述書、供述を録取した書面で供述者の署名若しくは押印のあるもの又は映像若しくは音声を記録することができる記録媒体であつて供述を記録したものをいう。以下同じ。）の供述者（以下この項において「証人等」という。）から申出があるときは、検察官及び被告人又は弁護人の意見を聴き、相当と認めるときは、証人等特定事項（氏名及び住所その他の当該証人等を特定させることとなる事項をいう。以下同じ。）を公開の法廷で明らかにしない旨の決定をすることができる。

　一　証人等特定事項が公開の法廷で明らかにされることにより証人等若しくはその親族の身体若しくは財産に害を加え又はこれらの者を畏怖させ若しくは困惑させる行為がなされるおそれがあると認めるとき。

　二　前号に掲げる場合のほか、証人等特定事項が公開の法廷で明らか

にされることにより証人等の名誉又は社会生活の平穏が著しく害
されるおそれがあると認めるとき。

② 裁判所は、前項の決定をした事件について、証人等特定事項を公開の
法廷で明らかにしないことが相当でないと認めるに至つたときは、決
定で、同項の決定を取り消さなければならない。

第291條（開頭程序）

① 檢察官，應先朗讀起訴書。

② 遇有第290條之2第1項或第3項之裁定時，朗讀前項起訴書，應以隱匿被
害人特定事項之方法行之。在此情形，檢察官應將起訴書提示於被告。

③ 即使就有前條第1項裁定之情形，在朗讀第1項起訴書，與前項規定同。
在此情形，同項中凡記載為「被害人特定事項」，視為「證人等特定事
項」。

④ 審判長，在起訴書朗讀完畢後，應告知被告得始終保持沉默、或對各項
之質問得拒絕陳述之要旨，及其他依法院規則所規定為保護被告權利之
必要事項後，對被告及辯護人，就被告案件應給予陳述之機會。

第291条（冒頭手続）

① 検察官は、まず、起訴状を朗読しなければならない。

② 第290条の2第1項又は第3項の決定があつたときは、前項の起訴状の朗
読は、被害者特定事項を明らかにしない方法でこれを行うものとす
る。この場合においては、検察官は、被告人に起訴状を示さなければ
ならない。

③ 前条第1項の決定があつた場合における第1項の起訴状の朗読について
も、前項と同様とする。この場合において、同項中「被害者特定事
項」とあるのは、「証人等特定事項」とする。

④ 裁判長は、起訴状の朗読が終つた後、被告人に対し、終始沈黙し、又
は個々の質問に対し陳述を拒むことができる旨その他裁判所の規則で
定める被告人の権利を保護するため必要な事項を告げた上、被告人及

び弁護人に対し、被告事件について陳述する機会を与えなければならない。

第291條之2（簡式審判程序之裁定）[39]

當被告進行前條第4項程序之際，就起訴書所記載之訴因為有罪要旨之陳述時，法院聽取檢察官、被告及辯護人意見，以有罪要旨陳述之訴因為限，得作出依簡式審判程序進行審判之要旨的裁定。但就適用死刑、無期徒刑或最輕本刑1年以上有期徒刑之懲役或禁錮的案件，不在此限。

第291条の2（簡易公判手続の決定）

被告人が、前条第4項の手続に際し、起訴状に記載された訴因について有罪である旨を陳述したときは、裁判所は、検察官、被告人及び弁護人の意見を聴き、有罪である旨の陳述のあつた訴因に限り、簡易公判手続によつて審判をする旨の決定をすることができる。ただし、死刑又は無期若しくは短期1年以上の懲役若しくは禁錮に当たる事件については、この限りでない。

第291條之3（裁定之撤銷）

法院已作出前條裁定之案件，認為是不得依簡式審判程序，或依簡式審判

---

[39] 日本刑訴法制上，就簡易裁判包括兩種情形：一為檢察官提起公訴階段，基於起訴裁量而聲請「略式程序」（§461以下）與「即決裁判程序」（§350之16以下）。二為提起公訴之後，由法院裁定適用「簡式審判程序」（§291之2以下，此與我國刑訴§273之1簡式審判程序相仿）；此可參見田口守一，《刑事訴訟法》，弘文堂，2017年4月七版，頁230以下。

　　上開日本簡易裁判分成三種類型，而與我國立法僅有簡易程序（我國刑訴§449以下）與簡式審判程序（我國刑訴§273之1以下）二種類型有別；惟觀諸日本此第291條之2以下「簡易審判程序」之立法，與我國「簡式審判程序」相仿，故將日本「簡易審判程序」譯為「簡式審判程序」，期與我國立法用語一致，併予敘明。

程序進行是不適當時，應撤銷該裁定。

第291条の3（決定の取消し）
裁判所は、前条の決定があつた事件が簡易公判手続によることができないものであり、又はこれによることが相当でないものであると認めるときは、その決定を取り消さなければならない。

第292條（證據調查）
證據調查，在第291條程序完畢之後進行。但關於在於次節第1款所定之審判前準備程序中，為了爭點與證據的整理所進行之程序，不在此限。

第292条（証拠調べ）
証拠調べは、第291条の手続が終つた後、これを行う。ただし、次節第1款に定める公判前整理手続において争点及び証拠の整理のために行う手続については、この限りでない。

第292條之2（關於被害人心情等意見之陳述）
① 法院由被害人或該被害人之法定代理人提出聲請，關於被害心情或其他有關被告案件之意見陳述時，在審判期日應使其陳述意見。
② 依前項規定所提陳述意見之聲請，應事先向檢察官提出。在此情形，應由檢察官添具意見後通知法院。
③ 審判長或陪席法官，在被害人等或該被害人之法定代理人陳述意見之後，為查明其陳述旨趣，得質問此等之人。
④ 訴訟關係人，在被害人等或該被害人之法定代理人陳述意見之後，為查明其陳述旨趣，經告知審判長後，得質問此等之人。
⑤ 審判長，對被害人等或該被害人之法定代理人意見陳述，或對訴訟關係人之被害人等或該被害人之法定代理人之質問，與已為之陳述或質問重複時，或涉及與案件無關之事項，或其他不適當時，得限制之。

⑥ 第157條之4、第157條之5及第157條之6第1項及第2項之規定，關於依第1項規定之意見陳述準用之。

⑦ 法院考量審理之狀況及其他情事，認為不適當時，得命提出記載意見之文書以代替陳述意見，或不許其陳述意見。

⑧ 依前項之規定，已提出文書之情形，審判長在審判期日應闡明該要旨。在此情形，審判長認為適當時，得朗讀該文書或告知該要旨。

⑨ 依第1項規定所作之陳述或依第7項所規定之文書，不得作為認定犯罪事實之證據。

第292条の2（被害者等の心情等に関する意見の陳述）

① 裁判所は、被害者等又は当該被害者の法定代理人から、被害に関する心情その他の被告事件に関する意見の陳述の申出があるときは、公判期日において、その意見を陳述させるものとする。

② 前項の規定による意見の陳述の申出は、あらかじめ、検察官にしなければならない。この場合において、検察官は、意見を付して、これを裁判所に通知するものとする。

③ 裁判長又は陪席の裁判官は、被害者等又は当該被害者の法定代理人が意見を陳述した後、その趣旨を明確にするため、これらの者に質問することができる。

④ 訴訟関係人は、被害者等又は当該被害者の法定代理人が意見を陳述した後、その趣旨を明確にするため、裁判長に告げて、これらの者に質問することができる。

⑤ 裁判長は、被害者等若しくは当該被害者の法定代理人の意見の陳述又は訴訟関係人の被害者等若しくは当該被害者の法定代理人に対する質問が既にした陳述若しくは質問と重複するとき、又は事件に関係のない事項にわたるときその他相当でないときは、これを制限することができる。

⑥ 第157条の4、第157条の5並びに第157条の6第1項及び第2項の規定は、第1項の規定による意見の陳述について準用する。

⑦ 裁判所は、審理の状況その他の事情を考慮して、相当でないと認める

ときは、意見の陳述に代え意見を記載した書面を提出させ、又は意見の陳述をさせないことができる。

⑧ 前項の規定により書面が提出された場合には、裁判長は、公判期日において、その旨を明らかにしなければならない。この場合において、裁判長は、相当と認めるときは、その書面を朗読し、又はその要旨を告げることができる。

⑨ 第1項の規定による陳述又は第7項の規定による書面は、犯罪事実の認定のための証拠とすることができない。

第293條（辯論）

① 證據調查完畢後，檢察官應就事實及適用法律陳述意見。

② 被告及辯護人得陳述意見。

第293条（弁論）

① 証拠調が終つた後、検察官は、事実及び法律の適用について意見を陳述しなければならない。

② 被告人及び弁護人は、意見を陳述することができる。

第294條（訴訟指揮權）

在審判期日之訴訟指揮，由審判長行之。

第294条（訴訟指揮權）

公判期日における訴訟の指揮は、裁判長がこれを行う。

第295條（詰問、陳述之限制）

① 審判長就訴訟關係人[40]所為之詰問或陳述，與已為之詰問或陳述重複時，或涉及與案件無關之事項時，或其他不適當時，以不損害訴訟關係人本質上之權利[41]為限，始得限制之。即使就要求對訴訟關係人之被告供述之行為，亦同。

② 審判長在詰問證人、鑑定人、通譯或翻譯之情形，認為有作出加害於證人、鑑定人、通譯或翻譯或此等人之親屬的身體或財產、或使此等之人心生畏怖或困擾的行為之虞；如使上開之人特定之住居、工作場所，及其他通常所在的場所之事項被公開，則證人、鑑定人、通譯或翻譯無法為充分之陳述時，得限制就該事項之詰問。但因限制檢察官所為之詰問，有對犯罪之證明產生重大妨礙之虞時，或因限制被告或辯護人所為之詰問，有對被告之防禦產生實質上不利益之虞時，不在此限。

③ 審判長在遇有第290條之2第1項或第3項裁定之情形，訴訟關係人所為之詰問或陳述涉及被害人特定事項時，除因限制檢察官所為之詰問，有對犯罪之證明產生重大妨礙之虞的情形，或因限制被告或辯護人所為之詰問，有對被告之防禦產生實質上不利益之虞的情形外，得限制該詰問或陳述。即使就要求對訴訟關係人之被告供述的行為，亦同。

④ 在遇有第290條之3第1項裁定之情形的訴訟關係人所為之詰問或陳述，或即使就要求對於訴訟關係人之被告供述的行為，亦與前項同。在此情

---

[40] 此第295條第1項所謂「訴訟關係人」，乃指在審判程序中，參與訴訟行為之人，除法院外，包括檢察官、被告、辯護人、輔佐人，及被告是法人其代表之人，甚至包括證人、鑑定人等均屬之；可參見三井誠ほか編，《刑事訴訟法：三版》，頁382以下。

其次，本條項，所謂「その他相当でないとき」（譯為：其他不適當時），指比不適法更廣泛的概念，例如誘導詰問、威嚇性詰問、侮辱性詰問，或有毀損他人名譽的詰問或陳述，均屬之（最決平27.5.25刑集69.4.636）。

[41] 此第295條第1項所謂「本質的な権利」（譯為：本質上之權利），乃指就檢察官作為原告，有維持公訴之利益；以及就被告有防禦權及其他不可欠缺之必要權利，例如日本憲法基於第37條第2項所保障的證人詰問權等內容；惟若該權利之行使，有該當於濫用之情形，即得加以限制，乃屬當然之解釋；可參見三井誠ほか編，《刑事訴訟法：三版》，頁383。

形，同項中凡記載為「被害人特定事項」，視為「證人等特定事項」。
⑤ 法院，對於受有依前各項規定之命令的檢察官或擔任辯護人之律師，已不遵從之情形，就檢察官得通知有指揮監督該檢察官權限之人，就擔任辯護人之律師得通知所屬該律師之律師公會或日本律師聯合公會，聲請採取適當之處置。
⑥ 依前項規定收受聲請之人，應將該所採取之處置通知法院。

第295条（尋問・陳述の制限）
① 裁判長は、訴訟関係人のする尋問又は陳述が既にした尋問若しくは陳述と重複するとき、又は事件に関係のない事項にわたるときその他相当でないときは、訴訟関係人の本質的な権利を害しない限り、これを制限することができる。訴訟関係人の被告人に対する供述を求める行為についても同様である。
② 裁判長は、証人、鑑定人、通訳人又は翻訳人を尋問する場合において、証人、鑑定人、通訳人若しくは翻訳人若しくはこれらの親族の身体若しくは財産に害を加え又はこれらの者を畏怖させ若しくは困惑させる行為がなされるおそれがあり、これらの者の住居、勤務先その他その通常所在する場所が特定される事項が明らかにされたならば証人、鑑定人、通訳人又は翻訳人が十分な供述をすることができないと認めるときは、当該事項についての尋問を制限することができる。ただし、検察官のする尋問を制限することにより犯罪の証明に重大な支障を生ずるおそれがあるとき、又は被告人若しくは弁護人のする尋問を制限することにより被告人の防御に実質的な不利益を生ずるおそれがあるときは、この限りでない。
③ 裁判長は、第290条の2第1項又は第3項の決定があつた場合において、訴訟関係人のする尋問又は陳述が被害者特定事項にわたるときは、これを制限することにより、犯罪の証明に重大な支障を生ずるおそれがある場合又は被告人の防御に実質的な不利益を生ずるおそれがある場合を除き、当該尋問又は陳述を制限することができる。訴訟関係人の被告人に対する供述を求める行為についても、同様とする。

④ 第290条の3第1項の決定があつた場合における訴訟関係人のする尋問
　　若しくは陳述又は訴訟関係人の被告人に対する供述を求める行為につ
　　いても、前項と同様とする。この場合において、同項中「被害者特定
　　事項」とあるのは、「証人等特定事項」とする。

⑤ 裁判所は、前各項の規定による命令を受けた検察官又は弁護士である
　　弁護人がこれに従わなかつた場合には、検察官については当該検察官
　　を指揮監督する権限を有する者に、弁護士である弁護人については当
　　該弁護士の所属する弁護士会又は日本弁護士連合会に通知し、適当な
　　処置をとるべきことを請求することができる。

⑥ 前項の規定による請求を受けた者は、そのとつた処置を裁判所に通知
　　しなければならない。

第296條（檢察官之開頭陳述）

在開始證據調查時，檢察官應舉證說明，依證據足以證明之事實。但不得
作為證據，或基於無意思作為證據而聲請調查之資料，或就案件對於法院
有產生偏見或預斷之虞的事項，均不得為陳述。

第296条（檢察官の冒頭陳述）

証拠調のはじめに、検察官は、証拠により証明すべき事実を明らかにし
なければならない。但し、証拠とすることができず、又は証拠としてそ
の取調を請求する意思のない資料に基いて、裁判所に事件について偏見
又は予断を生ぜしめる虞のある事項を述べることはできない。

第297條（證據調查範圍、順序、方法之預定與其變更）

① 法院得聽取檢察官及被告或辯護人之意見後，決定證據調查之範圍、順
　　序及方法。

② 前項之程序，得命合議庭之庭員為之。

③ 法院認為適當時，得隨時聽取檢察官及被告或辯護人之意見，變更依第

1項規定決定之證據調查範圍、順序或方法。

第297条（証拠調べの範囲・順序・方法の予定とその変更）
① 裁判所は、検察官及び被告人又は弁護人の意見を聴き、証拠調の範囲、順序及び方法を定めることができる。
② 前項の手続は、合議体の構成員にこれをさせることができる。
③ 裁判所は、適当と認めるときは、何時でも、検察官及び被告人又は弁護人の意見を聴き、第1項の規定により定めた証拠調の範囲、順序又は方法を変更することができる。

第298條（聲請證據調查、依職權證據調查）
① 檢察官、被告或辯護人得聲請證據調查。
② 法院認為必要時，得依職權進行證據調查。

第298条（証拠調べの請求、職権による証拠調べ）
① 検察官、被告人又は弁護人は、証拠調を請求することができる。
② 裁判所は、必要と認めるときは、職権で証拠調をすることができる。

第299條（聲請調查證據與給予閱覽證據）
① 關於檢察官、被告或辯護人聲請詰問證人、鑑定人、通譯或翻譯，應事先給予對造知悉該姓名及住居所之機會。就聲請證據文書或證物之調查，應事先給予對造閱覽之機會。但對造無異議時，不在此限。
② 關於法院依職權進行證據調查之裁定，應聽取檢察官及被告或辯護人之意見。

第299条（証拠調べの請求と閲覧等の機会の付与）
① 検察官、被告人又は弁護人が証人、鑑定人、通訳人又は翻訳人の尋問を請求するについては、あらかじめ、相手方に対し、その氏名及び住

居を知る機会を与えなければならない。証拠書類又は証拠物の取調を請求するについては、あらかじめ、相手方にこれを閲覧する機会を与えなければならない。但し、相手方に異議のないときは、この限りでない。

② 裁判所が職権で証拠調の決定をするについては、検察官及び被告人又は弁護人の意見を聴かなければならない。

第299條之2（為證人等安全不受威脅之考慮事項）

檢察官或辯護人，當依前條第1項規定，給予對造知悉證人、鑑定人、通譯或翻譯之姓名及住居的機會，或給予閱覽證據文書或證物之機會時，認為有作出加害於證人、鑑定人、通譯或翻譯，或姓名記載或記錄在證據文書或證物上之人，或此等人之親屬的身體或財產，或使此等之人心生畏怖或困擾的行為之虞時；向對造告知其上開要旨，以及上開之人的住居、工作場所，及其他通常所在之場所特定的事項，除有關犯罪證明或犯罪偵查，或被告防禦必要之情形外，得要求設法做到不被關係人（包括被告）知悉，並得設法考慮上開之人的安全，不會受到威脅。

第299の2（証人等の安全が脅かされないための配慮の要請）

検察官又は弁護人は、前条第1項の規定により証人、鑑定人、通訳人若しくは翻訳人の氏名及び住居を知る機会を与え又は証拠書類若しくは証拠物を閲覧する機会を与えるに当たり、証人、鑑定人、通訳人若しくは翻訳人若しくは証拠書類若しくは証拠物にその氏名が記載され若しくは記録されている者若しくはこれらの親族の身体若しくは財産に害を加え又はこれらの者を畏怖させ若しくは困惑させる行為がなされるおそれがあると認めるときは、相手方に対し、その旨を告げ、これらの者の住居、勤務先その他その通常所在する場所が特定される事項が、犯罪の証明若しくは犯罪の捜査又は被告人の防御に関し必要がある場合を除き、関係者（被告人を含む。）に知られないようにすることその他これらの者の安全が脅かされることがないように配慮することを求めることができ

る。

第299條之3（被害人特定事項的隱匿事項）

檢察官，當依第299條第1項規定，給予知悉證人之姓名及住居之機會，或給予閱覽證據文書或證物之機會時，認為因被害人特定事項被公開，致被害人等之名譽或社會生活之平穩有明顯危害之虞時，或認為有作出加害於被害人或其親屬之身體或財產，或使此等之人心生畏怖或困擾的行為之虞時；對於辯護人告知其上開要旨、以及被害人特定事項，除有關被告防禦必要之情形外，得要求設法做到不被被告或其他之人知悉。但就要求設法做到不被被告知悉一事，限於被害人特定事項中，以起訴書所記載事項以外之部分。

第299条の3（被害者特定事項の秘匿の要請）

検察官は、第299条第1項の規定により証人の氏名及び住居を知る機会を与え又は証拠書類若しくは証拠物を閲覧する機会を与えるに当たり、被害者特定事項が明らかにされることにより、被害者等の名誉若しくは社会生活の平穏が著しく害されるおそれがあると認めるとき、又は被害者若しくはその親族の身体若しくは財産に害を加え若しくはこれらの者を畏怖させ若しくは困惑させる行為がなされるおそれがあると認めるときは、弁護人に対し、その旨を告げ、被害者特定事項が、被告人の防御に関し必要がある場合を除き、被告人その他の者に知られないようにすることを求めることができる。ただし、被告人に知られないようにすることを求めることについては、被害者特定事項のうち起訴状に記載された事項以外のものに限る。

第299條之4（涉及證人等姓名、住居開示的處置）

① 檢察官，在依第299條第1項規定，應給予知悉證人、鑑定人、通譯或翻譯之姓名及住居之機會的情形，認為有作出加害於該人或其親屬之身體

或財產，或使此等之人心生畏怖或困擾的行為之虞時；對於辯護人給予知悉該姓名及住居之機會後，得附以不准讓被告知悉該姓名或住居之要旨的條件，或指定使被告知悉之時期或方法。但該證人、鑑定人、通譯或翻譯的供述證明力之判斷中，已經無法確認有助於被告與其他關係人之間有無利害關係時，或對其他之被告防禦有產生實質上不利益之虞時，不在此限。

② 檢察官，在前項本文之情形，認為因依同項本文所規定之處置，有無法防止同項本文規定的行為之虞時（包括被告無辯護人時），除該證人、鑑定人、通譯或翻譯的供述證明力之判斷中，已經無法確認有助於被告與其他關係人之間有無利害關係的情形，或對其他之被告防禦有產生實質上不利益之虞的情形外；對於被告或辯護人得不提供知悉該證人、鑑定人、通譯或翻譯之姓名或住居之機會。在此情形，對於被告或辯護人應提供以稱呼取代其姓名，及提供知悉取代其住居的連絡之機會。[42]

③ 檢察官，在依第299條第1項規定，應給予閱覽證據文書或證物之機會的情形，對證據文書或證物中所記載或記錄姓名及住居之人，認為有作出加害於檢察官所聲請證人、鑑定人、通譯或翻譯作為證人而為詰問或供述筆錄等之供述人（指在以下本項及次項「檢察官聲請證人等」。），或檢察官聲請證人等的親屬之身體或財產，或使此等之人心生畏怖或困擾的行為之虞時，對於辯護人給予閱覽證據文書或證物之機會後，得將檢察官聲請該證人等之姓名或住居附以不准讓被告知悉之要旨的條件，或指定使被告知悉之時期或方法。但該檢察官聲請證人等的供述證明力之判斷中，已經無法確認有助於被告與其他關係人之間有無利害關係時，或對其他之被告防禦有產生實質上不利益之虞時，不在此限。

④ 檢察官，在前項本文之情形，認為因依同項本文所規定之處置，有無法

---

[42] 日本最高裁平成30年（2018）7月3日第二小法廷裁定認為：檢察官依此第299條之4不論是第1項附予不准讓被告知悉證人姓名或住居之要旨的條件（即附條件之處置），或第2項對證人不提供知悉其姓名或住居，而提供以稱呼取代其姓名，及提供知悉取代其住居的連絡之機會（即代替開示之處置）等情，並無侵害被告之詰問權，亦無違反憲法第37條第2項前段給予被告對證人充分詰問之機會。

防止同項本文規定的行為之虞時（包括被告無辯護人時。），除該檢察官聲請證人等的供述證明力之判斷中，已經無法確認有助於被告與其他關係人之間有無利害關係的情形，或對其他之被告防禦有產生實質上不利益之虞的情形外；對於被告或辯護人就證據文書或證物中，及該檢察官聲請證人等之姓名或住居記載或記錄之部分，得不提供閱覽之機會。在此情形，對被告或辯護人應提供以稱呼取代其姓名，及提供知悉取代其住居的連絡之機會。

⑤ 檢察官採取依前各項規定所為之處置，應儘速將該要旨通知法院。

第299条の4（証人等の氏名・住居の開示に係る措置）

① 検察官は、第299条第1項の規定により証人、鑑定人、通訳人又は翻訳人の氏名及び住居を知る機会を与えるべき場合において、その者若しくはその親族の身体若しくは財産に害を加え又はこれらの者を畏怖させ若しくは困惑させる行為がなされるおそれがあると認めるときは、弁護人に対し、当該氏名及び住居を知る機会を与えた上で、当該氏名又は住居を被告人に知らせてはならない旨の条件を付し、又は被告人に知らせる時期若しくは方法を指定することができる。ただし、その証人、鑑定人、通訳人又は翻訳人の供述の証明力の判断に資するような被告人その他の関係者との利害関係の有無を確かめることができなくなるときその他の被告人の防御に実質的な不利益を生ずるおそれがあるときは、この限りでない。

② 検察官は、前項本文の場合において、同項本文の規定による措置によつては同項本文に規定する行為を防止できないおそれがあると認めるとき（被告人に弁護人がないときを含む。）は、その証人、鑑定人、通訳人又は翻訳人の供述の証明力の判断に資するような被告人その他の関係者との利害関係の有無を確かめることができなくなる場合その他の被告人の防御に実質的な不利益を生ずるおそれがある場合をき、被告人及び弁護人に対し、その証人、鑑定人、通訳人又は翻訳人の氏名又は住居を知る機会を与えないことができる。この場合において、被告人又は弁護人に対し、氏名にあつてはこれに代わる呼称を、

　住居にあつてはこれに代わる連絡先を知る機会を与えなければならない。

③ 検察官は、第299条第1項の規定により証拠書類又は証拠物を閲覧する機会を与えるべき場合において、証拠書類若しくは証拠物に氏名若しくは住居が記載され若しくは記録されている者であつて検察官が証人、鑑定人、通訳人若しくは翻訳人として尋問を請求するもの若しくは供述録取書等の供述者（以下この項及び次項において「検察官請求証人等」という。）若しくは検察官請求証人等の親族の身体若しくは財産に害を加え又はこれらの者を畏怖させ若しくは困惑させる行為がなされるおそれがあると認めるときは、弁護人に対し、証拠書類又は証拠物を閲覧する機会を与えた上で、その検察官請求証人等の氏名又は住居を被告人に知らせてはならない旨の条件を付し、又は被告人に知らせる時期若しくは方法を指定することができる。ただし、その検察官請求証人等の供述の証明力の判断に資するような被告人その他の関係者との利害関係の有無を確かめることができなくなるときその他の被告人の防御に実質的な不利益を生ずるおそれがあるときは、この限りでない。

④ 検察官は、前項本文の場合において、同項本文の規定による措置によつては同項本文に規定する行為を防止できないおそれがあると認めるとき（被告人に弁護人がないときを含む。）は、その検察官請求証人等の供述の証明力の判断に資するような被告人その他の関係者との利害関係の有無を確かめることができなくなる場合その他の被告人の防御に実質的な不利益を生ずるおそれがある場合を除き、被告人及び弁護人に対し、証拠書類又は証拠物のうちその検察官請求証人等の氏名又は住居が記載され又は記録されている部分について閲覧する機会を与えないことができる。この場合において、被告人又は弁護人に対し、氏名にあつてはこれに代わる呼称を、住居にあつてはこれに代わる連絡先を知る機会を与えなければならない。

⑤ 検察官は、前各項の規定による措置をとつたときは、速やかに、裁判所にその旨を通知しなければならない。

第299條之5（法院之裁定）

① 法院，在檢察官採取依前條第1項至第4項規定所為處置之情形，而認為該當於下列各款其中之一時，應依被告或辯護人之聲請，以裁定撤銷該處置之全部或一部：

一、當不會作出加害於涉及該處置之人，或其親屬之身體或財產，或使此等之人心生畏怖或困擾的行為之虞時。

二、當依該處置，涉及該處置之人的供述證明力之判斷，已經無法確認有助於被告與其他關係人之間有無利害關係時，或對其他之被告防禦有產生實質上不利益之虞時。

三、當檢察官所採取之處置，在依前條第2項或第4項規定之情形，藉由依同條第1項本文或第3項本文規定所為之處置，可防止於第1款中所規定之行為時。

② 法院，在認為該當前項第2款或第3款，而撤銷檢察官所採取的處置之全部或一部之情形，認為有作出同項第1款所規定的行為之虞時，對於辯護人得附以不准讓被告知悉涉及該處置之人的姓名或住居之要旨的條件，或指定使被告知悉之時期或方法。但因附予該條件，或作出指定該時期或方法，致使涉及該處置之人的供述證明力之判斷，已經無法確認有助於被告與其他關係人之間有無利害關係時，或對其他之被告防禦有產生實質上不利益之虞時，不在此限。

③ 法院進行就第1項聲請為裁定時，應聽取檢察官之意見。

④ 就第1項聲請之裁定（包括附予依第2項規定之條件，或指定時期或方法之裁判。），得對之提起即時抗告。

第299条の5（裁判所の裁定）

① 裁判所は、検察官が前条第1項から第4項までの規定による措置をとつた場合において、次の各号のいずれかに該当すると認めるときは、被告人又は弁護人の請求により、決定で、当該措置の全部又は一部を取り消さなければならない。

一　当該措置に係る者若しくはその親族の身体若しくは財産に害を加え又はこれらの者を畏怖させ若しくは困惑させる行為がなされる

　　おそれがないとき。
　二　当該措置により、当該措置に係る者の供述の証明力の判断に資す
　　るような被告人その他の関係者との利害関係の有無を確かめるこ
　　とができなくなるときその他の被告人の防御に実質的な不利益を
　　生ずるおそれがあるとき。
　三　検察官のとった措置が前条第2項又は第4項の規定によるものであ
　　る場合において、同条第1項本文又は第3項本文の規定による措置
　　によって第1号に規定する行為を防止できるとき。
② 裁判所は、前項第2号又は第3号に該当すると認めて検察官がとった措
　置の全部又は一部を取り消す場合において、同項第一号に規定する行
　為がなされるおそれがあると認めるときは、弁護人に対し、当該措置
　に係る者の氏名又は住居を被告人に知らせてはならない旨の条件を付
　し、又は被告人に知らせる時期若しくは方法を指定することができ
　る。ただし、当該条件を付し、又は当該時期若しくは方法の指定をす
　ることにより、当該措置に係る者の供述の証明力の判断に資するよう
　な被告人その他の関係者との利害関係の有無を確かめることができな
　くなるときその他の被告人の防御に実質的な不利益を生ずるおそれが
　あるときは、この限りでない。
③ 裁判所は、第1項の請求について決定をするときは、検察官の意見を
　聴かなければならない。
④ 第1項の請求についてした決定（第2項の規定により条件を付し、又は
　時期若しくは方法を指定する裁判を含む。）に対しては、即時抗告を
　することができる。

第299條之6（文書、證物等閱覽之限制）
① 法院，在認為檢察官因採取之第299條之4第1項或第3項規定所為涉及處
　置之人，或法院因採取之前條第2項規定所為涉及處置之人，或有作出
　加害於此等人之親屬的身體或財產，或使此等之人心生畏怖或困擾的行
　為之虞的情形，經聽取檢察官及辯護人之意見後，認為適當時；得給予

辯護人依第40條第1項規定使其閱覽或抄錄關於訴訟文書或證物，並附以將此等記載或記錄所涉及該處置之人的姓名或住居，不准讓被告知悉之要旨的條件，或指定使被告知悉之時期或之方法。但涉及該處置之人的供述證明力之判斷，已經無法確認有助於被告與其他關係人之間有無利害關係時，或對其他之被告防禦有產生實質上不利益之虞時，不在此限。

② 法院，在認為檢察官因採取之第299條之4第2項或第4項規定所為涉及處置之人，或有作出加害於此等人之親屬的身體或財產，或使此等之人心生畏怖或困擾的行為之虞情形，經聽取檢察官及辯護人之意見後，認為適當時；就辯護人依第40條第1項規定，閱覽或抄錄有關訴訟文書或證物，於此等當中所涉及該處置之人的姓名或住居，得禁止閱覽或抄錄該部分之記載或記錄，或得附以該姓名或住居不准讓被告知悉之要旨的條件，或指定使被告知悉之時期或方法。但涉及該處置之人的供述證明力之判斷，已經無法確認有助於被告與其他關係人之間有無利害關係時，或對其他之被告防禦有產生實質上不利益之虞時，不在此限。

③ 法院，在認為檢察官因採取從第299條之4第1項至第4項規定所為涉及處置之人，或法院因採取前條第2項規定所為涉及處置之人，或有作出加害於此等人之親屬的身體或財產，或使此等之人心生畏怖或困擾的行為之虞情形，經聽取檢察官及辯護人之意見後，認為適當時；就被告依第49條規定，閱覽審判筆錄或要求朗讀該審判筆錄，在該筆錄中所涉及該處置之人的姓名或住居，得禁止閱覽該記載或記錄之部分，或拒絕該部分朗讀之要求。但涉及該處置之人的供述證明力之判斷，已經無法確認有助於被告與其他關係人之間有無利害關係時，或對其他之被告防禦有產生實質上不利益之虞時，不在此限。

第299条の6（書類・証拠物等の閲覧等の制限）
① 裁判所は、検察官がとつた第299条の4第1項若しくは第3項の規定による措置に係る者若しくは裁判所がとつた前条第2項の規定による措置に係る者若しくはこれらの親族の身体若しくは財産に害を加え又はこれらの者を畏怖させ若しくは困惑させる行為がなされるおそれがある

と認める場合において、検察官及び弁護人の意見を聴き、相当と認めるときは、弁護人が第40条第1項の規定により訴訟に関する書類又は証拠物を閲覧し又は謄写するに当たり、これらに記載され又は記録されている当該措置に係る者の氏名又は住居を被告人に知らせてはならない旨の条件を付し、又は被告人に知らせる時期若しくは方法を指定することができる。ただし、当該措置に係る者の供述の証明力の判断に資するような被告人その他の関係者との利害関係の有無を確かめることができなくなるときその他の被告人の防御に実質的な不利益を生ずるおそれがあるときは、この限りでない。

② 裁判所は、検察官がとつた第299条の4第2項若しくは第4項の規定による措置に係る者若しくはその親族の身体若しくは財産に害を加え又はこれらの者を畏怖させ若しくは困惑させる行為がなされるおそれがあると認める場合において、検察官及び弁護人の意見を聴き、相当と認めるときは、弁護人が第40条第1項の規定により訴訟に関する書類又は証拠物を閲覧し又は謄写するについて、これらのうち当該措置に係る者の氏名若しくは住居が記載され若しくは記録されている部分の閲覧若しくは謄写を禁じ、又は当該氏名若しくは住居を被告人に知らせてはならない旨の条件を付し、若しくは被告人に知らせる時期若しくは方法を指定することができる。ただし、当該措置に係る者の供述の証明力の判断に資するような被告人その他の関係者との利害関係の有無を確かめることができなくなるときその他の被告人の防御に実質的な不利益を生ずるおそれがあるときは、この限りでない。

③ 裁判所は、検察官がとつた第299条の4第1項から第4項までの規定による措置に係る者若しくは裁判所がとつた前条第2項の規定による措置に係る者若しくはこれらの親族の身体若しくは財産に害を加え又はこれらの者を畏怖させ若しくは困惑させる行為がなされるおそれがあると認める場合において、検察官及び被告人の意見を聴き、相当と認めるときは、被告人が第49条の規定により公判調書を閲覧し又はその朗読を求めるについて、このうち当該措置に係る者の氏名若しくは住居が記載され若しくは記録されている部分の閲覧を禁じ、又は当該部分

の朗読の求めを拒むことができる。ただし、当該措置に係る者の供述
の証明力の判断に資するような被告人その他の関係者との利害関係の
有無を確かめることができなくなるときその他の被告人の防御に実質
的な不利益を生ずるおそれがあるときは、この限りでない。

第299條之7（聲請對律師公會之處置）

① 檢察官，對辯護人違反依第299條之4第1項或第3項規定所附予之條件
時，或對辯護人不遵從依該等規定之時期或指定之方法時；就擔任辯護
人之律師，得通知該律師所屬之律師公會或日本律師聯合公會，聲請採
取適當之處置。

② 法院，對辯護人違反依第299條之5第2項或前條第1項、第2項規定所附
予之條件時，或不遵從依該等規定之時期或指定之方法時；就擔任辯護
人之律師，得通知該律師所屬之律師公會或日本律師聯合公會，聲請採
取適當之處置。

③ 依前2項規定收受聲請之人，應將該所採取之處置，通知該聲請之檢察
官或法院。

第299条の7（弁護士会に対する処置請求）

① 検察官は、第299条の4第1項若しくは第3項の規定により付した条件に
弁護人が違反したとき、又はこれらの規定による時期若しくは方法の
指定に弁護人が従わなかったときは、弁護士である弁護人については
当該弁護士の所属する弁護士会又は日本弁護士連合会に通知し、適当
な処置をとるべきことを請求することができる。

② 裁判所は、第299条の5第2項若しくは前条第1項若しくは第2項の規定
により付した条件に弁護人が違反したとき、又はこれらの規定による
時期若しくは方法の指定に弁護人が従わなかったときは、弁護士であ
る弁護人については当該弁護士の所属する弁護士会又は日本弁護士連
合会に通知し、適当な処置をとるべきことを請求することができる。

③ 前2項の規定による請求を受けた者は、そのとつた処置をその請求を

した検察官又は裁判所に通知しなければならない。

第300條（聲請證據調查義務）

關於依第321條第1項第2款後段之規定，得作為證據之文書，檢察官應聲請調查該證據。

第300条（証拠調べ請求の義務）

第321条第1項第2号後段の規定により証拠とすることができる書面については、検察官は、必ずその取調を請求しなければならない。

第301條（自白與聲請證據調查之時期）

依第322條及第324條第1項規定，得作為證據之被告供述是自白之情形，如非經調查有關犯罪事實之其他證據完畢之後，不得聲請調查。

第301条（自白と証拠調べ請求の時期）

第322条及び第324条第1項の規定により証拠とすることができる被告人の供述が自白である場合には、犯罪事実に関する他の証拠が取り調べられた後でなければ、その取調を請求することはできない。

第301條之2（聲請詢問錄音、錄影記錄的證據調查之義務）

① 就以下所列之案件，檢察官在聲請依第322條第1項規定，凡得作為證據之文書，依就該案件之第198條第1項規定所進行之詢問（限於被逮捕或羈押的犯罪嫌疑人之詢問。在第3項亦同。），或於第203條第1項、第204條第1項或第205條第1項（包括在第211條及第216條準用此等的規定之情形。在第3項亦同。）的辯解機會之際所作成，且是聲請以對被告不利益之事實的承認作為内容之詢問情形；被告或辯護人關於該詢問之聲請，以懷疑該承認，並非在任意性下所作成者為理由，而表示異議

時；檢察官為了證明該承認是在任意性下所作成者，應聲請該文書所作成的詢問，或聲請依第4項規定記錄辯解機會從開始至終了之間的被告供述、及其狀況之影音儲存裝置的調查。但因符合同項任何各款之一，以致未進行依同項規定之記錄，或因其他不得已之情事，致該影音儲存裝置不存在時，不在此限。

一、涉及適用死刑或無期徒刑之懲役或禁錮之案件。

二、涉及適用最輕本刑1年以上有期徒刑之懲役或禁錮的罪，因故意之犯罪行為，致被害人死亡之案件。

三、由司法警察移送或解送案件以外之案件（除前2款所列之案件外。）。

② 檢察官違反前項之規定，而不聲請同項中規定的影音儲存裝置之調查時，法院應以裁定駁回同項規定的文書調查之聲請。

③ 前2項之規定，就第1項各款所列之案件，依在第324條第1項準用的第322條第1項規定，凡得作為證據的被告以外之人的供述；依就該案件的第198條第1項規定所進行之詢問，或關於以第203條第1項、第204條第1項或第205條第1項的辯解機會之際所作的被告之供述為內容（限以對被告不利益之事實承認作為內容者。），而將此作為證據；被告或辯護人以懷疑該承認，並非在任意性下所作成者為理由，而表示異議之情形準用之。

④ 檢察官或檢察事務官就第1項各款所列之案件（同項第3款所列案件之中，凡相關案件已被移送或解送，除預料司法警察正在偵查或依照其他之情事，司法警察可能為移送或解送外。），依第198條第1項規定詢問已被逮捕或羈押之犯罪嫌疑人時，或對犯罪嫌疑人依第204條第1項、或第205條第1項（包括在第211條及第216條準用此等規定之情形。）之規定給予辯解之機會時，除了該當於以下任何各款之情形外，應事先利用同步進行錄音及錄影犯罪嫌疑人之供述及其狀況的方法，記錄於影音儲存裝置中。司法警察就第1項第1款或第2款所列之案件，依第198條第1項規定詢問以被逮捕或羈押之犯罪嫌疑人時，或對犯罪嫌疑人依第203條第1項（包括在第211條及第216條準用之情形。）規定給予辯解之機會時亦同。

一、因記錄所必要之機器故障或其他不得已之情事，致無法記錄時。

二、因犯罪嫌疑人拒絕記錄或其他犯罪嫌疑人之言行舉止，如逕行記錄，認爲犯罪嫌疑人無法作充分之供述時。

三、認爲該案件是屬於依照有關暴力團成員所爲不當行爲之防止等法律（平成3年法律第77號）第3條規定，涉及由都道府縣公安委員會所指定之暴力團成員所爲的犯罪時。

四、於前2款所列之案件外，依照犯罪之性質、關係人之言行舉止、犯罪嫌疑人所屬成員之團體的性格及其他之情事；因犯罪嫌疑人之供述及其狀況在被公開之情形下，而致有作出加害於犯罪嫌疑人或其親屬之身體或財產，或使此等之人心生畏怖或困擾的行爲之虞，如逕行記錄認爲犯罪嫌疑人無法進行充分之供述時。

第301条の2（取調べの録音・録画記録の証拠調べ請求の義務）

① 次に掲げる事件については、検察官は、第322条第1項の規定により証拠とすることができる書面であつて、当該事件についての第198条第1項の規定による取調べ（逮捕又は勾留されている被疑者の取調べに限る。第3項において同じ。）又は第203条第1項、第204条第1項若しくは第205条第1項（第211条及び第216条においてこれらの規定を準用する場合を含む。第3項において同じ。）の弁解の機会に際して作成され、かつ、被告人に不利益な事実の承認を内容とするものの取調べを請求した場合において、被告人又は弁護人が、その取調べの請求に関し、その承認が任意にされたものでない疑いがあることを理由として異議を述べたときは、その承認が任意にされたものであることを証明するため、当該書面が作成された取調べ又は弁解の機会の開始から終了に至るまでの間における被告人の供述及びその状況を第4項の規定により記録した記録媒体の取調べを請求しなければならない。ただし、同項各号のいずれかに該当することにより同項の規定による記録が行われなかつたことその他やむを得ない事情によつて当該記録媒体が存在しないときは、この限りでない。

一　死刑又は無期の懲役若しくは禁錮に当たる罪に係る事件

　　二　短期1年以上の有期の懲役又は禁錮に当たる罪であつて故意の犯
　　　　罪行為により被害者を死亡させたものに係る事件
　　三　司法警察員が送致し又は送付した事件以外の事件（前2号に掲げ
　　　　るものを除く。）
②検察官が前項の規定に違反して同項に規定する記録媒体の取調べを請
　求しないときは、裁判所は、決定で、同項に規定する書面の取調べの
　請求を却下しなければならない。
③前2項の規定は、第1項各号に掲げる事件について、第324条第1項にお
　いて準用する第322条第1項の規定により証拠とすることができる被告
　人以外の者の供述であつて、当該事件についての第198条第1項の規定
　による取調べ又は第203条第1項、第204条第1項若しくは第205条第1項
　の弁解の機会に際してされた被告人の供述（被告人に不利益な事実の
　承認を内容とするものに限る。）をその内容とするものを証拠とする
　ことに関し、被告人又は弁護人が、その承認が任意にされたものでな
　い疑いがあることを理由として異議を述べた場合にこれを準用する。
④検察官又は検察事務官は、第1項各号に掲げる事件（同項第3号に掲げ
　る事件のうち、関連する事件が送致され又は送付されているものであ
　つて、司法警察員が現に捜査していることその他の事情に照らして司
　法警察員が送致し又は送付することが見込まれるものを除く。）につ
　いて、逮捕若しくは勾留されている被疑者を第198条第1項の規定によ
　り取り調べるとき又は被疑者に対し第204条第1項若しくは第205条第
　1項（第211条及び第216条においてこれらの規定を準用する場合を含
　む。）の規定により弁解の機会を与えるときは、次の各号のいずれか
　に該当する場合を除き、被疑者の供述及びその状況を録音及び録画を
　同時に行う方法により記録媒体に記録しておかなければならない。司
　法警察職員が、第1項第1号又は第二号に掲げる事件について、逮捕若
　しくは勾留されている被疑者を第198条第1項の規定により取り調べる
　とき又は被疑者に対し第203条第1項（第211条及び第216条において準
　用する場合を含む。）の規定により弁解の機会を与えるときも、同様
　とする。

一　記録に必要な機器の故障その他のやむを得ない事情により、記録をすることができないとき。

二　被疑者が記録を拒んだことその他の被疑者の言動により、記録をしたならば被疑者が十分な供述をすることができないと認めるとき。

三　当該事件が暴力団員による不当な行為の防止等に関する法律（平成3年法律第77号）第3条の規定により都道府県公安委員会の指定を受けた暴力団の構成員による犯罪に係るものであると認めるとき。

四　前2号に掲げるもののほか、犯罪の性質、関係者の言動、被疑者がその構成員である団体の性格その他の事情に照らし、被疑者の供述及びその状況が明らかにされた場合には被疑者若しくはその親族の身体若しくは財産に害を宥え又はこれらの者を畏怖させ若しくは困惑させる行為がなされるおそれがあることにより、記録をしたならば被疑者が十分な供述をすることができないと認めるとき。

❖ 第301條之2詢問錄音、錄影之概述

此第301條之2的立法，於平成28年（2016）6月3日公布增訂，並於三年內，即平成31年（2019）6月2日前，由政令規定施行日期[43]。本條已實施中而引進影音、錄影制度，乃爲期待供述之任意性等確實之證明，與確保詢問程序之正當性；日本學者指出錄音、錄影制度的確立，並不是想要「徹底改變」日本傳統的重視詢問及供述筆錄，而是要防止「過度的依賴」傳統的詢問與重視供述筆錄。[44]

錄音、錄影制度由二種義務所構成：一爲在偵查階段中，由偵查官

---

[43] 可參見松本時夫、土本武司ほか編，《条解刑事訴訟法》，弘文堂，2018年9月四版增補版，頁1290。

[44] 田口守一，《刑事訴訟法》，弘文堂，2017年4月七版，頁128。

所作的詢問錄音、錄影之義務（本條④項）。二為在審判階段中，由檢察官將其偵查中所作的錄音、錄影向法院聲請該證據調查之義務（本條①項）；俾使該偵查中所作詢問的錄音、錄影於審判中，能被靈活的舉證[45]。本條立法共有四項，略述如下：

　　一、適用錄音、錄影之案件：採列舉規定而有三：(1)涉及適用死刑或無期徒刑之懲役或禁錮之案件（本條①一）；(2)涉及適用最輕本刑1年以上有期徒刑之懲役或禁錮的罪，因故意之犯罪行為，致被害人死亡之案件（本條①二）；(3)由司法警察移送或解送案件以外之案件（本條①三）。其中，(1)與(2)乃關於適用裁判員參加刑事裁判之案件，也就是屬於裁判員制度案件之對象（裁判員法§2Ⅰ）；不過，因有高等法院管轄第一審案件之內亂首謀（刑法§77①一），以及內亂謀議參與及內亂群眾指揮（刑法§77①二前段），此雖非裁判員制度之裁判案件，仍應包括在內，而應予錄音、錄影。[46]

　　其次，(3)所謂「由司法警察移送或解送案件以外之案件」，指不經由司法警察移送（§203Ⅰ、§246等）或送交（§242）之案件，而專指檢察官自行偵查之案件，也就是檢察官直接受理告訴、告發的案件，或檢察官自己發現而進行偵查的案件。至於檢察官自行發動偵查與司法警察移送或解送案件之間有爭執、疑義時，則以基本的事實關係是否有同一性為判斷基準。[47]

　　二、偵查中錄音、錄影之義務

　　(一)對犯罪嫌疑人適用錄音、錄影詢問對象之情形有二：一為針對犯罪嫌疑人被逮捕或羈押，而依本法第198條第1項所進行詢問；但不包括未被羈押而在住處的詢問（§198Ⅰ但書），或起訴後在羈押中的詢問，甚至也不包括犯罪嫌疑人在羈押中作為相關人之詢問（§223Ⅰ）。

---

[45] 三井誠ほか編，《刑事訴訟法》，日本評論社，平成30年（2018）11月三版，頁405。

[46] 三井誠ほか編，同前註《刑事訴訟法：三版》，頁405。

[47] 伊丹俊彦、合田悦三ほか編，《逐条実務刑事訴訟法》，立花書房，平成30年11月，頁690。

二為犯罪嫌疑人辯解機會之際的記錄程序（§301之2Ⅰ、Ⅳ）。而且，依本條第4項所作詢問中的「犯罪嫌疑人供述及其狀況」，此所稱的「狀況」，是指犯罪嫌疑人供述過程中，包括偵查官所為的質問、發言，追問或犯罪嫌疑人反應、或沉默等狀況，均屬於錄音、錄影的對象。[48]

(二)原則上，應全程錄音、錄影：在偵查中，依本條第4項規定，不論是檢察官、檢察事務官對於適用錄音、錄影之案件（即依§198Ⅰ規定詢問已被逮捕或羈押之犯罪嫌疑人時，或對犯罪嫌疑人依§204Ⅰ、或§205Ⅰ之規定給予辯解之機會時）；或是司法警察就本條第1項第1款或第2款所列之案件，依第198條第1項規定詢問以被逮捕或羈押之犯罪嫌疑人時，或對犯罪嫌疑人依第203條第1項規定給予辯解之機會時。偵查官在上開情形，就詢問中的「犯罪嫌疑人之供述及其狀況」，從開始至終了應全程同時進行錄音、錄影，並記錄於影音儲存裝置中（§301之2Ⅳ）；目前檢察實務運用上，從入偵查室到退出偵查室，也包括要錄音、錄影。[49]

(三)至於本條第4項各款（四款）所列之例外事由，例如因記錄所必要之機器故障或其他不得已之情事，致無法記錄時；或因犯罪嫌疑人拒絕記錄或其他犯罪嫌疑人之言行舉止，如逕行記錄，認為犯罪嫌疑人無法作充分之供述時等，而免除其錄音、錄影義務。惟就性侵害等犯罪，因有侵害被害人等名譽、穩私權之虞，因考慮在證據開示或審判中，為重播影音、錄影等事後的記錄，可以為有效變音或馬賽克（消影）之處置，因此並不構成禁止錄音、錄影之旨趣，故當可為其錄音、錄影。[50]

又是否該當於例外事由，由偵查官進行詢問之時點作為判斷基準，並根據其至目前為止所收集與掌握的事實關係，以及在詢問中犯罪嫌疑人之言行舉止等狀況，加以判斷；在偵查官以作為該當於例外事由，而不實施錄音、錄影之情形；此等例外事由之存否在審判中有爭辯時，即成為法院

---

[48] 田口守一，同前註44《刑事訴訟法：七版》，頁129-130。

[49] 三井誠ほか編，同前註45《刑事訴訟法：三版》，頁407。

[50] 三井誠ほか編，同前註45《刑事訴訟法：三版》，頁407。

審查之對象，而此等存否之例外事由，應由檢察官負舉證責任。[51]

三、審判中，由檢察官聲請證據調查之義務

(一)聲請證據調查之義務：檢察官就適用錄音、錄影之案件，應聲請依第322條第1項規定，得作為證據之被告供述書或記錄被告供述之文書，而須：(1)於詢問等機會之際所作成；(2)此聲請詢問是以被告承認對自己不利益的事實作為內容之情形；(3)被告或辯護人對該承認之任意性存有疑問，而提出異議時；(4)為了證明該承認之任意性，從該文書開始被作成詢問等至終了之間的被告供述、及其狀況之影音儲存裝置的調查（§301之2 I）。[52]

(二)聲請證據調查義務之例外：惟檢察官如有：(1)該當於錄音、錄影例外之事由（§301之2 IV 第①~④款），而不能錄音、錄影時；(2)因其他不得已之事由，致該影音儲存裝置不存在時（§301之2 I 但書），即屬聲請證據調查義務之例外情形。又即使不存在上開之例外事由，檢察官沒有提出聲請該影音儲存裝置之證據調查時，法院應以裁定駁回該任意性有爭執的被告供述筆錄之調查（同條第2項）。[53]

(三)違反義務之效果：檢察官就任意性有爭執之供述筆錄，而不聲請該錄音、影音記錄之證據調查，法院固應以裁定駁回該供述筆錄證據調查之聲請；惟檢察官雖違反錄音、錄影義務所作成的供述筆錄，但並非一律否定其證據能力，而不應包括禁止法院依職權採用該供述筆錄之旨趣；因為該供述筆錄之詢問，雖然沒有錄音、錄影記錄，但不能因此就直接導出犯罪嫌疑人之權利受到侵害，有致生懷疑其任意性，即屬不正當之詢問情形；因為考慮到該供述筆錄之任意性的被告主張或供述有認為明顯的虛偽，也有明顯認為被告主張或供述有確實之任意性等不同之情形，故不得一概否定其證據能力。[54]

---

[51] 松本時夫、土本武司ほか編，《条解刑事訴訟法》，弘文堂，2018年9月四版增補版，頁1326。

[52] 田口守一，同前註44《刑事訴訟法：七版》，頁131。

[53] 田口守一，同前註44《刑事訴訟法：七版》，頁131-132。

[54] 三井誠ほか編，同前註45《刑事訴訟法：三版》，頁409-410。

第302條（就偵查記錄之一部聲請證據調查）

依第321條至第323條或第326條規定，得作為證據之文書是偵查記錄之一部時，檢察官應儘可能與其他部分分離，並聲請調查該證據。

第302条（捜査記録の一部についての証拠調べの請求）

第321条乃至第323条又は第326条の規定により証拠とすることができる書面が捜査記録の一部であるときは、検察官は、できる限り他の部分と分離してその取調を請求しなければならない。

第303條（審判準備之結果與必要之證據調查）

就記載在準備程序中，所作的證人及其他之人的訊問、勘驗、扣押，以及搜索結果之書面，法院在審判期日應作為證據文書或證物進行調查。

第303条（公判準備の結果と証拠調べの必要）

公判準備においてした証人その他の者の尋問、検証、押収及び捜索の結果を記載した書面並びに押収した物については、裁判所は、公判期日において証拠書類又は証拠物としてこれを取り調べなければならない。

第304條（人的證據之證據調查方式）

① 證人、鑑定人、通譯或翻譯，首先由審判長或陪席法官進行訊問。
② 檢察官、被告或辯護人，於前項訊問完畢後，向審判長告知後，得詰問該證人、鑑定人、通譯或翻譯。在此情形，對該證人、鑑定人、通譯或翻譯之調查，係涉及到該檢察官、被告或辯護人之聲請時，由曾提出聲請之人，先行詰問。
③ 法院認為適當時，得聽取檢察官及被告或辯護人之意見後，變更前2項之詰問順序。

第304条（人的証拠の証拠調べ方式）

① 証人、鑑定人、通訳人又は翻訳人は、裁判長又は陪席の裁判官が、まず、これを尋問する。

② 検察官、被告人又は弁護人は、前項の尋問が終つた後、裁判長に告げて、その証人、鑑定人、通訳人又は翻訳人を尋問することができる。この場合において、その証人、鑑定人、通訳人又は翻訳人の取調が、検察官、被告人又は弁護人の請求にかかるものであるときは、請求をした者が、先に尋問する。

③ 裁判所は、適当と認めるときは、検察官及び被告人又は弁護人の意見を聴き、前2項の尋問の順序を変更することができる。

第304條之2（證人詰問與被告之退庭）

法院在詰問證人之情形，認為證人在被告面前（包括採取第157之5第1項規定處置之情形，及依第157條之6第1項及第2項所規定方法之情形。）受壓迫而無法作充分供述時，限於辯護人在場之情形，得聽取檢察官及辯護人之意見後，在該證人供述時，命被告退庭。於此情形，應待證人供述完畢後，再命被告入庭，告知該證人供述之要旨，並給予被告詰問該證人之機會。

第304条の2（証人尋問と被告人の退廷）

裁判所は、証人を尋問する場合において、証人が被告人の面前（第157条の5第1項に規定する措置を採る場合並びに第157条の6第1項及び第2項に規定する方法による場合を含む。）においては圧迫を受け充分な供述をすることができないと認めるときは、弁護人が出頭している場合に限り、検察官及び弁護人の意見を聴き、その証人の供述中被告人を退廷させることができる。この場合には、供述終了後被告人を入廷させ、これに証言の要旨を告知し、その証人を尋問する機会を与えなければならない。

第305條（證據文書等證據調查之方式）

① 關於依檢察官、被告或辯護人之聲請，進行證據文書之調查，審判長應命聲請該調查之人朗讀文書。但審判長得自行朗讀，或命陪席法官或法院書記官朗讀。

② 關於法院依職權進行證據文書之調查，審判長應自行朗讀該文書，或命陪席法官或法院書記官朗讀。

③ 已有第290條之2第1項或第3項之裁定時，依前2項規定所作的證據文書之朗讀，應以不具體表明被害人特定事項之方法行之。

④ 即使關於已有第290條之3第1項裁定情形，依第1項或第2項規定證據文書之朗讀，亦與前項同。在此情形，同項中凡記載為「被害人特定事項」，視為「證人等特定事項」。

⑤ 關於依第157條之6第4項規定之影音儲存裝置，視為調查筆錄之一部分，應以播放該影音儲存裝置替代依第1項或第2項規定之朗讀。但審判長認為適當時，得聽取檢察官及被告或辯護人意見後，命陪席法官或法院書記官告知該筆錄所記載之供述內容，或自行告知之。

⑥ 法院在依前項之規定，播放第157條之6第4項規定的影音儲存裝置之情形，認為必要時，得聽取檢察官及被告或辯護人之意見後，採取第157條之5規定之處置。

第305条（証拠書類等の証拠調べ方式）

① 検察官、被告人又は弁護人の請求により、証拠書類の取調べをするについては、裁判長は、その取調べを請求した者にこれを朗読させなければならない。ただし、裁判長は、自らこれを朗読し、又は陪席の裁判官若しくは裁判所書記官にこれを朗読させることができる。

② 裁判所が職権で証拠書類の取調べをするについては、裁判長は、自らその書類を朗読し、又は陪席の裁判官若しくは裁判所書記官にこれを朗読させなければならない。

③ 第290条の2第1項又は第3項の決定があつたときは、前2項の規定による証拠書類の朗読は、被害者特定事項を明らかにしない方法でこれを行うものとする。

④ 第290条の3第1項の決定があつた場合における第1項又は第2項の規定による証拠書類の朗読についても、前項と同様とする。この場合において、同項中「被害者特定事項」とあるのは、「証人等特定事項」とする。

⑤ 第157条の6第4項の規定により記録媒体がその一部とされた調書の取調べについては、第1項又は第2項の規定による朗読に代えて、当該記録媒体を再生するものとする。ただし、裁判長は、検察官及び被告人又は弁護人の意見を聴き、相当と認めるときは、当該記録媒体の再生に代えて、当該調書の取調べを請求した者、陪席の裁判官若しくは裁判所書記官に当該調書に記録された供述の内容を告げさせ、又は自らこれを告げることができる。

⑥ 裁判所は、前項の規定により第157条の6第4項に規定する記録媒体を再生する場合において、必要と認めるときは、検察官及び被告人又は弁護人の意見を聴き、第157条の5に規定する措置を採ることができる。

第306條（證物之證據調查方式）

① 關於依檢察官、被告或辯護人之聲請，進行證物之調查，審判長應命提出聲請調查之人提示該證物。但審判長亦得自行提示，或命陪席法官或法院書記官提示。

② 法院關於依職權進行證物之調查，審判長應自行向訴訟關係人提示，或命陪席法官或法院書記官提示。

第306条（証拠物の証拠調べの方式）

① 検察官、被告人又は弁護人の請求により、証拠物の取調をするについては、裁判長は、請求をした者をしてこれを示させなければならない。但し、裁判長は、自らこれを示し、又は陪席の裁判官若しくは裁判所書記にこれを示させることができる。

② 裁判所が職権で証拠物の取調をするについては、裁判長は、自らこれ

を訴訟関係人に示し、又は陪席の裁判官若しくは裁判所書記にこれを
示させなければならない。

第307條（對於證物中的文書之證據調查方式）

關於證物中，書面上的意義成為證據之内容進行調查時，除依前條之規定
外，並依第305條之規定。[55]

第307条（証拠物たる書面の証拠調べの方式）

証拠物中書面の意義が証拠となるものの取調をするについては、前条の
規定による外、第305条の規定による。

第307條之2（簡式審判程序之特別規定）

關於已作出第291條之2裁定之案件，得在審判期日以認為適當之方法進行
證據調查，而不適用第296條、第297條、第300條至302條，及第304條乃至
前條之規定。[56]

第307条の2（簡易公判手続の特例）

第291条の2の決定があつた事件については、第296条、第297条、第300
条乃至第302条及び第304条乃至前条の規定は、これを適用せず、証拠調
は、公判期日において、適当と認める方法でこれを行うことができる。

---

[55] 此第307條乃指書證中，諸如恐嚇信、偽造文書等，除了記載之内容外，其存在及狀態
往往也成為證據資料，該文書同時具有書證與物證的屬性，所以，稱為「作為證物之
文書」；在進行證據調查時，除朗讀（或告以要旨）外，尚要進行提示；可參見伊丹
俊彦、合田悦三ほか編，《逐条実務刑事訴訟法》，頁712。

[56] 此第307條之2係針對第291條之2簡式審判程序之裁定案件，就證據調查之方法予以簡
化之特別規定。

第308條（爭辯證據證明力之機會）

法院應給予檢察官及被告或辯護人，為爭辯證據證明力所必要之適當機會。

第308条（証拠の証明力を争う機会）

裁判所は、検察官及び被告人又は弁護人に対し、証拠の証明力を争うために必要とする適当な機会を与えなければならない。

第309條（關於證據調查之聲明異議）

① 檢察官、被告或辯護人關於證據之調查，得聲明異議。
② 檢察官、被告或辯護人除依前項規定之情形外，亦得對於審判長之處分聲明異議。
③ 法院應就前2項之聲明，作出裁定。

第309条（証拠調べに関する異議の申立て）

① 検察官、被告人又は弁護人は、証拠調に関し異議を申し立てることができる。
② 検察官、被告人又は弁護人は、前項に規定する場合の外、裁判長の処分に対して異議を申し立てることができる。
③ 裁判所は、前2項の申立について決定をしなければならない。

第310條（證據調查完畢後之證據提出）

證據調查完畢後之證據文書或證物，應迅速向法院提出。但經法院許可時，得提出副本以代替原本。[57]

---

[57] 此第310條之立法，乃為保全調查完畢後之證據，於該案終結前，皆由法院保管之規定；可參見三井誠ほか編，《刑事訴訟法：三版》，頁426。

第310条（証拠調べが終わった証拠の提出）
証拠調を終つた証拠書類又は証拠物は、遅滞なくこれを裁判所に提出しなければならない。但し、裁判所の許可を得たときは、原本に代え、その謄本を提出することができる。

第311條（被告緘默權、供述拒絕權、自願供述）
① 被告得始終保持沉默，或對各項之質問得拒絕供述。
② 被告於自願進行供述之情形，審判長得隨時就必要之事項要求被告供述。
③ 陪席法官、檢察官、辯護人、共同被告或其辯護人，得告知審判長後，要求前項之供述。

第311条（被告人の黙秘権・供述拒否権、任意の供述）
① 被告人は、終始沈黙し、又は個々の質問に対し、供述を拒むことができる。
② 被告人が任意に供述をする場合には、裁判長は、何時でも必要とする事項につき被告人の供述を求めることができる。
③ 陪席の裁判官、検察官、弁護人、共同被告人又はその弁護人は、裁判長に告げて、前項の供述を求めることができる。

第312條（訴因、罰條之變更等）
① 法院遇有檢察官提出聲請時，在不妨害公訴事實同一性之限度內，應准許追加、撤回或變更起訴書所記載之訴因或法條。[58]

---

[58] 此第312條第1項所謂「公訴事實同一性」（又稱同一案件），即包括案件之單一性，與案件之同一性（又稱狹義同一性），此同一案件之歷史沿革與論述部分，可詳見拙著《刑事訴訟法論》，頁147以下。又案件之單一性，亦可參見三井誠ほか編，《刑事訴訟法：三版》，頁429。

② 法院鑑於審理之過程認為適當時，得命應追加或變更訴因或法條。

③ 法院遇有訴因或法條之追加、撤回或變更時，應儘速將追加、撤回或變更之部分通知被告。

④ 法院認為因訴因或法條之追加或變更，對被告之防禦有產生實質上不利益之虞時，依被告或辯護人之聲請，為使被告作充分防禦之準備，應以裁定在必要期間內，停止其審判程序。

第312条（訴因・罰条の変更等）

① 裁判所は、検察官の請求があるときは、公訴事実の同一性を害しない限度において、起訴状に記載された訴因又は罰条の追加、撤回又は変更を許さなければならない。

② 裁判所は、審理の経過に鑑み適当と認めるときは、訴因又は罰条を追加又は変更すべきことを命ずることができる。

③ 裁判所は、訴因又は罰条の追加、撤回又は変更があつたときは、速やかに追加、撤回又は変更された部分を被告人に通知しなければならない。

④ 裁判所は、訴因又は罰条の追加又は変更により被告人の防禦に実質的な不利益を生ずる虞があると認めるときは、被告人又は弁護人の請求により、決定で、被告人に充分な防禦の準備をさせるため必要な期間公判手続を停止しなければならない。

　　案件之同一性（又稱狹義同一性），指在審理過程乃至終結前，可否准許為變更訴因之問題，日本就狹義同一性之判斷標準，學說上，固然有採罪質同一說、構成要件共通說、訴因共通說、社會的嫌疑同一說，刑罰關心同一說等諸說，惟判例採基本的事實同一說（最判昭35. 7. 15刑集14. 9. 1152）。又聲請訴因變更之時期，日本實務認為，不限於第一審，即使在第二審（控訴審），仍得准許為訴因變更，因第404條準用之故（最決昭29. 9. 30刑集8. 9. 1565）。

第313條（分開辯論、併合、再開）

① 法院認為適當時，得依檢察官、被告或辯護人之聲請或依職權，以裁定分開或合併辯論，或於辯論終結後再開辯論。

② 法院為保護被告之權利，有必要時，應依法院規則所規定，以裁定分開辯論。

第313条（弁論の分離・併合・再開）

① 裁判所は、適当と認めるときは、検察官、被告人若しくは弁護人の請求により又は職権で、決定を以て、弁論を分離し若しくは併合し、又は終結した弁論を再開することができる。

② 裁判所は、被告人の権利を保護するため必要があるときは、裁判所の規則の定めるところにより、決定を以て弁論を分離しなければならない。

第313條之2（合併辯論與選任辯護人之效力）

① 根據本法規定，由法院、審判長或法官所指定辯護人之選任，關於合併辯論之案件亦有效力。但法院作出不同之裁定時，不在此限。[59]

② 作出前項但書之裁定，應事先聽取檢察官及被告或辯護人之意見。

第313条の2（弁論の併合と弁護人選任の効力）

① この法律の規定に基づいて裁判所若しくは裁判長又は裁判官が付した弁護人の選任は、弁論が併合された事件についてもその効力を有する。ただし、裁判所がこれと異なる決定をしたときは、この限りでない。

---

[59] 此第313條之2第1項立法，乃指國選辯護人之指定效力，就一案件的辯護人選任效力，雖及於合併辯論之案件，亦僅就該指定案件為辯論而言；另所謂「合併辯護」案件，係針對被告一人而就複數案件合併辯論（客觀合併）之情形，並非指數被告合併辯論（主觀合併）之場合；可參見三井誠ほか編，《刑事訴訟法：三版》，頁437；伊丹俊彥、合田悦三ほか編，《逐条実務刑事訴訟法》，頁759-760。

② 前項ただし書の決定をするには、あらかじめ、検察官及び被告人又は弁護人の意見を聴かなければならない。

第314條（審判程序之停止）

① 被告處於心神喪失之狀態時，應聽取檢察官及辯護人之意見後，以裁定在該狀態繼續期間內停止審判程序。但明顯應諭知無罪、免訴、免刑或公訴不受理的裁判之情形，得不待被告到庭逕行裁判。

② 被告因疾病不能到庭時，應聽取檢察官及辯護人之意見後，以裁定在其能到庭之前，停止審判程序。但依第284條及第285條規定已使代理人到場之情形，不在此限。

③ 對犯罪事實存否之證明為不可或缺之證人，因疾病無法於審判期日到庭時，除認為在審判期日外進行調查為適當之情形外，應以裁定在其能到庭之前，停止審判程序。

④ 依前3項之規定停止審判程序時，應聽取醫師之意見。

第314条（公判手続の停止）

① 被告人が心神喪失の状態に在るときは、検察官及び弁護人の意見を聴き、決定で、その状態の続いている間公判手続を停止しなければならない。但し、無罪、免訴、刑の免除又は公訴棄却の裁判をすべきことが明らかな場合には、被告人の出頭を待たないで、直ちにその裁判をすることができる。

② 被告人が病気のため出頭することができないときは、検察官及び弁護人の意見を聴き、決定で、出頭することができるまで公判手続を停止しなければならない。但し、第284条及び第285条の規定により代理人を出頭させた場合は、この限りでない。

③ 犯罪事実の存否の証明に欠くことのできない証人が病気のため公判期日に出頭することができないときは、公判期日外においてその取調をするのを適当と認める場合の外、決定で、出頭することができるまで公判手続を停止しなければならない。

④ 前3項の規定により公判手続を停止するには、医師の意見を聴かなければならない。

第315條（審判程序之更新）

開庭後法官更換時，應更新審判程序。但諭知判決宣告之情形，不在此限。

第315条（公判手続の更新）

開廷後裁判官がかわつたときは、公判手続を更新しなければならない。但し、判決の宣告をする場合は、この限りでない。

第315條之2（撤銷簡式審判程序之裁定）

第291條2之裁定被撤銷時，應更新審判程序。但檢察官及被告或辯護人無異議時，不在此限。

第315条の2（簡易公判手続の決定の取消し）

第291条の2の決定が取り消されたときは、公判手続を更新しなければならない。但し、検察官及び被告人又は弁護人に異議がないときは、この限りでない。

第316條（法院進行訴訟程序之效力）

在地方法院由獨任法官所進行之訴訟程序，即使被告案件應以合議庭審判之情形，亦不失其效力。

第316条（裁判所のした訴訟手続の効力）

地方裁判所において1人の裁判官のした訴訟手続は、被告事件が合議体で審判すべきものであつた場合にも、その効力を失わない。

第二節　爭點及證據之整理程序
第二節 争点及び証拠の整理手続

第一款　審判前整理程序
第一款 公判前整理手続

第一目　通則
第一目 通則

第316條之2（審判前整理程序之裁定與方法）[60]

① 法院為了能繼續性、計畫性，並迅速地進行充實之審判審理，而認為有必要時，依檢察官及被告或辯護人之聲請或依職權，得在第1次審判期日前，為了整理案件之爭點與證據作為審判準備，以裁定將案件交付審判前整理程序。

② 如要進行前項之裁定或進行駁回同項聲請之裁定，應依法院規則所規定，事先聽取檢察官及被告或辯護人之意見。

③ 審判前整理程序，應依本款所定，命訴訟關係人到場，並使其陳述，或藉由使訴訟關係人提出書面的方法進行之。

---

[60] 此第316條之2規定，在2016年（平成28）修法前，將案件交付審判前整理程序係由法院依職權裁定，而創設由法院主導，以期能充分整理案件之爭點與證據作為審判準備；嗣於2016年（平成28）修法後，復於同年12月1日施行，並賦予當事人有聲請權，以符合當事人主義之精神；再者，觀之第316條之4規定：「在審判前整理程序，如被告無辯護人不得進行此程序；在審判前整理程序中，被告無辯護人時，審判長應依職權指定辯護人。」在在均使日後審判程序，能順利、有次序進行，以節省時間，及發揮審判之效能；可參見三井誠ほか編，《刑事訴訟法：三版》，頁449。反觀，與我國刑訴的準備程序第273條第5項規定：「第1項之人經合法傳喚或通知，無正當理由不到庭者，法院得對到庭之人行準備程序。」揆其立法旨趣僅訓示規定有別。

第316条の2（公判前整理手続の決定と方法）
① 裁判所は、充実した公判の審理を継続的、計画的かつ迅速に行うため必要があると認めるときは、検察官、被告人若しくは弁護人の請求により又は職権で、第1回公判期日前に、決定で、事件の争点及び証拠を整理するための公判準備として、事件を公判前整理手続に付することができる。
② 前項の決定又は同項の請求を却下する決定をするには、裁判所の規則の定めるところにより、あらかじめ、検察官及び被告人又は弁護人の意見を聴かなければならない。
③ 公判前整理手続は、この款に定めるところにより、訴訟関係人を出頭させて陳述させ、又は訴訟関係人に書面を提出させる方法により、行うものとする。

第316條之3（法院之努力與訴訟關係人之相互協力）
① 法院為了能繼續性、計畫性，並迅速地進行充實之審判審理，在審判前整理程序，除了設法進行充分之準備，同時，應儘量設法努力使其早日終結審理程序。
② 訴訟關係人為了能繼續性、計畫性，並迅速地進行充實之審判審理，在審判前整理程序，應相互協力，同時，關於此程序之實施，應積極協助法院。

第316条の3（裁判所の努力と訴訟関係人の相互協力）
① 裁判所は、充実した公判の審理を継続的、計画的かつ迅速に行うことができるよう、公判前整理手続において、十分な準備が行われるようにするとともに、できる限り早期にこれを終結させるように努めなければならない。
② 訴訟関係人は、充実した公判の審理を継続的、計画的かつ迅速に行うことができるよう、公判前整理手続において、相互に協力するとともに、その実施に関し、裁判所に進んで協力しなければならない。

第316條之4（必要辯護）

① 在審判前整理程序，如被告無辯護人不得進行此程序。

② 在審判前整理程序中，被告無辯護人時，審判長應依職權指定辯護人。

第316条の4（必要的弁護）

① 公判前整理手続においては、被告人に弁護人がなければその手続を行うことができない。

② 公判前整理手続において被告人に弁護人がないときは、裁判長は、職権で弁護人を付さなければならない。

第316條之5（審判前整理程序之內容）

在審判前整理程序中，得進行以下所列之事項：

一、使訴因或罰條明確化。

二、准許訴因或罰條之追加、撤回或變更。

三、在審判期日使預定進行事項之主張明確化，並整理案件之爭點。

四、命聲請證據調查。

五、就涉及前款聲請之證據，以使其舉證目的、詰問事項等明確化。

六、確認關於聲請證據調查之意見（包括就證據文書是否有第326條同意之意見。）。

七、作出證據調查之裁定或為駁回聲請證據調查之裁定。

八、就作出進行證據調查之裁定的證據，決定其調查之順序及方法。

九、對於有關證據調查之聲明異議作出裁定。

十、依第3目所規定，作出關於證據開示之裁定。[61]

---

[61] 此第316條之5第10款規定，乃賦予在審判前整理程序中新設的證據開示制度，此將過去證據開示之法律與判例往前跨一大步。第一，過去判例僅承認證據開示是在證據調查程序開始後，始得為之，惟導入此審判前整理程序之後，亦得在審判前整理程序作出證據開示之裁定。第二，在審判前整理程序中的證據開示跨越了三階段（此三階段之意義，於證據開示中再予敘明），即使在其中任何一個階段的開示證據，都比過去

十一、依第316條之33第1項規定所作的被告案件之程序，作出針對聲請參
　　　加之裁定或撤銷該聲請參加裁定之裁定。

十二、指定或變更審判期日，及確定其他審判程序進行上必要之事項。

第316条の5（公判前整理手続の内容）

公判前整理手続においては、次に掲げる事項を行うことができる。

一　訴因又は罰条を明確にさせること。

二　訴因又は罰条の追加、撤回又は変更を許すこと。

三　公判期日においてすることを予定している主張を明らかにさせて事
　　件の争点を整理すること。

四　証拠調べの請求をさせること。

五　前号の請求に係る証拠について、その立証趣旨、尋問事項等を明ら
　　かにさせること。

六　証拠調べの請求に関する意見（証拠書類について第326条の同意をす
　　るかどうかの意見を含む。）を確かめること。

七　証拠調べをする決定又は証拠調べの請求を却下する決定をするこ
　　と。

八　証拠調べをする決定をした証拠について、その取調べの順序及び方
　　法を定めること。

九　証拠調べに関する異議の申立てに対して決定をすること。

十　第3目の定めるところにより証拠開示に関する裁定をすること。

十一　第316条の33第1項の規定による被告事件の手続への参加の申出に
　　　対する決定又は当該決定を取り消す決定をすること。

十二　公判期日を定め、又は変更することその他公判手続の進行上必要
　　　な事項を定めること。

　判例所認可的證據開示範圍更大。第三，特別是在第二與第三階段之開示證據，明定
被告擁有證據開示之聲請權，這與過去僅由法院基於訴訟指揮權作出證據開示，即明
顯不同。第四，除了明定法院的證據開示命令外，如不服該裁定時，亦得聲明異議；
此可見田口守一，《刑事訴訟法：七版》，頁296-297。

第316條之6（審判前整理程序期日之指定、變更）

① 審判長為使訴訟關係人到場，並進行審判前整理程序時，應指定審判前整理程序期日。

② 審判前整理程序期日，應通知檢察官、被告及辯護人。

③ 審判長依檢察官、被告或辯護人之聲請或依職權，得變更審判前整理程序期日。在此情形，應依法院規則所規定，事先聽取檢察官、被告及辯護人之意見。

第316条の6（公判前整理手続期日の指定、変更）

① 裁判長は、訴訟関係人を出頭させて公判前整理手続をするときは、公判前整理手続期日を定めなければならない。

② 公判前整理手続期日は、これを検察官、被告人及び弁護人に通知しなければならない。

③ 裁判長は、検察官、被告人若しくは弁護人の請求により又は職権で、公判前整理手続期日を変更することができる。この場合においては、裁判所の規則の定めるところにより、あらかじめ、検察官及び被告人又は弁護人の意見を聴かなければならない。

第316條之7（檢察官、辯護人之到場）

檢察官或辯護人未於審判前整理程序期日到場時，不得進行該期日之程序。

第316条の7（検察官・弁護人の出頭）

公判前整理手続期日に検察官又は弁護人が出頭しないときは、その期日の手続を行うことができない。

第316條之8（依職權選任辯護人）

① 辯護人於審判前整理程序期日未到場或退庭時，審判長應依職權指定辯

護人。

② 辯護人於審判前整理程序期日有不到場之虞時，法院得依職權指定辯護
人。

第316条の8（職権による弁護人の選任）

① 弁護人が公判前整理手続期日に出頭しないとき、又は在席しなくなつ
たときは、裁判長は、職権で弁護人を付さなければならない。

② 弁護人が公判前整理手続期日に出頭しないおそれがあるときは、裁判
所は、職権で弁護人を付することができる。

第316條之9（被告到場）

① 被告得於審判前整理程序期日到場。

② 法院認為必要時，得要求被告於審判前整理程序期日到場。

③ 審判長命被告到場進行審判前整理程序之情形，在被告到場之第一次審
判前整理程序期日，應先告知被告得始終保持沈默、或對於個別質問得
拒絕陳述之要旨。

第316条の9（被告人の出頭）

① 被告人は、公判前整理手続期日に出頭することができる。

② 裁判所は、必要と認めるときは、被告人に対し、公判前整理手続期日
に出頭することを求めることができる。

③ 裁判長は、被告人を出頭させて公判前整理手続をする場合には、被告
人が出頭する最初の公判前整理手続期日において、まず、被告人に対
し、終始沈黙し、又は個々の質問に対し陳述を拒むことができる旨を
告知しなければならない。

第316條之10（確認被告之意思）

法院，關於由辯護人之陳述或辯護人所提出之文書，認為有確認被告意思

之必要時，得在審判前整理程序期日質問被告，並要求辯護人提出與被告共同署名之文書。

第316条の10（被告人の意思確認）

裁判所は、弁護人の陳述又は弁護人が提出する書面について被告人の意思を確かめる必要があると認めるときは、公判前整理手続期日において被告人に対し質問を発し、及び弁護人に対し被告人と連署した書面の提出を求めることができる。

第316條之11（受命法官）

法院得命合議庭之庭員進行審判前整理程序（除第316條之5第2款、第7款及第9款至第11款之裁定外。）。在此情形，受命法官與法院或審判長有同一權限。

第316条の11（受命裁判官）

裁判所は、合議体の構成員に命じ、公判前整理手続（第316条の5第2号、第7号及び第9号から第11号までの決定を除く。）をさせることができる。この場合において、受命裁判官は、裁判所又は裁判長と同一の権限を有する。

第316條之12（法院書記官在場與筆錄之作成）

① 審判前整理程序期日，應使法院書記官在場。

② 關於在審判前整理程序期日之程序，應依法院規則所規定，作成審判前整理程序筆錄。

第316条の12（裁判所書記官の立会いと調書の作成）

① 公判前整理手続期日には、裁判所書記官を立ち会わせなければならない。

② 公判前整理手続期日における手続については、裁判所の規則の定める
　ところにより、公判前整理手続調書を作成しなければならない。

第二目　爭點及證據之整理
第二目　争点及び証拠の整理

◇ 證據開示之概述

　　一、證據開示之必要性：不論是職權主義或當事人主義之審判構
造，經檢察官提起公訴後，即形成檢察官攻擊、被告防禦，與法院中立
聽審等基本訴訟三面關係始終存在；惟在我國採職權主義卷證併送制度
下（§264Ⅲ），被告之辯護人於檢察官起訴後，依我國刑訴第33條第1
項得向法院聲請閱覽卷宗證物及抄錄等閱卷權，此即無存在所謂「證據開
示」的問題。然日本採起訴狀一本的當事人主義下之法院，所有卷宗與證
物均在檢察官手裡，因而，辯護人爲了在法庭進行充分防禦之準備，只得
前往檢察廳閱覽卷證及抄錄；因而，就產生雙方當事人間相互覽閱、抄錄
對方所持有的證據，也就是「證據開示」的問題。

　　所謂「證據開示」，指當事人就所持有之證據，向對造使其明白該
容（例如：文書的 覽、抄錄，或使其知悉證人之姓名、住居等）；特別
是針對檢察官持有被告之證據，即成爲問題[62]。惟持反對「證據開示」論
者認爲：採起訴狀一本之當事人主義下，原本就應各負攻防及收集證據之
責任，檢察官沒有必要將其所努力收集的證據，向被告揭露開示；況且證
據開示有致生證人受威脅、湮滅證據、案件關係人的名譽、隱私權侵害，
以及造成審理之遲延等；甚至，若無限制將檢察官持有證據爲開示，也會
對一般國民得協力犯罪偵查有造成困難之虞。[63]

---

[62] 田宮裕，《刑事訴訟法》，有斐閣，1998年12月七版，頁266。

[63] 河上和雄ほか編，《大コンメンタール刑事訴訟法：7卷》，《刑事訴訟法》，青林書
　　院，2012年10月二版，頁94（小坂敏幸執筆）。

　　然贊成「證據開示」認爲：(1)採徹底當事人主義的觀點，當事人有無對等攸關兩造當事人之勝敗，檢察官固然沒有必要向被告開示；惟在檢察官與辯護人之間，存有顯著之差異，如不開示證據，等同將實質當事人對等形同虛設，故事先證據開示是實質當事人對等之體現；(2)爲了不處罰無辜之人，應充分保障被告防禦權，避免證據之突襲；(3)爲有效保障被告交互詰問權；(4)爲集中審理之事前準備是屬不可或缺；(5)檢察官爲法律的看守人，應踐行其客觀義務；(6)湮滅證據之弊害，有別種方法可以防止，但無證據開示對無辜者被處罰之危險實屬重大；(7)不允許被告收集證據，不顧兩造雙方收集證據力之不對等，使被告處罰實屬不正義；(8)檢察官負有實質舉證責藉以推翻無罪推定原則等，而肯認有「證據開示」之必要。[64]

　　二、從「全面否定證據開示」到「個別證據開示」：日本刑訴第299條第1項規定：「關於檢察官、被告或辯護人聲請詰問證人等，應事先給予對造知悉該姓名及住居所之機會。就聲請證據文書或證物之調查，應事先給予對造閱覽之機會。」同時，依日本《刑事訴訟規則》第178條之7前段規定：「在第一次審判期日前，依刑訴第299條第1項本文規定，訴訟關係人應給予對造知悉證人等姓名及住居所機會之情形，並應儘速提供該機會。」惟因此等條文或規則所規定的「事先」或「儘速」均屬不明確；尚且，若無聲請證據調查之意思或是否聲請調查尚未確定時，檢察官則不負提供事先閱卷機會之義務等而致生爭議。[65]

　　日本從1948年戰後被美國占領託管下，刑事審判構造由原先職權主義而改採起訴狀一本之當事人主義下，有關證據開示之爭議迭起；簡要言之，日本最高法院最初於1959年就第一審審判長作出「檢察官立即將其持有的全部案件證據供辯護人閱覽」這種全面開示命令，認爲該命令沒有法律依據，而撤銷了該命令（最決昭34.12.26刑集13.13.3372）；且進一步認爲檢察官無論有無聲請證據調查，都沒有義務使對造閱覽證卷，同

---

[64] 田宮裕，《刑事訴訟法》，有斐閣，1998年12月七版，頁270；池田修、前田雅英，《刑訴訟法講義》，東京大學出版社，2012年2月四版，頁293以下。

[65] 松尾浩也，《刑事訴訟法：上冊》，弘文堂，1999年11月初版，頁223以下。

時，被告、辯護人亦無閱覽聲請權（最決昭35.2.9判時219號34頁），此即「全面否定證據開示」時期[66]。另學者指出反對全面證據開示之理由：(1)防止逾越開示之必要性所招致個別弊害發生之可能性；(2)為了有助於審前準備、爭點整理的審前整理程序之制度設計；(3)為了維持當事人訴追進行主義之正當、健全的機能之合理、原理制約的觀點。[67]

惟迫至十年後，日本最高法院對於在證據調查開始後，基於法院訴訟指揮權作出肯認「個別證據開示」之裁定（最決昭44.4.25刑集23.4.248）；學者就此實務個別證據開示歸納出四個要件：(1)須進入證據調查之階段；因而，日本實務重申，即使在開頭陳述之後，辯護人向檢察官提出證據開示之聲請仍屬違法（最決昭48.4.12判時703號12頁）；(2)須有具體必要性（即個別證據開示必要性之具體理由）；(3)為被告防禦是屬特別重要；(4)無湮滅證罪、脅迫證人之虞。[68]

三、三階段之證據開示：如上所述，全面的證據開示將導致證人受威脅、湮滅證據之危險、侵害案件關係人之隱私權，及造成審理之延滯等，而採取限制性、階段性的個別證據開示；惟針對法院個別開示之命令，而不遵從向對造當事人提出該舉證攻防事項之證據時，法院得基於訴訟指揮權為合理之制裁，就該收受開示命令之當事人所聲請該證據調查為無效，而裁定駁回。[69]

目前日本有關證據開示之實務運作，除依上開最高法院判例作為判斷基準外；另在2004年及2016年擴大修訂證據開示若干規定，從第316條之13至第316條之27等共15條規定，並將證據開示分為以下三階段，並約言如下：[70]

---

[66] 池田修、前田雅英，《刑訴訟法講義》，東京大學出版社，2012年2月四版，頁295；松尾浩也，同前註《刑事訴訟法：上冊》，頁224。

[67] 酒卷匡，《刑事証據開示の理論と実務》，判例タイズ社，2009年11月初版，頁12。

[68] 白取祐司，《刑事訴訟法》，日本評論社，2017年3月九版，頁291。

[69] 渥美東洋，《刑事訴訟法》，有斐閣，2001年3月新版補訂，頁205-206。

[70] 川出敏裕，《刑事訴訟法（公訴提起、公判、裁判篇）》，立花書坊，平成31年（2019）2月二刷，頁160以下；安富潔《刑事訴訟法講義：四版》，慶應義塾大學出版會，2017年4月，頁233以下；上口裕，《刑事訴訟法》，成文堂，2013年10月三

　　(一)檢察官聲請證據之開示：檢察官為了證明審判前整理程序之預定證明事實，除應向法院聲請調查所要使用之證據外（§316之13Ⅱ）；並應儘速對被告或辯護人，依照其證據分類，依該各款所規定之方法開示，及其交付證據一覽表（§316之14Ⅰ、Ⅱ）。

　　(二)證據類型之開示：被告或辯護人除了就檢察官上開所開示之證據外，為判斷該項證據證明力，或為對該證據表示意見，或即使檢察官就該特定證據並未聲請調查之證據，仍得向檢察官聲請另行開示相關九種類型證據[71]；惟檢察官仍得考量被告防禦之準備所開示的必要性之程度，以及因該開示有產生弊害之虞的內容及程度，而認為必要時，得指定開示之時期或方法，或附加條件（§316之15）。

　　(三)爭點關聯證據之開示：此為強化被告防禦權，使爭點及相關證據內容更加完善，而於收受類型證據開示之被告或辯護人，為表明預定在該預定證明事實及其他審判期日所提出的事實上及法律上之主張，並為證明該預定證明事實，應向法院聲請調查為了證明其所要使用之證據；及其儘速向檢察官依證據分類為相關證據之開示（§316之17、§316之18）。

　　又因被告或辯護人提出其上開主張之後，由被告或辯護人提出聲請爭點關聯證據之開示時，檢察官得考量該關聯性之程度，及為了其他被告防禦之準備，而作出該開示的必要性之程度，以及因該開示有產生弊害之虞的內容及程度，認為適當時，應作出該證據開示（§316之20Ⅰ）；同時，被告或辯護人提出關聯證據開示之聲請時，應表明與聲請證據開示間之關聯性，及為了其他被告防禦之準備，而具有該開示必要之理由（§316之20Ⅱ）。

　　四、開示證據目的以外使用證據之禁止與處罰：隨著證據開示制度之擴大使用，修法後有關規範證據開示之規定：(一)辯護人對於已被開示之證據應妥適地保管，不得恣意委託他人保管（§281之3）；(二)禁止被告或辯護人在開示證據之目的以外，而將其有關證據交付、提示或以電信通訊方式傳輸提供他人（§281之4Ⅰ）。不過，違反此種禁止規定之處

版，頁272以下。

[71] 川出敏裕，同前註《刑事訴訟法（公訴提起、公判、裁判篇）》，頁160。

置，仍應考量被告之防禦權等相關情事（§281之4 Ⅱ）；(三)關於開示證據目的以外使用證據之行為，處1年以下有期徒刑之懲役或50萬元以下罰金（§281之5）。[72]

第316條之13（預定證明事實文書之提出與聲請證據調查）

① 檢察官於案件交付審判前整理程序時，應將記載該預定證明事實（指在審判期日想要依證據證明之事實。以下同。）之文書，向法院提出，並送交被告或辯護人。於此情形，在該文書中，不得記載不得作為證據、或基於無意思作為證據而聲請該調查之資料，以及就案件有使法院產生偏見或預斷之虞的事項。

② 檢察官為了證明前項之預定證明事實，應聲請調查所要使用之證據。

③ 關於依前項規定聲請證據之調查，不適用第299條第1項之規定。

④ 法院應在聽取檢察官及被告或辯護人意見之後，訂定第1項文書之提出及送交，以及第2項聲請之期限。

第316条の13（証明予定事実記載書面の提出と証拠調べ請求）

① 検察官は、事件が公判前整理手続に付されたときは、その証明予定事実（公判期日において証拠により証明しようとする事実をいう。以下同じ。）を記載した書面を、裁判所に提出し、及び被告人又は弁護人に送付しなければならない。この場合においては、当該書面には、証拠とすることができず、又は証拠としてその取調べを請求する意思のない資料に基づいて、裁判所に事件について偏見又は予断を生じさせるおそれのある事項を記載することができない。

② 検察官は、前項の証明予定事実を証明するために用いる証拠の取調べを請求しなければならない。

③ 前項の規定により証拠の取調べを請求するについては、第299条第1項

---

[72] 田口守一，《刑事訴訟法：七版》，頁304。

の規定は適用しない。

④ 裁判所は、検察官及び被告人又は弁護人の意見を聴いた上で、第1項の書面の提出及び送付並びに第2項の請求の期限を定めるものとする。

第316條之14（證據開示與證據一覽表之交付）

① 檢察官，關於依前條第2項規定聲請調查之證據（指以下「檢察官聲請證據」。），應儘速對被告或辯護人，依照以下各款所列之證據分類，依該各款所規定之方法開示：

一、證據文書或證物：應給予閱覽該證據文書或證物之機會（予以辯護人閱覽，並抄錄之機會）。

二、證人、鑑定人、通譯或翻譯：應給予知悉該姓名及住居之機會，且該人之供述筆錄等當中，預料該人在審判期日供述內容已明確的部分（在該供述筆錄等不存在時，或認為使其給予閱覽不適當時，則記載預料該人在審判期日供述內容之要旨的文書）應給予閱覽之機會（予以辯護人閱覽，並抄錄之機會）。

② 檢察官進行依前項規定的證據開示之後，遇有被告或辯護人之聲請時，應儘速對被告或辯護人交付由檢察官所保管之證據一覽表。

③ 前項之一覽表，應按照以下各款所列之證據分類，記載於每一證據該當各款所定之事項：

一、證物：品名及數量。

二、在錄取供述之書面，供述人之簽名或蓋章者：該書面之名稱、作成之年月日及供述人之姓名。

三、證據文書（除前款所列之部分外。）：該證據文書之名稱、作成之年月日及作成人之姓名。

④ 不受前項規定之限制，檢察官依同項之規定係屬應記載於第2項一覽表之事項，因記載認為有以下所列之虞的部分，得不記載於同項之一覽表：

一、加害於人之身體或財產，或使人心生畏怖或困擾的行為之虞。

二、對人的名譽或社會生活之平穩有明顯危害之虞。

三、對犯罪之證明或犯罪之偵查致生障礙之虞。

⑤ 檢察官進行依第2項規定將一覽表交付之後、嗣後遇有重新保管證據時，應儘速對被告或辯護人交付該重新保管之證據一覽表。在此情形，準用前2項之規定。

第316条の14（証拠の開示、証拠の一覧表の交付）

① 検察官は、前条第2項の規定により取調べを請求した証拠（以下「検察官請求証拠」という。）については、速やかに、被告人又は弁護人に対し、次の各号に掲げる証拠の区分に応じ、当該各号に定める方法による開示をしなければならない。

一　証拠書類又は証拠物　当該証拠書類又は証拠物を閲覧する機会（弁護人に対しては、閲覧し、かつ、謄写する機会）を与えること。

二　証人、鑑定人、通訳人又は翻訳人　その氏名及び住居を知る機会を与え、かつ、その者の供述録取書等のうち、その者が公判期日において供述すると思料する内容が明らかになるもの（当該供述録取書等が存在しないとき、又はこれを閲覧させることが相当でないと認めるときにあつては、その者が公判期日において供述すると思料する内容の要旨を記載した書面）を閲覧する機会（弁護人に対しては、閲覧し、かつ、謄写する機会）を与えること。

② 検察官は、前項の規定による証拠の開示をした後、被告人又は弁護人から請求があつたときは、速やかに、被告人又は弁護人に対し、検察官が保管する証拠の一覧表の交付をしなければならない。

③ 前項の一覧表には、次の各号に掲げる証拠の区分に応じ、証拠ごとに、当該各号に定める事項を記載しなければならない。

一　証拠物　品名及び数量

二　供述を録取した書面で供述者の署名又は押印のあるもの　当該書面の標目、作成の年月日及び供述者の氏名

三　証拠書類（前号に掲げるものを除く。）　当該証拠書類の標目、

作成の年月日及び作成者の氏名

④ 前項の規定にかかわらず、検察官は、同項の規定により第2項の一覧表に記載すべき事項であつて、これを記載することにより次に掲げるおそれがあると認めるものは、同項の一覧表に記載しないことができる。

一　人の身体若しくは財産に害を加え又は人を畏怖させ若しくは困惑させる行為がなされるおそれ

二　人の名誉又は社会生活の平穏が著しく害されるおそれ

三　犯罪の証明又は犯罪の捜査に支障を生ずるおそれ

⑤ 検察官は、第2項の規定により一覧表の交付をした後、証拠を新たに保管するに至つたときは、速やかに、被告人又は弁護人に対し、当該新たに保管するに至つた証拠の一覧表の交付をしなければならない。この場合においては、前2項の規定を準用する。

第316條之15（聲請檢察官證據以外之開示）

① 檢察官，關於認為依前條第1項規定所作開示證據以外之證據，符合以下任何各款所列的證據類型之一，且為了判斷特定的檢察官聲請證據之證明力係屬重要的部分；在由被告或辯護人提出聲請開示之情形，考量該證據重要性之程度，及為了其他被告防禦之準備而進行該開示的必要性之程度，以及因該開示有產生弊害之虞的內容及程度，而認為適當時，應儘速依同項第1款所定方法開示證據。在此情形，檢察官認為必要時，得指定開示之時期或方法，或附加條件：

一、證物。

二、記載在第321條第2項規定的法院或法官勘驗結果之文書。

三、在第321條第3項規定的文書，或準用此等規定文書之文書。

四、在第321條第4項規定的文書，或準用此等規定文書之文書。

五、以下所列之人的供述筆錄等：

　　(一)檢察官聲請以證人身分詰問之人。

　　(二)檢察官聲請調查供述筆錄等之供述者，該供述筆錄等未經第326

　　　條之同意，而檢察官預定聲請以證人身分詰問之人。

六、除前款所列之事項外，係屬被告以外之人供述筆錄等，有關檢察官想要依特定之檢察官聲請證據直接證明之事實，以供述之有無作為內容者。

七、被告之供述筆錄等。

八、根據有關調查狀況之記錄的準則，係屬檢察官、檢察事務官或司法警察負有義務職務上所作成的文書，關於身體受拘束之人的調查，記錄其年月日、時間、場所及其他調查之狀況者（限於涉及被告或其作為共犯，身體受拘束或被提起公訴之人，在上開所列第5款(一)或(二)之人。）。

九、檢察官聲請證據的證物之扣押程序記錄文書（指根據有關扣押程序之記錄的準則，係屬檢察官、檢察事務官或司法警察負有義務職務上所作成的文書，關於證物之扣押，記錄該扣押人、扣押之年月日、扣押場所，及其他扣押之狀況者。在次項及第3項第二款(一)相同。）。

② 關於應進行依前項之規定，所作的開示證物之扣押程序記錄文書（除了已作出依前條第1項或前項之規定所作的開示外。），在由被告或辯護人提出聲請開示之情形，考量為了判斷因該證物特定的檢察官聲請證據之證明力，而作出該開示的必要性之程度，以及因該開示有產生弊害之虞的內容及程度，而認為適當時，亦視為與同項相同。

③ 被告或辯護人提出前2項聲請開示時，應依照以下各款所列的聲請開示之分類，確認該各款所定之事項：

一、聲請第1項之開示，以下所列之事項：

　　(一)足以識別涉及第1項各款所列之證據類型及聲請證據開示之事項。

　　(二)按照所對應案件之內容、特定的檢察官聲請證據之預定證明事實、涉及聲請開示之證據，與該檢察官聲請證據之間的關係及其他情事，為了判斷涉及該聲請開示之證據，對該檢察官聲請證據之證明力係屬重要，以及為了其他被告防禦之準備，而具有該開示必要之理由。

二、聲請前項之開示‧以下所列之事項：
　　(一)足以識別涉及聲請開示的扣押程序記錄文書之事項。
　　(二)按照應進行依第1項規定所作的開示證物，與特定的檢察官聲請
　　　　證據之間的關係及其他之情事，為了判斷因該證物對該檢察官
　　　　聲請證據之證明力，而具有該開示必要之理由。

第316条の15（検察官請求証拠以外の開示）
① 検察官は、前条第1項の規定による開示をした証拠以外の証拠であつ
　て、次の各号に掲げる証拠の類型のいずれかに該当し、かつ、特定の
　検察官請求証拠の証明力を判断するために重要であると認められるも
　のについて、被告人又は弁護人から開示の請求があつた場合におい
　て、その重要性の程度その他の被告人の防御の準備のために当該開示
　をすることの必要性の程度並びに当該開示によつて生じるおそれのあ
　る弊害の内容及び程度を考慮し、相当と認めるときは、速やかに、同
　項第1号に定める方法による開示をしなければならない。この場合に
　おいて、検察官は、必要と認めるときは、開示の時期若しくは方法を
　指定し、又は条件を付することができる。
一　証拠物
二　第321条第2項に規定する裁判所又は裁判官の検証の結果を記載し
　　た書面
三　第321条第3項に規定する書面又はこれに準ずる書面
四　第321条第4項に規定する書面又はこれに準ずる書面
五　次に掲げる者の供述録取書等
　　イ　検察官が証人として尋問を請求した者
　　ロ　検察官が取調べを請求した供述録取書等の供述者であつて、
　　　　当該供述録取書等が第326条の同意がされない場合には、検
　　　　察官が証人として尋問を請求することを予定しているもの
六　前号に掲げるもののほか、被告人以外の者の供述録取書等であつ
　　て、検察官が特定の検察官請求証拠により直接証明しようとする
　　事実の有無に関する供述を内容とするもの

七　被告人の供述録取書等

八　取調べ状況の記録に関する準則に基づき、検察官、検察事務官又は司法警察職員が職務上作成することを義務付けられている書面であつて、身体の拘束を受けている者の取調べに関し、その年月日、時間、場所その他の取調べの状況を記録したもの（被告人又はその共犯として身体を拘束され若しくは公訴を提起された者であつて第5号イ若しくはロに掲げるものに係るものに限る。）

九　検察官請求証拠である証拠物の押収手続記録書面（押収手続の記録に関する準則に基づき、検察官、検察事務官又は司法警察職員が職務上作成することを義務付けられている書面であつて、証拠物の押収に関し、その押収者、押収の年月日、押収場所その他の押収の状況を記録したものをいう。次項及び第3項第2号イにおいて同じ。）

② 前項の規定による開示をすべき証拠物の押収手続記録書面（前条第1項又は前項の規定による開示をしたものを除く。）について、被告人又は弁護人から開示の請求があつた場合において、当該証拠物により特定の検察官請求証拠の証明力を判断するために当該開示をすることの必要性の程度並びに当該開示によつて生じるおそれのある弊害の内容及び程度を考慮し、相当と認めるときも、同項と同様とする。

③ 被告人又は弁護人は、前2項の開示の請求をするときは、次の各号に掲げる開示の請求の区分に応じ、当該各号に定める事項を明らかにしなければならない。

一　第1項の開示の請求　次に掲げる事項

　イ　第1項各号に掲げる証拠の類型及び開示の請求に係る証拠を識別するに足りる事項

　ロ　事案の内容、特定の検察官請求証拠に対応する証明予定事実、開示の請求に係る証拠と当該検察官請求証拠との関係その他の事情に照らし、当該開示の請求に係る証拠が当該検察官請求証拠の証明力を判断するために重要であることその他の被告人の防御の準備のために当該開示が必要である理由

二　前項の開示の請求　次に掲げる事項
イ　開示の請求に係る押収手続記録書面を識別するに足りる事項
ロ　第1項の規定による開示をすべき証拠物と特定の検察官請求
証拠との関係その他の事情に照らし、当該証拠物により当該
検察官請求証拠の証明力を判断するために当該開示が必要で
ある理由

第316條之16（對聲請證據之被告、辯護人意見之表明）

① 被告或辯護人收受第316條之13第1項送交之文書，且收受依第316條之14第1項、以及前條第1項及第2項規定應進行的開示之證據開示時，應就檢察官聲請證據表明是否作出第326條之同意或關於該調查之聲請是否無異議之意見。

② 法院，得聽取檢察官及被告或辯護人意見之後，訂定應表明前項意見之期限。

第316条の16（請求証拠に対する被告人・弁護人の意見の表明）

① 被告人又は弁護人は、第316条の13第1項の書面の送付を受け、かつ、第316条の14第1項並びに前条第1項及び第2項の規定による開示をすべき証拠の開示を受けたときは、検察官請求証拠について、第326条の同意をするかどうか又はその取調べの請求に関し異議がないかどうかの意見を明らかにしなければならない。

② 裁判所は、検察官及び被告人又は弁護人の意見を聴いた上で、前項の意見を明らかにすべき期限を定めることができる。

第316條之17（預定證明事實之明示等主張）

① 被告或辯護人收受第316條之13第1項送交之文書，且在收受依第316條之14第1項、以及第316條之15第1項及第2項規定應進行的開示之證據開示情形，預定在該預定證明事實及其他審判期日所提出的事實上及法律

上之主張時，應向法院及檢察官表明。在此情形，準用第316條之13第1
項後段之規定。

② 被告或辯護人遇有前項之預定證明事實時，應聲請調查為了證明其所要
使用之證據。在此情形，準用第316條之13第3項之規定。

③ 法院，得聽取檢察官及被告或辯護人意見之後，訂定應表明第1項主張
之期限及前項聲請之期限。

第316条の17（証明予定事実等の主張の明示）

① 被告人又は弁護人は、第316条の13第1項の書面の送付を受け、かつ、
第316条の14第1項並びに第316条の15第1項及び第2項の規定による開
示をすべき証拠の開示を受けた場合において、その証明予定事実その
他の公判期日においてすることを予定している事実上及び法律上の主
張があるときは、裁判所及び検察官に対し、これを明らかにしなけれ
ばならない。この場合においては、第316条の13第1項後段の規定を準
用する。

② 被告人又は弁護人は、前項の証明予定事実があるときは、これを証明
するために用いる証拠の取調べを請求しなければならない。この場合
においては、第316条の13第3項の規定を準用する。

③ 裁判所は、検察官及び被告人又は弁護人の意見を聴いた上で、第1項
の主張を明らかにすべき期限及び前項の請求の期限を定めることがで
きる。

第316條之18（被告、辯護人聲請證據開示）[73]

被告或辯護人，關於依前條第2項的規定聲請調查之證據，應儘速向檢察官
按照下列各款所列之證據分類，依該各款所定之方法為開示：

---

[73] 此第316條之18，乃對應本法第316條之14而言，規定由被告一方聲請證據調查，應向
檢察官為證據開示及其方法，使檢察官有提出反證之機會；可參見三井誠ほか等編，
《刑事訴訟法：三版》，頁473。

一、證據文書或證物：給予閱覽，並抄錄該證據文書或證物之機會。
二、證人、鑑定人、通譯或翻譯：給予知悉其姓名及住居之機會，且該人之供述筆錄等當中，預料該人在審判期日供述內容確認之部分（遇有該供述筆錄等不存在時，或認為使其閱覽不適當時，則記載預料該人在審判期日供述內容之要旨的文書），應給予閱覽，並抄錄之機會。

第316の18（被告人・弁護人請求証拠の開示）
被告人又は弁護人は、前条第2項の規定により取調べを請求した証拠については、速やかに、検察官に対し、次の各号に掲げる証拠の区分に応じ、当該各号に定める方法による開示をしなければならない。
一　証拠書類又は証拠物　当該証拠書類又は証拠物を閲覧し、かつ、謄写する機会を与えること。
二　証人、鑑定人、通訳人又は翻訳人　その氏名及び住居を知る機会を与え、かつ、その者の供述録取書等のうち、その者が公判期日において供述すると思料する内容が明らかになるもの（当該供述録取書等が存在しないとき、又はこれを閲覧させることが相当でないと認めるときにあつては、その者が公判期日において供述すると思料する内容の要旨を記載した書面）を閲覧し、かつ、謄写する機会を与えること。

第316條之19（檢察官表明意見）
① 檢察官依前條規定收受應開示之證據開示時，關於依第316條之17第2項之規定被告或辯護人聲請調查之證據，應表明是否有作出第326條之同意或關於該調查之聲請是否無異議之意見。
② 法院得聽取檢察官及被告或辯護人意見之後，訂定應表明前項意見之期限。

第316条の19（検察官の意見の表明）
① 検察官は、前条の規定による開示をすべき証拠の開示を受けたとき

は、第316条の17第2項の規定により被告人又は弁護人が取調べを請求した証拠について、第326条の同意をするかどうか又はその取調べの請求に関し異議がないかどうかの意見を明らかにしなければならない。

② 裁判所は、検察官及び被告人又は弁護人の意見を聴いた上で、前項の意見を明らかにすべき期限を定めることができる。

第316條之20（主張關連之證據開示）

① 檢察官，關於認為依第316條之14第1項，以及第316條之15第1項、第2項規定所作的開示證據以外之證據，與第316條之17第1項之主張有關連性之部分，在由被告或辯護人提出聲請開示之情形，考量該關連性之程度，及為了其他被告防禦之準備，而進行該開示的必要性之程度，以及因該開示有產生弊害之虞的内容及程度，而認為適當時，應儘速作出依第316條之14第1項第1款所定方法開示證據。在此情形，檢察官認為必要時，得指定開示之時期或方法，或附加條件。

② 被告或辯護人提出前項開示之聲請時，應表明以下所列之事項：

一、足以識別涉及聲請證據開示之事項。

二、涉及第316條之17第1項之主張與聲請開示之證據間的關連性，及為了其他被告防禦之準備，而具有該開示必要之理由。

第316条の20（主張に関連する証拠の開示）

① 検察官は、第316条の14第1項並びに第316条の15第1項及び第2項の規定による開示をした証拠以外の証拠であつて、第316条の17第1項の主張に関連すると認められるものについて、被告人又は弁護人から開示の請求があつた場合において、その関連性の程度その他の被告人の防御の準備のために当該開示をすることの必要性の程度並びに当該開示によつて生じるおそれのある弊害の内容及び程度を考慮し、相当と認めるときは、速やかに、第316条の14第1項第1号に定める方法による開示をしなければならない。この場合において、検察官は、必要と認

めるときは、開示の時期若しくは方法を指定し、又は条件を付することができる。

② 被告人又は弁護人は、前項の開示の請求をするときは、次に掲げる事項を明らかにしなければならない。

一　開示の請求に係る証拠を識別するに足りる事項

二　第316条の17第1項の主張と開示の請求に係る証拠との関連性その他の被告人の防御の準備のために当該開示が必要である理由

第316條之21（依檢察官預定證明事實之追加、變更）

① 檢察官，從第316條之13至前條（第316條之14第5項除外。）規定的程序完畢之後，認為有必要追加或變更該預定證明事實時，應儘速將記載該應追加或變更之預定證明事實的文書，向法院提出，並送交被告或辯護人。在此情形，準用第316條之13第1項後段之規定。

② 檢察官為了證明該預定證明事實，認為有必要追加聲請調查所要使用之證據時，應儘速聲請該應追加之證據調查。在此情形，準用第316條之13第3項之規定。

③ 法院得聽取檢察官及被告或辯護人意見之後，訂定第1項文書之提出及送交，以及前項聲請之期限。

④ 第316條之14第1項、第316條之15及第316條之16之規定，關於依第2項之規定，檢察官聲請調查之證據準用之。

第316条の21（検察官による証明予定事実の追加・変更）

① 検察官は、第316条の13から前条まで（第316条の14第5項を除く。）に規定する手続が終わつた後、その証明予定事実を追加し又は変更する必要があると認めるときは、速やかに、その追加し又は変更すべき証明予定事実を記載した書面を、裁判所に提出し、及び被告人又は弁護人に送付しなければならない。この場合においては、第316条の13第1項後段の規定を準用する。

② 検察官は、その証明予定事実を証明するために用いる証拠の取調べの

請求を追加する必要があると認めるときは、速やかに、その追加すべき証拠の取調べを請求しなければならない。この場合においては、第316条の13第3項の規定を準用する。

③ 裁判所は、検察官及び被告人又は弁護人の意見を聴いた上で、第1項の書面の提出及び送付並びに前項の請求の期限を定めることができる。

④ 第316条の14第1項、第316条の15及び第316条の16の規定は、第2項の規定により検察官が取調べを請求した証拠についてこれを準用する。

316條之22（主張預定證明事實等之追加、變更）

① 被告或辯護人，從第316條之13至第316條之20（第316條之14第5項除外。）規定的程序完畢之後，認為有必要追加或變更第316條之17第1項之主張時，應儘速向法院及檢察官表明該應追加或變更之主張。在此情形，準用第316條之13第1項後段之規定。

② 被告或辯護人為了證明該預定證明事實，認為有必要追加聲請調查所要使用之證據時，應儘速聲請該應追加之證據調查。在此情形，準用第316條之13第3項之規定。

③ 法院得聽取檢察官及被告或辯護人意見之後，訂定應表明第1項的主張之期限，以及前項聲請之期限。

④ 第316條之18及第316條之19之規定，關於依第2項之規定，由被告或辯護人聲請調查之證據準用之。

⑤ 第316條之20規定，關於可認為與第1項的應追加或變更之主張相關連之證據準用之。

第316条の22（証明予定事実等の主張の追加・変更）

① 被告人又は弁護人は、第316条の13から第316条の20まで（第316条の14第5項を除く。）に規定する手続が終わつた後、第316条の17第1項の主張を追加し又は変更する必要があると認めるときは、速やかに、裁判所及び検察官に対し、その追加し又は変更すべき主張を明らかに

しなければならない。この場合においては、第316条の13第1項後段の
規定を準用する。

② 被告人又は弁護人は、その証明予定事実を証明するために用いる証拠
の取調べの請求を追加する必要があると認めるときは、速やかに、そ
の追加すべき証拠の取調べを請求しなければならない。この場合にお
いては、第316条の13第3項の規定を準用する。

③ 裁判所は、検察官及び被告人又は弁護人の意見を聴いた上で、第1項
の主張を明らかにすべき期限及び前項の請求の期限を定めることがで
きる。

④ 第316条の18及び第316条の19の規定は、第2項の規定により被告人又
は弁護人が取調べを請求した証拠についてこれを準用する。

⑤ 第316条の20の規定は、第1項の追加し又は変更すべき主張に関連する
と認められる証拠についてこれを準用する。

第316條之23（關於證人等保護之準用）

① 第299條之2及第299條之3規定，關於檢察官或辯護人依本目（指本第二
目）之規定，所進行的證據開示之情形準用之。

② 第299條之4規定，關於檢察官應依第316條之14條第1項（包括在第316
條之21第4項準用之情形。）之規定，所進行的證據開示之情形準用
之。

③ 從第299條之5至第299條之7規定，關於檢察官在前項準用的從第299條
之4第1項至第4項之規定，所採取的處置之情形準用之。

第316条の23（証人等の保護に関する準用規定）

① 第299条の2及び第299条の3の規定は、検察官又は弁護人がこの目の規
定による証拠の開示をする場合についてこれを準用する。

② 第299条の4の規定は、検察官が第316条の14第1項（第316条の21第4項
において準用する場合を含む。）の規定による証拠の開示をすべき場
合についてこれを準用する。

③ 第299条の5から第299条の7までの規定は、検察官が前項において準用
　する第299条の4第1項から第4項までの規定による措置をとつた場合に
　ついてこれを準用する。

第316條之24（爭點及證據整理結果之確認）
法院當審判前整理程序終結時，在檢察官及被告或辯護人之間，應確認案
件之爭點及證據整理之結果。

第316条の24（争点および証拠の整理結果の確認）
裁判所は、公判前整理手続を終了するに当たり、検察官及び被告人又は
弁護人との間で、事件の争点及び証拠の整理の結果を確認しなければな
らない。

第三目　關於證據開示之裁定
第三目　証拠開示に関する裁定

第316條之25（證據開示之時期、方法之指定等）[74]
① 法院，考量證據開示之必要性程度，及因證據開示有產生弊害之虞的
　內容及程度，以及其他之情事，而認為必要時；關於依第316條之14第
　1項（包括在第316條之21第4項準用之情形。）之規定所應進行的證據
　開示，則依檢察官之聲請；關於依第316條之18（包含在第316條之22第

---

[74] 此第316條之25至第316條之27等三條規定，乃分別針對有關證據開示之裁定：包括證
　據開示之時期、方法之指定（§316之25），及命令作出證據開示（§316之26），與
　命令其提出證據及證據目錄一覽表（§316條之27）等；可見安富潔，《刑事訴訟法講
　義》，慶應義塾大學出版會，2017年4月四版，頁238以下。

4項準用之情形。）之規定所應進行的證據開示，則依被告或辯護人聲請，得以裁定指定該證據開示之時期或方法，或附加條件。

② 法院就前項之聲請進行裁定時，應聽取對造之意見。

③ 就第1項之聲請所作的裁定，得提起即時抗告。

第316条の25（証拠開示の時期・方法の指定等）

① 裁判所は、証拠の開示の必要性の程度並びに証拠の開示によつて生じるおそれのある弊害の内容及び程度その他の事情を考慮して、必要と認めるときは、第316条の14第1項（第316条の21第4項において準用する場合を含む。）の規定による開示をすべき証拠については検察官の請求により、第316条の18（第316条の22第4項において準用する場合を含む。）の規定による開示をすべき証拠については被告人又は弁護人の請求により、決定で、当該証拠の開示の時期若しくは方法を指定し、又は条件を付することができる。

② 裁判所は、前項の請求について決定をするときは、相手方の意見を聴かなければならない。

③ 第1項の請求についてした決定に しては、即時抗告をすることができる。

第316條之26（命令證據開示）

① 法院，認為檢察官應依第316條之14第1項，或第316條之15第1項或第2項（包括在第316條之21第4項準用上開規定之情形。），或依第316條之20第1項（包括在第316條之22第5項準用之情形。）之規定進行證據開示而未開示時；或認為被告或辯護人應依第316條之18（包括在第316條之22第4項準用之情形。）之規定進行證據開示而未開示時，應依對造之聲請，以裁定命該證據開示。在此情形，法院得指定開示之時期或方法，或附加條件。

② 法院就前項之聲請進行裁定時，應聽取對造之意見。

③ 就第1項之聲請所作的裁定，得提起即時抗告。

第316条の26（証拠開示命令）

① 裁判所は、検察官が第316条の14第1項若しくは第316条の15第1項若しくは第2項（第316条の21第4項においてこれらの規定を準用する場合を含む。）若しくは第316条の20第1項（第316条の22第5項において準用する場合を含む。）の規定による開示をすべき証拠を開示していないと認めるとき、又は被告人若しくは弁護人が第316条の18（第316条の22第4項において準用する場合を含む。）の規定による開示をすべき証拠を開示していないと認めるときは、相手方の請求により、決定で、当該証拠の開示を命じなければならない。この場合において、裁判所は、開示の時期若しくは方法を指定し、又は条件を付することができる。

② 裁判所は、前項の請求について決定をするときは、相手方の意見を聴かなければならない。

③ 第1項の請求についてした決定に対しては、即時抗告をすることができる。

第316條之27（命令證據及證據目錄一覽表之提出）

① 法院，就第316條之25第1項或前條第1項的聲請進行裁定之際，認為有必要時，得命檢察官、被告或辯護人出示該聲請之相關證據。在此情形，法院不得使任何人閱覽或抄錄該證據。

② 法院，就被告或辯護人提出前條第1項的聲請進行裁定之際，認為有必要時，得命檢察官就其所保管之證據，出示記載屬於法院所指定範圍之目錄的一覽表。在此情形，法院不得使任何人閱覽或抄錄該一覽表。

③ 第1項之規定，就第316條之25第3項或前條第3項之即時抗告繫屬於抗告法院；前項之規定，就同條第3項之即時抗告繫屬於抗告法院，分別準用之。

第316条の27（証拠および証拠標目一覧表の提示命令）

① 裁判所は、第316条の25第1項又は前条第1項の請求について決定をす

るに当たり、必要があると認めるときは、検察官、被告人又は弁護人
に対し、当該請求に係る証拠の提示を命ずることができる。この場合
においては、裁判所は、何人にも、当該証拠の閲覧又は謄写をさせる
ことができない。

② 裁判所は、被告人又は弁護人がする前条第1項の請求について決定を
するに当たり、必要があると認めるときは、検察官に対し、その保管
する証拠であつて、裁判所の指定する範囲に属するものの標目を記載
した一覧表の提示を命ずることができる。この場合においては、裁判
所は、何人にも、当該一覧表の閲覧又は謄写をさせることができな
い。

③ 第1項の規定は第316条の25第3項又は前条第3項の即時抗告が係属する
抗告裁判所について、前項の規定は同条第3項の即時抗告が係属する
抗告裁判所について、それぞれ準用する。

第二款　期日間整理程序

第二款 期日間整理手続[75]

第316條之28（期日間整理程序之裁定）

① 法院鑑於審理過程認為有必要時，得依檢察官、被告或辯護人之聲請，
或依職權，在第1次審判期日之後，為了整理案件之爭點及證據作為審
判準備，以裁定將案件交付期日間整理程序。

---

[75] 此第二款「期日間整理程序」之立法體系，係置於第二節「爭點及證據之整理程序」
之中，其立法意旨，乃就爭點及證據作補充性之規定，例如即使在第1次審判期日後，
伴隨著在被告方面，有主張變更或發生新的證據而有調查之必要性，致產生案件之爭
點與證據有重新整理之必要性情形；可參見三井誠ほか編，《刑事訴訟法：三版》，
頁483。

② 關於期日間整理程序，準用前款[76]（第316條之2第1項及第316條之9第3項除外。）之規定。在此情形，就檢察官、被告或辯護人在前項裁定前聲請證據調查，視為已在期日間整理程序聲請證據調查，從第316條之6至第316條之10及第316條之12中記載為「審判前整理程序期日」，應改稱為「期日間整理程序期日」；同條第2項中記載為「審判前整理程序筆錄」應改稱為「期日間整理程序筆錄」。

第316条の28（期日間整理手続の決定）

① 裁判所は、審理の経過に鑑み必要と認めるときは、検察官、被告人若しくは弁護人の請求により又は職権で、第1回公判期日後に、決定で、事件の争点及び証拠を整理するための公判準備として、事件を期日間整理手続に付することができる。

② 期日間整理手続については、前款（第316条の2第1項及び第316条の9第3項を除く。）の規定を準用する。この場合において、検察官、被告人又は弁護人が前項の決定前に取調べを請求している証拠については、期日間整理手続において取調べを請求した証拠とみなし、第316条の6から第316条の10まで及び第316条の12中「公判前整理手続期日」とあるのは「期日間整理手続期日」と、同条第2項中「公判前整理手続調書」とあるのは「期日間整理手続調書」と読み替えるものとする。

---

[76] 此第316條之28第2項規定中的「前款」，係指本法第三章第二節中的第二款，即指第316條之2至第316條之27的條文內容而言；可參見伊丹俊彥、合田悅三ほか編，《逐条実務刑事訴訟法》，立花書坊，平成30年11月發行，頁811。

第三款　審判程序之特別規定

第三款 公判手続の特例

第316條之29（必要辯護）

對於審理進行交付審判前整理程序，或期日間整理程序的案件之情形，即使不符合第289條第1項所規定之案件時，如無辯護人仍不得開庭。

第316条の29（必要的弁護）

公判前整理手続又は期日間整理手続に付された事件を審理する場合には、第289条第1項に規定する事件に該当しないときであつても、弁護人がなければ開廷することはできない。

第316條之30（由被告、辯護人開頭陳述）

關於交付審判前整理程序之案件，被告或辯護人有提出可依據證據證明之事實，或其他事實上及法律上之主張時，應接續於第296條程序後表明之。在此情形，準用同條但書之規定。

第316条の30（被告人・弁護人による冒頭陳述）

公判前整理手続に付された事件については、被告人又は弁護人は、証拠により証明すべき事実その他の事実上及び法律上の主張があるときは、第296条の手続に引き続き、これを明らかにしなければならない。この場合においては、同条ただし書の規定を準用する。

第316條之31（審前整理程序等結果之提出）

① 關於交付審判前整理程序之案件，法院依法院規則所規定，於前條程序完畢之後，應在審判期日進行確認該審判前整理程序之結果。

② 關於交付期日間整理程序之案件，法院依法院規則所規定，於前條程序完畢之後，應在審判期日進行確認該期日間整理程序之結果。

第316条の31（公判前整理手続等の結果の顕出）

① 公判前整理手続に付された事件については、裁判所は、裁判所の規則の定めるところにより、前条の手続が終わつた後、公判期日において、当該公判前整理手続の結果を明らかにしなければならない。

② 期日間整理手続に付された事件については、裁判所は、裁判所の規則の定めるところにより、その手続が終わつた後、公判期日において、当該期日間整理手続の結果を明らかにしなければならない。

第316條之32（程序等終了後的聲請證據調查之限制）

① 關於交付審判前整理程序或期日間整理程序之案件，檢察官及被告或辯護人不受第298條第1項規定限制，除了因有不得已之事由，致無法在審判前整理程序或期日間整理程序為聲請外，在該審判前整理程序或期日間整理程序完畢之後，不得聲請證據調查。[77]

② 前項之規定，法院認為必要時，仍不得依職權妨害進行證據調查。[78]

---

[77] 此第316條之32第1項立法性質，即屬類似失權效之性質；本條第1項所謂「不得已之事由」，應為必要之釋明；例如(1)雖然知道證據存在，但當時不知道係屬「不得已之事由」；(2)因證人之所在不明等理由，雖未能聲請證據調查，然其證據存在，於現實上，是屬不可能為聲請調查之情形；(3)證據已經存在，雖有可能聲請證據調查，惟由於在審判前整理程序的對造之主張與證據關係等，而認為沒有必要提起聲請證據調查等情形，均屬之；可參見伊丹俊彥、合田悅三ほか編，《逐条実務刑事訴訟法》，頁815。

[78] 此第316條之32第2項規定意旨：前項之規定，並不是法院認為必要時，就可依職權進行證據調查；而是前項之規定，即使有必要，法院仍不得依職權妨害當事人間所進行之證據調查程序；可參見三井誠ほか編，《刑事訴訟法：三版》，頁489。
又此第316條之32第2項是針對法院所作證據調查之規定，在依第1項規定判斷並沒有「不得已之事由」的情形，即使是法院認為必要時，仍不得職權妨害當事人進行證據調查；因而，本條第2項是屬於以這種確認之方式來規定本條項之立法。至於是否依職

第316条の32（手続等終了後の証拠調べ請求の制限）

① 公判前整理手続又は期日間整理手続に付された事件については、検察官及び被告人又は弁護人は、第298条第1項の規定にかかわらず、やむを得ない事由によつて公判前整理手続又は期日間整理手続において請求することができなかつたものを除き、当該公判前整理手続又は期日間整理手続が終わつた後には、証拠調べを請求することができない。

② 前項の規定は、裁判所が、必要と認めるときに、職権で証拠調べをすることを妨げるものではない。

第三節　被害者參加

第三節　被害者參加

◇ 被害者參加之概述

　　我國與日本均不例外，過去傳統的刑事訴訟法均偏重被告人權之保障，惟日本近20年來，尤其從1999年（平成11），依部分修正刑事訴訟法，通過為防止對犯罪被害人之證人加害行為，而保護該住居隱匿資訊之制度；以及2000年（平成12）為保護被害人，制定修改刑事訴訟法與

權行使，則由法院依裁量來判斷，例如調查該證據是否必要性（如基於案件之性質、爭點之重要性、爭點與該證據間之重要性等而為判斷），或依調查該證據是否達到新的何種程度而構成審理之必要等，均為其主要考量之要素。

　　同時，法院為了查明實體之真實，此等權限有時候必須果斷來發動，固然應予肯認；惟法律設計審判前整理程序係為謀求徹底的爭點整理，對當事人而言，只要沒有「不得已之事由」時，就不允許有新證據調查之規定，此應當被尊重；若法院過度廣泛行使此等權限，將會弱化審判前整理程序之實效性，很可能會導致妨害計劃審理之實現；在此意義下，此等權限畢竟是屬於例外，法院應謙抑節制的行使之；可參見松本時夫、土本武司ほか編《条解刑事訴訟法：四版》，弘文堂，2018年9月，頁790-791。

犯罪被害者保護法等二法，增訂有關詰問證人時之陪伴人、遮蔽及遠距錄音、錄影等減輕證人負擔之措施、被害者心情之意見陳述等進一步法案的推動。同時，2004年（平成16）12月通過《犯罪被害者等基本法》，觀之該《犯罪被害者等基本法》第3條規定：「所有的犯罪被害人等，享有保障個人尊嚴受到尊重，及妥適於該尊嚴之處遇的權利。」[79]

　我國於2020年1月8日總統公布增訂「被害人訴訟參與」制度，從第455條之38至第455條之47，共10個條文；而觀日本「被害者參加」制度於2007年（平成19）6月通過立法，從第316條之33至第316條之39，共7條，而於2008年（平成20）12月1日開始實施；另外，2008年4月16日通過爲被害者參加人所訂定的國選辯護人制度中，有關「修訂爲保護犯罪被害者等之權益，關於附隨刑事程序措施之法律及綜合法律支援法部分之法律」，並於同年（2008）12月1日施行；同時，於2013年（平成25）6月12日，爲減輕被害者參加人經濟上之負擔，對被害者參加人於審判期日出庭，基於受委託之國選辯護人，創設由《日本司法支援中心》支付旅費、報酬等制度，及放寬被害者參加人向法院聲請選任律師之資力要件爲內容之修訂。[80]

第316條之33（被害人等參加程序之許可等）

① 法院，因涉及下列之罪的被告案件之被害人等、或該被害人之法定代理人或由受此等之人委託之律師，提出聲請參加被告案件之程序時，聽取被告或辯護人之意見後，並考量犯罪之性質、與被告之關係及其他情事，而認爲適當時，得以裁定准許該被害人等、或該被害人之法定代理人參加被告案件之程序。

一、因故意犯罪行爲致人死傷之罪。

二、刑法第176條至第179條、第211條、第220條或第224條至第227條之

---

[79] 三井誠ほか編，《刑事訴訟法：三版》，頁491；田口守一，《刑事訴訟法：七版》，頁264。

[80] 三井誠ほか編，《刑事訴訟法：三版》，頁491；

罪。[81]

三、除前款所列之罪外，其犯罪行為中，包括上開之罪的犯罪行為之罪（除第1款所列之罪外）。

四、關於因駕駛自動車致人死傷之行為等處罰之法律（平成25年法律第86號）第4條、第5條及第6條第3項或第4項之罪。

五、從第1款至第3款所列犯罪之未遂罪。

② 前項之聲請，應事先向檢察官提出。在此情形，應由檢察官添具意見後通知法院。

③ 法院依第1項規定，准許參加被告案件程序之人（以下稱「被害者參加人」。），該被告案件之被害人等或該被害人之法定代理人不適格或嗣後顯已不適格時、或因依第312條規定撤回法條或變更法條，致涉及該被告案件嗣後變成不該當於同項各款所列之罪時，應以裁定撤銷同項之原裁定。考量犯罪之性質與被告之關係及其他情事，認為參加被告案件之程序嗣後變成不適當時，亦同。

第316条の33（被害者等の手続参加の許可等）

① 裁判所は、次に掲げる罪に係る被告事件の被害者等若しくは当該被害者の法定代理人又はこれらの者から委託を受けた弁護士から、被告事件の手続への参加の申出があるときは、被告人又は弁護人の意見を聴き、犯罪の性質、被告人との関係その他の事情を考慮し、相当と認めるときは、決定で、当該被害者等又は当該被害者の法定代理人の被告事件の手続への参加を許すものとする。

一　故意の犯罪行為により人を死傷させた罪

---

[81] 此第316條之33第1項第2款：指該當同項第1款以外，涉及人的生命、身體及自由等罪之列舉規定；而所稱刑法第176條至第179條，指強制猥褻、強制性交，及利用權勢猥褻、性交等罪之性犯罪，及刑法第211條業務過失致死罪，刑法第220條非法逮捕監禁罪，或刑法第224條至第227條之略誘未成年罪、營利略誘罪、移送國外略誘罪、販賣人口及藏匿移送被誘人等罪；可參見伊丹俊彥、合田悅三ほか編，《逐条実務刑事訴訟法》，頁820以下。

二　刑法第176条から第179条まで、第211条、第220条又は第224条から第227条までの罪

三　前号に掲げる罪のほか、その犯罪行為にこれらの罪の犯罪行為を含む罪（第1号に掲げる罪を除く。）

四　自動車の運転により人を死傷させる行為等の処罰に関する法律（平成25年法律第86号）第4条、第5条又は第6条第3項若しくは第4項の罪

五　第1号から第3号までに掲げる罪の未遂罪

② 前項の申出は、あらかじめ、検察官にしなければならない。この場合において、検察官は、意見を付して、これを裁判所に通知するものとする。

③ 裁判所は、第1項の規定により被告事件の手続への参加を許された者（以下「被害者参加人」という。）が当該被告事件の被害者等若しくは当該被害者の法定代理人に該当せず若しくは該当しなくなつたことが明らかになつたとき、又は第312条の規定により罰条が撤回若しくは変更されたため当該被告事件が同項各号に掲げる罪に係るものに該当しなくなつたときは、決定で、同項の決定を取り消さなければならない。犯罪の性質、被告人との関係その他の事情を考慮して被告事件の手続への参加を認めることが相当でないと認めるに至つたときも、同様とする。

第316條之34（被害訴訟參加人等審判期日之出庭）

① 被害者參加人或受其委託之律師，得於審判期日出庭。

② 審判期日，應通知被害者參加人。

③ 法院在被害者參加人或受其委託之律師有多數人之情形，認為有必要時，得要求對此等人之全體或一部分人，從中選定於審判期日出庭之代表人。

④ 法院考量審理狀況、被害者參加人或受其委託之律師人數及其他情事，而認為不適當時，得不准許於審判期日之全部或一部之出庭。

⑤ 前各項之規定，在審判準備進行詰問證人或勘驗之情形準用之。

第316条の34（被害者参加人等の公判期日への出席）
① 被害者参加人又はその委託を受けた弁護士は、公判期日に出席することができる。
② 公判期日は、これを被害者参加人に通知しなければならない。
③ 裁判所は、被害者参加人又はその委託を受けた弁護士が多数である場合において、必要があると認めるときは、これらの者の全員又はその一部に対し、その中から、公判期日に出席する代表者を選定するよう求めることができる。
④ 裁判所は、審理の状況、被害者参加人又はその委託を受けた弁護士の数その他の事情を考慮して、相当でないと認めるときは、公判期日の全部又は一部への出席を許さないことができる。
⑤ 前各項の規定は、公判準備において証人の尋問又は検証が行われる場合について準用する。

第316條之35（被害者參加人等意見之陳述）
被害者參加人或受其委託之律師，得對檢察官就該被告案件，依本法所規定的檢察官有關權限之行使表示意見。在此情形，檢察官作出行使或不行使該權限時，應對表示該意見之人作必要回應，並說明其理由。

第316条の35（被害者参加人等の意見の陳述）
被害者参加人又はその委託を受けた弁護士は、検察官に対し、当該被告事件についてのこの法律の規定による検察官の権限の行使に関し、意見を述べることができる。この場合において、検察官は、当該権限を行使し又は行使しないこととしたときは、必要に応じ、当該意見を述べた者に対し、その理由を説明しなければならない。

第316條之36（由被害者參加人等之詰問證人）

① 法院在詰問證人之情形，由被害者參加人或受其委託之律師提出聲請詰問證人時，經聽取被告或辯護人之意見後，並考量審理之狀況、涉及聲請詰問事項之內容、提出聲請之人數及其他情事，而認為適當時，關於為了爭執就有關情狀之事項（除關於犯罪事實部分外。）的證人供述證明力之必要事項，得准許由該提出聲請之人詰問該證人。

② 前項之聲請，應於檢察官詰問完畢之後（檢察官未詰問時，由被告或辯護人詰問完畢之後），隨即向檢察官表明詰問之事項。在此情形，檢察官除了就該事項自行詰問之情形外，應添具意見後通知法院。

③ 審判長從第295條第1項至第4項規定之情形外，被害者參加人或受其委託之律師所進行之詰問，涉及第1項規定的事項以外之事項時，得限制之。

第316条の36（被害者参加人等による証人尋問）

① 裁判所は、証人を尋問する場合において、被害者参加人又はその委託を受けた弁護士から、その者がその証人を尋問することの申出があるときは、被告人又は弁護人の意見を聴き、審理の状況、申出に係る尋問事項の内容、申出をした者の数その他の事情を考慮し、相当と認めるときは、情状に関する事項（犯罪事実に関するものを除く。）についての証人の供述の証明力を争うために必要な事項について、申出をした者がその証人を尋問することを許すものとする。

② 前項の申出は、検察官の尋問が終わつた後（検察官の尋問がないときは、被告人又は弁護人の尋問が終わつた後）直ちに、尋問事項を明らかにして、検察官にしなければならない。この場合において、検察官は、当該事項について自ら尋問する場合を除き、意見を付して、これを裁判所に通知するものとする。

③ 裁判長は、第295条第1項から第4項までに規定する場合のほか、被害者参加人又はその委託を受けた弁護士のする尋問が第1項に規定する事項以外の事項にわたるときは、これを制限することができる。

第316條之37（對被告之質問）

① 法院，由被害者參加人或受其委託之律師提出聲請，為了對被告請求第311條第2項之供述進行質問時，經聽取被告或辯護人之意見後，認為被害者參加人或受其委託律師為進行依本法所規定之意見陳述有必要之情形，並考量審理之狀況、涉及聲請質問之事項內容、提出聲請之人數及其他情事，而認為適當時，得准許由該聲請之人對被告進行質問。

② 前項之聲請，應事先向檢察官提出表明質問之事項。在此情形，檢察官除了就該事項自行詰問之情形外，應添具意見後通知法院。

③ 審判長於第295條第1項、第3項及第4項所規定之情形外，被害者參加人或受其委託之律師所實施之質問，為了進行第1項所規定之意見陳述，涉及到有必要之事項中無關係的事項時，得限制之。

第316条の37（被告人に対する質問）

① 裁判所は、被害者参加人又はその委託を受けた弁護士から、その者が被告人に対して第311条第2項の供述を求めるための質問を発することの申出があるときは、被告人又は弁護人の意見を聴き、被害者参加人又はその委託を受けた弁護士がこの法律の規定による意見の陳述をするために必要があると認める場合であつて、審理の状況、申出に係る質問をする事項の内容、申出をした者の数その他の事情を考慮し、相当と認めるときは、申出をした者が被告人に対してその質問を発することを許すものとする。

② 前項の申出は、あらかじめ、質問をする事項を明らかにして、検察官にしなければならない。この場合において、検察官は、当該事項について自ら供述を求める場合を除き、意見を付して、これを裁判所に通知するものとする。

③ 裁判長は、第295条第1項、第3項及び第4項に規定する場合のほか、被害者参加人又はその委託を受けた弁護士のする質問が第一項に規定する意見の陳述をするために必要がある事項に関係のない事項にわたるときは、これを制限することができる。

第316條之38（被害者參加人等意見之陳述）

① 法院，由被害者參加人或受其委託之律師在提出聲請就事實或法律適用之意見陳述的情形，考量審理之狀況、提出聲請之人數及其他情事，而認為適當時，在審判期日依第293條第1項所規定的檢察官陳述意見後，於作為訴因之特定事實的範圍內，得准許由提出聲請之人陳述該意見。

② 前項之聲請，應事先向檢察官提出表明陳述意見之要旨。在此情形，應由檢察官添具意見後通知法院。

③ 審判長於第295條第1項、第3項及第4項所規定之情形外，被害者參加人或受其委託律師所為意見之陳述逾越第1項規定之範圍時，得限制之。[82]

④ 依第1項規定所為之陳述，規定不得作為證據。[83]

第316条の38（害者参加人等の意見の陳述）

① 裁判所は、被害者参加人又はその委託を受けた弁護士から、事実又は法律の適用について意見を陳述することの申出がある場合において、審理の状況、申出をした者の数その他の事情を考慮し、相当と認めるときは、公判期日において、第293条第1項の規定による検察官の意見の陳述の後に、訴因として特定された事実の範囲内で、申出をした者

---

[82] 此第316條之38第3項規定，所謂「被害者參加人或受其委託律師所為意見之陳述逾越第1項規定之範圍時，得限制之。」乃指其所為意見之陳述逾越第1項「訴因所特定的事實的範圍內」，例如檢察官提出的訴因是傷害致死，而被害者參加人則不許為有殺人犯意或為殺人罪的陳述意見；可參見松本時夫、土本武司ほか編《条解刑事訴訟法》，弘文堂，2018年9月四版，頁803。

[83] 此第316條之38第4項規定，係指被害者參加人或受其委託律師就事實或法律適用為意見陳述的情形，不得作為證據：因此等意見之陳述，與第292之2規定係就被害人心情之陳述，可作為量刑之參考有別。況且，被害者參加人並非當事人，並無聲請審判權、訴因設定權、證據調查聲請權、及上訴權等權利，故被害者參加並無改變現行刑事訴訟法之基本構造。再者，此等意見之陳述，並非以證人身分接受詰問，其並非依據法定證據方法與程序，所取得證據，自不得因其參加程序，而得扭曲證據法則及發現實體之真實，故立法明定，此等就事實或法律適用為意見陳述的情形，不得作為證據；可參見田口守一，《刑事訴訟法：七版》，頁264；伊丹俊彥、合田悅三ほか編，《逐条実務刑事訴訟法》，頁830-831。

がその意見を陳述することを許すものとする。

② 前項の申出は、あらかじめ、陳述する意見の要旨を明らかにして、検察官にしなければならない。この場合において、検察官は、意見を付して、これを裁判所に通知するものとする。

③ 裁判長は、第295条第1項、第3項及び第4項に規定する場合のほか、被害者参加人又はその委託を受けた弁護士の意見の陳述が第1項に規定する範囲を超えるときは、これを制限することができる。

④ 第1項の規定による陳述は、証拠とはならないものとする。

第316條之39（被害者參加人之陪同、遮蔽措施）

① 法院在被害者參加人依第316條之34第1項（包括在同條第5項準用之情形。在第4項亦同。）之規定於審判期日或審判準備出庭之情形，考量被害者參加人之年齡、身心狀態及其他情事，認為被害者參加人有顯著感覺不安或緊張之虞時，得聽取檢察官及被告或辯護人意見後，認為適合於緩和其不安或緊張，且不妨害法官或訴訟關係人之詰問、或要求對被告供述之行為或訴訟關係人所作之陳述；或不會對該陳述內容造成不當影響之虞的人，得准許陪伴人陪同被害者參加人出庭。

② 依前項規定陪同被害者參加人之陪伴人，不得作出妨礙法官或訴訟關係人之詰問，或要求對被告供述之行為或對訴訟關係人所作的陳述，或對該陳述內容造成不當影響之類的言行舉止。

③ 法院對依第1項規定陪同被害者參加人之陪伴人，嗣後認為已有妨害法官或訴訟關係人之詰問，或要求對被告供述之行為或對訴訟關係人所作的陳述，或對該陳述內容造成不當影響之虞時，及嗣後認為陪同被害者參加人之陪伴人，已對其他之人是不適當時，得以裁定撤銷同項之裁定。

④ 法院在被害者參加人依第316條之34第1項規定於審判期日或準備程序期日出庭之情形，依犯罪之性質、被害者參加人之年齡、身心狀況及與被害人之關係，以及其他情事，認為被害者參加人在被告面前在場、詰問、質問或進行陳述時，有受壓迫或明顯妨害精神平穩之虞的情形，而

認為適當時，得聽取檢察官及被告或辯護人意見後，限於有辯護人到場之情形，在被告與該被害者參加人之間，採取設法從被告處無法認識被害者參加人之狀態的遮蔽措施。

⑤ 法院在被害者參加人依第316條之34第1項規定於審判期日出庭之情形，考量犯罪之性質、被害者參加人之年齡、身心狀況及對名譽之影響，以及其他情事，而認為適當時，得聽取檢察官及被告或辯護人意見後，在旁聽人與被害者參加人之間，採取設法為無法認識對方之狀態的遮蔽措施。

第316条の39（被害者参加人への付添い、遮へい）

① 裁判所は、被害者参加人が第316条の34第1項（同条第5項において準用する場合を含む。第4項において同じ。）の規定により公判期日又は公判準備に出席する場合において、被害者参加人の年齢、心身の状態その他の事情を考慮し、被害者参加人が著しく不安又は緊張を覚えるおそれがあると認めるときは、検察官及び被告人又は弁護人の意見を聴き、その不安又は緊張を緩和するのに適当であり、かつ、裁判官若しくは訴訟関係人の尋問若しくは被告人に対する供述を求める行為若しくは訴訟関係人がする陳述を妨げ、又はその陳述の内容に不当な影響を与えるおそれがないと認める者を、被害者参加人に付き添わせることができる。[84]

② 前項の規定により被害者参加人に付き添うこととされた者は、裁判官若しくは訴訟関係人の尋問若しくは被告人に対する供述を求める行為若しくは訴訟関係人がする陳述を妨げ、又はその陳述の内容に不当な影響を与えるような言動をしてはならない。

---

[84] 此第316條之39第1項條文所謂「付添」（付き添い），譯為「陪伴人」；此如同日本少年保護事件中「付添人」的角色，惟此又比輔佐人更廣泛的概念；凡只要能使被害訴訟參加人給予安心感或緩和緊張的角色均可，例如被害訴訟參加人之親屬或臨床心理師等陪伴人，均屬之；可參見三井誠ほか編，《刑事訴訟法：三版》，頁503；伊丹俊彥、合田悅三ほか編，《逐条実務刑事訴訟法》，頁833-834。

③ 裁判所は、第1項の規定により被害者参加人に付き添うこととされた者が、裁判官若しくは訴訟関係人の尋問若しくは被告人に対する供述を求める行為若しくは訴訟関係人がする陳述を妨げ、又はその陳述の内容に不当な影響を与えるおそれがあると認めるに至つたときその他その者を被害者参加人に付き添わせることが相当でないと認めるに至つたときは、決定で、同項の決定を取り消すことができる。

④ 裁判所は、被害者参加人が第316条の34第1項の規定により公判期日又は公判準備に出席する場合において、犯罪の性質、被害者参加人の年齢、心身の状態、被告人との関係その他の事情により、被害者参加人が被告人の面前において在席、尋問、質問又は陳述をするときは圧迫を受け精神の平穏を著しく害されるおそれがあると認める場合であつて、相当と認めるときは、検察官及び被告人又は弁護人の意見を聴き、弁護人が出頭している場合に限り、被告人とその被害者参加人との間で、被告人から被害者参加人の状態を認識することができないようにするための措置を採ることができる。

⑤ 裁判所は、被害者参加人が第316条の34第1項の規定により公判期日に出席する場合において、犯罪の性質、被害者参加人の年齢、心身の状態、名誉に対する影響その他の事情を考慮し、相当と認めるときは、検察官及び被告人又は弁護人の意見を聴き、傍聴人とその被害者参加人との間で、相互に相手の状態を認識することができないようにするための措置を採ることができる。

第四節　證據
第四節　証拠

第317條（證據裁判主義）
事實之認定，依證據而定。[85]

第317条（証拠裁判主義）
事実の認定は、証拠による。

第318條（自由心證主義）
證據之證明力，由法官自由的判斷。

第318条（自由心証主義）
証拠の証明力は、裁判官の自由な判断に委ねる。

---

[85] 此第317條是刑事訴訟法基本原則之一，乃宣示著「證據裁判主義」之旨；同時，所謂「證明」指就事實之存否，由法官（以及裁判員）心證之所得而言。而此「證明」又分為「嚴格證明與自由自由」，日本實務認為：「嚴格證明」指依據刑事訴訟法規定所承認其具有證據能力，且經過公判庭合法為證據調查之證明而言（最判昭38.10.17刑集17.10.1795），此等同於我國刑訴第155條第2項「嚴格證明」之立法；而「自由證明」是不需要嚴格證明的證明，不以有證據能力為必要，例如訴訟法上之事實（最判昭58.12.19刑集37.10.1753），或以適當方法調查被告自白有無任意性（最判昭28.10.9刑集7.10.190），由法院自由裁量即可。

　　惟「自由證明」雖不以具有證據能力為必要，但就非任意之供述，仍不許採用；而事實上，自由證明主要是指不適用「傳聞法則」之法理，亦即：即使傳聞證據仍得加以適用。另外，在簡式審判程序（§307之2、§320Ⅱ），即決裁判程序（§350之16以下），或略式程序（§461以下）等程序，均對證據能力之限制及證據調查之方式，均有一定程度之和緩；可參見伊丹俊彥、合田悅三ほか編，《逐條實務刑事訴訟法》，頁835-836。

第319條（自白之證據能力、證明力）

① 出於強制、拷問或脅迫所作之自白，不當長時間的扣留或拘禁之後的自白，或其他有懷疑非在任意性下所作之自白，均不得作為證據。

② 被告不論是否在審判庭所作之自白，該自白是對於自己不利益的唯一證據之情形，不得作為有罪之認定。[86]

---

[86] 此第319條第2項所稱「該自白是對於自己不利益的唯一證據之情形，不得作為有罪之認定。」即所謂「補強證據」，日本實務一貫見解認為，共犯之自白不得作為補強證據，因該共犯有虛偽供述之危險（最大判昭33.5.28刑集12.8.1718、最判昭51.2.19刑集30.1.25）。

其次，就補強證據本身而言，所應論究重點有二：即補強證據之「質」與「量」問題。前者係指補強證據之適格性；後者則指補強自白證明力之範圍及其程度為何。就補強證據之「質」而言，有二：（一）須與犯罪事實有關連性；（二）須具有證據能力，二者缺一不可，尤其須具備證據能力為前提；日本實務認為，只要有證據能力，不管人證或物證，或是直接或間接證據，原則上，均得作為補強證據（最昭判26.4.5刑集5.5.809）。由於補強證據係用以擔保自白證明力之證據，故必須是被告供述以外之證據，始足當之。因被告之供述，仍屬自白，自不得以自白而補強自白，惟若對被告搜索或因扣案而取得被告之帳冊、筆記或備忘錄、電腦磁片等，此等係為物證而非被告之供述，自得作為補強證據。然此補強證據仍應踐行「嚴格證明」法則，始得作為法院之評價，自不待言。

至於補強證據之「量」為何？所謂的量，就是指補強的範圍，例如日本實務認為：對犯罪客觀構成要件的全部或重要部分，凡足以證明自白之真實性者，即得作為補強證據（最昭判23.10.30刑集2.11.1427）；簡言之，即指補強證據所欲佐證自白證明力之程度與範圍；可參見渡邊修，《日本刑事訴訟法判例百選》，有斐閣，2005年3月八版，頁176-177。

反觀，我國實務一向不重視補強證據「質」之證據能力問題，此與長期職權主義之思維有關；而認為所謂補強證據（我國刑訴§156Ⅱ），指除該自白本身外，其他足資以證明自白之犯罪事實確具有相當程度真實性之證據而言。雖其所補強者，非以事實之全部為必要，但亦須因補強證據與自白之相互利用，而足使犯罪事實獲得確信者，始足當之（前74年台覆字10號判例）。又實務近例認為，所謂補強證據，係指與待證事實具有相當程度關聯性之證據，且並非以證明犯罪構成要件之全部事實為必要，倘得以佐證供述人所陳述之事實非屬虛構，足資保障其所陳事實之真實性，即為已足（109年台上字第2355號判決）；此等判決均忽視證據能力，係作為嚴格證明法則之前提（我國刑訴§155Ⅱ）。

③ 於前2項之自白，包括就被起訴之犯罪，被告自認是有罪之情形。

第319条（自白の証拠能力・証明力）

① 強制、拷問又は脅迫による自白、不当に長く抑留又は拘禁された後の自白その他任意にされたものでない疑のある自白は、これを証拠とすることができない。

② 被告人は、公判廷における自白であると否とを問わず、その自白が自己に不利益な唯一の証拠である場合には、有罪とされない。

③ 前2項の自白には、起訴された犯罪について有罪であることを自認する場合を含む。

第320條（傳聞證據排除之原則（傳聞法則））

① 除第321條至第328條規定之情形外，不得以文書作為證據取代在審判期日所作的供述，或不得以在審判期日外之他人所作供述為內容之供述作為證據。[87]

② 就已有第291條之2裁定的案件之證據，不適用前項之規定。但就檢察官、被告或辯護人對於作為證據表示異議者，不在此限。

---

[87] 此第320條第1項乃傳聞法則之立法，旨在排除證人之傳聞證據，蓋對非原始（目擊）證人之詰問，無法問出實體的真實，而認為該傳聞證據，不具證據能力。傳聞證據，原則上無證據能力；但如一概不許有任何「傳聞例外」，勢必須將一切證人都傳喚到庭進行詰問，訴訟必將因而遲延，也有因證人不能出庭（如證人死亡、重病、人在國外，或所在不明等），而無法做到，亦也因此阻礙發現真實，而予承認「傳聞例外」（hearsay exception）。又關於傳聞例外得容許作證據，在美日兩國之學理上，一般均以「可信之特別情況」（或稱可信性）及「使用證據之必要性」（或稱必要性）二個基準要件，作為傳聞例外之立法背景。此二要件，乃相互補充，互為消長，猶如翹翹板，其中一個要件程度越強，另一個即可緩和；可參見土本武司，《刑事訴訟法要義》，有斐閣，平成3年初版，頁383。

第320条（伝聞証拠排除の原則（伝聞法則））

① 第321条乃至第328条に規定する場合を除いては、公判期日における供述に代えて書面を証拠とし、又は公判期日外における他の者の供述を内容とする供述を証拠とすることはできない。

② 第291条の2の決定があつた事件の証拠については、前項の規定は、これを適用しない。但し、検察官、被告人又は弁護人が証拠とすることに異議を述べたものについては、この限りでない。

第321條（被告以外之人供述書、供述筆錄之證據能力）

① 被告以外之人所作成之供述書，或記錄該人供述之文書上（簡譯「供述筆錄」），有供述人之簽名或蓋章者，限於以下所列之情形，得作為證據。

一、關於記錄在法官面前（包括依第157條之6第1項及第2項所規定的方法之情形。）所作的供述之文書，因該供述人死亡、精神或身體之障礙、所在不明或在國外，而無法在審判準備或審判期日供述時，或供述人在審判準備或審判期日作出與先前的供述不同之供述時。[88]

二、關於記錄在檢察官面前所作的供述之文書，因該供述人死亡、精神或身體之障礙、所在不明或在國外，而無法在審判準備或審判期日供述時，或在審判準備或審判期日作出與先前之供述相反或實質上

---

[88] 此第321條第1項第1款「法官面前筆錄」，日本學者認為：僅有「供述不能」，但並無「可信之特別情況」為要件，顯有違反日本憲法第37條第2項剝奪被告詰問權之虞；可參見江家義男，《刑事証拠法の基礎理論》，有斐閣，昭和27年4月三版，頁92以下；惟日本最高法院認為是合憲的（最大決昭25.10.4集4.10.1866）。

其次，本條第1項第1款所謂「供述人死亡、精神或身體之障礙、所在不明或在國外」等四款供述不能情形，此四款是否為「列舉」規定？或是「例示」規定？日本實務認為是例示規定，亦即除了上開四種情形外，尚包括證人行使拒絕證言權（最判昭27.4.9刑集6.4.584），及其證人以喪失記憶為由，而有供述不能之情形（最決定昭29.7.29刑集8.7.1217）。

不同之供述時。但相較在審判準備或審判期日所作的供述，以先前之供述更具有可信之特別情況時為限。[89]

三、關於前2款所列文書以外之文書，因供述人死亡、精神或身體之障

---

[89] 此第321條第1項第2款後段「在審判準備或審判期日作出與先前之供述相反或實質上不同之供述時」，所謂「相反的供述」與「實質上不同的供述」二者間，有何差異？「本款後段所謂「供述相反性」的要件，不得與本款後段所謂「與之前的供述為實質上不同之供述時」同視；而所謂「供述相反性」的要件，日本學者通說認為，針對要證事實，必須導至不同認定之程度上差別，而有影響判決之結果者稱；可參見河上和雄、中山善房ほか編，《大コンメンタール刑事訴訟法：7卷》，青林書院，2012年10月二版，頁598。而日本實務判例認為，所謂「相反的供述」之事例，例如雖然在檢察官面前為自白的供述，嗣與公判期日卻為否認之翻供，即屬之（大阪高判昭25.10.21特報15号85頁）。

又所謂「實質上不同的供述」，指前後之供述間，有明顯之差異而言，諸如恐嚇事件之被害人，在交付金錢給被告當時之態度，明明在檢察官面前供稱「係被動地而受畏懼的程度非常嚴重」；然在法官面前卻說「是自動交付金錢，也沒有所謂怖畏之嚴重程度。」（名古屋高判昭26.10.4特報27号151頁）。或者，爭執有無「正當防衛」，就殺人未遂事件之被害人，針對其犯行之際，明明在檢察官面前供稱「係消極性的防衛動作」；然嗣後在法官面前卻證稱「自己在最初的時候，就大聲叫住被告，並毆打被告等積極性的作為」等等（福崗高判昭31.2.15.裁特3卷5号161頁）。

其次，此「檢訊筆問」中，何謂「可信之特別情況」，依學者通說認為：必須以「供述之際的外部附隨情事」作為基準，然後加以判斷；亦即依據供述時外部之客觀證據加以觀察，例如證人先前於陳述時有父母、妻子或律師等關係人在場；此可參見河上和雄、中山善房ほか編，《大コンメンタール刑事訴訟法：7卷》，青林書院，2012年10月二版，頁603；江家義男，同前註，頁102；平場安治，《改訂刑事訴訟法講義》，有斐閣，昭和30年1月改訂再版，頁202；柏木千秋，《刑事訴訟法》，有斐閣，1970年3月初版，頁230。

日本實務亦採此見解，認為如何來判斷「可信之特別情況」，除了觀察供述時的外部附隨事情，並佐以其他證據配合檢訊筆錄的內容來作為判斷基礎（最決昭30.1.11集9.1.14）。我國實務亦同認為，法院就調查中陳述時之外部附隨環境、狀況或條件等相關事項，……綜合判斷陳述人陳述時之外在、客觀條件已獲確保，具有可能信為真實之基礎，即得謂「具有較可信之特別情況」（109年台上字第1792號判決）。綜上所述，有關此項檢察官訊問筆錄的相關爭點，可詳見李春福，〈檢訊筆錄與傳聞證據—以日本法制之運作為中心〉，東吳學報，第25卷第4期（2014年4月），頁133-163。

礙、所在不明或在國外，而無法在審判準備或審判期日供述，且該
供述對於犯罪事實存否之證明是屬不可或缺時。但以該供述是在特
別可信之情況下所作成時為限。

② 記錄被告以外之人在審判準備或審判期日所作的供述之文書，或記載法
院、法官勘驗結果之文書，不受前項規定之限制，得作為證據。

③ 記載檢察官、檢察事務官或司法警察勘驗結果之文書，該供述者在審判
期日以證人身分接受詰問，已供述是該真正作成之文書時，不受第1項
規定之限制，得作為證據。

④ 關於在記載鑑定經過及結果之文書，係由鑑定人所作成者，亦與前項相
同。

第321条（被告人以外の者の供述書・供述録取書の証拠能力）

① 被告人以外の者が作成した供述書又はその者の供述を録取した書面で
供述者の署名若しくは押印のあるものは、次に掲げる場合に限り、こ
れを証拠とすることができる。

一　裁判官の面前（第157条の6第1項及び第2項に規定する方法による
場合を含む。）における供述を録取した書面については、その供
述者が死亡、精神若しくは身体の故障、所在不明若しくは国外に
いるため公判準備若しくは公判期日において供述することができ
ないとき、又は供述者が公判準備若しくは公判期日において前の
供述と異なつた供述をしたとき。

二　検察官の面前における供述を録取した書面については、その供述
者が死亡、精神若しくは身体の故障、所在不明若しくは国外にい
るため公判準備若しくは公判期日において供述することができな
いとき、又は公判準備若しくは公判期日において前の供述と相反
するか若しくは実質的に異なつた供述をしたとき。ただし、公判
準備又は公判期日における供述よりも前の供述を信用すべき特別
の情況の存するときに限る。

三　前2号に掲げる書面以外の書面については、供述者が死亡、精神
若しくは身体の故障、所在不明又は国外にいるため公判準備又は

　　　公判期日において供述することができず、かつ、その供述が犯罪
　　　事実の存否の証明に欠くことができないものであるとき。ただ
　　　し、その供述が特に信用すべき情況の下にされたものであるとき
　　　に限る。

② 被告人以外の者の公判準備若しくは公判期日における供述を録取した
　　書面又は裁判所若しくは裁判官の検証の結果を記載した書面は、前項
　　の規定にかかわらず、これを証拠とすることができる。

③ 検察官、検察事務官又は司法警察職員の検証の結果を記載した書面
　　は、その供述者が公判期日において証人として尋問を受け、その真正
　　に作成されたものであることを供述したときは、第1項の規定にかか
　　わらず、これを証拠とすることができる。

④ 鑑定の経過及び結果を記載した書面で鑑定人の作成したものについて
　　も、前項と同様である。

第321條之2（依視訊傳送的證人詰問筆錄之證據能力）

① 在被告案件之審判準備或審判期日之程序以外的刑事程序，或在其他案
　　件之刑事程序中，依第157條之6第1項或第2項規定之方法所作的證人詰
　　問及供述，以及記錄該狀況之影音儲存裝置，視為該筆錄之一部分，不
　　受前條第1項規定之限制，得作為證據。在此情形，法院調查該筆錄之
　　後，應以該供述者作為證人，給予訴訟關係人詰問之機會。

② 在依前項之規定調查筆錄之情形，不適用第305條第5項但書之規定。

③ 記錄於依第1項規定所調查的筆錄中之證人供述，關於第295條第1項前
　　段及前條第1項第1款及第2款之適用，視為已在被告案件之審判期日所
　　作之供述。

第321条の2（映像等の送受信による証人尋問調書の証拠能力）

① 被告事件の公判準備若しくは公判期日における手続以外の刑事手続又
　　は他の事件の刑事手続において第157条の6第1項又は第2項に規定する
　　方法によりされた証人の尋問及び供述並びにその状況を記録した記録

媒体がその一部とされた調書は、前条第1項の規定にかかわらず、証拠とすることができる。この場合において、裁判所は、その調書を取り調べた後、訴訟関係人に対し、その供述者を証人として尋問する機会を与えなければならない。

② 前項の規定により調書を取り調べる場合においては、第305条第5項ただし書の規定は、適用しない。

③ 第1項の規定により取り調べられた調書に記録された証人の供述は、第295条第1項前段並びに前条第1項第1号及び第2号の適用については、被告事件の公判期日においてされたものとみなす。

第322條（被告供述書、記錄供述書面之證據能力）

① 被告作成之供述書或記錄被告供述之文書，有被告簽名或蓋章者，限於該供述以被告承認不利益之事實作為內容時，或在特別可信之情況下所作成時，得作為證據。但以被告承認不利益的事實作為內容之文書，即使在該承認並非自白之情形，亦準用第319條之規定，認為有懷疑在非任意性下所作成之文書時，仍不得以此作為證據。

② 記錄在被告之審判準備或審判期日所作供述之文書，該供述限於認為是在任意性下所作成者，得作為證據。

第322条（被告人の供述書・供述録取書の証拠能力）

① 被告人が作成した供述書又は被告人の供述を録取した書面で被告人の署名若しくは押印のあるものは、その供述が被告人に不利益な事実の承認を内容とするものであるとき、又は特に信用すべき情況の下にされたものであるときに限り、これを証拠とすることができる。但し、被告人に不利益な事実の承認を内容とする書面は、その承認が自白でない場合においても、第319条の規定に準じ、任意にされたものでない疑があると認めるときは、これを証拠とすることができない。

② 被告人の公判準備又は公判期日における供述を録取した書面は、その供述が任意にされたものであると認めるときに限り、これを証拠とす

ることができる。

第323條（前3條以外之文書的證據能力）

前3條所列文書以外之文書，限於下列情形者，得作為證據：

一、戶籍謄本、公證書謄本及其他公務員（包括外國公務員。），就其職務上，得證明之事實，而由該公務員所製作之文書。

二、在商業帳簿、航海日誌及其他於通常業務過程中，所製作之文書。

三、前2款情形外，在特別可信之情況下，所作成之文書。

第323条（前3条以外の書面の証拠能力）

前3条に掲げる書面以外の書面は、次に掲げるものに限り、これを証拠とすることができる。

一　戸籍謄本、公正証書謄本その他公務員（外国の公務員を含む。）がその職務上証明することができる事実についてその公務員の作成した書面

二　商業帳簿、航海日誌その他業務の通常の過程において作成された書面

三　前2号に掲げるものの外特に信用すべき情況の下に作成された書面

第324條（傳聞供述之證據能力）

① 在被告以外之人於審判準備或審判期日所作之供述中，就以被告之供述作為其內容者，準用第322條之規定。

② 在被告以外之人於審判準備或審判期日所作之供述中，就以被告以外之人的供述作為其內容者，準用第321條第1項第3款之規定。

第324条（伝聞供述の証拠能力）

① 被告人以外の者の公判準備又は公判期日における供述で被告人の供述をその内容とするものについては、第322条の規定を準用する。

② 被告人以外の者の公判準備又は公判期日における供述で被告人以外の
　者の供述をその内容とするものについては、第321条第1項第3号の規
　定を準用する。

第325條（供述任意性之調查）

法院，即使是依第321條至前條之規定，得作為證據之文書或供述，就記載
該文書中之供述，或成為在審判準備或審判期日所作的供述之內容中他人
之供述，若非事先調查是否係任意性所作成者之後，不得作為證據。

第325条（供述の任意性の調査）

裁判所は、第321条から前条までの規定により証拠とすることができる書
面又は供述であつても、あらかじめ、その書面に記載された供述又は公
判準備若しくは公判期日における供述の内容となつた他の者の供述が任
意にされたものかどうかを調査した後でなければ、これを証拠とするこ
とができない。

第326條（當事人同意與文書、供述之證據能力）

① 檢察官及被告同意作為證據之文書或供述，限於考量該文書之作成或供
　述作成時之情況，認為適當時，不受第321條至前條規定之限制，得作
　為證據。[90]

---

[90] 此第326條第1項「明示同意」性質為何？日本學說上有二說：

甲、放棄反對詰問權說：因放棄詰問權，即無再行使詰問權之可能，易淪為書面審
理。乙、賦予證據能力說：此說僅賦予證據能力，但沒有放棄詰問權，故仍可再詰問
證人。從傳聞法則原理而言，旨在排除傳聞證據，故係有無證據能力的問題；至於有
無放棄反對詰問權，應屬「嚴格證明」法則，有無合法踐行證據調查程序之問題。日
本實務採「乙、賦予證據能力說」（最大判昭36. 6. 7刑集15. 6. 915）；惟日本學者通
說採「甲、放棄反對詰問權說」，乃基於當事人主義之精神，承認當事人就傳聞證據
有處分權；可參見田口守一，《刑事訴訟法：七版》，頁446；大久保隆志，《刑事訴

② 即使在被告未到場，亦得進行證據調查之情形，被告未到場時，視為已
　有前項之同意。但代理人或辯護人已到場時，不在此限。[91]

第326条（当事者の同意と書面・供述の証拠能力）
① 検察官及び被告人が証拠とすることに同意した書面又は供述は、その
　書面が作成され又は供述のされたときの情況を考慮し相当と認めると
　きに限り、第321条乃至前条の規定にかかわらず、これを証拠とする
　ことができる。
② 被告人が出頭しないでも証拠調を行うことができる場合において、被
　告人が出頭しないときは、前項の同意があつたものとみなす。但し、
　代理人又は弁護人が出頭したときは、この限りでない。

第327條（由合意文書之證據能力）
法院，在檢察官及被告或辯護人合意之後，將文書之內容或預料審判期日
如到場會供述之內容記載於文書後而提出時，即使未調查該文書或應供述
之人，仍得將該文書作為證據。即使在此情形，亦無妨害爭辯該文書之證
明力。

第327条（合意による書面の証拠能力）
裁判所は、検察官及び被告人又は弁護人が合意の上、文書の内容又は公

訟法》，新世社，2014年4月初版，頁383；田宮裕，《刑事訴訟法》，有斐閣，1998
年12月新版七刷，頁393；平野龍一，刑事訴訟法（法律學全集），有斐閣，昭和33
年1月初版，頁220。惟我國刑訴第159條之5第1項明示同意之立法理由，似採上開二
說的折衷說，即「賦予證據能力，並放棄詰問權」，此部分可見拙著，《刑事訴訟法
論》，新學林出版公司，2017年9月初版，頁353以下。
[91] 此第326條第2項「擬制同意」，指第284條輕微案件（如同我國刑訴§36微罪案件），
被告得不到庭之情形，始得為擬制同意；惟我國刑訴第159條之5第2項「擬制同意」，
卻不分案件之輕重，並於實務上大量被採用，已實質架空傳聞法則之虞；可參見拙
著，同前註，頁359-360。

判期日に出頭すれば供述することが予想されるその供述の内容を書面に
記載して提出したときは、その文書又は供述すべき者を取り調べないで
も、その書面を証拠とすることができる。この場合においても、その書
面の証明力を争うことを妨げない。

第328條（為爭辯證明力之證據）

即使是依第321條至第324條之規定，不得作為證據之文書或供述；惟為了
爭辯在審判準備或審判期日所作之被告、證人或其他之人的供述之證明
力，仍得將其作為證據。

第328条（証明力を争うための証拠）

第321条乃至第324条の規定により証拠とすることができない書面又は供
述であつても、公判準備又は公判期日における被告人、証人その他の者
の供述の証明力を争うためには、これを証拠とすることができる。

第五節　審理之裁判
第五節　公判の裁判

第329條（管轄錯誤之判決）

被告案件非屬於法院管轄時，應以判決宣告管轄錯誤。但關於依第266條第
2款之規定，已交付地方法院審判之案件，不得宣告管轄錯誤。

第329条（管轄違いの判決）

被告事件が裁判所の管轄に属しないときは、判決で管轄違の言渡をしな
ければならない。但し、第266条第2号の規定により地方裁判所の審判に

付された事件については、管轄違の言渡をすることはできない。

第330條（宣告管轄錯誤之限制(1)）

高等法院，在作為屬於其特別權限之案件，已提起公訴之情形，認為該案件繫屬於下級法院管轄時，不受前條規定之限制，應以裁定將該案件移送管轄法院。

第330条（管轄違い言渡しの制限(1)）

高等裁判所は、その特別権限に属する事件として公訴の提起があつた場合において、その事件が下級の裁判所の管轄に属するものと認めるときは、前条の規定にかかわらず、決定で管轄裁判所にこれを移送しなければならない。

第331條（宣告管轄錯誤之限制(2)）

① 法院，如無被告提出聲請，不得就土地管轄宣告管轄錯誤。
② 管轄錯誤之聲請，就被告案件已開始證據調查之後，不得為之。

第331条（管轄違い言渡しの制限(2)）

① 裁判所は、被告人の申立がなければ、土地管轄について、管轄違の言渡をすることができない。
② 管轄違の申立は、被告事件につき証拠調を開始した後は、これをすることができない。

第332條（移送地方法院之裁定）

簡易法院，認為在地方法院審判適當時，應以裁定將該案件移送管轄地方法院。

第332条（地方裁判所への移送の決定）
簡易裁判所は、地方裁判所において審判するのを相当と認めるときは、決定で管轄地方裁判所にこれを移送しなければならない。

第333條（宣告刑罰之判決、宣告緩刑）
① 就被告案件已有犯罪之證明時，除第334條之情形外，應以判決宣告科處刑罰。
② 緩刑應在宣告刑罰同時，以判決作出宣告。緩刑期間交付保護管束之情形亦同。

第333条（刑の言渡しの判決、刑の執行猶予の言渡し）
① 被告事件について犯罪の証明があつたときは、第334条の場合を除いては、判決で刑の言渡をしなければならない。
② 刑の執行猶予は、刑の言渡しと同時に、判決でその言渡しをしなければならない。猶予の期間中保護観察に付する場合も、同様とする。

第334條（免刑判決）
就被告案件免除刑罰時，應以判決宣告該要旨。

第334条（刑の免除の判決）
被告事件について刑を免除するときは、判決でその旨の言渡をしなければならない。

第335條（有罪判決）
① 作出有罪之宣告，必須說明應構成犯罪之事實、證據目錄及法令之適用。
② 主張阻卻法律上犯罪成立之理由，或構成刑罰加重減免的理由之事實

時，應說明對此所為之判斷。

第335条（有罪の判決）

① 有罪の言渡をするには、罪となるべき事実、証拠の標目及び法令の適用を示さなければならない。

② 法律上犯罪の成立を妨げる理由又は刑の加重減免の理由となる事実が主張されたときは、これに対する判断を示さなければならない。

第336條（無罪判決）

被告案件不構成犯罪時，或就被告案件無犯罪之證明時，應以判決宣告無罪。

第336条（無罪の判決）

被告事件が罪とならないとき、又は被告事件について犯罪の証明がないときは、判決で無罪の言渡をしなければならない。

第337條（免訴判決）

於下列情形，應以判決宣告免訴：

一、曾經確定判決者。

二、依犯罪後之法律已廢止其刑罰者。

三、曾經大赦者。

四、時效已完成者。

第337条（免訴の判決）

左の場合には、判決で免訴の言渡をしなければならない。

一　確定判決を経たとき。

二　犯罪後の法令により刑が廃止されたとき。

三　大赦があつたとき。

四　時効が完成したとき。

第338條（公訴不受理之判決）
於下列情形，應以判決宣告公訴不受理：
一、對於被告無審判權者。
二、違反第340條之規定而提起公訴者。
三、就已經提起公訴之案件，在同一法院重行提起公訴者。
四、因提起公訴之程序違反其規定而無效者。

第338条（公訴棄却の判決）
左の場合には、判決で公訴を棄却しなければならない。
一　被告人に対して裁判権を有しないとき。
二　第340条の規定に違反して公訴が提起されたとき。
三　公訴の提起があつた事件について、更に同一裁判所に公訴が提起さ
　　れたとき。
四　公訴提起の手続がその規定に違反したため無効であるとき。

第339條（公訴不受理之裁定）
① 於下列情形，應以裁定公訴不受理：
　　一、依第271條第2項之規定，提起公訴已失其效力者。
　　二、起訴書所載之事實雖屬真實，但並不包含應構成何種犯罪之事實
　　　　者。
　　三、撤回公訴者。
　　四、被告死亡或作為被告之法人已不存續者。
　　五、依第10條或第11條之規定不得審判者。
② 對於前項之裁定，得提起即時抗告。

第339条（公訴棄却の決定）

① 左の場合には、決定で公訴を棄却しなければならない。

　一　第271条第2項の規定により公訴の提起がその効力を失つたとき。

　二　起訴状に記載された事実が真実であつても、何らの罪となるべき
　　　事実を包含していないとき。

　三　公訴が取り消されたとき。

　四　被告人が死亡し、又は被告人たる法人が存続しなくなつたとき。

　五　第10条又は第11条の規定により審判してはならないとき。

② 前項の決定に対しては、即時抗告をすることができる。

第340條（因撤回公訴之不受理與再起訴）

因撤回公訴所致公訴不受理之裁定已確定時，限於公訴撤回後，針對犯罪
事實新發現重要證據之情形，始得就同一案件再行提起公訴。

第340条（公訴取消しによる公訴棄却と再起訴）

公訴の取消による公訴棄却の決定が確定したときは、公訴の取消後犯罪
事実につきあらたに重要な証拠を発見した場合に限り、同一事件につい
て更に公訴を提起することができる。

第341條（不聽取被告陳述之判決）

被告不進行陳述、未經許可而退庭，或為維持秩序由審判長命其退庭時，
得不聽取被告陳述逕行判決。

第341条（被告人の陳述を聴かない判決）

被告人が陳述をせず、許可を受けないで退廷し、又は秩序維持のため裁
判長から退廷を命ぜられたときは、その陳述を聴かないで判決をするこ
とができる。

第342條（判決之宣告）

判決在審判庭，依宣告諭知判決。

第342条（判決の宣告）
判決は、公判廷において、宣告によりこれを告知する。

第343條（宣告有期徒刑與具保、停止羈押執行之失效）

處有期徒刑禁錮以上刑罰之判決宣告時，具保或停止羈押之執行，即失其效力。於此情形，以未重新具保或停止羈押之執行的裁定時為限，準用第98條之規定。

第343条（禁錮以上の刑の宣告と保釈・勾留執行停止の失効）
禁錮以上の刑に処する判決の宣告があつたときは、保釈又は勾留の執行停止は、その効力を失う。この場合には、あらたに保釈又は勾留の執行停止の決定がないときに限り、第98条の規定を準用する。

第344條（羈押更新次數之限制、必要保釋之不適用）

處有期徒刑禁錮以上刑罰的判決宣告之後，不適用第60條第2項但書及第89條之規定。

第344条（勾留更新回数制限・必要的保釈の不適用）
禁錮以上の刑に処する判決の宣告があつた後は、第60条第2項但書及び第89条の規定は、これを適用しない。

第345條（羈押票之失效）

諭知無罪、免訴、免刑、緩刑、公訴不受理（依第338條第4款之情形除外。）、罰金或罰款之裁判時，羈押票即失其效力。

第345条（勾留状の失効）

無罪、免訴、刑の免除、刑の全部の執行猶予、公訴棄却（第338条第4号による場合を除く。）、罰金又は科料の裁判の告知があつたときは、勾留状は、その効力を失う。

第346條（未宣告沒收之扣押物）

就已扣押之物，未宣告沒收時，視同解除扣押之宣告。

第346条（没収の言渡しのない押収物）

押収した物について、没収の言渡がないときは、押収を解く言渡があつたものとする。

第347條（扣押物發還之宣告）

① 已扣押之贓物，應發還被害人之理由明確者，應諭知發還被害人之宣告。
② 關於以贓物作為對價所取得之物，經被害人聲請交付時，依前項之規定。
③ 關於暫時發還之物，未另為宣告時，視同已發還之宣告。
④ 前3項之規定，不妨礙利害關係人依民事訴訟之程序主張該權利。

第347条（押収贓物還付の言渡し）

① 押収した贓物で被害者に還付すべき理由が明らかなものは、これを被害者に還付する言渡をしなければならない。
② 贓物の対価として得た物について、被害者から交付の請求があつたときは、前項の例による。
③ 仮に還付した物について、別段の言渡がないときは、還付の言渡があつたものとする。
④ 前3項の規定は、民事訴訟の手続に従い、利害関係人がその権利を主

張することを妨げない。

第348條（暫時繳納之裁判）

① 在法院宣告罰金、罰款或追徵之情形，認為等到判決之確定即無法進行該執行，或如要進行該執行可能產生顯著困難之虞時，得依檢察官聲請或依職權，對被告命暫時應先繳納相當於罰金、罰款或追徵之金額。

② 暫時繳納之裁判，應與刑罰之宣告同時，以判決作出該宣告。

③ 暫時繳納之裁判，得立即執行之。

第348条（仮納付の裁判）

① 裁判所は、罰金、科料又は追徴を言い渡す場合において、判決の確定を待つてはその執行をすることができず、又はその執行をするのに著しい困難を生ずる虞があると認めるときは、検察官の請求により又は職権で、被告人に対し、仮に罰金、科料又は追徴に相当する金額を納付すべきことを命ずることができる。

② 仮納付の裁判は、刑の言渡と同時に、判決でその言渡をしなければならない。

③ 仮納付の裁判は、直ちにこれを執行することができる。

第349條（撤銷緩刑之程序(1)）

① 應撤銷緩刑之宣告的情形，檢察官應向管轄受刑之宣告之人的現住地，或最後住所地之地方法院、家事法院或簡易法院提出該聲請。

② 依刑法第26條之2第2款、或第27條之5第2款之規定，應撤銷緩刑之宣告的情形，前項之聲請，應根據保護觀察所之長官的聲請而提出。

第349条（刑の執行猶予取消しの手続(1)）

① 刑の執行猶予の言渡を取り消すべき場合には、検察官は、刑の言渡を受けた者の現在地又は最後の住所地を管轄する地方裁判所、家庭裁判

所又は簡易裁判所に対しその請求をしなければならない。

② 刑法第26条の2第2号又は第27条の5第2号の規定により刑の執行猶予の言渡しを取り消すべき場合には、前項の請求は、保護観察所の長の申出に基づいてこれをしなければならない。

第349條之2（聲請撤銷緩刑之裁定(2)）

① 遇有前條聲請時，法院應聽取受緩刑宣告之人或其代理人之意見後，進行裁定。

② 在前項之情形，該聲請是要求依刑法第26條之2第2款、或第27條之5第2款之規定撤銷緩刑宣告者，如有受緩刑宣告之人的聲請時，應經言詞辯論。

③ 關於進行第1項之裁定，經言詞辯論之情形，受緩刑宣告之人得選任辯護人。

④ 關於進行第1項之裁定，經言詞辯論之情形，檢察官得經法院之許可，命保護觀察官陳述意見。

⑤ 對於第1項之裁定，得提起即時抗告。

第349条の2（刑の執行猶予取消しの手続(2)）

① 前条の請求があつたときは、裁判所は、猶予の言渡を受けた者又はその代理人の意見を聴いて決定をしなければならない。

② 前項の場合において、その請求が刑法第26条の2第2号又は第27条の5第2号の規定による猶予の言渡しの取消しを求めるものであつて、猶予の言渡しを受けた者の請求があるときは、口頭弁論を経なければならない。

③ 第1項の決定をするについて口頭弁論を経る場合には、猶予の言渡を受けた者は、弁護人を選任することができる。

④ 第1項の決定をするについて口頭弁論を経る場合には、検察官は、裁判所の許可を得て、保護観察官に意見を述べさせることができる。

⑤ 第1項の決定に対しては、即時抗告をすることができる。

第350條（定執行刑中對未受大赦之罪的所定刑罰之程序）

應依刑法第52條之規定決定執行刑之情形，檢察官應就該犯罪事實向作出最終判決之法院提出聲請。於此情形，準用前條第1項及第5項之規定。

第350条（併合罪中大赦を受けない罪の刑を定める手続）

刑法第52条の規定により刑を定むべき場合には、検察官は、その犯罪事実について最終の判決をした裁判所にその請求をしなければならない。この場合には、前条第1項及び第5項の規定を準用する。

「知識」是腦中思考的累積，「智慧」是零期待的自然顯化。

第四章　關於證據收集等之協力及訴追之合意
第四章 証拠収集等への協力及び訴追に関する合意

◇證據收集之協議與合意制度

日本在平成28年（2016）6月3日法律第54號通過諸多的立法，總共增刪條文達83條之多，重要包括交付審判前整理程序、辯護人及其國選辯護人對象之擴大適用、增設偵查中錄音及錄影（§301之2）之規定，及證人遠距詰問之適用、證據開示對象之擴大，證人姓名、住居隱匿的處置，以及證據收集之協議、合意制度，與證人刑事免責制度之引進等等。而其中，證據收集之協議、合意制度（§350之2至§350之15），與證人免責制度（§157之2、§157之3），於平成30年（2018）6月1日開始實施。[92]

有關協議、合意制度在此次的刑事司法改革中，對訊問調查之正當化採取了對策；同時，進一步檢討不依賴傳統訊問之取供作為收集證據的方法，而是採取藉由「聽取程序」來取代訊問之取供，這在日本刑事司法制度中還是第一次，可說是傳統刑事司法重大轉變之劃時代的改革。[93]

所謂「協議、合意制度」，指檢察官得與被告合意，約定在他人的刑事案件中，就偵查與審判提供協助，而檢察官給予一定之恩典的制度[94]。蓋在一些具有共犯結構之組織性犯罪，為了謀求查明包括犯罪首謀者之參與情況等的案件，雖然通常必須從犯罪實行者等組織內部之人，所取得必要供述之情形為數不少；惟從過去以來，由於能從訊問以外所取得供述之

---

[92] 此平成28年刑事訴訟改正法（平成28年法律第54號）詳細修改內容，可參見，松尾浩也監製，松本時夫、土本武司ほか編《条解刑事訴訟法》，弘文堂，2018年9月四版，頁1289以下；及伊丹俊彥、合田悅三ほか編，《逐条実務刑事訴訟法》，頁983。

[93] 酒卷匡，〈刑事訴訟法等の改正─新時代の刑事司法制度（その1）〉，法学教室2016年10号（第433号），有斐閣，頁41以下；田口守一，《刑事訴訟法：七版》，頁172。

[94] 田口守一，《刑事訴訟法：七版》，頁173。

有效方法，往往是不存在；因而，仍然必須依靠訊問之方式；此外，近年來，特別在組織性的犯罪，由於犯罪組織與其內部控制嚴密，利用訊問取得有助於查明案件之供述，更顯得有其困難之處，基於如上所述，故而引進「協議、合意制度」，不僅可以確保程序之正當，並透過協議與合意有助於查明案件，使得證據收集能正當化與多元化。[95]

第一節　合意及協議之程序
第一節 合意及び協議の手続

第350條之2（合意之內容、對象犯罪）

① 檢察官，就涉及特定犯罪案件之犯罪嫌疑人或被告，涉及特定犯罪之他人刑事案件（以下僅指「他人之刑事案件」。），考量因作出一或二以上第1款所列之行為，所得到的證據之重要性、關於犯罪之輕重及情狀，該相關犯罪的關連性之程度及其他之情事，而認為必要時，得在與犯罪嫌疑人或被告之間，由犯罪嫌疑人或被告就該他人刑事案件作出一或二以上同款所列之行為，且檢察官就犯罪嫌疑人或被告之該案件作出一或二以上第2款所列的行為作為內容而進行合意：

一、以下所列之行為：
  (一)依第198條第1項或第223條第1項所規定的檢察官、檢察事務官或司法警察於調查之際，作出真實的供述。
  (二)在以證人身分接受詰問之情形，作出真實之供述。
  (三)關於由檢察官、檢察事務官或司法警察所收集之證據，提出證據並提供其他必要之協力（(一)(二)所列案件除外。）。

二、以下所列之行為：

---

[95] 三井誠ほか編，《刑事訴訟法：三版》，頁571。

(一)不提起公訴。

(二)撤回公訴。

(三)因特定之訴因及法條而提起公訴，或維持公訴。

(四)聲請追加特定之訴因或法條或撤回，或變更特定之訴因或法條。

(五)在依第293條第1項規定所作的意見陳述，陳述應科以被告特定之刑的要旨之意見。

(六)提出即決裁判程序之聲明。

(七)提出略式命令之聲請。

② 在前項規定的所謂「特定犯罪」，係指下列所列之罪（除適用死刑或無期徒刑之懲役或禁錮之罪外。）：

一、刑法第96條至第96條之6或第155條之罪，應依同條例處斷之罪、同法第157條之罪、同法第158條之罪（限於涉及同法第155條之罪、應依同條例處斷之罪或同法第157條第1項或第2項之罪者。），或同法第159條至第163條之5、第197條至第197條之4、第198條、第246條至第250條，或第252條至第254條之罪。[96]

二、關於組織性犯罪之處罰及犯罪收益之規制等之法律（指平成11年法律第136號。以下是指「組織性犯罪處罰法」。）第3條第1項第1款至第4款、涉及第13款或第14款所列之罪的同條之罪、涉及同項第13款或第14款所列之罪的同條之罪的未遂罪或組織性犯罪處罰法第10條或第11條之罪。

三、除前2款所列之罪外，關於租稅之法律、關於私人獨占禁止及公正

---

[96] 此第350條之2第2項第1款所列之罪有：刑法第96條至第96條之6，係指妨害公務之損害封印罪或妨害公務強制執行等，或妨害公契約招標罪；刑法第155條偽造公文書罪、刑法第157條使公務員登載不實罪；刑法第158條、第159條指分別行使偽造公、私文書罪，或第160條偽造虛偽診斷書，或第161條之2不法製作提供他人電磁紀錄；或偽造有價證券之刑法第162條、第163條；或不法製作支付用磁卡電磁紀錄罪之刑法第163條之2至第163條之5；或收賄、行賄罪之相關刑法第197條至第197條之4、第198條；及詐欺、恐嚇與背信等罪之刑法第246條至第250條；相關侵占罪之刑法第252條至第254條；可詳見伊丹俊彦、合田悦三ほか編，《逐条実務刑事訴訟法》，頁986。

取引確保之法律（昭和22年法律第54號）或金融商品取引法（昭和23年法律第25號）之罪，及其他以政令作為財政經濟關係犯罪所規定之罪。

四、以下所列法律之罪：

(一)爆裂物取締罰則（明治17年太政官布告第32號）

(二)大麻取締法（昭和23年法律第124號）

(三)興奮劑取締法（昭和26年法律第252號）

(四)麻醉藥及精神藥取締法（昭和28年法律第14號）

(五)武器等製造法（昭和28年法律第145號）

(六)鴉片法（昭和29年法律第71號）

(七)槍砲刀劍類所持等取締法（昭和33年法律第6號）

(八)關於為圖謀妨止助長涉及國際性的協力下，管制藥物不正行為之行為等麻醉及精神藥取締法等之特例等法律（平成3年法律第94號）

五、刑法第103條、第104條或第105條之2的罪或組織性犯罪處罰法第7條之罪（限於涉及同條第1項第1款至第3款所列之罪者。），或組織性犯罪處罰法第7條之2的罪（限於以任何前各款所列之罪視為本犯之罪者。）。[97]

③ 在第1項之合意中、得包括附隨於犯罪嫌疑人或被告所作的同項第1款所列之行為、或由檢察官進行的同項第2款所列行為之事項，及其他為了達成合意目的必要之事項作為其內容。

第350条の2（合意の内容、対象犯罪）

① 検察官は、特定犯罪に係る事件の被疑者又は被告人が特定犯罪に係る他人の刑事事件（以下単に「他人の刑事事件」という。）について一又は二以上の第1号に掲げる行為をすることにより得られる証拠の重

---

[97] 此第350條之2第2項第5款有：藏匿人犯及湮滅證據等之相關刑法第103條、第104條或第105條之2之罪；或組織性犯罪處罰法第7條或第7條之2相關藏匿人犯及湮滅證據等罪；可詳見伊丹俊彥、合田悅三ほか編，同前註，頁987。

要性、関係する犯罪の軽重及び情状、当該関係する犯罪の関連性の程度その他の事情を考慮して、必要と認めるときは、被疑者又は被告人との間で、被疑者又は被告人が当該他人の刑事事件について一又は二以上の同号に掲げる行為をし、かつ、検察官が被疑者又は被告人の当該事件について一又は二以上の第2号に掲げる行為をすることを内容とする合意をすることができる。

一　次に掲げる行為

　　イ　第198条第1項又は第223条第1項の規定による検察官、検察事務官又は司法警察職員の取調べに際して真実の供述をすること。

　　ロ　証人として尋問を受ける場合において真実の供述をすること。

　　ハ　検察官、検察事務官又は司法警察職員による証拠の収集に関し、証拠の提出その他の必要な協力をすること（イ及びロに掲げるものを除く。）。

二　次に掲げる行為

　　イ　公訴を提起しないこと。

　　ロ　公訴を取り消すこと。

　　ハ　特定の訴因及び罰条により公訴を提起し、又はこれを維持すること。

　　ニ　特定の訴因若しくは罰条の追加若しくは撤回又は特定の訴因若しくは罰条への変更を請求すること。

　　ホ　第293条第1項の規定による意見の陳述において、被告人に特定の刑を科すべき旨の意見を陳述すること。

　　ヘ　即決裁判手続の申立てをすること。

　　ト　略式命令の請求をすること。

② 前項に規定する「特定犯罪」とは、次に掲げる罪（死刑又は無期の懲役若しくは禁錮に当たるものを除く。）をいう。

一　刑法第96条から第96条の6まで若しくは第155条の罪、同条の例により処断すべき罪、同法第157条の罪、同法第158条の罪（同法第

155条の罪、同条の例により処断すべき罪又は同法第157条第1項若しくは第2項の罪に係るものに限る。）又は同法第159条から第163条の5まで、第197条から第197条の4まで、第198条、第246条から第250条まで若しくは第252条から第254条までの罪

二　組織的な犯罪の処罰及び犯罪収益の規制等に関する法律（平成11年法律第136号。以下「組織的犯罪処罰法」という。）第3条第1項第1号から第4号まで、第13号若しくは第14号に掲げる罪に係る同条の罪、同項第13号若しくは第14号に掲げる罪に係る同条の罪の未遂罪又は組織的犯罪処罰法第10条若しくは第11条の罪

三　前2号に掲げるもののほか、租税に関する法律、私的独占の禁止及び公正取引の確保に関する法律（昭和22年法律第54号）又は金融商品取引法（昭和23年法律第25号）の罪その他の財政経済関係犯罪として政令で定めるもの

四　次に掲げる法律の罪

　　イ　爆発物取締罰則（明治17年太政官布告第32号）

　　ロ　大麻取締法（昭和23年法律第124号）

　　ハ　覚せい剤取締法（昭和26年法律第252号）

　　ニ　麻薬及び向精神薬取締法（昭和28年法律第14号）

　　ホ　武器等製造法（昭和28年法律第145号）

　　ヘ　あへん法（昭和29年法律第71号）

　　ト　銃砲刀剣類所持等取締法（昭和33年法律第6号）

　　チ　国際的な協力の下に規制薬物に係る不正行為を助長する行為等の防止を図るための麻薬及び向精神薬取締法等の特例等に関する法律（平成3年法律第94号）

五　刑法第103条、第104条若しくは第105条の2の罪又は組織的犯罪処罰法第7条の罪（同条第1項第1号から第3号までに掲げる者に係るものに限る。）若しくは組織的犯罪処罰法第7条の2の罪（いずれも前各号に掲げる罪を本犯の罪とするものに限る。）

③第1項の合意には、被疑者若しくは被告人がする同項第1号に掲げる行為又は検察官がする同項第2号に掲げる行為に付随する事項その他の

合意の目的を達するため必要な事項をその内容として含めることができる。

第350條之3（辯護人之同意、合意內容書面）
① 如要進行前條第1項，必須辯護人之同意。
② 前條第1項之合意，應依檢察官、犯罪嫌疑人或被告及辯護人所連署之書面，明確表示其內容後進行合意。

第350条の3（弁護人の同意、合意内容書面）
① 前条第1項の合意をするには、弁護人の同意がなければならない。
② 前条第1項の合意は、検察官、被疑者又は被告人及び弁護人が連署した書面により、その内容を明らかにしてするものとする。

第350條之4（為合意之協商）
為進行第350條之2第1項合意必要之協議，應在檢察官與犯罪嫌疑人或被告及辯護人之間來進行。但犯罪嫌疑人或被告及辯護人無異議時，得僅在與辯護人之間進行一部分之協議。

第350条の4（合意のための協議）
第350条の2第1項の合意をするため必要な協議は、検察官と被疑者又は被告人及び弁護人との間で行うものとする。ただし、被疑者又は被告人及び弁護人に異議がないときは、協議の一部を弁護人のみとの間で行うことができる。

第350條之5（在協議之犯罪嫌疑人、被告之供述）
① 在前條之協議，檢察官對於犯罪嫌疑人或被告得就他人之刑事案件要求供述。在此情形，準用第198條第2項之規定。

② 犯罪嫌疑人或被告在前條之協議所作的供述，未達成第350條之2第1項之合意時，不得將其供述作為證據。

③ 前條之規定，犯罪嫌疑人或被告在該協議中所作之行為，在適用涉及於刑法第103條、第104條或第172條之罪，或組織性犯罪處罰法第7條第1項第1款或第2款所列同條之罪的情形，於涉及上開之罪的案件中使用時，不適用之。[98]

第350条の5（協議における被疑者・被告人の供述）

① 前条の協議において、検察官は、被疑者又は被告人に対し、他人の刑事事件について供述を求めることができる。この場合においては、第198条第2項の規定を準用する。

② 被疑者又は被告人が前条の協議においてした供述は、第350条の2第1項の合意が成立しなかつたときは、これを証拠とすることができない。

③ 前項の規定は、被疑者又は被告人が当該協議においてした行為が刑法第103条、104条若しくは第172条の罪又は組織的犯罪処罰法第7条第1項第1号若しくは第2号に掲げる者に係る同条の罪に当たる場合において、これらの罪に係る事件において用いるときは、これを適用しない。

---

[98] 為促進協議、合意所進行之供述，雖合意事後不成立，而該供述設有本條（即第350條之5）第2項不得作為證據之情形；惟協議之過程中，犯罪嫌疑人或被告有虛偽之供述，而犯：（1）刑法第103條藏匿人犯等之罪、或刑法第104條隱匿證據罪，或刑法第172條虛偽告訴等罪；（2）組織性犯罪處罰法第7條所定組織性的藏匿人犯或證據隱匿等情形，在涉及此等之案件中，犯罪嫌疑人或被告在先前協議所作之虛偽供述，仍不妨害其證據能力之適用情形，即為本條第3項之立法旨趣；可參見三井誠ほか等編，《刑事訴訟法：三版》，頁581。

第350條之6（與司法警察之間的協議等）

① 檢察官，就司法警察移送或送交之案件，或認為司法警察正在偵查中之案件，在準備要與該犯罪嫌疑人之間進行第350條之4的協議時，應事先與司法警察協議。

② 檢察官，就涉及第350條之4的協議之他人刑事案件，考量司法警察正在進行偵查中以及其他情事，為了偵查該他人之刑事案件認為必要時，得依前條第1項之規定要求供述，以及得命司法警察進行其他在該協議中所必要的行為。在此情形，司法警察得在檢察官個別之授權範圍內，將檢察官第350條之2第1項合意作為提案內容，進行同項第2款所列的行為內容之提示。

第350条の6（司法警察員との協議等）

① 検察官は、司法警察員が送致し若しくは送付した事件又は司法警察員が現に捜査していると認める事件について、その被疑者との間で第350条の4の協議を行おうとするときは、あらかじめ、司法警察員と協議しなければならない。

② 検察官は、第350条の4の協議に係る他人の刑事事件について司法警察員が現に捜査していることその他の事情を考慮して、当該他人の刑事事件の捜査のため必要と認めるときは、前条第1項の規定により供述を求めることその他の当該協議における必要な行為を司法警察員にさせることができる。この場合において、司法警察員は、検察官の個別の授権の範囲内で、検察官が第350条の2第1項の合意の内容とすることを提案する同項第2号に掲げる行為の内容の提示をすることができる。

第二節　審判程序之特別規定
第二節　公判手続の特例

第350條之7（合意內容書面等聲請證據調查之義務）[99]

① 檢察官在與犯罪嫌疑人之間，已進行的第350條之2第1項合意之情形、就涉及該合意犯罪嫌疑人之案件，而提起公訴時；於第291條之程序完畢之後（在案件交付審判前整理程序之情形，則指交付後），應迅速聲請第350條之3第2項之書面（以下稱「合意內容書面」。）作為證據調查。就被告案件，於提起公訴後，在與被告之間已進行的第350條之2第1項之合意時，亦同。

② 在依前項之規定聲請調查合意內容書面之情形，該合意之當事人作出依第350條之10第2項之規定由該合意脫離之要旨的知告時，檢察官應一併聲請同項書面之調查。

③ 依第1項之規定聲請調查合意內容書面之後，該合意之當事人已作出依第350條之10第2項之規定由該合意脫離之要旨的知告時，檢察官應迅速聲請同項書面之調查。

第350条の7（合意内容書面等の証拠調べ請求の義務）

① 検察官は、被疑者との間でした第350条の2第1項の合意がある場合において、当該合意に係る被疑者の事件について公訴を提起したときは、第291条の手続が終わつた後（事件が公判前整理手続に付された場合にあつては、その時後）遅滞なく、証拠として第350条の3第2項

---

[99] 此第350條之7、第350條之8、第350條之9等立法意旨，不論是達成合意內容之書面或由合意脫離內容之書面，於不同的階段或他人之案件，均為了確保合意程序之正當性與透明性，以防止非任意性供述、受誘導、詐欺、虛偽供述，或非真意之合意等，均由檢察官向法院聲請調查該合意內容或該合意脫離內容，以便確認檢察官之處分是否基於雙方之合意；可參見田口守一，《刑事訴訟法：七版》，頁179以下。

の書面（以下「合意内容書面」という。）の取調べを請求しなければ
ならない。被告事件について、公訴の提起後に被告人との間で第350
条の2第1項の合意をしたときも、同様とする。
② 前項の規定により合意内容書面の取調べを請求する場合において、当
該合意の当事者が第350条の10第2項の規定により当該合意から離脱す
る旨の告知をしているときは、検察官は、あわせて、同項の書面の取
調べを請求しなければならない。
③ 第1項の規定により合意内容書面の取調べを請求した後に、当該合意
の当事者が第350条の10第2項の規定により当該合意から離脱する旨の
告知をしたときは、検察官は、遅滞なく、同項の書面の取調べを請求
しなければならない。

第350條之8（同前－他人之案件）
被告以外之人的供述筆錄等，針對該人基於第350條之2第1項之合意作成
的供述筆錄，或錄取或記錄基於同項之合意所作之供述的供述筆錄；檢察
官、被告或辯護人聲請調查，或法院決定依職權進行調查時，檢察官應迅
速聲請合意內容書面之調查。在此情形、準用前條第2項及第3項之規定。

第350条の8（同前－他人の事件）
被告人以外の者の供述録取書等であつて、その者が第350条の2第1項の
合意に基づいて作成したもの又は同項の合意に基づいてされた供述を録
取し若しくは記録したものについて、検察官、被告人若しくは弁護人が
取調べを請求し、又は裁判所が職権でこれを取り調べることとしたとき
は、検察官は、遅滞なく、合意内容書面の取調べを請求しなければなら
ない。この場合においては、前条第2項及び第3項の規定を準用する。

第350條之9（同前－他人之案件）
在檢察官、被告或辯護人聲請詰問證人，或法院依職權決定進行訊問證人

之情形，與可能成為證人者之間，存有就該證人詰問所作過的第350之2第1項之合意時，檢察官應迅速聲請合意內容書面之調查。在此情形，準用第350條之7第3項之規定。

第350条の9（同前－他人の事件）
検察官、被告人若しくは弁護人が証人尋問を請求し、又は裁判所が職権で証人尋問を行うこととした場合において、その証人となるべき者との間で当該証人尋問についてした第350条の2第1項の合意があるときは、検察官は、遅滞なく、合意内容書面の取調べを請求しなければならない。この場合においては、第350条の7第3項の規定を準用する。

第三節　合意之の終了
第三節 合意の終了

第350條之10（由合意之脫離）[100]
① 有以下各款所列之事由時，該當各款所定之人，得由第350條之2第1項

---

[100] 此第350條之10，乃針對由合意脫離之規定，此第1項第1款係就檢察官及犯罪嫌人或被告共通脫離的事由；而同項第2款，是規定被告得合意脫離之事由，惟觀之被告得脫離合意之四項事由，均由法院裁定或作出判決之情形，此即表示協議、合意制度，乃僅存在於檢察官、被告及辯護人之間，法院並不介入；同時，就其雙方協議、合意法院並不受其拘束之意。

　　又同項第3款之二項事由，均可歸責於犯罪嫌疑人或犯告之事由，故專指由檢察官得合意脫離之規定。至於合意脫離後，即沒有所謂合意履行義務之問題，即使與合意內容不同，亦不得謂違反合意；同時，由合意脫離僅向將來失效，而於脫離前所進行之訴訟行為，及收集證據、證據能力均不生影響；不過，儘管一方當事人不存在脫離之事由，如對造作出脫離的告知之後，嗣其作出違反合意內容行為之情形，惟若該脫離事由係不合法，則該行為即構成違反合意之問題；可參見三井誠ほか編，《刑

之合意脫離。

一、第350條之2第1項之合意當事人，違反該合意時：該對造之人

二、以下所列之事由：被告

(一)檢察官基於涉及第350條之2第1項第2款(四)之同項的合意，在聲請訴因或法條之追加、撤回或變更之情形，法院未准許時。

(二)針對檢察官基於涉及第350條之2第1項第2款(五)之同項的合意，在依第293條第1項規定所作的意見陳述，被告陳述應科以特定之刑的要旨意見之案件，法院作出比該刑較重之刑的宣告時。

(三)針對檢察官基於涉及第350條之2第1項第2款(六)之同項的合意，提出聲請即決裁判程序之案件，法院作出駁回之裁定（限於以該當第350條之22第3款或第4款所列之情形為理由者。），或以構成該當第350條之25第1項第3款或第4款（關於同款，除了該當同款就被告起訴狀所記載之訴因，因作出與有罪要旨之陳述相反或實質上不同供述之情形外。）為理由，而撤銷第350條之22的裁定時。

(四)針對檢察官基於涉及第350條之2第1項第2款(七)之同項的合意，提出聲請略式命令之案件，法院依第463條第1項或第2項之規定，決定按照通常之規定進行審判，或檢察官依第465條第1項之規定，提出通常裁判之聲請時。

三、以下所列之事由：檢察官

(一)犯罪嫌疑人或被告在第350條之4的協議中，所作的就他人之刑事案件的供述內容不真實一事，已查明證實時。

(二)除第1款所列事由外，犯罪嫌疑人或被告基於第350條之2第1項的合意所作之供述內容不真實一事，或犯罪嫌疑人或被告基於同項之合意提出的證據，已查明證實是偽造或變造時。

② 依前項規定所作之脫離，應依所記載該理由之書面，對於涉及該脫離合意之對造，作出由該合意脫離之要旨的告知後，始行脫離。

事訴訟法：三版》，頁586以下；伊丹俊彥、合田悦三ほか編，《逐条実務刑事訴訟法》，頁1000以下。

第350条の10（合意からの離脱）

① 次の各号に掲げる事由があるときは、当該各号に定める者は、第350条の2第1項の合意から離脱することができる。

一　第350条の2第1項の合意の当事者が当該合意に違反したとき　その相手方

二　次に掲げる事由　被告人

　　イ　検察官が第350条の2第1項第2号ニに係る同項の合意に基づいて訴因又は罰条の追加、撤回又は変更を請求した場合において、裁判所がこれを許さなかつたとき。

　　ロ　検察官が第350条の2第1項第2号ホに係る同項の合意に基づいて第293条第1項の規定による意見の陳述において被告人に特定の刑を科すべき旨の意見を陳述した事件について、裁判所がその刑より重い刑の言渡しをしたとき。

　　ハ　検察官が第350条の2第1項第2号ヘに係る同項の合意に基づいて即決裁判手続の申立てをした事件について、裁判所がこれを却下する決定（第350条の22第3号又は第4号に掲げる場合に該当することを理由とするものに限る。）をし、又は第350条の25第1項第3号若しくは第4号に該当すること（同号については、被告人が起訴状に記載された訴因について有罪である旨の陳述と相反するか又は実質的に異なつた供述をしたことにより同号に該当する場合を除く。）となつたことを理由として第350条の22の決定を取り消したとき。

　　ニ　検察官が第350条の2第1項第2号トに係る同項の合意に基づいて略式命令の請求をした事件について、裁判所が第463条第1項若しくは第2項の規定により通常の規定に従い審判をすることとし、又は検察官が第465条第1項の規定により正式裁判の請求をしたとき。

三　次に掲げる事由　検察官

　　イ　被疑者又は被告人が第350条の4の協議においてした他人の刑事事件についての供述の内容が真実でないことが明らかにな

つたとき。

ロ　第1号に掲げるもののほか、被疑者若しくは被告人が第350条
　　の2第1項の合意に基づいてした供述の内容が真実でないこと
　　又は被疑者若しくは被告人が同項の合意に基づいて提出した
　　証拠が偽造若しくは変造されたものであることが明らかにな
　　つたとき。

② 前項の規定による離脱は、その理由を記載した書面により、当該離脱
　に係る合意の相手方に対し、当該合意から離脱する旨の告知をして行
　うものとする。

第350條之11（依檢察審查會議決之合意失效）

針對檢察官基於涉及第350條之2第1項第2款(一)之同項的合意，作出不提起公訴之處分的案件，遇有檢察審查會法第39條之5第1項第1款或第2款之議決，或同法第41條之6第1項起訴議決時，該合意失其效力。[101]

第350条の11（検察審査会の議決による合意の失効）

検察官が第350条の2第1項第2号イに係る同項の合意に基づいて公訴を提起しない処分をした事件について、検察審査会法第39条の5第1項第1号若しくは第2号の議決又は同法第41条の6第1項の起訴議決があつたときは、当該合意は、その効力を失う。

---

[101] 此第350條之11，乃指檢察官與犯罪嫌疑人之間作出合意不起訴後，檢察官並據該合意作出不起訴，惟嗣後因檢察審查會作出起訴之議決（檢查審查會法§39之5Ⅰ 款）或作出不起訴不當之議決（同法§39之5Ⅰ 款），或因該案件，於檢察審查會作出起訴之議決後，而檢察官與犯罪嫌疑人之間作出合意不起訴後，並由檢察官再度為不起處分，惟嗣因檢察審查會作出起訴之議決後（檢查審查會法§41之6Ⅰ），因此等檢察審查會起訴議決之情形，均已指定律師執行檢察官訴追之職務，故原先該合意失其效力；可參見三井誠，同前註，頁588。

第350條之12（合意失效與被告供述等之證據能力）

① 前條之情形，針對涉及該議決之案件，即使是已提起公訴時，被告在第350條之4的協議中所作之供述，及因基於該合意所作的被告之行為而得到的證據，以及基於此等供述所得到的證據，在該被告之刑事案件中，此等供述均不得作為證據。

② 前項之規定，於以下所列之情形，不適用之。

一、於前條規定之議決前，被告所作出之行為，明顯是違反合意之內容，或構成該當於第350條之10第1項第3款(一)或(二)所列之事由時。

二、被告基於該合意之人所作出的行為，或在該協議中所作出之行為該當第350條之15第1項之罪、刑法第103條、第104條、第169條或第172條之罪，或涉及組織性犯罪處罰法第7條第1項第1款或第2款所列之人的同條之罪的情形，而適用在涉及上開之罪的案件時。

三、就作為證據，被告無異議時。

第350条の12（合意の失効と被告人の供述等の証拠能力）

① 前条の場合には、当該議決に係る事件について公訴が提起されたときにおいても、被告人が第350条の4の協議においてした供述及び当該合意に基づいてした被告人の行為により得られた証拠並びにこれらに基づいて得られた証拠は、当該被告人の刑事事件において、これらを証拠とすることができない。

② 前項の規定は、次に掲げる場合には、これを適用しない。

一　前条に規定する議決の前に被告人がした行為が、当該合意に違反するものであつたことが明らかになり、又は第350条の10第1項第3号イ若しくはロに掲げる事由に該当することとなつたとき。

二　被告人が当該合意に基づくものとしてした行為又は当該協議においてした行為が第350条の15第1項の罪、刑法第103条、第104条、第169条若しくは第172条の罪又は組織的犯罪処罰法第7条第1項第1号若しくは第2号に掲げる者に係る同条の罪に当たる場合において、これらの罪に係る事件において用いるとき。

三　証拠とすることについて被告人に異議がないとき。

第四節　確保合意之履行
第四節 合意の履行の確保

第350條之13（檢察官違反合意與公訴不受理、不准許訴因變更）

① 檢察官違反涉及第350條之2第1項第2款(一)至(四)、(六)或(七)之同項的合意（就涉及同款(三)部分，限於因特定之訴因及法條而提起公訴之旨的部分。），而提起公訴、不撤回公訴，因不同之訴因及法條而提起公訴、訴因或法條之追加、撤回，或不聲請變更或不同的訴因或法條之追加，或撤回或不同之訴因或聲請法條之變更，而維持公訴，或同時不聲請即決裁判程序或不聲請略式命令，而提起公訴時，應以判決不受理該公訴。

② 檢察官違反涉及第350條之2第1項第2款(三)之同項的合意（限於因特定之訴因及法條而維持公訴之旨的部分。），聲請訴因或法條之追加或變更時，法院不受第312條第1項之規定限制，應不准許之。

第350条の13（検察官の合意違反と公訴棄却・訴因変更不許可）

① 検察官が第350条の2第1項第2号イからニまで、ヘ又はトに係る同項の合意（同号ハに係るものについては、特定の訴因及び罰条により公訴を提起する旨のものに限る。）に違反して、公訴を提起し、公訴を取り消さず、異なる訴因及び罰条により公訴を提起し、訴因若しくは罰条の追加、撤回若しくは変更を請求することなく若しくは異なる訴因若しくは罰条の追加若しくは撤回若しくは異なる訴因若しくは罰条への変更を請求して公訴を維持し、又は即決裁判手続の申立て若しくは略式命令の請求を同時にすることなく公訴を提起したときは、判決で

当該公訴を棄却しなければならない。

② 検察官が第350条の2第1項第2号ハに係る同項の合意（特定の訴因及び
罰条により公訴を維持する旨のものに限る。）に違反して訴因又は罰
条の追加又は変更を請求したときは、裁判所は、第312条第1項の規定
にかかわらず、これを許してはならない。

第350條之14（檢察官違反合意與被告供述等之證據能力）

① 檢察官違反第350條之2第1項之合意時，被告在第350條之4的協議中所
作之供述，及因基於該合意所作的被告之行為而得到的證據，此等均不
得作為證據。

② 前項之規定，就該被告之刑事案件作為證據，該被告無異議之情形；以
及就該被告以外之人的刑事案件作為證據，於該人無異議之情形，均不
適用之。

第350条の14（検察官の合意違反と被告人の供述等の証拠能力）

① 検察官が第350条の2第1項の合意に違反したときは、被告人が第350条
の4の協議においてした供述及び当該合意に基づいてした被告人の行
為により得られた証拠は、これらを証拠とすることができない。

② 前項の規定は、当該被告人の刑事事件の証拠とすることについて当該
被告人に異議がない場合及び当該被告人以外の者の刑事事件の証拠と
することについてその者に異議がない場合には、これを適用しない。

第350條之15（虛偽之供述等與刑罰）

① 違反第350條之2第1項之合意，對檢察官、檢察事務官或司法警察作出
虛偽之供述，或提出偽造或變造證據之人，處5年以下有期徒刑之懲
役。

② 犯前項之罪者，在涉及該合意之他人刑事案件的裁判確定前，且涉及該
合意的自己之刑事案件的裁判確定前自白時，得減輕或免除其刑。

第350条の15（虚偽の供述等と刑罰）

① 第350条の2第1項の合意に違反して、検察官、検察事務官又は司法警察職員に対し、虚偽の供述をし又は偽造若しくは変造の証拠を提出した者は、5年以下の懲役に処する。

② 前項の罪を犯した者が、当該合意に係る他人の刑事事件の裁判が確定する前であつて、かつ、当該合意に係る自己の刑事事件の裁判が確定する前に自白したときは、その刑を減軽し、又は免除することができる。

人生除了死亡，其他都是擦傷。

第五章　即決裁判程序
第五章　即決裁判手続[102]

第一節　即決裁判程序之聲請
第一節　即決裁判手続の申立て

第350條之16（即決審判程序之聲請）

① 檢察官關於即將提起公訴之案件，考量其事證明確且案件輕微，預料證據調查能迅速終結及其他情事，而認為適當時；於提起公訴之同時，得依書面提出聲請即決審判程序。但就適用死刑或無期或最輕本刑1年以上有期徒刑之懲役或禁錮的案件，不在此限。

② 前項之聲請，關於依即決審判程序之進行，如無犯罪嫌疑人之同意，不得為之。

③ 檢察官對犯罪嫌疑人要求確認是否進行前項之同意時，應以書面為之。在此情形，檢察官對犯罪嫌疑人為使其理解即決審判程序，應說明必要

---

[102] 日本刑事訴訟法上，就簡易裁判包括兩種情形：一為檢察官提起公訴階段，基於起訴裁量而聲請「略式程序」（§461以下）與「即決裁判程序」（§350之16以下）。二為提起公訴之後，由法院裁定適用「簡式審判程序」（§291之2以下，此如同我國刑訴§273之1以下的簡式審判程序相仿，此業於日本刑訴§291之2已述）；可參見田口守一，《刑事訴訟法》，弘文堂，2017年4月七版，頁230以下。

　　日本於平成28年（2016）法律第54號修法，在即決裁判程序新增第350條之12，同時伴隨修訂第350條之12至第350條之14，並於同年12月1日施行。有關即決裁判程序實務之運作，依2015年日本地方法院刑事第一審為54,297件，其中交付即決裁判程序為564件（約占1.%）（見法務省‧犯罪白皮書第45頁），可見運作使用率很低；此類案件，大多是吸食毒品、竊盜、違反出入國管理法及道路交通法等；可參見三井誠ほか編，《刑事訴訟法：三版》，頁593-594；田口守一，同上註《刑事訴訟法：七版》，頁235。

之事項（包括犯罪嫌疑人無辯護人時，得依次條之規定選任辯護人之要旨。），並應告以得依通常之規定接受審判之要旨。

④ 犯罪嫌疑人有辯護人之情形，第1項之聲請，除犯罪嫌疑人表示第2項之同意外，限於辯護人關於依即決審判程序之進行，表示同意或保留其意見時，始得為之。

⑤ 犯罪嫌疑人表示第2項之同意，及辯護人表示前項之同意或保留其意見時，應以書面明確表示該要旨。

⑥ 第1項之書面，應附加前項之文書。

第350条の16（即決裁判手続の申立て）

① 検察官は、公訴を提起しようとする事件について、事案が明白であり、かつ、軽微であること、証拠調べが速やかに終わると見込まれることその他の事情を考慮し、相当と認めるときは、公訴の提起と同時に、書面により即決裁判手続の申立てをすることができる。ただし、死刑又は無期若しくは短期1年以上の懲役若しくは禁錮に当たる事件については、この限りでない。

② 前項の申立ては、即決裁判手続によることについての被疑者の同意がなければ、これをすることができない。

③ 検察官は、被疑者に対し、前項の同意をするかどうかの確認を求めるときは、これを書面でしなければならない。この場合において、検察官は、被疑者に対し、即決裁判手続を理解させるために必要な事項（被疑者に弁護人がないときは、次条の規定により弁護人を選任することができる旨を含む。）を説明し、通常の規定に従い審判を受けることができる旨を告げなければならない。

④ 被疑者に弁護人がある場合には、第1項の申立ては、被疑者が第2項の同意をするほか、弁護人が即決裁判手続によることについて同意をし又はその意見を留保しているときに限り、これをすることができる。

⑤ 被疑者が第2項の同意をし、及び弁護人が前項の同意をし又はその意見を留保するときは、書面でその旨を明らかにしなければならない。

⑥ 第1項の書面には、前項の書面を添付しなければならない。

第350條之17（因犯罪嫌疑人之同意確認選任辯護人）

① 被要求前條第3項的確認之犯罪嫌疑人，在將要明確作出針對依即決審判程序是否表示同意之情形，犯罪嫌疑人因貧困或其他事由，而無法選任辯護人時；法官應依其聲請為犯罪嫌疑人指定辯護人。但犯罪嫌疑人以外之人已選任辯護人之情形，不在此限。

② 第37條之3之規定，就提出前項聲請之情形準用之。

第350条の17（被疑者の同意確認のための弁護人の選任）

① 前条第3項の確認を求められた被疑者が即決裁判手続によることについて同意をするかどうかを明らかにしようとする場合において、被疑者が貧困その他の事由により弁護人を選任することができないときは、裁判官は、その請求により、被疑者のため弁護人を付さなければならない。ただし、被疑者以外の者が選任した弁護人がある場合は、この限りでない。

② 第37条の3の規定は、前項の請求をする場合についてこれを準用する。

第二節　審判準備及審判程序之の特別規定
第二節　公判準備及び公判手続の特例

第350條之18（依職權選任辯護人）

在有聲請即決審判程序之情形，被告無辯護人時，審判長應儘速依職權指定辯護人。

第350条の18（職権による弁護人の選任）

即決裁判手続の申立てがあつた場合において、被告人に弁護人がないと

きは、裁判長は、できる限り速やかに、職権で弁護人を付さなければならない。

第350條之19（檢察官將證據文書閱覽機會等之交付）
檢察官，關於提出聲請即決審判程序之案件，對被告或辯護人應儘速依第299條第1項之規定，給予閱覽證據文書之機會及其他同項規定之機會。

第350条の19（検察官による証拠書類の閲覧機会等の付与）
検察官は、即決裁判手続の申立てをした事件について、被告人又は弁護人に対し、第299条第1項の規定により証拠書類を閲覧する機会その他の同項に規定する機会を与えるべき場合には、できる限り速やかに、その機会を与えなければならない。

第350條之20（對辯護人同意之確認）
① 法院，關於已聲請即決審判程序之案件，辯護人針對依即決審判程序所作的保留意見時，或於聲請即決審判程序之後，始選任辯護人時；對辯護人應儘速要求確認是否就依即決審判程序表示同意。
② 辯護人表示前項之同意時，應以書面明確表示該要旨。

第350条の20（弁護人に対する同意の確認）
① 裁判所は、即決裁判手続の申立てがあつた事件について、弁護人が即決裁判手続によることについてその意見を留保しているとき、又は即決裁判手続の申立てがあつた後に弁護人が選任されたときは、弁護人に対し、できる限り速やかに、即決裁判手続によることについて同意をするかどうかの確認を求めなければならない。
② 弁護人は、前項の同意をするときは、書面でその旨を明らかにしなければならない。

第350條之21（審判期日指定）

審判長，遇有即決審判程序之聲請時，在聽取檢察官及被告或辯護人的意見之後，或該聲請之後（在前條第1項規定之情形，已有同項同意之後），應儘早指定審判期日。

第350条の21（公判期日の指定）

裁判長は、即決裁判手続の申立てがあつたときは、検察官及び被告人又は弁護人の意見を聴いた上で、その申立て後（前条第1項に規定する場合においては、同項の同意があつた後）、できる限り早い時期の公判期日を定めなければならない。

第350條之22（依即決裁判程序之審判的裁定）

法院，關於已聲請即決審判程序之案件，於第291條第4項之程序中，被告就起訴書所記載之訴因為有罪要旨之陳述時，除以下所列之情形外，應作出依即決審判程序進行審判要旨之裁定。

一、已撤回第350條之16第2項或第4項之同意時。

二、在第350條之20第1項規定之情形，未表示前項之同意時或該同意已撤回時。

三、除前2款所列之情形外，認為該案件是不得依即決審判程序進行時。

四、認為該案件，依即決審判程序是屬於不適當之情形時。

第350条の22（即決裁判手続による審判の決定）

裁判所は、即決裁判手続の申立てがあつた事件について、第291条第4項の手続に際し、被告人が起訴状に記載された訴因について有罪である旨の陳述をしたときは、次に掲げる場合を除き、即決裁判手続によつて審判をする旨の決定をしなければならない。

一　第350条の16第2項又は第4項の同意が撤回されたとき。

二　第350条の20第1項に規定する場合において、同項の同意がされなかつたとき、又はその同意が撤回されたとき。

三　前2号に掲げるもののほか、当該事件が即決裁判手続によることができないものであると認めるとき。

四　当該事件が即決裁判手続によることが相当でないものであると認めるとき。

第350條之23（必要辯護）
關於進行前條程序之審判期日，及依即決審判程序所決定的審判期日，無辯護人時，不得開庭。

第350条の23（必要的弁護）
前条の手続を行う公判期日及び即決裁判手続による公判期日については、弁護人がないときは、これを開くことができない。

第350條之24（即決裁判程序之特則）
① 關於為第350條之22裁定之審理，及依即決審判程序所作之審判，不適用第284條、第285條、第296條、第297條、第300條至第302條，及第304條至第307條之規定。
② 依即決裁判程序所作的證據調查，得在審判期日以認為適當之方法行之。

第350条の24（即決裁判手続の特則）
① 第350条の22の決定のための審理及び即決裁判手続による審判については、第284条、第285条、第296条、第297条、第300条から第302条まで及び第304条から第307条までの規定は、これを適用しない。
② 即決裁判手続による証拠調べは、公判期日において、適当と認める方法でこれを行うことができる。

第350條之25（依即決裁判程序所作的審理裁定之撤銷）

① 法院，關於已有第350條之22裁定之案件，構成該當於下列各款情形之
　一，應撤銷該裁定：

一、在判決宣告前，被告或辯護人撤回關於依即決裁判程序所作的同意
　　時。

二、在判決宣告前，撤回關於起訴書所記載之訴因，被告為有罪要旨之
　　陳述時。

三、除前2款所列之情形外，認為該案件是不得依即決裁判程序進行
　　時。

四、認為該案件，依即決裁判程序進行是屬於不適當之情形時。

② 依前項之規定，撤銷第350條之22之裁定時，應更新審判程序。但檢察
　官及被告或辯護人無異議時，不在此限。

第350条の25（即決裁判手続による審判決定の取消し）

① 裁判所は、第350条の22の決定があつた事件について、次の各号のい
　ずれかに該当することとなつた場合には、当該決定を取り消さなけれ
　ばならない。

一　判決の言渡し前に、被告人又は弁護人が即決裁判手続によること
　　についての同意を撤回したとき。

二　判決の言渡し前に、被告人が起訴状に記載された訴因について有
　　罪である旨の陳述を撤回したとき。

三　前2号に掲げるもののほか、当該事件が即決裁判手続によること
　　ができないものであると認めるとき。

四　当該事件が即決裁判手続によることが相当でないものであると認
　　めるとき。

② 前項の規定により第350条の22の決定が取り消されたときは、公判手
　続を更新しなければならない。ただし、検察官及び被告人又は弁護人
　に異議がないときは、この限りでない。

第350條之26（公訴撤回後之再起訴限制的緩和）

關於已駁回聲請即決裁判程序之裁定的案件（除以該當於第350條之22第3款或第4款所列之情形為理由者外。），於該裁定後，在未進行證據調查而撤回公訴之情形；因公訴之撤回導致公訴不受理之裁定確定時，不受第340條之限制，得就同一案件再行提起公訴。關於以構成該當於前條第1項第1款、第2款或第4款中的任何一款為理由（關於同款，限於該當同款就被告起訴狀所載之訴因，因作出與有罪要旨之陳述相反或實質上不同供述之情形。），而撤回第350條之22裁定之案件，於該撤回之裁定後，在未進行證據調查而撤回公訴之情形，因公訴之撤回導致公訴不受理之裁定確定時，亦同。

第350条の26（公訴取消し後の再起訴制限の緩和）

即決裁判手続の申立てを却下する決定（第350条の22第3号又は第4号に掲げる場合に該当することを理由とするものを除く。）があつた事件について、当該決定後、証拠調べが行われることなく公訴が取り消された場合において、公訴の取消しによる公訴棄却の決定が確定したときは、第340条の規定にかかわらず、同一事件について更に公訴を提起することができる。前条第1項第1号、第2号又は第4号のいずれかに該当すること（同号については、被告人が起訴状に記載された訴因について有罪である旨の陳述と相反するか又は実質的に異なつた供述をしたことにより同号に該当する場合に限る。）となつたことを理由として第350条の22の決定が取り消された事件について、当該取消しの決定後、証拠調べが行われることなく公訴が取り消された場合において、公訴の取消しによる公訴棄却の決定が確定したときも、同様とする。

第三節　證據之特例
第三節　証拠の特例

第350條之27（傳聞法則之不適用）
關於已有第350條之22裁定之案件的證據，不適用第320條第1項之規定。但檢察官、被告或辯護人就作為證據表示異議者，不在此限。

第350条の27（伝聞法則の不適用）
第350条の22の決定があつた事件の証拠については、第320条第1項の規定は、これを適用しない。ただし、検察官、被告人又は弁護人が証拠とすることに異議を述べたものについては、この限りでない。

第四節　審理裁判之特例
第四節　公判の裁判の特例

第350條之28（即日判決之宣告）
法院，關於有第350條之22裁定之案件，應儘可能當日為判決之宣告。

第350条の28（即日判決の言渡し）
裁判所は、第350条の22の決定があつた事件については、できる限り、即日判決の言渡しをしなければならない。

第350條之29（刑之全部宣告緩刑）
在即決裁判程序，宣告有期徒刑之懲役或禁錮的情形，應將該刑罰之全部為宣告緩刑。

第350条の29（刑の全部の執行猶予の言渡し）
即決裁判手続において懲役又は禁錮の言渡しをする場合には、その刑の全部の執行猶予の言渡しをしなければならない。

每天雖遇到不同的人，實際上，是遇到不同的自己。

第三編　上訴

第三編　上訴

第一章　通則

第一章　通則

第351條（上訴權人(1)）[1]

① 檢察官或被告，得提起上訴。

② 依第266條第2款之規定交付法院審判之案件與其他之案件合併審判，而作成一個裁判之情形，依第268條第2項規定執行檢察官職務之律師，及該其他案件之檢察官，得對該裁判分別獨立提起上訴。

第351条（上訴權者(1)）

① 檢察官又は被告人は、上訴をすることができる。

② 第266条第2号の規定により裁判所の審判に付された事件と他の事件とが併合して審判され、一個の裁判があつた場合には、第268条第2項の

---

[1] 上訴須有「上訴利益」，固以原判決主文為判斷基準，而上訴利益為何？法無明文規定；惟從被告上訴之目的，乃為其利益上訴，始有其實益；若以上訴求請為自己不利益之裁判，當無利益可言，亦違審級救濟之旨，故以「上訴利益」作為上訴之適法要件；可參見：上口裕，《刑事訴訟法》，成文堂，2015年2月四版，頁573；安富潔，《刑事訴訟法講義》，慶應義塾大学出版社，2017年4月四版，頁411。

　　日本實務亦認為，對無罪判決而為上訴主張有罪（最決昭37.9.18刑集144.651），或對輕罪判決上訴請求重罪（最決昭37.9.18判時318.34），或對免訴判決上訴請求程序上駁回（最決昭53.10.31刑集32.7.1793）等，均無上訴利益。

規定により検察官の職務を行う弁護士及び当該他の事件の検察官は、その裁判に対し各々独立して上訴をすることができる。

第352條（上訴權人(2)）
檢察官或被告以外之人受有裁定者，得提起抗告。

第352条（上訴権者(2)）
検察官又は被告人以外の者で決定を受けたものは、抗告をすることができる。

第353條（上訴權人(3)）
被告之法定代理人或輔佐人，得為被告之利益提起上訴。

第353条（上訴権者(3)）
被告人の法定代理人又は保佐人は、被告人のため上訴をすることができる。

第354條（上訴權人(4)）
對於羈押，已開示羈押理由時，曾提出聲請該開示之人，亦得為被告之利益提起上訴。對於駁回該上訴之裁定者，亦同。

第354条（上訴権者(4)）
勾留に対しては、勾留の理由の開示があつたときは、その開示の請求をした者も、被告人のため上訴をすることができる。その上訴を棄却する決定に対しても、同様である。

第355條（上訴權人**(5)**）
在原審中之代理人或辯護人，得為被告之利益提起上訴。

第355条（上訴権者(5)）
原審における代理人又は弁護人は、被告人のため上訴をすることができる。

第356條（上訴權人**(6)**）
提起前3條之上訴，不得違反被告明示之意思。

第356条（上訴権者(6)）
前3条の上訴は、被告人の明示した意思に反してこれをすることができない。

第357條（一部上訴）
上訴，得對於裁判之一部為之。未聲明為一部上訴時，視為對裁判之全部提起上訴。[2]

第357条（一部上訴）
上訴は、裁判の一部に対してこれをすることができる。部分を限らない

---

[2] 日本實務認為裁判上一罪或包括一罪之情形，即使裁判上一罪之一部有罪，他部為無罪而於判決理由中說明；惟被告雖僅就有罪之部分上訴，然有關係之他部，雖係無罪，並無上訴，但仍發生全部移審之效力，均屬上訴法院審理之範圍；惟檢察官就裁判上一罪雖全部提起上訴，但對其中一部無罪部分，並沒有提出控訴之主張；而被告亦僅就其中有罪之部分提起上訴；因此，就此一部無罪部分，並不是當事人間之攻防對象，也不是第二審的審判對象，當然也不屬於第二審依職權調查之範圍（最大決昭46.3.24刑集25.2.293）；而此種「攻防對象論」之觀點，日本實務不僅在第二審有適用，即使在第三審亦有適用（最判昭47.3.9刑集26.2.102），均殊值我國參考援用。

で上訴をしたときは、裁判の全部に対してしたものとみなす。

第358條（上訴提起期間）
提起上訴之期間，自諭知裁判之日起算。

第358条（上訴提起期間）
上訴の提起期間は、裁判が告知された日から進行する。

第359條（捨棄、撤回上訴(1)）
檢察官、被告或於第352條規定之人，得捨棄或撤回上訴。

第359条（上訴の放棄・取下げ(1)）
検察官、被告人又は第352条に規定する者は、上訴の放棄又は取下をすることができる。

第360條（捨棄、撤回上訴(2)）
第353條或第354條規定之人，取得由被告書面之同意，得捨棄或撤回上訴。

第360条（上訴の放棄・取下げ(2)）
第353条又は第354条に規定する者は、書面による被告人の同意を得て、上訴の放棄又は取下をすることができる。[3]

---

[3] 撤回上訴，應由提起上訴之人為之，不許他人代為；因而，若由被告上訴，原審辯護人自不得為被告撤回上訴（最決昭25.7.13刑集4.8.1356）。

第360條之2（捨棄上訴之限制）

對於處死刑、無期徒刑之懲役或禁錮判決之上訴，不受前2條規定之限制，不得捨棄上訴。

第360条の2（上訴放棄の制限）

死刑又は無期の懲役若しくは禁錮に処する判決に対する上訴は、前2条の規定にかかわらず、これを放棄することができない。

第360條之3（捨棄上訴之程序）

聲明捨棄上訴，應以書面為之。

第360条の3（上訴放棄の手続）

上訴放棄の申立は、書面でこれをしなければならない。

第361條（捨棄上訴、撤回與再上訴之禁止）

捨棄上訴或撤回上訴之人，不得對該案件再行上訴。同意捨棄上訴或撤回上訴之被告，亦同。

第361条（上訴の放棄‧取下げと再上訴の禁止）

上訴の放棄又は取下をした者は、その事件について更に上訴をすることができない。上訴の放棄又は取下に同意をした被告人も、同様である。

第362條（上訴權之回復(1)）

依第351條至第355條之規定得提起上訴之人，因不可歸責於自己或代理人之事由，致未能於上訴期間內提起上訴時，得向原法院聲請回復上訴權。

第362条（上訴権の回復(1)）

第351条乃至第355条の規定により上訴をすることができる者は、自己又は代人の責に帰することができない事由によつて上訴の提起期間内に上訴をすることができなかつたときは、原裁判所に上訴権回復の請求をすることができる。

第363條（上訴權之回復(2)）

① 聲請回復上訴權，應自事由終止之日起，於相當上訴提起期間之期間內為之。

② 提起聲請回復上訴權之人，應同時聲明提出上訴。

第363条（上訴権の回復(2)）

① 上訴権回復の請求は、事由が止んだ日から上訴の提起期間に相当する期間内にこれをしなければならない。

② 上訴権回復の請求をする者は、その請求と同時に上訴の申立をしなければならない。

第364條（上訴權之回復(3)）

對於有關聲請回復上訴權所作之裁定，得提起即時抗告。

第364条（上訴権の回復(3)）

上訴権回復の請求についてした決定に対しては、即時抗告をすることができる。

第365條（上訴權之回復(4)）

已聲請回復上訴權時，原法院得在作成前條裁定之前，作出停止裁判執行之裁定。於此情形，得對被告核發羈押票。

第365条（上訴権の回復（4））
上訴権回復の請求があつたときは、原裁判所は、前条の決定をするまで
裁判の執行を停止する決定をすることができる。この場合には、被告人
に対し勾留状を発することができる。

第366條（關於收容被告之特別規定(1)）
① 在刑事設施內之被告，於上訴之提起期間內，向刑事設施之長官或其代
　理人提出上訴書時，視為已於上訴之提起期間內提起上訴。
② 被告無法自行書寫上訴書時，應由刑事設施之長官或其代理人代為書
　寫，或命其所屬職員為之。

第366条（被収容被告人に関する特則（1））
① 刑事施設にいる被告人が上訴の提起期間内に上訴の申立書を刑事施設
　の長又はその代理者に差し出したときは、上訴の提起期間内に上訴を
　したものとみなす。
② 被告人が自ら申立書を作ることができないときは、刑事施設の長又は
　その代理者は、これを代書し、又は所属の職員にこれをさせなければ
　ならない。

第367條（關於收容被告之特別規定(2)）
前條之規定，在刑事設施內之被告，於捨棄上訴或撤回上訴，或聲請回復
上訴權之情形，準用之。

第367条（被収容被告人に関する特則（2））
前条の規定は、刑事施設にいる被告人が上訴の放棄若しくは取下げ又は
上訴権回復の請求をする場合にこれを準用する。

第368條至第371條　刪除

第368条至第371条　削除

開心過著每一天、每一刻，是人生最重要的事。

第二章　第二審
第二章　控訴

第372條（得上訴第二審之判決）
對於地方法院或簡易法院所作之第一審判決，得提起第二審上訴。

第372条（控訴のできる判決）
控訴は、地方裁判所又は簡易裁判所がした第一審の判決に対してこれをすることができる。

第373條（提起上訴第二審之期間）
第二審上訴之提起期間，為14日。

第373条（控訴提起期間）
控訴の提起期間は、14日とする。

第374條（上訴第二審提起之程式）
如要提起第二審上訴，應向第一審法院提出上訴書狀。

第374条（控訴提起の方式）
控訴をするには、申立書を第一審裁判所に差し出さなければならない。

第375條（第一審法院駁回上訴第二審之裁定）

聲請第二審上訴，顯已在上訴權消滅後始提出時，第一審法院應以裁定駁回之。對該裁定，得提起即時抗告。

第375条（第一審裁判所による控訴棄却の決定）

控訴の申立が明らかに控訴権の消滅後にされたものであるときは、第一審裁判所は、決定でこれを棄却しなければならない。この決定に対しては、即時抗告をすることができる。

第376條（上訴第二審意旨書）

① 第二審上訴聲請人，應於法院規則所規定之期間內，向第二審法院提出上訴意旨書。

② 第二審上訴意旨書中，依本法或法院規則所規定，應添具必要之釋明資料或檢察官或辯護人之保證書。

第376条（控訴趣意書）

① 控訴申立人は、裁判所の規則で定める期間内に控訴趣意書を控訴裁判所に差し出さなければならない。

② 控訴趣意書には、この法律又は裁判所の規則の定めるところにより、必要な疎明資料又は検察官若しくは弁護人の保証書を添附しなければならない。

第377條（絕對第二審上訴理由(1)）

以有下列事由為理由，而提起第二審上訴之情形；在上訴意旨書中，應添具能提出充分的證明有該事由要旨之檢察官或辯護人的保證書。

一、未依照法律，組成判決法院者。

二、依法令，不得參與判決之法官參與判決者。

三、違反關於審判公開之規定者。

第377条（絶対的控訴理由(1)）

左の事由があることを理由として控訴の申立をした場合には、控訴趣意書に、その事由があることの充分な証明をすることができる旨の検察官又は弁護人の保証書を添附しなければならない。

一　法律に従つて判決裁判所を構成しなかつたこと。

二　法令により判決に関与することができない裁判官が判決に関与したこと。

三　審判の公開に関する規定に違反したこと。

第378條（絶對第二審上訴理由(2)）

以有下列事由為理由，而提起第二審上訴之情形；在上訴意旨書中，應援用訴訟紀錄及在原法院調查的證據中，所呈現之事實，足以相信該事由存在。[4]

一、發現有違法管轄或管轄錯誤者。

二、違法受理公訴或不受理公訴者。

三、就已受請求審判之案件未予判決，或就未受請求審判之案件予以判決者。

四、判決不載理由，或理由有矛盾者。

第378条（絶対的控訴理由(2)）

左の事由があることを理由として控訴の申立をした場合には、控訴趣意書に、訴訟記録及び原裁判所において取り調べた証拠に現われている事実であつてその事由があることを信ずるに足りるものを援用しなければならない。

4　此第378條、第379條、第381等條文所稱「訴訟記錄」，均譯為「訴訟紀錄」，此可詳見第99條之引註說明；同時，我國實務判決文亦採「訴訟紀錄」一詞，例如108年台聲第124號裁定、108年台抗第1489號裁定、107年台上第205號判決等，可資參照；惟並無出現「訴訟記錄」一詞，併予敍明。

一　不法に管轄又は管轄違を認めたこと。
二　不法に、公訴を受理し、又はこれを棄却したこと。
三　審判の請求を受けた事件について判決をせず、又は審判の請求を受けない事件について判決をしたこと。
四　判決に理由を附せず、又は理由にくいちがいがあること。

第379條（訴訟程序違背法令(3)）
除前2條之情形外，有訴訟程序違背法令，以其違反顯然影響判決為理由，而提起第二審上訴之情形；在上訴意旨書中，應援用訴訟紀錄及在原法院調查的證據中，所呈現之事實，足以相信顯有影響判決之違背法令者。

第379条（訴訟手続の法令違反(3)）
前2条の場合を除いて、訴訟手続に法令の違反があつてその違反が判決に影響を及ぼすことが明らかであることを理由として控訴の申立をした場合には、控訴趣意書に、訴訟記録及び原裁判所において取り調べた証拠に現われている事実であつて明らかに判決に影響を及ぼすべき法令の違反があることを信ずるに足りるものを援用しなければならない。

第380條（適用法令違誤(4)）
適用法令有違誤，以其違誤顯然影響判決為理由，而提起第二審上訴之情形；在上訴意旨書中，應指出該違誤及該違誤顯然足以影響判決者。

第380条（法令適用の誤り(4)）
法令の適用に誤があつてその誤が判決に影響を及ぼすことが明らかであることを理由として控訴の申立をした場合には、控訴趣意書に、その誤及びその誤が明らかに判決に影響を及ぼすべきことを示さなければならない。

第381條（上訴意旨書(5)－量刑不當）

以量刑不當為理由，而提起第二審上訴之情形；在上訴意旨書中，應援用訴訟紀錄及在原法院調查的證據中，所呈現之事實，足以相信量刑不當者。

第381条（控訴趣意書(5)－刑の量定不当）

刑の量定が不当であることを理由として控訴の申立をした場合には、控訴趣意書に、訴訟記録及び原裁判所において取り調べた証拠に現われている事実であつて刑の量定が不当であることを信ずるに足りるものを援用しなければならない。

第382條（事實之誤認(6)）

有事實之誤認，以其誤認顯然影響判決為理由，而提起第二審上訴之情形；在上訴意旨書中，應援用訴訟紀錄及在原法院調查的證據中，所呈現之事實，足以相信顯有影響判決之誤認者。

第382条（事実誤認(6)）

事実の誤認があつてその誤認が判決に影響を及ぼすことが明らかであることを理由として控訴の申立をした場合には、控訴趣意書に、訴訟記録及び原裁判所において取り調べた証拠に現われている事実であつて明らかに判決に影響を及ぼすべき誤認があることを信ずるに足りるものを援用しなければならない。

第382條之2（上訴意旨書(7)－辯論終結後之情事）

① 因不得已之事由，致使在第一審辯論終結前，未能聲請證據調查得以證明之事實，足以相信具有前2條規定提起上訴之理由者，即使是訴訟紀錄以及在原法院調查的證據中，所呈現之事實以外的事實，亦得於第二審上訴意旨書中加以援用。

② 即使就第一審辯論終結後判決前所發生之事實，而足以相信具有前2條規定之提起第二審上訴之理由者，亦與前項同。

③ 於前2項之情形，在上訴意旨書中，應添具釋明該事實之資料。於第1項之情形，亦應添具釋明，因不得已之事由，致使未能聲請證據調查要旨之資料。

第382条の2（控訴趣意書(7)－弁論終結後の事情）

① やむを得ない事由によつて第一審の弁論終結前に取調を請求することができなかつた証拠によつて証明することのできる事実であつて前2条に規定する控訴申立の理由があることを信ずるに足りるものは、訴訟記録及び原裁判所において取り調べた証拠に現われている事実以外の事実であつても、控訴趣意書にこれを援用することができる。

② 第一審の弁論終結後判決前に生じた事実であつて前2条に規定する控訴申立の理由があることを信ずるに足りるものについても、前項と同様である。

③ 前2項の場合には、控訴趣意書に、その事実を疎明する資料を添附しなければならない。第1項の場合には、やむを得ない事由によつてその証拠の取調を請求することができなかつた旨を疎明する資料をも添附しなければならない。

第383條（再審事由等(8)）

以有下列事由為理由，而提起第二審上訴之情形；在上訴意旨書中，應添具釋明存有該事由之資料。

一、有符合得提起聲請再審之情形的事由者。

二、判決後，刑罰已廢止、變更或大赦者。

第383条（再審事由等(8)）

左の事由があることを理由として控訴の申立をした場合には、控訴趣意書に、その事由があることを疎明する資料を添附しなければならない。

一　再審の請求をすることができる場合にあたる事由があること。
二　判決があつた後に刑の廃止若しくは変更又は大赦があつたこと。

第384條（聲請第二審上訴理由之限制）

聲請第二審上訴，限於以第377條至第382條，及前條所規定之事由為理由時，始得提起。

第384条（控訴申立て理由の制限）

控訴の申立は、第377条乃至第382条及び前条に規定する事由があることを理由とするときに限り、これをすることができる。

第385條（第二審駁回之裁定(1)）

① 聲請第二審上訴，明顯違反法令上之程式，或是上訴權消滅後始提出時，第二審法院應以裁定駁回。
② 前項之裁定，得提起第428條第2項之聲明異議。於此情形，亦準用關於即時抗告之規定。

第385条（控訴棄却の決定(1)）

① 控訴の申立が法令上の方式に違反し、又は控訴権の消滅後にされたものであることが明らかなときは、控訴裁判所は、決定でこれを棄却しなければならない。
② 前項の決定に対しては、第428条第2項の異議の申立をすることができる。この場合には、即時抗告に関する規定をも準用する。

第386條（第二審駁回之裁定(2)）

① 於下列情形，第二審法院應以裁定駁回上訴。
　一、未於第376條第1項所規定之期間內，提出上訴意旨書時。

　　二、上訴意旨書，違反本法或法院規則所規定之程式時，或未按照本法
　　　　規定或法院規則所規定，添具必要之釋明資料或保證書時。

　　三、上訴意旨書中，所記載之聲請上訴理由，顯然不符合第377條至第
　　　　382條及第383條所規定之事由時。

② 前條第2項之規定，就前項之裁定準用之。

第386条（控訴棄却の決定(2)）

① 左の場合には、控訴裁判所は、決定で控訴を棄却しなければならない。

　一　第376条第1項に定める期間内に控訴趣意書を差し出さないとき。

　二　控訴趣意書がこの法律若しくは裁判所の規則で定める方式に違反
　　　しているとき、又は控訴趣意書にこの法律若しくは裁判所の規則
　　　の定めるところに従い必要な疎明資料若しくは保証書を添附しな
　　　いとき。

　三　控訴趣意書に記載された控訴の申立の理由が、明らかに第377条
　　　乃至第382条及び第383条に規定する事由に該当しないとき。

② 前条第2項の規定は、前項の決定についてこれを準用する。

第387條（辯護人之資格）

在第二審，不得選任律師以外之人為辯護人。

第387条（弁護人の資格）

控訴審では、弁護士以外の者を弁護人に選任することはできない。

第388條（在第二審中之辯論能力）

在第二審，為被告利益而進行之辯論，若非辯護人不得為之。

第388条（控訴審における弁論能力）

控訴審では、被告人のためにする弁論は、弁護人でなければ、これをすることができない。

第389條（辯論）

審判期日，檢察官及辯護人，均應依據上訴意旨書進行辯論。

第389条（弁論）

公判期日には、検察官及び弁護人は、控訴趣意書に基いて弁論をしなければならない。

第390條（被告到場）

在第二審上訴，被告於審判期日不需要到場。但法院針對適用50萬元（有關刑法、暴力行為等處罰之法律，及有關經濟關係罰則之整備法律之罪以外之罪，目前暫定5萬元）以下罰金或罰款之案件以外之案件，認為被告到場為保護其權利係屬重要時，得命被告到場。

第390条（被告人の出頭）

控訴審においては、被告人は、公判期日に出頭することを要しない。ただし、裁判所は、50万円（刑法、暴力行為等処罰に関する法律及び経済関係罰則の整備に関する法律の罪以外の罪については、当分の間、5万円）以下の罰金又は科料に当たる事件以外の事件について、被告人の出頭がその権利の保護のため重要であると認めるときは、被告人の出頭を命ずることができる。

第391條（辯護人不到場等）

辯護人不到場時或未選任辯護人時，除依本法需要有辯護人之情形、或已

裁定選任辯護人之情形外，得聽取檢察官之陳述後逕行判決。

第391条（弁護人の不出頭等）

弁護人が出頭しないとき、又は弁護人の選任がないときは、この法律により弁護人を要する場合又は決定で弁護人を附した場合を除いては、検察官の陳述を聴いて判決をすることができる。

第392條（調查之範圍）

① 第二審法院，在上訴意旨書中所指摘之事項，均應調查之。

② 第二審法院，即使是未包括在上訴意旨書中之事項，而關於第377條至第382條及第383條所規定之事由，亦得依職權進行調查。

第392条（調査の範囲）

① 控訴裁判所は、控訴趣意書に包含された事項は、これを調査しなければならない。

② 控訴裁判所は、控訴趣意書に包含されない事項であつても、第377条乃至第382条及び第383条に規定する事由に関しては、職権で調査をすることができる。

✧ 事後審制之爭點

　　上訴審的構造，有採續審制、覆審制與事後審制等諸說；我國目前雖然採「覆審制」（我國刑訴第364條），惟我國未來採事後審制是個趨勢；而所謂「事後審制」，即事後審查原判決是否當，故原則上，是以當事人上訴理由所指摘之事項，進行證據調查，日本此第392條第1項即宣示著「事後審制」之精神。

　　事後審制中，最引人關注的議題之一，即是上訴當事人於上訴理由中，並沒有主張第一審判決違背法令，例如原第一審判決為科處超越法定刑之違誤案件，上訴於第二審法院後，第二審法院未察而將其為上訴駁

回。

　　同樣情形，在第三審法院亦未察此違誤，並將其駁回之判決確定案件，嗣提起非常上訴及其如何審理？此乃涉及上訴審法院，就此當事人上訴理由未主張之事項，得否依職權爲調查之義務？

　　首先，日本判例就第一審判決科處超越法定刑之違誤案件，第二審及第三審均未察此違法判決，由檢察總長提起非常上訴後，日本最高裁判所的判決主文，是認爲第一審判決違背法令，應予撤銷並改判；另就第二審及第三審的非常上訴之聲請爲駁回之判決（最昭判30.9.29刑集9.10.2102）。其判決理由認爲，第一審判決就被告侵入建築物竊盜，判決1萬元罰金，逾越該侵入建築物竊盜罪的罰金法定刑最高額2千5百元，而認爲是判決違背法令，且該判決對被告不利益，故應爲撤銷改判2千5百元。

　　其次，對第二審及第三審法院就此違誤之未察，檢察總長於非常上訴理由書中，雖主張認爲第二審及第三審法院之駁回上訴係屬判決違背法令，應予撤銷云云；然而，最高裁判所卻認爲第二審、及第三審法院依據日本刑事訴訟法第392條第2項（第二審）以及第411條（第三審）之規定，只不過是屬於「得」依職權爲調查之事項，並沒有包括第二審或第三審之上訴人於上訴理由書中未指摘之事項；因而，就此事項，第二審、第三審並沒有依職權爲調查之義務，而應予上訴駁回（前揭最昭判30.9.29刑集9.10.2102）[5]。惟在此之前，昭和27年雖採反對見解，認爲對少年的科處，原係短期五年，卻爲有期徒刑六年的逾越科刑，此第一審判決即屬明顯違背法令（最昭判27.12.11第一小昭26年(さ)第4號判決）[6]。

　　在更早之前的昭和25年判例，就認爲上訴審沒有依職權調查之義務，例如第一審就法定刑中不存在的罰金，而卻宣判罰金之違法，雖然第二審及第三審法院疏失未察，但仍不能成爲非常上訴的對象（最昭判25.5.18刑集4.5.826）。

---

[5] 松本時夫、土本武司ほか編，《条解刑事訴訟法》，弘文堂，2018（平成30年）年9月四版增補版，頁1152。

[6] 平出禾，《綜合判例研究叢書：刑事訴訟法(14)》，昭和38年4月初版，頁235。

學者就此提出若干批評，歸納如下之學說：

甲、依職權調查說：此說認爲原判決有無違背法令，是上訴級法院本身當時應該爲職權調查之當然結果；亦即，原判決有無違背法令係由上訴審法院本身來決定。蓋從審級救濟的觀點，不論是控訴審（第二審）或上告審（第三審）除了負有個案具體救濟之外，尚有統一解釋法令之功能，當無疑義。

乙、判決違法明顯說：此說認爲，此乃上訴審判決之本身，包括判決理由中，如有明顯違誤，若是不把它撤銷，否則就無法爲謀求統一法令之解釋與適用，而不是上訴審本身是無依職權調查之義務、或是有依職權調查義務之問題；亦即，應該說是判決本身是否違反法令才是重要的關鍵。[7]

丙、折衷說：此說認爲上訴法院依其審級救濟的觀點，固有個案救濟與統一解釋法令之雙重任務，然由於日本第二審採事後審，第三審係嚴格法律審，此等均屬事後審之性質；依渠等事後審之性質，於上訴時本應提出具體理由而爲指摘，縱然第二審依第392條第2項、或第三審依第411條固有依職權調查義務之明文，但這屬法院裁量之「得」否依職權調查之事項；所以，若於上訴理由書，未具體指摘，尚難遽稱違法。

上開丙、折衷說是日本實務的見解（最昭判30.9.29刑集9.10.2102）；甲、依職權調查說，是目前日本學者的通說[8]，此乃從審級制度的本質而言，除了個案救濟外，尚謀求統一法令之解釋，亦是審級制度存在之重大目的；因此，當第二審依第392條第2項，雖然已爲職權調查，但所指摘的控訴理由，仍然是不足構成理由；或者，是第三審已適用第411條規定爲調查，但仍不被認爲有理由時；從這些上訴審判決理由

7　河上和雄ほか編，《大コンメンタール刑事訴訟法：10卷》，青林書院，2013年9月二版，頁205（河上和雄、河村博執筆）。

8　松本時夫、土本武司ほか編，同前註5《条解刑事訴訟法：四版》，頁1152；高田卓爾，《注解刑事訴訟法：下卷》，青林書院，平成元年2月新版，頁389；臼井滋夫，《註釋刑事訴訟法：四卷》，立花書房，昭和57年3月初版，頁515；平出禾，《法律實務講座刑事篇：12卷》，有斐閣，昭和32年9月初版，頁2784。

中，即可據此判斷是否有無違誤，並進而考慮是否成爲非常上訴的對象。

　　然而，筆者見解認爲，**日本學者通說（甲說）固然可採；惟「乙、判決違法明顯說」**，更具有說服力。蓋上揭日本判例認爲，上訴審沒有依職權調查之義務，而據此作爲駁回非常上訴之理由，但這樣的理由過於牽強；因上訴審有無依職權調查之義務，並不是直接可以導論出非常上訴有無理由之問題，這樣的邏輯論證過程有跳躍之虞；不論職權調查是否爲上訴審義務之性質，其主要之爭點是這些上訴審的判決，是否構成判決明顯違背法令，以及有無合乎非常上訴之目的論，才是重點；因爲，從非常上訴目的論之觀點，該違背法令已是明顯而重大，身爲審級救濟的第二審或第三審，不能就此重大違誤視而不見，若從判決理由中，即知明白且重大的違誤，那這應該不是原審判決違法，而是上訴審裁判之違法[9]；否則，審級制度之存在，即不具實益。

　　所以，眞正的問題點，不是上訴審本身是否有依職權調查之義務、或是無依職權調查義務之問題，而判決本身有無明顯違背法令之問題，也是非常上訴審得依「自由證明」即可調查及審查之對象。

　　雖有日本學者主張，原審的違背法令有重大且明顯之情形，上訴審法院就此爲職權調查後，應該認爲構成訴訟程序違背法令，而將其撤銷[10]。惟本書以爲，此等重大違誤不僅不是訴訟程序違背法令，而是判決違法令，除應撤銷外，並應改判始爲妥適。

　　嗣日本的判例，現已改變其見解，認爲「已確定之第二審法院所爲撤銷改判之部分有違背法令的時候，即使雖然原第一審判決同樣的違誤之情形，僅就第二審自爲判決之違誤部分，依第458條第1項但書爲撤銷並改判。」（最昭判55.11.14刑集34.6.409）[11]。

　　綜上所述，本系爭問題，到目前爲止，日本最高法院的見解，原則

---

[9]　河上和雄ほか編，同前註7《大コンメンタール刑事訴訟法：10卷》，頁206。

[10]　青柳文雄，《刑事訴訟法通論：下卷》，立花書房，昭和51年5月五版，頁721；高田卓爾，同前註8《注解刑事訴訟法：下卷》，頁388；白井滋夫，同前註8《註釋刑事訴訟法：4卷》，頁515。

[11]　松本時夫、土本武司ほか編，同前註5《条解刑事訴訟法：四版》，頁1152。

上，仍維持「丙、折衷說」的見解（最昭判30.9.29刑集9.10.2102）；
而於例外情形，則採「乙、判決違法明顯說」（最昭判55.11.14刑集
34.6.409）。

第393條（事實之調查）

① 第二審法院就前條之調查認為有必要時，得依檢察官、被告或辯護人之
聲請或依職權進行調查事實。但就有第380條之2之釋明事項，限於為證
明量刑不當，或足以影響判決之事實誤認，實屬不可或缺之情形，應調
查之。

② 第二審法院認為有必要時，得依職權就足以影響第一審判決後刑之量定
的情節進行調查。

③ 前2項之調查，得命合議庭之庭員調查，或囑託地方法院、家事法院或
簡易法院之法官調查。於此情形，受命法官及受託法官與法院或審判長
有同一權限。

④ 已進行依第1項或第2項之規定調查時，檢察官及辯護人得依據調查結果
進行辯論。

第393条（事実の取調べ）

① 控訴裁判所は、前条の調査をするについて必要があるときは、検察
官、被告人若しくは弁護人の請求により又は職権で事実の取調をする
ことができる。但し、第382条の2の疎明があつたものについては、刑
の量定の不当又は判決に影響を及ぼすべき事実の誤認を証明するため
に欠くことのできない場合に限り、これを取り調べなければならな
い。

② 控訴裁判所は、必要があると認めるときは、職権で、第一審判決後の
刑の量定に影響を及ぼすべき情状につき取調をすることができる。

③ 前2項の取調は、合議体の構成員にこれをさせ、又は地方裁判所、家
庭裁判所若しくは簡易裁判所の裁判官にこれを嘱託することができ
る。この場合には、受命裁判官及び受託裁判官は、裁判所又は裁判長

と同一の権限を有する。

④ 第1項又は第2項の規定による取調をしたときは、検察官及び弁護人は、その結果に基いて弁論をすることができる。

第394條（第一審證據之證據能力）
在第一審已得作為證據之證據，即使在第二審亦得作為證據。

第394条（第一審の証拠の証拠能力）
第一審において証拠とすることができた証拠は、控訴審においても、これを証拠とすることができる。

第395條（駁回第二審上訴之判決(1)）
聲請第二審上訴，違反法令上之程式，或是上訴權消滅後始提出時，應以判決駁回第二審上訴。

第395条（控訴棄却の判決(1)）
控訴の申立が法令上の方式に違反し、又は控訴權の消滅後にされたものであるときは、判決で控訴を棄却しなければならない。

第396條（駁回第二審上訴之判決(2)）
不具有第377條至第382條及第383條所規定之事由時，應以判決駁回第二審上訴。

第396条（控訴棄却の判決(2)）
第377条乃至第382条及び第383条に規定する事由がないときは、判決で控訴を棄却しなければならない。

第397條（撤銷原判決）
① 具有第377條至第382條及第383條所規定之事由時，應以判決撤銷原判決。
② 依第393條第2項規定所作的調查之結果，認為如不撤銷原判決，顯然違反正義時，得以判決撤銷原判決。

第397条（破棄の判決）
① 第377条乃至第382条及び第383条に規定する事由があるときは、判決で原判決を破棄しなければならない。
② 第393条第2項の規定による取調の結果、原判決を破棄しなければ明らかに正義に反すると認めるときは、判決で原判決を破棄することができる。

第398條（撤銷發回）
以違法宣告管轄錯誤或以駁回公訴為理由，而撤銷原判決時，應以判決將案件發回原法院。

第398条（破棄差戻し）
不法に、管轄違を言い渡し、又は公訴を棄却したことを理由として原判決を破棄するときは、判決で事件を原裁判所に差し戻さなければならない。

第399條（撤銷移送）
以違法認定管轄為理由，而撤銷原判決時，應以判決將案件移送管轄第一審法院。但第二審法院就該案件有第一審管轄權時，應作為第一審進行審判。

第399条（破棄移送）
不法に管轄を認めたことを理由として原判決を破棄するときは、判決で事件を管轄第一審裁判所に移送しなければならない。但し、控訴裁判所は、その事件について第一審の管轄権を有するときは、第一審として審判をしなければならない。

第400條（撤銷發回、撤銷移送、自為判決）
依前2條規定的理由以外之理由，而撤銷原判決時，應以判決將案件發回原法院，或移送與原法院同級之其他法院。但第二審法院依訴訟紀錄，以及在原法院、第二審法院所調查之證據，認為得即時判決時，得就被告案件自為判決。

第400条（破棄差戻し・破棄移送、破棄自判）
前2条に規定する理由以外の理由によつて原判決を破棄するときは、判決で、事件を原裁判所に差し戻し、又は原裁判所と同等の他の裁判所に移送しなければならない。但し、控訴裁判所は、訴訟記録並びに原裁判所及び控訴裁判所において取り調べた証拠によつて、直ちに判決をすることができるものと認めるときは、被告事件について更に判決をすることができる。

第401條（為共同被告之撤銷）
在為被告之利益而撤銷原判決之情形，撤銷之理由與已提起第二審上訴之共同被告共通時，亦應為其共同被告之利益而撤銷原判決。

第401条（共同被告人のための破棄）
被告人の利益のため原判決を破棄する場合において、破棄の理由が控訴をした共同被告人に共通であるときは、その共同被告人のためにも原判決を破棄しなければならない。

第402條（不利益變更之禁止）

關於由被告提起第二審上訴，或為被告之利益而提起上訴之案件，不得宣告比原判決較重之刑。

第402条（不利益変更の禁止）

被告人が控訴をし、又は被告人のため控訴をした事件については、原判決の刑より重い刑を言い渡すことはできない。

✧ 不利益變更禁止之爭點

　　不利益變更禁止原則乃源於法國19世紀初，亦同樣適於於民事案件中，復於德國、日本與我國所繼受[12]；第402條是日本不利益變更禁止之立法，又稱上訴不加刑；因而，即使是第二審變更法條為比原審較重之罪（例如第二審將原審竊盜罪變更為較重之搶奪罪者)，亦不得改判較重之刑，即採「絕對不加重」，與我國採「相對不加重」有異，蓋因我國第二審因採覆審制（我國刑訴§364）及職權主義之思維，帶有發現真實之色彩，故有第370條第1項但書之設。

　　日本就不利益變更禁止原則之立法例，乃為使被告能利用審級救濟，而不致使其畏懼或猶豫的政策上考慮。同時，也有學者認為是基於當事人主義之精神與構造而來[13]；亦有認為不利益變更禁止原則與當事人主義之構造，並沒有直接的關連性，而僅是根據政策的觀點，讓被告能利用審級救濟行使訴訟上的權利而已。[14]

---

[12] 有關不利益變更禁止原則之沿革、要件與適用等爭點，可參見李春福，〈論不利益變更禁止原則－兼評非常上訴制度〉，東吳學報第28卷第3期（2017年1月），頁167-200。

[13] 上口裕，《刑事訴訟法》，成文堂，2013年10月三版，頁555；河上和雄ほか編，《大コンメンタール刑事訴訟法：9卷》，青林書院，2012年2月二版，頁503-504（原田男國執筆）。

[14] 川出敏裕，〈少年保護手続と不利益変更禁止の原則〉，研修（法総研）595號（1998），頁15以下。

　　另外，從日本法的觀點，若檢察官與被告雙方均上訴之情形，例如兩造均以量刑不當而作為上訴理由時；若第二審法院認為檢察官上訴為有理由，將原判決撤銷時，自無適用不利益變更禁止原則，當無疑義；惟若檢察官上訴為無理由，而被告上訴為有理由時，此時有無不利益變更禁止之適用，在學說上，有採適用說[15]，也有採不適用說[16]。

　　日本實務判例採適用說[17]；蓋：(1)基於不利益變更禁止原則之立法目的，讓被告能盡量利用審級救濟來保障其訴訟上之權利；(2)檢察官上訴無理由，從整個審級救濟的觀點而言，似乎等同於檢察官未上訴；因而，基於保障被告之觀點，而採適用說。此與我國實務見解相同。

　　又日本法有關「刑的輕重」有無不利益之比較，學者通說採「實質不利益說」，即以全體的實質有無利益來作為判斷考量[18]；日本實務亦採此見解，認為是否屬於「較重刑罰」之比較，不僅應當以刑的種類、刑期等形式上來作為比較，而且也應在進行具體、實質比較和綜合考察的基礎上來作觀察判斷[19]；同時，所謂是否為較重之刑，應以是否有「實質上不利益」來作為判斷基準，例如實務就竊盜案件，被告在第一審法院判處1年有期徒刑被撤銷，即使在第二審法院判處有期徒刑1年6個月，並宣告3年之緩刑，從全體法秩序綜合觀察，對於被告並沒有實質的不利益。[20]

---

[15] 高田卓爾，《刑事訴訟法》，青林書院，昭和59年2月二訂版，頁548；鈴木茂嗣，《刑事訴訟法》，青林書院，平成2年2月改訂版，頁255；田宮裕，《刑事訴訟法》，1996年3月新版，頁469；井戶田侃，《刑事訴訟法要說》，有斐閣，1993年3月版，頁282。

[16] 團藤重光，《新刑事訴訟法綱要》，創文社，昭和59年3月七版，頁547；平野龍一，《刑事訴訟法》，有斐閣，昭和33年12月版，頁323；松尾浩也，《刑事訴訟法Ⅱ》，有斐閣，1992年11月初版，頁505；石井一正，《刑事控訴審の理論と實務》，判例タイムズ社，2010年5月版，頁412。

[17] 高松高判昭42.7.10下集9.7.857。

[18] 田口守一，《刑事訴訟法》，弘文堂，2017年4月七版，頁483-484；河上和雄ほか編，同前註12《大コンメンタール刑事訴訟法：9卷》，頁516（原田男國執筆）；土本武司，《刑事訴訟法要義》，有斐閣，平成3年4月初版，頁459。

[19] 最大判昭26.8.1刑集5.9.1715。

[20] 最決昭55.12.4刑集34.7.499。

又日本就第三審法院發回或移送第二審法院為更審判決，該案既經最高法院撤銷該原審判決，即已不復存在；則第二審法院更審之判決，應不受前原第二審判決所諭知刑度之限制，自無所謂不利益變更禁止問題，而與不利益變更禁止原則無涉，此乃法理使然；蓋不利益變更禁止原則係第二審與原第一審判決作比較，而不是與前原第二審判決作比較，就此部分與我國實務見解相同（105年台上字第2368號判決），併予敘明。

第403條（公訴不受理之裁定）

① 原審法院當時未依法為公訴不受理之裁定時，應以裁定公訴不受理。[21]

② 第385條第2項規定，就前項之裁定準用之。

第403条（公訴棄却の決定）

① 原裁判所が不法に公訴棄却の決定をしなかつたときは、決定で公訴を棄却しなければならない。

② 第385条第2項の規定は、前項の決定についてこれを準用する。

第403條之2（聲請第二審上訴之限制等）

① 對於在即決審判程序所作的判決聲請第二審上訴，不受第384條規定之限制；關於應構成在該判決之宣告中，所示之犯罪的事實，以有第382條所規定之事由為理由時，不得為之。

② 關於原法院依即決審判程序所作判決之案件，不受第397條第1項規定之限制；第二審法院關於應構成在該判決之宣告中，所示之犯罪的事實，以有第382條所規定之事由為理由時，不得撤銷原判決。

---

[21] 此第403條立法規定，乃針對原法院原先應依第339條第1項各款為不受理之形式判決，然卻為實體判決違誤之情形；可參見三井誠ほか編，《刑事訴訟法：三版》，頁642。

第403条の2（控訴の申立ての制限等）

① 即決裁判手続においてされた判決に対する控訴の申立ては、第384条の規定にかかわらず、当該判決の言渡しにおいて示された罪となるべき事実について第382条に規定する事由があることを理由としては、これをすることができない。

② 原裁判所が即決裁判手続によつて判決をした事件については、第397条第1項の規定にかかわらず、控訴裁判所は、当該判決の言渡しにおいて示された罪となるべき事実について第382条に規定する事由があることを理由としては、原判決を破棄することができない。

第404條（準用規定）

第二編中，關於審判之規定，除本法有特別規定之情形外，準用有關第二審審判之規定。

第404条（準用規定）

第二編中公判に関する規定は、この法律に特別の定のある場合を除いては、控訴の審判についてこれを準用する。

對人微笑、對事樂觀，與正向的思考，像呼吸一樣的自然。

第三章　第三審
第三章　上告

第405條（得上訴第三審之判決、聲請第三審之理由）

對於高等法院所作之第一審或第二審判決，得以下列事項為理由，提起第三審上訴：

一、有違反憲法或對憲法之解釋有違誤者。

二、作出與最高法院判例相反之見解者。

三、無最高法院判例之情形，作出與大審院或第三審法院之高等法院判例，或本法施行後作出與第二審法院之高等法院判例相反之見解者。

第405条（上告のできる判決、上告申立ての理由）

高等裁判所がした第一審又は第二審の判決に対しては、左の事由があることを理由として上告の申立をすることができる。

一　憲法の違反があること又は憲法の解釈に誤があること。

二　最高裁判所の判例と相反する判断をしたこと。

三　最高裁判所の判例がない場合に、大審院若しくは上告裁判所たる高等裁判所の判例又はこの法律施行後の控訴裁判所たる高等裁判所の判例と相反する判断をしたこと。

第406條（作為上訴第三審之案件受理）

最高法院，除依前條之規定得提起第三審上訴之情形外，就認為包括有關法令解釋之重要事項的案件，以該案件判決確定前為限，得依法院規則所規定，由自己作為第三審而受理該案件。

第406条（上告審としての事件受理）
　　最高裁判所は、前　の規定により上告をすることができる場合以外の場合であつても、法令の解　に　する重要な事項を含むものと認められる事件については、その判決確定前に限り、裁判所の規則の定めるところにより、自ら上告審としてその事件を受理することができる。

第407條（上訴第三審理由書）
第三審上訴意旨書中，依法院規則所規定，應具體敍明上訴之理由。

第407条（上告趣意書）
上告趣意書には、裁判所の規則の定めるところにより、上告の申立の理由を明示しなければならない。

第408條（不經辯論之駁回上訴判決）
第三審法院，依上訴意旨書及其他文書，認為上訴之聲請顯無理由時，得不經言詞辯論逕以判決駁回上訴。

第408条（弁論を経ない上告棄却の判決）
上告裁判所は、上告趣意書その他の書類によつて、上告の申立の理由がないことが明らかであると認めるときは、弁論を経ないで、判決で上告を棄却することができる。

第409條（無須傳喚被告）
在第三審上訴，於審判期日無須傳喚被告。

第409条（被告人の召喚不要）
上告審においては、公判期日に被告人を召喚することを要しない。

第410條（撤銷原判決(1)）

① 第三審法院，於有第405條各款所規定之事由時，應以判決撤銷原判決。但顯然對判決無影響之情形，不在此限。

② 在僅有第405條第2款或第3款所規定之情形，第三審法院認為變更判例，而維持原判決為適當時，不適用前項之規定。

第410条（破棄の判決(1)）

① 上告裁判所は、第405条各号に規定する事由があるときは、判決で原判決を破棄しなければならない。但し、判決に影響を及ぼさないことが明らかな場合は、この限りでない。[22]

② 第405条第2号又は第3号に規定する事由のみがある場合において、上告裁判所がその判例を変更して原判決を維持するのを相当とするときは、前項の規定は、これを適用しない。

第411條（撤銷原判決(2)）

第三審法院，雖無第405條各款所規定事由之情形，但認為如有下列事由，而不撤銷原判決顯然違反正義時，得以判決撤銷原判決：

一、有違背法令足以影響判決者。

二、量刑甚為不當者。

三、有重大事實之誤認，足以影響判決者。

四、有符合得聲請再審的情形之事由者。

五、判決後刑罰已廢止、變更或大赦者。

第411条（破棄の判決(2)）

上告裁判所は、第405条各号に規定する事由がない場合であつても、左の事由があつて原判決を破棄しなければ著しく正義に反すると認めるとき

---

[22] 此第410條第1項條文譯為：「顯然對判決無影響之情形，‥‥」；惟我國刑訴第380條規定：「‥‥顯然於判決無影響者，不得為上訴之理由。」二者略異，併予敘明。

は、判決で原判決を破棄することができる。
一　判決に影響を及ぼすべき法令の違反があること。
二　刑の量定が甚しく不当であること。
三　判決に影響を及ぼすべき重大な事実の誤認があること。
四　再審の請求をすることができる場合にあたる事由があること。
五　判決があつた後に刑の廃止若しくは変更又は大赦があつたこと。

第412條（撤銷移送）
以違法認定管轄為理由，而撤銷原判決時，應以判決將案件移送管轄之第
　　二審法院或管轄之第一審法院。

第412条（破棄移送）
不法に管轄を認めたことを理由として原判決を破棄するときは、判決で
事件を管轄控訴裁判所又は管轄第一審裁判所に移送しなければならな
い。

第413條（撤銷發回、撤銷移送、撤銷自為判決）
依前條規定之理由以外之理由，而撤銷原判決時，應以判決將案件發回原
法院或第一審法院，或移送同級之其他法院。但第三審法院依訴訟紀錄、
及在原法院，以及第一審法院所調查之證據，認為得即時判決時，得就被
告案件自為判決。

第413条（破棄差戻し・破棄移送、破棄自判）
前条に規定する理由以外の理由によつて原判決を破棄するときは、判決
で、事件を原裁判所若しくは第一審裁判所に差し戻し、又はこれらと
同等の他の裁判所に移送しなければならない。但し、上告裁判所は、訴
訟記録並びに原裁判所及び第一審裁判所において取り調べた証拠によつ
て、直ちに判決をすることができるものと認めるときは、被告事件につ

いて更に判決をすることができる。

第413條之2（第三審撤銷理由之限制）
關於第一審法院依即決審判程序所作判決之案件，不受第411條規定之限制；第三審法院關於應構成在該判決之宣告中，所示之犯罪的事實，若以有同條第3款所規定之事由為理由時，則不得撤銷原判決。

第413条の2（上告審における破棄理由の制限）
第一審裁判所が即決裁判手続によつて判決をした事件については、第411条の規定にかかわらず、上告裁判所は、当該判決の言渡しにおいて示された罪となるべき事実について同条第3号に規定する事由があることを理由としては、原判決を破棄することができない。

第414條（準用規定）
前章之規定，除本法有特別規定之情形外，準用於第三審之審判。

第414条（準用規定）
前章の規定は、この法律に特別の定のある場合を除いては、上告の審判についてこれを準用する。

第415條（訂正判決(1)）
① 第三審法院發現判決之內容有違誤時，得依檢察官、被告或辯護人之聲請，以判決訂正之。
② 前項之聲請，應自判決宣告之日起10日以內提出。
③ 第三審法院認為適當時，依第1項所規定之人的聲請，得延長前項之期間。

第415条（訂正の判決(1)）

① 上告裁判所は、その判決の内容に誤のあることを発見したときは、検察官、被告人又は弁護人の申立により、判決でこれを訂正することができる。

② 前項の申立は、判決の宣告があつた日から10日以内にこれをしなければならない。

③ 上告裁判所は、適当と認めるときは、第1項に規定する者の申立により、前項の期間を延長することができる。

第416條（訂正判決(2)）

訂正之判決，雖不經辯論，仍得為之。

第416条（訂正の判決(2)）

訂正の判決は、弁論を経ないでもこれをすることができる。

第417條（訂正判決(3)）

① 第三審法院不作出訂正之判決時，應儘速以裁定駁回聲請。

② 對於訂正之判決，不得提起第415條第1項之聲請。

第417条（訂正の判決(3)）

① 上告裁判所は、訂正の判決をしないときは、速やかに決定で申立を棄却しなければならない。

② 訂正の判決に対しては、第415条第1項の申立をすることはできない。

第418條（第三審判決之確定）

第三審法院之判決，自宣告之日起算，經過第415條之期間時，或於該期間內已提出第1項聲請之情形，於作出訂正之判決或駁回聲請之裁定時確定。

第418条（上告判決の確定）

上告裁判所の判決は、宣告があつた日から第415条の期間を経過したとき、又はその期間内に同条第1項の申立があつた場合には訂正の判決若しくは申立を棄却する決定があつたときに、確定する。

花有芬芳，蝴蝶自來。

第四章　抗告
第四章 抗告

第419條（得抗告之裁定）

除有特別得提起即時抗告意旨規定之情形外，對法院所作之裁定，得提起抗告。但本法有特別規定之情形，不在此限。

第419条（抗告のできる決定）

抗告は、特に即時抗告をすることができる旨の規定がある場合の外、裁判所のした決定に対してこれをすることができる。但し、この法律に特別の定のある場合は、この限りでない。

第420條（對判決前裁定之抗告）

① 對於判決前所作的有關法院之管轄或訴訟程序之裁定，除本法有特別得提起即時抗告意旨規定之情形外，不得提起抗告。

② 前項之規定，就有關羈押、具保、扣押或扣押物發還之裁定，及關於為鑑定所作的留置之裁定，不適用之。

③ 對於羈押，不受前項之限制，不得以無犯罪嫌疑為理由而提起抗告。

第420条（判決前の決定に対する抗告）

① 裁判所の管轄又は訴訟手続に関し判決前にした決定に対しては、この法律に特に即時抗告をすることができる旨の規定がある場合を除いては、抗告をすることはできない。

② 前項の規定は、勾留、保釈、押収又は押収物の還付に関する決定及び鑑定のためにする留置に関する決定については、これを適用しない。

③ 勾留に対しては、前項の規定にかかわらず、犯罪の嫌疑がないことを
理由として抗告をすることはできない。

第421條（通常抗告之時期）

抗告，除即時抗告外，得隨時提起之。但撤銷原裁定，已不具有實益時，
不在此限。

第421条（通常抗告の時期）

抗告は、即時抗告を除いては、何時でもこれをすることができる。但
し、原決定を取り消しても実益がないようになつたときは、この限りで
ない。

第422條（提起即時抗告之期間）

即時抗告之提起期間，為3日。

第422条（即時抗告の提起期間）

即時抗告の提起期間は、3日とする。

第423條（抗告之程序）

① 如要提起抗告，應向原法院提出聲請書。
② 原法院認為抗告有理由時，應更正裁定。認為抗告之全部或一部無理由
時，應從受理聲請書後3日以内，添具意見書後，送交抗告法院。

第423条（抗告の手続）

① 抗告をするには、申立書を原裁判所に差し出さなければならない。
② 原裁判所は、抗告を理由があるものと認めるときは、決定を更正しな
ければならない。抗告の全部又は一部を理由がないと認めるときは、

申立書を受け取つた日から3日以内に意見書を添えて、これを抗告裁判所に送付しなければならない。

第424條（通常抗告與停止執行）
① 抗告，除即時抗告外，不具停止執行裁判之效力。但原法院得以裁定，在有抗告之裁判前停止執行。
② 抗告法院，得以裁定停止裁判之執行。

第424条（通常抗告と執行停止）
① 抗告は、即時抗告を除いては、裁判の執行を停止する効力を有しない[23]。但し、原裁判所は、決定で、抗告の裁判があるまで執行を停止することができる。
② 抗告裁判所は、決定で裁判の執行を停止することができる。

第425條（即時抗告之執行停止效力）
在即時抗告之提起期間內，以及有提出該聲請時，停止裁判之執行。

第425条（即時抗告の執行停止の効力）
即時抗告の提起期間内及びその申立があつたときは、裁判の執行は、停止される。

---

[23] 此第424條第1項條文所稱：「‧‧‧‧裁判の執行を停止する効力を有しない。」文法譯為「‧‧‧‧不具停止執行裁判之效力。」此與我國抗告編第409條規定：「無停止執行之效力」有別；惟若是「無停止執行之效力」，日文譯為「‧‧‧‧効力がない」，而不是「‧‧‧‧効力を有しない」。

第426條（對抗告之裁定）

① 抗告程序違反規定時，或抗告無理由時，應以裁定駁回之。

② 抗告有理由時，應以裁定將原裁定撤銷，有必要之情形，應重新自為裁判。

第426条（抗告に対する決定）

① 抗告の手続がその規定に違反したとき、又は抗告が理由のないときは、決定で抗告を棄却しなければならない。

② 抗告が理由のあるときは、決定で原決定を取り消し、必要がある場合には、更に裁判をしなければならない。

第427條（再抗告之禁止）

對於抗告法院之裁定，不得提起再抗告。

第427条（再抗告の禁止）

抗告裁判所の決定に対しては、抗告をすることはできない。

第428條（禁止抗告、替代抗告之聲明異議）

① 對於高等法院之裁定，不得提起抗告。

② 對於有得提起即時抗告意旨規定之裁定，以及得依第419條、第420條之規定提起抗告之裁定，由高等法院所作成者，得向該高等法院提出聲明異議。

③ 關於前項異議之聲明，準用有關抗告之規定。關於對有得提起即時抗告意旨規定之裁定的聲明異議，亦準用有關即時抗告之規定。

第428条（抗告の禁止、抗告に代わる異議申立て）

① 高等裁判所の決定に対しては、抗告をすることはできない。

② 即時抗告をすることができる旨の規定がある決定並びに第419条及び

第420条の規定により抗告をすることができる決定で高等裁判所がしたものに対しては、その高等裁判所に異議の申立をすることができる。

③ 前項の異議の申立に関しては、抗告に関する規定を準用する。即時抗告をすることができる旨の規定がある決定に対する異議の申立に関しては、即時抗告に関する規定をも準用する。

第429條（準抗告(1)）

① 在法官所作下列裁判之情形有不服者，對於由簡易法院法官所作之裁判，或對於在管轄地方法院由其他法官所作之裁判，均得向該法官所屬之法院聲請撤銷或變更該裁判：

一、駁回聲請迴避之裁判。

二、關於羈押、具保、扣押或扣押物發還之裁判。

三、為鑑定而命留置之裁判。

四、對證人、鑑定人、通譯或翻譯，命科罰鍰或賠償費用之裁判。

五、對接受身體檢查之人，命科罰鍰或賠償費用之裁判。

② 第420條第3項之規定，關於前項之聲請準用之。

③ 受理第1項聲請之地方法院或家事法院，應以合議庭進行裁定。

④ 第1項第4款或第5款裁判之撤銷或變更之聲請，應於該裁判之日起算3日內作出之。

⑤ 前項之聲請期間內及已提出該聲請時，停止裁判之執行。

第429条（準抗告(1)）

① 裁判官が左の裁判をした場合において、不服がある者は、簡易裁判所の裁判官がした裁判に対しては管轄地方裁判所に、その他の裁判官がした裁判に対してはその裁判官所属の裁判所にその裁判の取消又は変更を請求することができる。

一　忌避の申立を却下する裁判

二　勾留、保釈、押収又は押収物の還付に関する裁判

　　三　鑑定のため留置を命ずる裁判
　　四　証人、鑑定人、通訳人又は翻訳人に対して過料又は費用の賠償を
　　　　命ずる裁判
　　五　身体の検査を受ける者に対して過料又は費用の賠償を命ずる裁判
② 第420条第3項の規定は、前項の請求についてこれを準用する。
③ 第1項の請求を受けた地方裁判所又は家庭裁判所は、合議体で決定を
　　しなければならない。
④ 第1項第4号又は第5号の裁判の取消又は変更の請求は、その裁判のあ
　　つた日から3日以内にこれをしなければならない。
⑤ 前項の請求期間内及びその請求があつたときは、裁判の執行は、停止
　　される。

第430條（準抗告(2)）

① 對有關檢察官或檢察事務官所作第39條第3項之處分、扣押處分或扣押
　　物發還之處分有不服者，得向該檢察官或檢察事務官所屬檢察廳對應之
　　法院聲請撤銷或變更該處分。
② 對司法警察所為前項之處分有不服者，得向管轄司法警察的職務執行地
　　之地方法院或簡易法院，聲請撤銷或變更該處分。
③ 就前2項之聲請，關於行政事件訴訟之法令規定，不適用之。

第430条（準抗告(2)）

① 検察官又は検察事務官のした第39条第3項の処分又は押収若しくは押
　　収物の還付に関する処分に不服がある者は、その検察官又は検察事務
　　官が所属する検察庁の対応する裁判所にその処分の取消又は変更を請
　　求することができる。
② 司法警察職員のした前項の処分に不服がある者は、司法警察職員の職
　　務執行地を管轄する地方裁判所又は簡易裁判所にその処分の取消又は
　　変更を請求することができる。
③ 前2項の請求については、行政事件訴訟に関する法令の規定は、これ

を適用しない。

第431條（準抗告之程序(1)）
如要提起前2條之聲請，應向管轄法院提出聲請書。

第431条（準抗告の手続(1)）
前2条の請求をするには、請求書を管轄裁判所に差し出さなければならない。

第432條（準抗告之程序(2)）
第424條、第426條及第427條之規定，遇有第429條及第430條聲請之情形，準用之。

第432条（準抗告の手続(2)）
第424条、第426条及び第427条の規定は、第429条及び第430条の請求があつた場合にこれを準用する。

第433條（特別抗告(1)）
① 對於依本法不得聲明不服之裁定或命令，限以第405條所規定的事項為理由之情形，始得向最高法院提起特別抗告。
② 前項抗告之提起期間，為5日。

第433条（特別抗告(1)）
① この法律により不服を申し立てることができない決定又は命令に対しては、第405条に規定する事由があることを理由とする場合に限り、最高裁判所に特に抗告をすることができる。
② 前項の抗告の提起期間は、5日とする。

第434條（特別抗告(2)）

第423條、第424條及第426條之規定，除本法有特別規定之情形外，關於前條第1項之抗告準用之。

第434条（特別抗告(2)）

第423条、第424条及び第426条の規定は、この法律に特別の定のある場合を除いては、前条第1項の抗告についてこれを準用する。

良師為萬福之源。

第四編　再審

第四編　再審

◇ 再審之概述

聲請再審日本學者喻爲「厚重而難以開啟的門」[1]，代表著於判決確定後，要重啟審理是困難的；蓋案件一經確定，即生確定力；嗣後即不許任何人就該案件再爲爭執，亦不許任何機關自行更動、或任意推翻該既判力之判斷；苟不如此，則無從維持法之安定性，使爭端無從休止，而有審理不盡，亦違司法存在之本旨。

惟判決確定固生既判力，而有一事不再理原則之適用[2]；然惟人之審判，終非是神，難保正確無誤，倘任其錯誤始終存在，不僅與公平正義有違，亦與司法威信相背；因而，爲調和法之安定性與司法正義之實現，欲推翻已確定之判決，必限於不得已之例外情形下，始得提起特別救濟程序。

所謂「特別救濟程序」，乃相對於「通常審級救濟程序」而言；我國就特別救濟制度，採「雙軌制」，亦即：就確定判決如有認定事實之錯誤，則得提起再審程序，此係重視個案救濟；若其確定判決之審判違背法令，則由最高檢察署檢察總長向最高法院提起非常上訴，以爲救濟，此乃基於統一法令之解釋與適用爲目的，此二者性質迴異。

從特別救濟採「雙軌制」的歷史沿革，均源於法國，吾人於專論與論文中，均有詳述[3]；日本與我國均維持「雙軌制」的再審與非常上訴之特

---

[1] 鴨良弼等ほか編，《刑事再審之研究》，成文堂，1980年10月版，頁1（內田博文執筆）。

[2] 有關再審與非常上訴等特別救濟程序，有無「一事不再理原則」之適用，頗值深究，可參見李春福，《一事不再理之探討》，高大法學論叢，2019年9月（15卷第1期），頁159-191。

[3] 李春福，《非常上訴制度之研究》，承法數位公司，2014年4月初版；李春福，《刑事

別救濟方式；按過去對特別救濟程序之研究較乏人問津，最主要是缺乏基礎理論；蓋特別救濟程序乃指判決確定後，案件已經終了，當事人已脫離原來的審級程序，惟何謂「當事人已脫離原來的審級程序」，亦即該案件因判決確定，而脫離原先所謂審級構造「續審制、覆審制或事後審制」的觀念；故特別救濟程序應予特別思維之方式；換言之，特別救濟程序是一個「目的審」，以其立法目的思維為主軸，方不致於失真失實。

惟觀我國2015年2月4日再審修法前，我國實務見解，一直沿用中國大陸時期28年抗字第8號判例認為：所謂「發現（或發見）確實之新證據」，須兼具二個要件：一為形式要件之證據「新規性」。二為實質要件之證據「確實性」（日本稱為「明白性」）[4]。前者，所謂證據之「新規性」作為形式要件，須限原事實審法院於判決當時業已存在之證據，未及調查斟酌，至其後始發現者稱（相同觀念的見解40年台抗第2號判例、69年台抗第352號判例參照）。換言之，再審是個「目的審」，主要在避免冤獄之誤判，而不是以「事審後制」的思維，限於該證據在原判決前已存在而未及調查而言，這個理論，已謬誤了近80年。

再審制度之過去、現在與未來》，法令月刊第67卷12期（2016年12月），頁133-152。

[4] 我國學者間，對「再審」形式要件及實質要件之用語不一；例如學者陳樸生及林俊益謂「新規性及確實性」；學者黃東熊謂「新鮮性及可靠性」；朱石炎先生謂「新規性及可靠性」；褚劍鴻先生謂「新規性及明確性」；學者何尚先謂「新鮮性及明確性」；學者劉紹猷謂：「嶄新性及顯然性」；學者黃朝義謂「新規性及明確性（確實性）」；學者林鈺雄謂「嶄新性及顯著性」；渠等語意雖同，惟用語紛歧；我國最高法院近例109年台抗字33號裁定、108年台抗字1594號裁定等，均採「新規性及確實性」；惟筆者採「新規性及明顯性」，而所謂「新規性」，即新證據須符合法律之規定；而所謂「明顯性」，指明顯合理懷疑之蓋然性，此等意義，詳如後述。

另外，日本《刑事訴訟法》教科書，大多數學者均採統一名稱「新規性及明白性」，此可鑑於安倍治夫、鴨良弼、田宮裕、高田卓爾、伊藤榮樹、龜山繼夫、土本武司、田口守一、庭山英雄、河上和雄等著作自明；同時，日本著名的再審「白鳥案件之裁定」中（最裁昭50.5.20刑集29.5.177），亦使用「新規性及明白性」一詞，併予敘明。

第435條（聲請再審之理由(1)）

對宣告有罪之確定判決，在下列之情形，為受判決人之利益得提起聲請再審：

一、原判決所憑之證據文書或證物，依確定判決已證明是偽造或變造者。

二、原判決所憑證據之證言、鑑定、通譯或翻譯，依確定判決已證明是虛偽者。

三、誣告受有罪宣告者之罪，依確定判決已經證明者。但以因誣告受有罪宣告者為限。

四、原判決所憑證據之裁判，依確定裁判已經變更者。

五、關於因侵害專利權、實用新型專利權、新式樣專利權或商標權之罪，受有罪宣告之案件，而該項權利之無效判決已確定或已無效判決者。

六、新發現明顯之證據，足以認定對受有罪宣告之人宣告無罪或免訴，或對受刑宣告之人宣告免刑，或比在原判決所認之罪較輕之罪者。

七、參與原判決之法官、參與原判決所憑證據的證據文書作成之法官，或作成原判決所憑證據之書面或作過供述之檢察官、檢察事務官或司法警察，就被告案件犯關於職務上之罪，依確定判決已經證明者。但作成原判決前，對法官、檢察官、檢察事務官或司法警察已提起公訴之情形，以作出原判決之法院當時不知該事實時為限。

第435条（再審請求の理由(1)）

再審の請求は、左の場合において、有罪の言渡をした確定判決に対して、その言渡を受けた者の利益のために、これをすることができる。

一　原判決の証拠となつた証拠書類又は証拠物が確定判決により偽造又は変造であつたことが証明されたとき。

二　原判決の証拠となつた証言、鑑定、通訳又は翻訳が確定判決により虚偽であつたことが証明されたとき。

三　有罪の言渡を受けた者を誣告した罪が確定判決により証明されたとき。但し、誣告により有罪の言渡を受けたときに限る。

四 原判決の証拠となつた裁判が確定裁判により変更されたとき。

五 特許権、実用新案権、意匠権又は商標権を害した罪により有罪の言渡をした事件について、その権利の無効の審決が確定したとき、又は無効の判決があつたとき。

六 有罪の言渡を受けた者に対して無罪若しくは免訴を言い渡し、刑の言渡を受けた者に対して刑の免除を言い渡し、又は原判決において認めた罪より軽い罪を認めるべき明らかな証拠をあらたに発見したとき。[5]

七 原判決に関与した裁判官、原判決の証拠となつた証拠書類の作成に関与した裁判官又は原判決の証拠となつた書面を作成し若しくは供述をした検察官、検察事務官若しくは司法警察職員が被告事件について職務に関する罪を犯したことが確定判決により証明されたとき。但し、原判決をする前に裁判官、検察官、検察事務官又は司法警察職員に対して公訴の提起があつた場合には、原判決をした裁判所がその事実を知らなかつたときに限る。

◇ 聲請再審要件之爭點

　　上開日本第435條第6款所稱「新發現明顯之證據」包括形式要件之證據「新規性」（此新規性已於前述）及實質要件之證據「明白性」；就「明白性」實務的判斷基準一直採嚴格解釋，而爲日本學界所批評。所謂證據之「明白性」，日本學說有二說：一爲「個別評價說」，即認爲再審理由，係根據新證據來作個別判斷，只限於無罪之可能性很高，否則疑案就維持原確定判決；易言之，此說認爲明白性之判斷，乃受到原確定判決中，舊證據評價之拘束（又稱爲：心證引繼說）。另一說，則爲「綜合評價說」，此說認爲新證據有無「明白性」，不受原確定判決舊證據之拘

5　此第435條第6款條文所稱「……明らかな証拠をあらたに発見し……。」文法譯為「新發現明顯之證據」，惟我國再審現行條文第420條第1項第6款規定：「因發現新事實、新證據……」有別，併予敘明。

束，而應從新證據與舊證據來綜合評價（又稱為：再評價說），並應適用「有疑時利益被告」之解釋原則，第一說「個別評價說」為舊說的見解；第二說「綜合評價說」，乃為多數學者所採。[6]

　　惟至日本最高法院在「白鳥案件裁定」中，就改採學者所謂「綜合評價說」的見解；所謂證據之「明白性」，是指對確定判決中認定的事實產生合理懷疑，因而致推翻該認定之蓋然性的證據為已足；至於是否使人產生合理懷疑的判斷，應當「綜合評價」新證據和舊證據後作出，並且在作出此項判斷時，適用「有疑時利益被告」之解釋原則（最裁昭50.5.20刑集29.5.177）；甚至在此後幾件實務中，例如著名的死刑案件中（財田川案件裁定），就新證據「明白性」應如何評價與判斷，更再一次確立採「綜合評價說」，認為新證據具有「明白性」，即可為開始再審裁定之程序（最裁昭51.10.12刑集30.9.1673）。[7]

　　成為問題的是，係對於「再評價說」的理解，有所謂「全面再評價說」與「限定再評價說」；前者所謂「全面再評價說」，指就全部舊證據為評價，先確認足以形成如何心證，再加入新證據為全部的再評價，例如上開財田川案件，即屬「全面再評價說」。後者所謂「限定評價說」，乃就新證據所證明之事實，與舊證據有直接關連始得為再評價，若新證據與無直接關連之舊證據，則須受原確定判決認定事實所拘束而不得再為評價。[8]

　　惟日本從1980年後期，再審實務傾向嚴格解釋而走回頭路，採「限定再評價說」來限縮「新證據」評價範圍，導致袴田事件（2004年）、狹山事件（2005年）、和大崎事件（2006年）、名張事件（2006年）等

---

[6]　田口守一，《刑事訴訟法》，弘文堂，2107年4月七版，頁499-500。

[7]　三井誠，《判例教材：刑事訴訟法》，東京大學出版社，2008年5月三版，頁654-657；河上古稀，《河上和雄先生古稀祝賀論文集》，青林書院，2003年12月初版，頁438。

[8]　田口守一，同前註6《刑事訴訟法：七版》，頁500；佐藤博史，〈再審請求における証拠の明白性判断―限定的再評価と全面的再評価〉，《河上和雄先生古稀祝賀論文集》，青林書院，2003年12月初版，頁425以下。

重大疑案的再審聲請均遭駁回，再次限縮聲請再審門檻，使再審再次進入如山谷般的黑暗期。[9]

迨至2008年（平成20年）後，日本再審實務產生新的契機變化，並再度藉由「綜合評價說」，及「有疑時利益被告」之解釋原則，而平反被告之重大冤獄案；例如以DNA鑑定作為新證據之足利事件（2009年6月23日再審開始確定後，2010年3月26日宇都宮地方法院以被告無罪確定）、布川事件（2009年12月14日再審開始確定後，於2011年5月24日水戶地方法院以宣告無罪確定），及東京電力OL殺害事件（2012年6月7日再審開始確定後，同年11月7日東京高等法院以宣告無罪確定）等三件重大刑案，經再審法院為無罪判決確定[10]。均肯認日本再審實務以「綜合評價說」，及「有疑時利益被告」之解釋原則。換言之，除就聲請人所提新證據外，尚必須結合法院原卷證內之其他全部證據予以綜合判斷，祇須對於原確定判決所認定之事實，足以產生合理懷疑者，基於「有疑時利益被告」之解釋原則，即可裁定開始再審。

我國有關再審於2015年2月4日修法後，目前實務上判決，雖採立法理由之「綜合判斷說」，惟綜觀最高法院判決，乃可分為以下五種見解：

第一，採「足以動搖說」：例如109年台抗字33號、108年台抗字第1652號、108年台抗1370號，就單獨或與先前之證據綜合判斷，而足以動搖原確定判決所認定事實之確實性特性，始足相當。

第二，採「顯著性說」：例如108年台抗字第1378號、108年台抗字第1151號，就單獨或與先前之證據綜合判斷，而足以動搖原確定判決所認定事實之「顯著性」特性。。

第三，採「合理相信說」：例如108年台抗字第1439號、108年度台

---

9 川﨑英明，《刑事再審と証拠構造論の展開》，日本評論社，2003年5月初版，頁43-45；河上和雄、中山善房ほか編，《大コンメンタール刑事訴訟法：10卷》，青林書院，2013年9月二版，頁17（光藤景皎執筆）。

10 松尾浩也，《刑事訴訟法判例百選》，有斐閣，2011年4月九版，頁218；河上和雄、中山善房ほか編，同前註《大コンメンタール刑事訴訟法：10卷》，頁17-18（光藤景皎執筆）。

抗字第1368號，認爲合理相信足以動搖原確定判決，……應即得開啓再審程序。

第四，採「合理懷疑加上足以動搖說」：108年台抗字第1370號、108年台抗字第1534號，對於原確定判決所認定的事實，能夠產生合理懷疑，並相信有足以動搖原確定判決，而爲有利於受判決人之蓋然性者，即得聲請再審。

第五，採「罪疑唯輕加上合理懷疑說」：107年台抗字第563號：承認「罪證有疑、利歸被告」原則，非祇存在於法院一般審判之中，……不管其出現係在判決確定之前或之後，亦無論係單獨，或結合先前已經存在卷內的各項證據資料，予以綜合判斷，若因此對於原確定判決所認定的事實，能夠產生合理懷疑，並相信有足以動搖原確定判決，而爲有利於受判決人之判決蓋然性者，則爲受判決人之利益，即得聲請再審。

上述五種見解，實務見解以第四種「合理懷疑加上足以動搖說」爲目前多數見解。惟所謂「合理懷疑說」固爲實務多數見解；然而，所謂「合理懷疑說」在學說上，有寬嚴二種以下不同之學說：

甲、嚴格證明之合理懷疑說：此即上開多數實務所稱「此新事實或新證據，單獨或與先前之證據綜合判斷，倘無法產生合理懷疑，不足以動搖原確定判決所認定之事實者，自無准予再審之餘地。」換言之，除合理懷疑外，尚須達到足以動搖原確定判決所認定之事實；惟此所謂「足以動搖原確定判決所認定之事實」，即涉及該再審事實爲嚴格證明之實質上審理，自有違「再審之目的性」之旨。

乙、自由證明之合理懷疑說：此說即是前開日本有名的白鳥案件（最裁昭50.5.20刑集29.5.177），亦即：所謂「確實之新證據」，是指對確定判決中認定的事實產生合理懷疑，因而致推翻該認定之蓋然性的證據爲已足。

筆者從「再審之目的性」，宜採乙說：蓋：(一)再審之目的係爲避免無辜冤獄，而爲開啓再審查程序，宜從形式上判斷，以「自由證明」，有使對該確定判決中認定的事實產生明顯合理懷疑，因而致推翻該認定之蓋然性的證據爲已足，故吾人稱此爲「明顯合理懷疑之蓋然性」，亦即再

審除了符合形式要件之「新規性」外，尚應該當於「明顯性」；此「明顯性」，即所謂「明顯合理懷疑之蓋然性」[11]；(二)法院的使命，乃不處罰無辜的人，誠如英國法諺所比喻：「即使就算放過十個人有罪者，也不能處罰一個無辜的人」[12]，實務採足以動搖原確定判決所認定之事實的高門檻作為要件，無疑是阻絕受判決人特別救濟之機會；(三)甲說所謂「足以動搖原確定判決所認定之事實」，係指實質審理之嚴格證明法則而言；而此新事實、新證據實質審理的證明力如何，於單獨或與其他證據綜合判斷後，能否獲得受判決人有利的判決，則有待於重新開始再審後的審判程序，予以審理判斷（我國刑訴§436），始為妥適。

　　至於上開日本白鳥案件所稱「是否使人產生合理懷疑的判斷，應當「綜合評價」新證據和舊證據後作出，並且在作出此項判斷時，適用「有疑時利益被告」之解釋原則」云云；本文認為所謂「有疑時利益被告」之解釋原則，自屬對被告有利，應予肯認。

第436條（聲請再審之理由(2)）

① 對於駁回第二審上訴或第三審上訴之確定判決，在下列之情形，為受判決人之利益得提起聲請再審：

一、有前條第1款或第2款規定之事由者。

二、參與原判決或所憑該證據的證據文書作成之法官，有前條第7款規

---

[11] 筆者從學生到當老師任教以來，就有關再審要件依陳樸生老師《刑事訴訟法實務》一書中，謂形式要件為「新規性」（此係日文漢字），而實質要件為「確實性」（日文漢字是「明白性」）；然此「新規性」與「確實性」的名稱定性，與「新規性」、「確實性」內容意涵為何？此二者之間，似乎無法作連結，就此，於長年以來，一直存惑在心；所幸在2020年4月間剛好肺炎疫情期間，於講授刑事訴訟法的課堂上豁然忽悟：原來所謂「新規性」，係指「新事實或新證據須符合法律之規定」；而「確實性」宜改為「明顯性」，又所謂「明顯性」，即指「明顯合理懷疑之蓋然性」；如斯，始符合再審形式要件「新規性」與實質要件「明顯性」之名稱與內容意涵相符合。記得當時身心喜悅不已，並躍然記事於筆記上，並特此為記。

[12] 增井清彥，《刑事證據法》，立花書房，平成4年6月初版，頁114-115。

定之事由者。

② 關於對第一審之確定判決，提起再審聲請之案件；在作出再審判決之後，對於駁回第二審上訴之判決，不得提起再審之聲請。

③ 關於對第一審或第二審之確定判決，提起再審聲請之案件；在作出再審判決之後，對於駁回上訴第三審之判決，不得提起再審之聲請。

第436条（再審請求の理由(2)）

① 再審の請求は、左の場合において、控訴又は上告を棄却した確定判決に対して、その言渡を受けた者の利益のために、これをすることができる。

一　前条第1号又は第2号に規定する事由があるとき。

二　原判決又はその証拠となつた証拠書類の作成に関与した裁判官について前条第7号に規定する事由があるとき。

② 第一審の確定判決に対して再審の請求をした事件について再審の判決があつた後は、控訴棄却の判決に対しては、再審の請求をすることはできない。

③ 第一審又は第二審の確定判決に対して再審の請求をした事件について再審の判決があつた後は、上告棄却の判決に対しては、再審の請求をすることはできない。

第437條（聲請再審與替代確定判決之證明）

依前2條之規定，在應以根據確定判決，犯罪已經證明作為聲請再審的理由之情形，如無法取得該確定判決時，得證明該事實而提起聲請再審。但因缺少證據之理由，致無法取得確定判決時，不在此限。

第437条（再審請求と確定判決に代わる証明）

前2条の規定に従い、確定判決により犯罪が証明されたことを再審の請求の理由とすべき場合において、その確定判決を得ることができないときは、その事実を証明して再審の請求をすることができる。但し、証拠が

ないという理由によつて確定判決を得ることができないときは、この限りでない。

第438條（聲請再審與管轄）

聲請再審，由作成原判決之法院管轄。

第438条（再審請求と管轄）

再審の請求は、原判決をした裁判所がこれを管轄する。

第439條（再審聲請權人）

① 再審之聲請，得由下列之人提起：

一、檢察官。

二、受有罪判決之人。

三、受有罪判決之人的法定代理人或輔佐人。

四、受有罪判決之人，死亡或處於心神喪失狀態之情形，其配偶、直系親屬及兄弟姊妹。

② 依第435條第7款或第436條第1項第2款規定之事由，所提起的聲請再審；係由受有罪判決之人主使犯該罪之情形，必須由檢察官提起。

第439条（再審請求権者）

① 再審の請求は、左の者がこれをすることができる。

一　検察官

二　有罪の言渡を受けた者

三　有罪の言渡を受けた者の法定代理人及び保佐人

四　有罪の言渡を受けた者が死亡し、又は心神喪失の状態に在る場合には、その配偶者、直系の親族及び兄弟姉妹

② 第435条第7号又は第436条第1項第2号に規定する事由による再審の請求は、有罪の言渡を受けた者がその罪を犯させた場合には、検察官で

なければこれをすることができない。

第440條（再審聲請與辯護人之選任）
① 檢察官以外之人提起聲請再審之情形，得選任辯護人。
② 依前項規定進行之辯護人選任，至再審判決之前，均有效力。

第440条（再審請求と弁護人の選任）
① 檢察官以外の者は、再審の請求をする場合には、弁護人を選任することができる。
② 前項の規定による弁護人の選任は、再審の判決があるまでその効力を有する。

第441條（聲請再審之時期）
雖於刑之執行完畢，或已不再受執行時，仍得提起聲請再審。

第441条（再審請求の時期）
再審の請求は、刑の執行が終り、又はその執行を受けることがないようになつたときでも、これをすることができる。

第442條（聲請再審及執行停止之效力）
聲請再審，不具停止刑的執行之效力。但對應管轄法院之檢察廳的檢察官，就再審之聲請的裁判前，得停止刑之執行。

第442条（再審請求と執行停止の効力）
再審の請求は、刑の執行を停止する効力を有しない。但し、管轄裁判所に対応する検察庁の検察官は、再審の請求についての裁判があるまで刑の執行を停止することができる。

第443條（聲請再審之撤回）

① 再審之聲請，得撤回之。

② 撤回再審聲請之人，不得以同一理由，再行提起再審之聲請。

第443条（再審請求の取下げ）

① 再審の請求は、これを取り下げることができる。

② 再審の請求を取り下げた者は、同一の理由によつては、更に再審の請求をすることができない。

第444條（關於被收容人之特別規定）

第366條之規定，關於再審之聲請及其撤回準用之。

第444条（被収容者に関する特則）

第366条の規定は、再審の請求及びその取下についてこれを準用する。

第445條（再審聲請與事實之調查）

受理再審聲請之法院，有必要時，得使合議庭之庭員就再審聲請之理由，進行調查事實，或囑託地方法院、家事法院或簡易法院法官為之。在此情形，受命法官及受託法官與法院或審判長有同一之權限。

第445条（再審請求と事実の取調べ）

再審の請求を受けた裁判所は、必要があるときは、合議体の構成員に再審の請求の理由について、事実の取調をさせ、又は地方裁判所、家庭裁判所若しくは簡易裁判所の裁判官にこれを嘱託することができる。この場合には、受命裁判官及び受託裁判官は、裁判所又は裁判長と同一の権限を有する。

第446條（駁回聲請之裁定(1)）

再審之聲請，違背法令上之程序，或是聲請權消滅後始提出時，應以裁定駁回之。

第446条（請求棄却の決定(1)）

再審の請求が法令上の方式に違反し、又は請求権の消滅後にされたものであるときは、決定でこれを棄却しなければならない。

第447條（駁回聲請之裁定(2)）

① 再審之聲請無理由時，應以裁定駁回之。
② 經前項之裁定後，任何人不得以同一理由，再行提起再審之聲請。

第447条（請求棄却の決定(2)）

① 再審の請求が理由のないときは、決定でこれを棄却しなければならない。
② 前項の決定があつたときは、何人も、同一の理由によつては、更に再審の請求をすることはできない。

第448條（開始再審之裁定）

① 再審之聲請有理由時，應為開始再審之裁定。
② 作出開始再審之裁定時，得以裁定停止刑之執行。

第448条（再審開始の決定）

① 再審の請求が理由のあるときは、再審開始の決定をしなければならない。
② 再審開始の決定をしたときは、決定で刑の執行を停止することができる。

第449條（聲請再審之競合與駁回聲請之裁定）[13]

① 對於駁回第二審上訴之確定判決與因該判決而確定之第一審判決，均已提起聲請再審之情形；由第一審法院已作出再審判決時，第二審法院應以裁定駁回再審之聲請。

② 關於駁回對第一審或第二審判決之第三審判決與因該判決而確定之第一審或第二審判決，均已提起聲請再審之情形；由第一審法院或二審法院已作出再審判決時，第三審法院應以裁定駁回再審之聲請。

第449条（再審請求の競合と請求棄却の決定）

① 控訴を棄却した確定判決とその判決によつて確定した第一審の判決とに対して再審の請求があつた場合において、第一審裁判所が再審の判決をしたときは、控訴裁判所は、決定で再審の請求を棄却しなければならない。

② 第一審又は第二審の判決に対する上告を棄却した判決とその判決によつて確定した第一審又は第二審の判決とに対して再審の請求があつた場合において、第一審裁判所又は控訴裁判所が再審の判決をしたときは、上告裁判所は、決定で再審の請求を棄却しなければならない。

第450條（即時抗告）

對於第446條、第447條第1項、第448條第1項或前條第1項之裁定，得提起即時抗告。

---

[13] 此第449條立法意旨，乃針對有二個聲請再審而有競合情形之處置；日本實務進一步認為依刑訴規則第285條規定，為了訴訟經濟與妨止程序混亂，於此複數聲請再審有競合之情形，在下級審之再審程序終結之前，上級審之再審程序應以裁定停止其進行；惟若上級審之再審法院針對聲請人因不主張合法之再審事由，顯有不合法之聲請再審情事時，得不停止其再審程序，而逕以駁回該再審之聲請（最決平24.2.14刑集66.4.582, 最決平24.4.2裁判刑集307號）。

第450条（即時抗告）
第446条、第447条第1項、第448条第1項又は前条第1項の決定に対しては、即時抗告をすることができる。

第451條（再審之審判）

① 法院，就開始再審之裁定已確定之案件，除第449條規定之情形外，應依其審級另為審判。

② 於下列之情形，第314條第1項本文及第339條第1項第4款之規定，不適用前項之審判。

　一、為死亡之人或無回復可能之心神喪失人之利益，提起再審之聲請時。

　二、受有罪判決之人，於再審判決前死亡或陷於心神喪失之狀態，而無回復可能時。

③ 於前項之情形，被告雖未到場，仍得進行審判。但如辯護人未到場時，不得開庭。

④ 在第2項之情形，提起聲請再審之人未選任辯護人時，審判長應依職權選任辯護人。

第451条（再審の審判）

① 裁判所は、再審開始の決定が確定した事件については、第449条の場合を除いては、その審級に従い、更に審判をしなければならない。

② 左の場合には、第314条第1項本文及び第339条第1項第4号の規定は、前項の審判にこれを適用しない。

　一　死亡者又は回復の見込がない心神喪失者のために再審の請求がされたとき。

　二　有罪の言渡を受けた者が、再審の判決がある前に、死亡し、又は心神喪失の状態に陥りその回復の見込がないとき。

③ 前項の場合には、被告人の出頭がなくても、審判をすることができる。但し、弁護人が出頭しなければ開廷することはできない。

④ 第2項の場合において、再審の請求をした者が弁護人を選任しないときは、裁判長は、職権で弁護人を附しなければならない。

第452條（不利益變更之禁止）
再審中，不得宣告比原判決較重之刑。

第452条（不利益変更の禁止）
再審においては、原判決の刑より重い刑を言い渡すことはできない。

第453條（無罪判決之公告）
再審中，諭知無罪之宣告時，應將該判決登載於政府公報及報紙，並公告之。

第453条（無罪判決の公示）
再審において無罪の言渡をしたときは、官報及び新聞紙に掲載して、その判決を公示しなければならない。

不斷的向上努力，因每一分的努力，都會拉近我們與目標的距離。

第五編　非常上訴

第五編 非常上告

◇ 非常上訴之概述

　　非常上訴制度，乃溯源法國「爲法律利益上訴」及「爲公益上訴」[1]，而於法國大革命（1789年）後，始行設立之制度；嗣移置於1808年法國《治罪法》第441條、第442條，並就「爲公益上訴」之要件（§441），不僅增訂逾越權限之行爲及訴訟法上之違反，並擴張至一般法令之違反等。復又將二者一同移入1959年刑事訴訟法同一章的第620條、第621條中[2]，此二個條文亦沿用至今已逾二百多年，仍維持純粹「爲法律上利益」之目的，並不涉及當事人之個案救濟。[3]

　　德國雖曾繼受上開法國1808年所制定的《治罪法》，包括1840年至1850年間，德國六個諸邦亦沿用法國的「非常上訴」制度，但廢止「爲法律利益上訴」與「爲公益上訴」之區別，揆其旨趣，乃在統一法律之適用；如原判決不利於被告者，則須另行聲請赦免，始予以實質救濟[4]。迨至1940年，在納粹政權的統治下，基於實質正義之要求，舉凡刑事判決確定後一年內，如發見案件適用法律有違誤，得由檢察總長提起非常上訴，專以糾正該案件爲目的，其不問是否有利於被告，均具現實之

1　日本學者有將「為法律利益上訴」及「為公益上訴」合稱為「廣義的為法律利益上訴」，若是狹義則專指「為法律利益上訴」；此可見筑間正泰，〈非常上告の沿革とその問題点(一)〉，《政経論叢》，第22卷第3.4号，1972年，頁59-60。

2　筑間正泰，同前註〈非常上告の沿革とその問題点(一)〉，頁50-53。

3　G. スツテフアニ、G. ルウアスール、B. ブーロック著，澤登佳人、澤登俊雄、新倉修譯，《フランス刑事法》，成文堂，昭和57年12月版，頁575-576。

4　平野龍一，〈非常上告〉，《刑事訴訟法講座：6卷》，有斐閣，昭和30年3月再版，頁1318；光藤景皎，《刑事訴訟法講座：3卷》，有斐閣，昭和44年7月初版，頁163-164。

效力[5]；惟至第二次世界大戰後，1949年德國被分爲兩個國家：一個是在英、美、法所占領區成立之「德意志聯邦共和國」（Bundes Republik Deutschland, BRD），簡稱西德；斯時，西德爲儘早完成被複數占領國內法律之統一，於1950年將「法院組織法、民事、刑事訴訟法及訴訟費用」等法合併，而制定「統一法」（Vereinheitlichungsgesetz），使得複數法域之法律適用，具有統一性與一致性，同時，將「非常上訴」制度等條文廢除[6]；而一直至1990年10月3日東西德再度合併至今，亦無「非常上訴」制度之設置。

日本近代繼受「歐陸法系」，第一部刑事程序《治罪法》，乃由司法省顧問之法國學者波伊索那德（Boissonade, 1825-1910）起草，並參酌法國1808年的《治罪法》，而於明治13年（1880）7月17日公布；惟就「非常上告」卻明定：旨在救濟被告不利益之違法實體判決，得直接撤銷改判，效力及於被告。迨至1922年（大正11年），復修法頒布《刑事訴訟法》，採折衷說，乃至第二次世界大戰後，雖在美國爲首的「盟軍」占領日本下，引進英美法之立法精神，重新制定憲法，惟非常上訴仍承繼上開大正時期的折衷說，而沿用至今。[7]

非常上訴制度之立法目的，學說有三：

甲、統一法令解釋說：非常上訴之判決，旨在統一法令之解釋，均與被告無涉，此爲如同前述法國刑訴第620條、第621條所採行之立法，乃純爲「法律上利益」而設，具有警告避免再犯相同之錯誤，而與當事人無涉。

乙、純爲保護被告利益說：故違背法令之確定判決須對被告有不利時，方得提起非常上訴；倘原確定判決於被告尚無不利，縱有違背法令情形，亦無提起非常上訴之餘地。此爲日本明治時期1890年《刑事訴訟

5　平野龍一，同前註〈非常上告〉，頁1318。

6　山田晟，《ドイツ法概論》，有斐閣，平成2年5月三版，頁402。

7　上開有關法國、德國與日本等非常上訴法制之詳細沿革，可參看李春福，《非常上訴制度之研究》，承法數位公司，2014年4月初版，頁3-12。

法》第292條所採。[8]

　　丙、折衷說：認爲非常上訴判決之效力，原則上不及於被告，但原確定判決不利於被告，若非常上訴審認爲原確定判決違背法令，而撤銷原判決，並更爲審判時，其改判效力之利益及於被告。揆其立法，乃兼爲保障被告利益；例如我國刑訴第448條、日本刑訴第458條，均採此折衷之立法。

　　日本實務一貫見解，均採嚴格折衷說，認爲非常上訴制度之目的，旨在統一法令之解釋與適用，至於個案救濟被告僅具附隨之反射利益（最判昭25.11.8刑集11.2221、最昭判26.1.23刑集5.1.86、最昭判28.7.18刑集7.7.1541）[9]，蓋日本戰後第二審採「事後審」，至於第三審僅以違背憲法及解釋、與違反判例爲由（日本刑訴§405），始得作爲第三審上訴之理由，顯然對第三審上訴採「嚴格法律審」，此與我國第三審係「法律審」（我國刑訴§377）以判決違背法令爲理由迥異。

　　而且，日本第三審最高法官成員共15位法官組成[10]，在此有限的司法資源下，非常上訴仍由日本最高法院管轄，自然受到審級制度之影響，而就非常上訴採「嚴格折衷說」，故日本最高法院每年平均所受理非常上訴案件均係「個位數」左右，例如2014年至2016年，每年平均2件；而2017年、2018年均爲零件，即可爲證[11]。而反觀我國以近十年來爲例，從2010年至2014年這5年間，每年平均爲425件；即使在最高法院104年第6次刑庭會議決議就統一解釋累犯「刑之執行完畢」之見解後，從2015年至

---

[8] 平出禾，《法律實務講座刑事篇：12卷》，有斐閣，昭和32年9月初版，頁2773。

[9] 青柳文雄等編，《註訳刑事訴訟法：4卷》，立花書房，平成2年7月初版，頁506。

[10] 日本最高裁判所法官共15人，其審判組織由全體法官組成的大法庭、以及各有5名組成的三個小法庭，大法庭之法定人數為9名，小法庭之法定人數為3名；理論上，日本最高裁判所以大法庭審判為原則，尤其對於重要違憲案件，必須由全體法官組成大法庭，並有8名以上的法官意見一致之評議，但在一般司法案件，則由小法庭行使審判權，此為有效合理分配司法資源之故；此可詳見：兼子一、竹下守夫，《裁判法》，有斐閣，平成6年3月三版，頁155-160。

[11] 日本維基百科https://ja.wikipedia.org/wiki/非常上告（最後瀏覽日：2020年7月20日）

2019年這5年間，雖有減縮案件，然亦平均每年為260件[12]。至於我國與日本就非常上訴實務運作會有如何巨大差異，深究原因，除了我國就累犯及定執行之刑為佔案件大多數，於顯然裁判品質有待加強外；最主要原因，就是我國非常上訴採「結果論」，並非如日本非常上訴採「目的論」，而略要如下：[13]

一、由於我國實務長期受到司法院釋字第181號解釋、第238號解釋之影響，積極介入個案審查，以原審訴訟程序違背法令之程度，有無影響於判決「結果」來作為判斷標準，而把「顯然影響於判決」當作非常上訴之要件；因而，若「顯然於判決無影響」即使有判決違背法令，仍不得提起非常上訴，這已背離非常上訴之本旨，形同把非常上訴審當成通常審級程序之續行，而傾向個案救濟被告，未能區辨特別救濟程序已非原來審級程序之一環，嚴重誤解非常上訴之本質；換言之，非常上訴是個特別救濟程序，專為統一解釋法令與適用而設，是個「目的論」之專屬最高法院管轄。

二、即使是97年第4次刑事庭決議採「必要性原則」，雖欲疏解案源，然卻「治絲益棼」，案件仍然有增無減，業如上所述我國近十年來的案件量；此「必要性」原則之刑事庭決議，並無實益；惟正本清源之道，應回歸非常上訴目的論之解釋，而以統一法令之解釋與適用為主旨，不得介入個案審查，應以原確定判決所確認之事實作為判決基礎（我國刑訴§445Ⅱ），期與再審程序、及通常審級救濟程序作明確劃分，始為根本解決之道。

又日本學者通說，基於非常上訴目的，係為統一法令解釋與適用之觀點，所謂「確定判決」，應解為廣義的終局確定裁判，不論是有罪、無罪的實體判決；或是免訴、不受理及管轄錯誤之形式裁判，或是確定略式命令、交通事件即決裁判程序法或為上告審判決（第三審判決），乃至終

---

[12] 司法院網站：https://www.judicial.gov.tw/tw/lp-1951-1.htm（最後瀏覽日：2020年7月20日）

[13] 此部分可詳見：李春福，同前註20《非常上訴制度之研究》，頁144-149、頁360-361。

局法院之確定「裁定」，不論有無涉及實體事項，凡有違背法令而有統一法令解釋與適用之必要情形，均得作爲非常上訴之對象[14]；日本實務亦認爲駁回上告之「裁定」，而此裁定與上告判決駁回具有同一效力；因而，若該裁定確定後，發現有違背法令之情事，仍得提起非常上訴[15]，頗值參考。

　　惟我國實務一貫見解，與學者通說同，認爲「裁定」，若以實體法上事項爲其裁定內容，因涉及被告刑罰權變更，均與實體判決相同之效力，故實務上（前最高法院判例或前刑庭會議決議）均視同「判決」，如已確定，均得作爲非常上訴之對象；例如因累犯依刑法§48更定其刑之裁定（我國刑訴§477）；因數罪併罰，定其應執行之刑之裁定（我國刑訴§477），均屬之；惟若關於程序上事項之裁定，與實體事項無關，即不得提起之。

第454條（非常上訴之理由）
檢察總長，在判決確定之後，發現該案件之審判違反法令時，得向最高法院提起非常上訴。

第454条（非常上告の理由）
検事総長は、判決が確定した後その事件の審判が法令に違反したことを発見したときは、最高裁判所に非常上告をすることができる。

---

[14] 松本時夫、土本武司，《条解刑事訴訟法》，弘文堂，2018年9月四版，頁1151；團藤重光，《新刑事訴訟法綱要》，創文社，昭和59年3月七版，頁589；平場安治、高田卓爾，《注解刑事訴訟法：下卷》，青林書院，平成元年2月新版，頁384；能勢弘之等編，《刑事訴訟法講義》，青林書院，1984年6月初版，頁318。
[15] 最判昭25.4.13刑集4.4.567。

第455條（聲請之方式）

如要提起非常上訴，應向最高法院提出記載其理由之聲請書。

第455条（申立ての方式）

非常上告をするには、その理由を記載した申立書を最高裁判所に差し出さなければならない。

第456條（審判期日之陳述）

在審判期日，檢察官應依據聲請書進行陳述。[16]

第456条（公判期日における陳述）

公判期日には、検察官は、申立書に基いて陳述をしなければならない。

第457條（駁回之判決）

非常上訴無理由時，應以判決駁回之。

第457条（棄却の判決）

非常上告が理由のないときは、判決でこれを棄却しなければならない。

第458條（撤銷判決）

非常上訴有理由時，應依照下列之區別，作出判決。

---

[16] 此第456條規定，檢察官應於審判期日到庭以言詞陳述，此與我國第444條規定：「非常上訴之判決，不經言詞辯論為之。」即以書面審理有別；惟我國2017年2月9日為了王光祿案，我國最高法院開天闢地開「調查庭」，並實況轉播與錄影，這是一個值得探究的問題；加上，我國最高法院大法庭已於2019年7月4日開始運作，顯見未來就重大非常上訴為目的之案件，未必就一律不經言詞辯論，而為審面審理。

一、原判決違背法令時，撤銷該違法之部分。但原判決不利於被告時，應
撤銷原判決，並就被告案件另行判決。

二、訴訟程序違背法令時，撤銷該違法之程序。

第458条（破棄の判決）

非常上告が理由のあるときは、左の区別に従い、判決をしなければなら
ない。

一　原判決が法令に違反したときは、その違反した部分を破棄する。但
し、原判決が被告人のため不利益であるときは、これを破棄して、
被告事件について更に判決をする。

二　訴訟手続が法令に違反したときは、その違反した手続を破棄する。

✧ 第458條第1項第1款但書撤銷改判之爭點

此第458條第1項第1款規定，有以下二個爭點：

　　第一個爭點：非常上訴審經認定原確定判決違背法令，而撤銷改判
時，所謂「原判決不利於被告時」之利或不利於被告，於實際案件如何為
具體比較之基準？我國學者間，就此亦無探討，然觀日本學說上，有以下
三說：

　　甲、原判決宣告刑逾越處斷刑說：指原確定判決的宣告刑逾越非常上
訴審所欲適用之處斷刑時，則該當於本款之但書，即要撤銷改判。例如因
法定刑遇有刑罰之加減時，如有累犯之加重，或係少年犯之減輕其刑時，
若原確定判決的宣告刑，如逾越非常上訴審所應適用之處斷刑時，則此
時，就要撤銷改判。[17]

　　乙、處斷刑比較說：所謂「處斷刑比較說」，即是比較原確定判決
的處斷刑，與非常上訴審所應審判之處斷刑作相互比較；假如是前者較重
（即原確定判決較重），則該當於但書，就應加以撤銷改判。[18]

----

[17] 柏木千秋，《刑事訴訟法》，有斐閣，昭和45年3月初版，頁348。

[18] 青柳文雄，《刑事訴訟法通論：下卷》，立花書房，昭和51年5月五訂版，頁723。

　　丙、宣告刑比較說：即比較原確定判決的宣告刑，與非常上訴審所欲正確適用法令之宣告刑，而爲相互作比較；如前者較重時（即原確定判決較重），則該當於本款但書，則應撤銷改判。[19]

　　上開三種學說，日本學者間均有所持，然日本通說採丙說（宣告刑比較說）[20]。因爲：如採甲說，即所謂「原判決宣告刑逾越處斷刑說」，所謂處斷刑，乃在法定刑中，就其遇有刑罰之加減時，或因累犯之加重，或係少年犯之減輕其刑時，仍須再經過量刑之後，才有所謂的「宣告刑」判決之對外宣示；至於原判決宣告刑逾越處斷刑，外界之客觀第三人無法知悉與檢視，乃爲其缺點。

　　若採乙說，即所謂「處斷刑比較說」，其缺點如同甲說，因處斷刑僅係法定刑之加重或減輕之延伸而已；仍然須要以原確定判決之宣告刑作實際比較，始具實益，尚未宣示「宣告刑」，自然無從比較起，也沒有比較之基準，乃爲此說之缺點。再者，採處斷刑比較說，也可能會限制法官之量刑裁量，而形成自我齟齬之餘地。

　　採丙說，即宣告刑比較說，最切實際，即以原確定判決之「宣告刑」與非常上訴審所欲宣告之刑作比較，不僅符合法院對外宣判之本旨；亦可藉由外觀之形式判斷，即可辨析原確定判決與非常上訴審之判決，何者較爲有利或不利。

　　日本實務亦採丙說見解，例如對被告爲有罪判決，而爲緩刑之宣告，但依日本刑法第25條之2第1項前段，得不予同時宣告保護觀察，原確定判決卻仍爲逕行併付宣告保護觀察，依宣告刑比較說，即屬原判決不利於被告[21]；再者，受刑人尚在獄中執行，而犯傷害罪，依刑法第56條規定，刑之執行尚未終了，本不該當於累犯之要件，卻爲累犯加重宣告6月有期徒刑之情形，同時參照特別措置法律第271條相關規定，認爲原判決對被

---

[19] 松本時夫、土本武司，《条解刑事訴訟法》，弘文堂，平成13年9月新版，頁857；平野龍一，同前註17〈非常上告〉，頁1338。

[20] 河上和雄ほか編，《大コンメンタール刑事訴訟法：10卷》，青林書院，2013年9月二版，頁226（河上和雄、河村博執筆）。

[21] 最判昭29.11.25刑集8.11.1905。

告並沒有不利益，而僅撤銷該違法之累犯加重而已。[22]

　　第二個爭點：第458條第1項第1款但書為撤銷改判時，若所適用之法律已修改，致有新舊法之比較，究應原確定判決時所適用之舊法？或應適用另行判決時之新法？學說上，有以下二種對立見解：

　　甲、原判決時標準說：此說基於「公平」之觀點，認為非常上訴係以統一法令之解釋與適用為主旨，撤銷改判乃例外的附隨保護被告；所謂「附隨保護被告」，就是依原判決時標準說，始較妥適。蓋撤銷改判乃糾正並代替原判決，恢復其過去的「公平」，而非現在的公平；否則，將使「公平」呈現不安定或無法預測性之情況，當非原立法之本旨。[23]

　　乙、自為判決時標準說：此說認為自為判決是為了除去被告之不利益，而不是為了表示原判決應如何為正確之判決；況且，撤銷改判係為被告之利益，而此自為判決之目的，並不是直接為了法令適用之統一；是此，於自為判決之情形，應以自判時標準說為準據。[24]

　　上開二說，均有所據；日本實務採「甲、原判決時標準說」（最昭判42.2.10刑集21.1.271）；而我國實務亦採甲說（原判決時標準說），認為經非常上訴審認為有理由，依法撤銷原審確定判決另行改判時，僅係代替原審，依據原審所認定之事實，就其裁判時應適用之法律而為裁判，使違法者成為合法（前54年台抗263號判例）。

　　惟判決確定後，法令可能增刪、改廢等因素列入考量時，法令一旦改廢後，例如撤銷改判時，如適用原判決法律時已除罪化，例如我國2020年5月29日司法院作出釋字第791號解釋「宣告刑法第239條違憲，而自本

---

[22] 最判昭48.3.8刑集27.2.87。

[23] 青柳文雄，同前註31《刑事訴訟法通論：下卷》，頁725；高田卓爾，《刑事訴訟法》，青林書院，昭和59年2月二訂版，頁617；平場安治、高田卓爾等編，同前註25《注解刑事訴訟法：下卷》，頁398（高田卓爾執筆）。

[24] 團藤重光，同前註27《新刑事訴訟法綱要：七版》，頁602；平野龍一，同前註17〈非常上告〉，頁1325-1326；岸盛一，《刑事訴訟法要義》，広文堂，昭和36年8月版，頁418；小野清一郎ほか，《ポケット註釋刑事訴訟法：下卷》，有斐閣，昭和61年1月初版，頁1196；伊達秋雄，《刑事訴訟法講話》，日本評論社，昭和34年1月版，頁323。

解釋公布之日起失其效力；同時，刑事訴訟法第239條但書規定：「但刑法第239條之罪，對於配偶撤回告訴者，其效力不及於相姦人。」亦因刑法第239條規定業經本解釋宣告違憲失效而失所依附，故亦應自本解釋公布之日起失其效力。」則例外改採「乙、自為判決時標準說」。

第459條（非常上訴判決之效力）
非常上訴之判決，除依前條第1款但書之規定者外，其效力不及於被告。

第459条（非常上告の判決の効力）
非常上告の判決は、前条第1号但書の規定によりされたものを除いては、その効力を被告人に及ぼさない。

第460條（調查之範圍、事實之調查）
① 法院，應以聲請書所指摘之事項為限，進行調查。
② 法院，關於法院之管轄、公訴之受理及訟訴程序，得進行事實之調查。於此情形，準用第393條第3項之規定。

第460条（調査の範囲、事実の取調べ）
① 裁判所は、申立書に包含された事項に限り、調査をしなければならない。
② 裁判所は、裁判所の管轄、公訴の受理及び訴訟手続に関しては、事実の取調をすることができる。この場合には、第393条第3項の規定を準用する。

> 人的煩惱、憂慮、不安與恐懼，都不是來自事情的本身，而是取決於我們面對的態度而定，故謂：「態度決定一切，態度決定高度。」

第六編　略式程序

第六編　略式手続[1]

第461條（略式命令）[2]

簡易法院依檢察官之聲請，就所屬管轄之案件，在審判前，得以略式命令科處1百萬元以下罰金或罰款。於此情形，得作出緩刑、沒收或其他附隨之處分。

第461条（略式命令）

簡易裁判所は、検察官の請求により、その管轄に属する事件について、公判前、略式命令で、100万円以下の罰金又は科料を科することができる。この場合には、刑の執行猶予をし、没収を科し、その他付随の処分をすることができる。

---

[1] 日本刑事訴訟法上，就簡易裁判包括兩種情形：一為檢察官提起公訴階段，基於起訴裁量而聲請「略式程序」（§461以下）與「即決裁判程序」（§350之16以下）。二為提起公訴之後，由法院裁定適用「簡易審判程序」（§291之2以下，此與我國刑訴§273之1以下的簡易審判程序相仿）；此可參見：田口守一，《刑事訴訟法》，弘文堂，2017年4月七版，頁230以下。

　　上開日本簡易裁判分成三種類型，而與我國立法僅有簡易程序（我國刑訴§449以下）與簡式審判程序（我國刑訴§273之1以下）二種類型有別；惟於第291條之2已敘明，茲不多贅。

[2] 略式命令，依日本刑訴規則第289條規定，不適用起訴狀一本主義，也不必提交證據目錄清單（§464）；同時，略式命令中的命令雖稱為「命令」，但在法律上仍屬於裁定之一種形式；可參見，田口守一，同前註《刑事訴訟法：七版》，頁230-231。

第461條之2（略式程序之說明、告知與犯罪嫌疑人之異議）

① 檢察官於聲請略式命令之際，為使其理解略式程序，應事先向犯罪嫌疑人說明必要之事項，並告知得依照通常之規定接受審判之意旨後，確認犯罪嫌疑人就依據略式程序有無異議。

② 犯罪嫌疑人就依據略式程序無異議時，應以書面明確表示該要旨。

第461条の2（略式手続の説明・告知と被疑者の異議）

① 検察官は、略式命令の請求に際し、被疑者に対し、あらかじめ、略式手続を理解させるために必要な事項を説明し、通常の規定に従い審判を受けることができる旨を告げた上、略式手続によることについて異議がないかどうかを確めなければならない。

② 被疑者は、略式手続によることについて異議がないときは、書面でその旨を明らかにしなければならない。

第462條（聲請略式命令之方式）

① 略式命令之聲請，應與提起公訴之同時，以書面為之。

② 於前項之書面，應附加前條第2項之文書。

第462条（略式命令請求の方式）

① 略式命令の請求は、公訴の提起と同時に、書面でこれをしなければならない。

② 前項の書面には、前条第2項の書面を添附しなければならない。

第462條之2（合意內容書面等之提出）

① 檢察官在提出略式命令聲請之情形，就該案件與被告之間有作出第350條之2第1項之合意時，應同時與該聲請向法院提出合意內容書面。

② 依前項之規定，向法院提出合意內容書面之後，在法院作出略式命令之前，該合意之當事人依第350條之10第2項規定，已作出由該合意脫離之

要旨的告知時，檢察官應迅速將同項之書面，向法院提出。

第462条の2（合意内容書面等の差出し）

① 検察官は、略式命令の請求をする場合において、その事件について被告人との間でした第350条の2第1項の合意があるときは、当該請求と同時に、合意内容書面を裁判所に差し出さなければならない。

② 前項の規定により合意内容書面を裁判所に差し出した後、裁判所が略式命令をする前に、当該合意の当事者が第350条の10第2項の規定により当該合意から離脱する旨の告知をしたときは、検察官は、遅滞なく、同項の書面をその裁判所に差し出さなければならない。

第463條（通常之審判）

① 在已提出第462條聲請之情形，認為該案件是不得進行略式命令之案件，或進行略式命令是不適當時，應依照通常之規定進行審判。

② 檢察官未進行第461條之2所規定之程序，或違反第462條第2項而聲請略式命令時，亦與前項同。

③ 法院依前2項之規定，依照通常之規定進行審判時，應立即將該要旨通知檢察官。

④ 於第1項及第2項之情形，應適用271條之規定。但同條第2項所規定之期間，自進行前項通知之日起，規定為2個月。

第463条（通常の審判）

① 第462条の請求があつた場合において、その事件が略式命令をすることができないものであり、又はこれをすることが相当でないものであると思料するときは、通常の規定に従い、審判をしなければならない。

② 検察官が、第461条の2に定める手続をせず、又は第462条第2項に違反して略式命令を請求したときも、前項と同様である。

③ 裁判所は、前2項の規定により通常の規定に従い審判をするときは、

直ちに検察官にその旨を通知しなければならない。

④ 第1項及び第2項の場合には、第271条の規定の適用があるものとする。但し、同条第2項に定める期間は、前項の通知があつた日から2箇月とする。

第463條之2（公訴提起之失效）

① 除前條之情形外，自提出略式命令聲請之日起4個月以內，未告知被告略式命令時，公訴之提起溯及當時失其效力。

② 於前項之情形，法院應以裁定公訴不受理。在略式命令已告知檢察官時，應於撤銷略式命令之後，再作出不受理裁定。

③ 對於前項之裁定，得提起即時抗告。

第463条の2（公訴提起の失効）

① 前条の場合を除いて、略式命令の請求があつた日から4箇月以内に略式命令が被告人に告知されないときは、公訴の提起は、さかのぼつてその効力を失う。

② 前項の場合には、裁判所は、決定で、公訴を棄却しなければならない。略式命令が既に検察官に告知されているときは、略式命令を取り消した上、その決定をしなければならない。

③ 前項の決定に対しては、即時抗告をすることができる。

第464條（略式命令之方式）

略式命令中，應說明應當構成犯罪之事實、適用之法令、應科處之刑及附隨之處分，並自告知略式命令之日起14日以內，得提起聲請通常裁判之要旨。

第464条（略式命令の方式）

略式命令には、罪となるべき事実、適用した法令、科すべき刑及び附随

の処分並びに略式命令の告知があつた日から14日以内に正式裁判の請求をすることができる旨を示さなければならない。

第465條（略式命令與通常審判之聲請）

① 接受略式命令之人或檢察官，自受該告知之日起14日以內，得提出通常裁判之聲請。

② 通常審判之聲請，應以書面向作出略式命令之法院提出。已提出通常裁判之聲請時，法院應儘速將該要旨通知檢察官或收受略式命令之人。

第465条（略式命令と正式裁判の請求）

① 略式命令を受けた者又は検察官は、その告知を受けた日から14日以内に正式裁判の請求をすることができる。

② 正式裁判の請求は、略式命令をした裁判所に、書面でこれをしなければならない。正式裁判の請求があつたときは、裁判所は、速やかにその旨を検察官又は略式命令を受けた者に通知しなければならない。

第466條（通常審判聲請之撤回）

通常裁判之聲請，得在第一審判決前撤回之。

第466条（正式裁判請求の取下げ）

正式裁判の請求は、第一審の判決があるまでこれを取り下げることができる。

第467條（關於上訴規定之準用）

第353條、第355條至第357條、第359條、第360條及第361條至第365條之規定，準用關於通常裁判之聲請或撤回。

第467条（上訴に関する規定の準用）
第353条、第355条乃至第357条、第359条、第360条及び第361条乃至第365
条の規定は、正式裁判の請求又はその取下についてこれを準用する。

第468條（聲請通常審判之駁回、通常審判）

① 通常裁判之聲請，違反法令上之程式，或是聲請權消滅後始提出時，應
　以裁定不受理。對於該裁定得提起即時抗告。

② 通常裁判之聲請認為合法時，應依照通常之規定進行審判。

③ 在前項之情形，不受略式命令之拘束。

第468条（正式裁判請求の棄却、通常の審判）

① 正式裁判の請求が法令上の方式に違反し、又は請求権の消滅後にされ
　たものであるときは、決定でこれを棄却しなければならない。この決
　定に対しては、即時抗告をすることができる。

② 正式裁判の請求を適法とするときは、通常の規定に従い、審判をしな
　ければならない。

③ 前項の場合においては、略式命令に拘束されない。

第469條（略式命令之失效）
依通常裁判之聲請作出判決時，略式命令失其效力。

第469条（略式命令の失効）
正式裁判の請求により判決をしたときは、略式命令は、その効力を失
う。

第470條（略示命令之效力）
略式命令，因聲請通常裁判期間之經過或撤回其聲請，產生與確定判決同

一之效力。駁回聲請通常裁判之裁判確定時，亦同。

第470条（略式命令の効力）

略式命令は、正式裁判の請求期間の経過又はその請求の取下により、確定判決と同一の効力を生ずる。正式裁判の請求を棄却する裁判が確定したときも、同様である。

我相信生命的每一刻、每一剎那，都能改變一個人的命運！

一切的所見，一切的所想，都是為了讓我們放下、想通而設的。

第七編　裁判之執行
第七編　裁判の執行

第471條（裁判之確定與執行）

裁判，除本法有特別規定之情形外，在確定之後執行。

第471条（裁判の確定と執行）

裁判は、この法律に特別の定のある場合を除いては、確定した後これを執行する。

第472條（裁判執行之指揮）

① 裁判之執行，由作出裁判之法院，所對應之檢察廳檢察官指揮之。但第70條第1項但書情形、第108條第1項但書情形，以及其他性質上應由法院或法官指揮之情形，不在此限。

② 因上訴之裁判或撤回上訴，而執行下級法院裁判之情形，由上訴法院所對應之檢察廳檢察官指揮之。但訴訟紀錄在下級法院或該法院所對應之檢察廳時，由該法院所對應之檢察廳檢察官指揮之。

第472条（裁判の執行の指揮）

① 裁判の執行は、その裁判をした裁判所に対応する検察庁の検察官がこれを指揮する。但し、第70条第1項但書の場合、第108条第1項但書の場合その他その性質上裁判所又は裁判官が指揮すべき場合は、この限りでない。

② 上訴の裁判又は上訴の取下により下級の裁判所の裁判を執行する場合には、上訴裁判所に対応する検察庁の検察官がこれを指揮する。但

し、訴訟記録が下級の裁判所又はその裁判所に対応する検察庁に在る
ときは、その裁判所に対応する検察庁の検察官が、これを指揮する。

第473條（執行指揮之方式）

指揮裁判之執行，應以書面為之，並應附加裁判書或記載裁判之筆錄的副
本或節本。但除指揮刑之執行的情形外，得在裁判書之原本、副本或節
本，或記載裁判之筆錄的副本或節本上，蓋章後執行之。

第473条（執行指揮の方式）

裁判の執行の指揮は、書面でこれをし、これに裁判書又は裁判を記載し
た調書の謄本又は抄本を添えなければならない。但し、刑の執行を指揮
する場合を除いては、裁判書の原本、謄本若しくは抄本又は裁判を記載
した調書の謄本若しくは抄本に認印して、これをすることができる。

第474條（刑罰執行之順序）

二個以上主刑之執行，除罰金或罰款外，應先執行其重者。但檢察官得停
止重刑之執行，命先執行其他之刑。

第474条（刑の執行の順序）

二以上の主刑の執行は、罰金及び科料を除いては、その重いものを先に
する。但し、検察官は、重い刑の執行を停止して、他の刑の執行をさせ
ることができる。

第475條（死刑之執行(1)）

① 死刑之執行，依據法務大臣之命令。

② 前項之命令，應自判決確定之日起6個月以內執行。但聲請回復上訴權
　　或再審、提出或申請非常上訴或恩赦，在該程序終結前之期間，以及對

於共同被告之人的判決確定前之期間，不算入該6個月之期間。

第475条（死刑の執行(1)）
① 死刑の執行は、法務大臣の命令による。
② 前項の命令は、判決確定の日から6箇月以内にこれをしなければならない。但し、上訴権回復若しくは再審の請求、非常上告又は恩赦の出願若しくは申出がされその手続が終了するまでの期間及び共同被告人であつた者に対する判決が確定するまでの期間は、これをその期間に算入しない。

第476條（死刑之執行(2)）
法務大臣命令執行死刑時，應於五日以内執行之。

第476条（死刑の執行(2)）
法務大臣が死刑の執行を命じたときは、5日以内にその執行をしなければならない。

第477條（死刑之執行(3)）
① 死刑，應在檢察官、檢察事務官及刑事設施之長官或其代理人在場下，執行之。
② 未經檢察官或刑事設施之長官許可之人，不得進入刑場。

第477条（死刑の執行(3)）
① 死刑は、検察官、検察事務官及び刑事施設の長又はその代理者の立会いの上、これを執行しなければならない。
② 検察官又は刑事施設の長の許可を受けた者でなければ、刑場に入ることはできない。

第478條（死刑之執行(4)）
死刑之執行，應由在場之檢察事務官製作執行始末書，並由檢察官及刑事設施之長官或其代理人共同簽名、蓋章。

第478条（死刑の執行(4)）
死刑の執行に立ち会つた検察事務官は、執行始末書を作り、検察官及び刑事施設の長又はその代理者とともに、これに署名押印しなければならない。

第479條（死刑執行之停止）
① 受死刑宣告之人，處於心神喪失之狀態時，依據法務大臣之命令停止執行。
② 受死刑宣告之女子懷孕時，依據法務大臣之命令停止執行。
③ 依前2項之規定停止執行之情形，於其心神喪失之狀態回復後或生產後，非有法務大臣之命令不得執行。
④ 第475條第2項之規定，就前項之命令準用之。在此情形，如果是判決確定之日，以心神喪失狀態回復之日及生產之日，視為取代作為判決確定日。

第479条（死刑執行の停止）
① 死刑の言渡を受けた者が心神喪失の状態に在るときは、法務大臣の命令によつて執行を停止する。
② 死刑の言渡を受けた女子が懐胎しているときは、法務大臣の命令によつて執行を停止する。
③ 前2項の規定により死刑の執行を停止した場合には、心神喪失の状態が回復した後又は出産の後に法務大臣の命令がなければ、執行することはできない。
④ 第475条第2項の規定は、前項の命令についてこれを準用する。この場合において、判決確定の日とあるのは、心神喪失の状態が回復した日

又は出産の日と読み替えるものとする。

第480條（自由刑之停止執行(1)）

受懲役、禁錮或拘留宣告之人，處於心神喪失之狀態時，依據作出刑之宣告之法院所對應之檢察廳檢察官，或受刑之宣告之人所在地管轄之地方檢察廳檢察官之指揮，至該狀態回復之前停止執行。

第480条（自由刑の執行停止(1)）

懲役、禁錮又は拘留の言渡を受けた者が心神喪失の状態に在るときは、刑の言渡をした裁判所に対応する検察庁の検察官又は刑の言渡を受けた者の現在地を管轄する地方検察庁の検察官の指揮によつて、その状態が回復するまで執行を停止する。

第481條（自由刑之停止執行(2)）

① 依前條之規定，停止刑之執行之情形，檢察官應將受刑之宣告人提交給監護義務人或地方公共團體之長官，或命送入醫院或其他適當之場所。
② 被停止刑之執行之人，在作出前項處分之前，留置於刑事設施之期間，算入於刑期。

第481条（自由刑の執行停止(2)）

① 前条の規定により刑の執行を停止した場合には、検察官は、刑の言渡を受けた者を監護義務者又は地方公共団体の長に引き渡し、病院その他の適当な場所に入れさせなければならない。
② 刑の執行を停止された者は、前項の処分があるまでこれを刑事施設に留置し、その期間を刑期に算入する。

第482條（自由刑之停止執行(3)）

關於受懲役、禁錮或拘留宣告之人，有下列事由時，得依作出刑之宣告之法院所對應之檢察廳檢察官，或受刑之宣告之人所在地管轄之地方檢察廳檢察官之指揮，停止執行。

一、因刑之執行顯然危害健康時，或有無法保全生命之虞時。

二、年齡是70歲以上時。

三、懷胎150日以上時。

四、生產後，未滿60日時。

五、因刑之執行，有致生無法回復的不利益之虞時。

六、祖父母或父母年齡70歲以上，或重病或殘障，而無其他保護他們之親屬時。

七、子或孫年齡幼小，而無其他保護他們之親屬時。

八、有其他重大之事由時。

第482条（自由刑の執行停止(3)）

懲役、禁錮又は拘留の言渡を受けた者について左の事由があるときは、刑の言渡をした裁判所に対応する検察庁の検察官又は刑の言渡を受けた者の現在地を管轄する地方検察庁の検察官の指揮によつて執行を停止することができる。

一　刑の執行によつて、著しく健康を害するとき、又は生命を保つことのできない虞があるとき。

二　年齢70年以上であるとき。

三　受胎後150日以上であるとき。

四　出産後60日を経過しないとき。

五　刑の執行によつて回復することのできない不利益を生ずる虞があるとき。

六　祖父母又は父母が年齢70年以上又は重病若しくは不具で、他にこれを保護する親族がないとき。

七　子又は孫が幼年で、他にこれを保護する親族がないとき。

八　その他重大な事由があるとき。

第483條（訴訟費用負擔之停止執行》

於第500條所規定之聲請期間內，以及已提出該聲請時，命負擔訴訟費用之裁判的執行，就該聲請之裁判確定之前，停止執行。

第483条（訴訟費用負担の執行停止）

第500条に規定する申立の期間内及びその申立があつたときは、訴訟費用の負担を命ずる裁判の執行は、その申立についての裁判が確定するまで停止される。

第484條（為執行之傳喚）

受死刑、懲役、禁錮或拘留宣告之人尚未受拘禁時，檢察官為執行應傳喚之。傳喚不到時，應核發收容票。

第484条（執行のための呼出し）

死刑、懲役、禁錮又は拘留の言渡しを受けた者が拘禁されていないときは、検察官は、執行のためこれを呼び出さなければならない。呼出しに応じないときは、収容状を発しなければならない。

第485條（收容票之核發）

受死刑、懲役、禁錮或拘役宣告之人逃亡時，或有逃亡之虞時，檢察官得立即核發收容票，或命司法警察核發收容票。

第485条（収容状の発付）

死刑、懲役、禁錮又は拘留の言渡しを受けた者が逃亡したとき、又は逃亡するおそれがあるときは、検察官は、直ちに収容状を発し、又は司法警察員にこれを発せしめることができる。

第486條（聲請檢察長之收容）

① 受死刑、懲役、禁錮或拘役宣告之人現所在不明時，檢察官得向檢察長聲請將其收容於刑事設施內。

② 受理聲請之檢察長，應命該管轄內之檢察官核發收容票。

第486条（検事長に対する収容請求）

① 死刑、懲役、禁錮又は拘留の言渡しを受けた者の現在地が分からないときは、検察官は、検事長にその者の刑事施設への収容を請求することができる。

② 請求を受けた検事長は、その管内の検察官に収容状を発せしめなければならない。

第487條（收容票之程式）

收容票，應記載受刑之宣告之人的姓名、住所、年齡、罪名、刑期，及其他收容之必要事項，並由檢察官或司法警察簽名、蓋章。

第487条（収容状の方式）

収容状には、刑の言渡しを受けた者の氏名、住居、年齢、刑名、刑期その他収容に必要な事項を記載し、検察官又は司法警察員が、これに記名押印しなければならない。

第488條（收容票之效力）

收容書，與拘票具有同一效力。

第488条（収容状の効力）

収容状は、勾引状と同一の効力を有する。

第489條（收容票之執行）

就收容書之執行，準用關於拘票執行之規定。

第489条（収容状の執行）

収容状の執行については、勾引状の執行に関する規定を準用する。

第490條（財產刑等之執行）

① 罰金、罰款、沒收、追徵、罰鍰、保釋金之沒取、訴訟費用、費用賠償或暫先繳納之裁判，依檢察官命令執行之。此項命令與有執行力之債務名義，具有同一之效力。

② 前項裁判之執行，依照民事執行法（昭和54年法律第4號）及其他有關強制執行程序法令之規定進行。但執行前，無須進行該裁判之送達。

第490条（財産刑等の執行）

① 罰金、科料、没収、追徴、過料、没取[1]、訴訟費用、費用賠償又は仮納付の裁判は、検察官の命令によつてこれを執行する。この命令は、執行力のある債務名義と同一の効力を有する。

② 前項の裁判の執行は、民事執行法（昭和54年法律第4号）その他強制執行の手続に関する法令の規定に従つてする。ただし、執行前に裁判の送達をすることを要しない。

第491條（對繼承財產之執行）

依據有關沒收、租稅、其他稅捐或專賣法令之規定，而宣告罰金或追徵，

---

[1] 日本刑事訴訟法上，所謂「沒取」，專指違反具保之規定，而將其保釋金沒入而言；因而，日本法上，所謂「没收」係指日本刑法之刑罰而言，而「沒取」專指刑事訴訟法上之法院所為之處分，二者性質迥異；可參見http://kita0bombom.jugem.jp/?eid=1563。

受刑之宣告之人於判決確定之後死亡的情形，得就繼承財產執行之。

第491条（相続財産に対する執行）
没収又は租税その他の公課若しくは専売に関する法令の規定により言い渡した罰金若しくは追徴は、刑の言渡を受けた者が判決の確定した後死亡した場合には、相続財産についてこれを執行することができる。

第492條（對合併後法人之執行）
對法人宣告罰金、罰款、沒收或追徵之情形，該法人於判決確定之後，因合併而消滅時，得對合併後存續之法人或因合併而設立之法人執行之。

第492条（合併後の法人に対する執行）
法人に対して罰金、科料、没収又は追徴を言い渡した場合に、その法人が判決の確定した後合併によつて消滅したときは、合併の後存続する法人又は合併によつて設立された法人に対して執行することができる。

第493條（執行暫時繳納之調整）
① 在第一審與第二審，均有暫先繳納之裁判的情形，關於第一審之暫先繳納裁判已經執行時；此該執行，在第二審之暫先繳納裁判上，所命令繳納之金額限度內，視為就第二審之暫先繳納裁判之執行。
② 在前項之情形，因第一審之暫先繳納裁判之執行所得的金額，超過在第二審之暫先繳納裁判上，所命令繳納之金額時，該超過金額應返還之。

第493条（仮納付裁判の執行の調整）
① 第一審と第二審とにおいて、仮納付の裁判があつた場合に、第一審の仮納付の裁判について既に執行があつたときは、その執行は、これを第二審の仮納付の裁判で納付を命ぜられた金額の限度において、第二審の仮納付の裁判についての執行とみなす。

② 前項の場合において、第一審の仮納付の裁判の執行によつて得た金額が第二審の仮納付の裁判で納付を命ぜられた金額を超えるときは、その超過額は、これを還付しなければならない。

第494條（暫時繳納執行與本刑執行）
① 已暫先繳納之裁判經執行後，罰金、罰款或追徵之裁判確定時，在該金額之限度內，視為已執行刑罰。
② 在前項之情形，因暫先繳納裁判之執行所得之金額，超過罰金、罰款或追徵之金額時，該超過金額應返還之。

第494条（仮納付裁判の執行と本刑の執行）
① 仮納付の裁判の執行があつた後に、罰金、科料又は追徴の裁判が確定したときは、その金額の限度において刑の執行があつたものとみなす。
② 前項の場合において、仮納付の裁判の執行によつて得た金額が罰金、科料又は追徴の金額を超えるときは、その超過額は、これを還付しなければならない。

第495條（未決羈押日數之法定計算方法）
① 在上訴提起期間中之未決羈押之日數，除上訴聲明後未決羈押日數外，全部算入本刑。
② 聲請上訴後的未決羈押之日數，於下列之情形，全部算入本刑。
　一、檢察官聲請上訴時。
　二、檢察官以外之人聲請上訴之情形，而該上訴審撤銷原判決時。
③ 就依前2項規定所為之計算，未決羈押之1日以刑期1日或金額4千圓折算。
④ 上訴法院撤銷原判決後之未決羈押，準用上訴中之未決羈押日數計算之。

第495条（未決勾留日数敬の法定通算）

① 上訴の提起期間中の未決勾留[2]の日数は、上訴申立後の未決勾留の日数を除き、全部これを本刑に通算する。

② 上訴申立後の未決勾留の日数は、左の場合には、全部これを本刑に通算する。

一　検察官が上訴を申し立てたとき。

二　検察官以外の者が上訴を申し立てた場合においてその上訴審において原判決が破棄されたとき。

③ 前2項の規定による通算については、未決勾留の1日を刑期の1日又は金額の4千円に折算する。

④ 上訴裁判所が原判決を破棄した後の未決勾留は、上訴中の未決勾留日数に準じて、これを通算する。

第496條（沒收物之處分）

沒收物，應由檢察官處分之。

第496条（没収物の処分）

没収物は、検察官がこれを処分しなければならない。

第497條（沒收物之交付）

① 在執行沒收之後3個月以內，有權利之人聲請交還沒收物時，除應毀壞

2　犯罪嫌疑人及被告之羈押合併稱為「未決勾留」（中譯：未決羈押），在有罪判決確定之前，犯罪嫌疑人及被告受無罪推定，因羈押所受身體之拘束，並不是刑罰之執行，而與作為刑罰之拘禁是不同的；但就人身自由受拘束這點而言，卻是類似於刑罰；因而，日本刑法第21條規定，認為得依法院之裁量，將其未決羈押日數之全部或一部是算入刑期；可參見：橫井秀明，《実用版・法律用語の基礎知識》，自由国民社，1996年9月発行，頁343。

或廢棄之物外，檢察官應交還該沒收物。

② 已處分沒收物之後，有提起前項聲請之情形，檢察官應交付因拍賣所得之價金。

第497条（没収物の交付）

① 没収を執行した後3箇月以内に、権利を有する者が没収物の交付を請求したときは、検察官は、破壊し、又は廃棄すべき物を除いては、これを交付しなければならない。

② 没収物を処分した後前項の請求があつた場合には、検察官は、公売によつて得た代価を交付しなければならない。

第498條（偽造、變造部分之標示）

① 在返還偽造或變造之物的情形，應在該物上標示偽造或變造之部分。

② 偽造或變造之物尚未被扣押時，應命其提出，並進行前項規定之程序。但該物屬於公務機關時，應將偽造或變造之部分通知公務機關，並命其作出適當之處分。

第498条（偽造・変造部分の表示）

① 偽造し、又は変造された物を返還する場合には、偽造又は変造の部分をその物に表示しなければならない。

② 偽造し、又は変造された物が押収されていないときは、これを提出させて、前項に規定する手続をしなければならない。但し、その物が公務所に属するときは、偽造又は変造の部分を公務所に通知して相当な処分をさせなければならない。

第498條之2（電磁紀錄之消除等處分）

① 在返還或交付涉及不法製作之電磁紀錄或被沒收之電磁紀錄的影音儲存裝置之情形，應將該電磁紀錄消除或作出設法該電磁紀錄不被不法利用

之處分。

② 在涉及不法製作之電磁紀錄的影音儲存裝置屬於公務機關之情形，涉及該電磁紀錄之影音儲存裝置尚未被扣押時，應將不正製作之部分通知公務機關，並命其作出適當之處分。

第498条の2（電磁的記録の消去等）

① 不正に作られた電磁的記録又は没収された電磁的記録に係る記録媒体を返還し、又は交付する場合には、当該電磁的記録を消去し、又は当該電磁的記録が不正に利用されないようにする処分をしなければならない。

② 不正に作られた電磁的記録に係る記録媒体が公務所に属する場合において、当該電磁的記録に係る記録媒体が押収されていないときは、不正に作られた部分を公務所に通知して相当な処分をさせなければならない。

第499條（不能返還與公告）

① 因應受發還扣押物之人所在不明，或因其他事由致不能發還之情形，檢察官應將該意旨依政令所規定之方法，公告之。

② 即將要依第222條第1項所準用之第123條第1項、第124條第1項規定，或依第220條第2項規定，將扣押物發還時，亦與前項規定相同。在此情形，同項中所稱「檢察官」改為「檢察官或司法警察」。

③ 從作出依前2項所規定的公告之日起6個月以內，無人聲請發還時，該物歸屬於國庫。

④ 雖在前項之期間內，對無價值之物，亦得廢棄之；不便保管之物，得拍賣之，並保管其價金。

第499条（還付不能と公告）

① 押収物の還付を受けるべき者の所在が判らないため、又はその他の事由によつて、その物を還付することができない場合には、検察官は、

その旨を政令で定める方法によつて公告しなければならない。

② 第222条第1項において準用する第123条第1項若しくは第124条第1項の規定又は第220条第2項の規定により押収物を還付しようとするときも、前項と同様とする。この場合において、同項中「検察官」とあるのは、「検察官又は司法警察員」とする。

③ 前2項の規定による公告をした日から6箇月以内に還付の請求がないときは、その物は、国庫に帰属する。

④ 前項の期間内でも、価値のない物は、これを廃棄し、保管に不便な物は、これを公売してその代価を保管することができる。

第499條之2（準用規定）

① 前條第1項之規定，關於依第123條第3項所規定之交付或複製；前條第2項之規定，關於在第220條第2項及第222條第1項中，準用依第123條第3項所規定之交付或複製，各自準用之。

② 從作出依據在前項中，準用之前條第1項或第2項所規定的公告之日起算6個月以內，無人聲請前項之交付或複製時，則無須命其作出交付或複製。

第499条の2（準用規定）

① 前条第1項の規定は第123条第3項の規定による交付又は複写について、前条第2項の規定は第220条第2項及び第222条第1項において準用する第123条第3項の規定による交付又は複写について、それぞれ準用する。

② 前項において準用する前条第1項又は第2項の規定による公告をした日から6箇月以内に前項の交付又は複写の請求がないときは、その交付をし、又は複写をさせることを要しない。

第500條（聲請免除執行訴訟費用）

① 被命負擔訴訟費用之人，因貧困而無法繳納時，得依法院規則所規定，就訴訟費用之全部或一部，提出聲請免除裁判之執行。
② 前項之聲請，應命負擔訴訟費用之裁判確定之後20日以內，提出之。

第500条（訴訟費用執行免除の申立て）

① 訴訟費用の負担を命ぜられた者は、貧困のためこれを完納することができないときは、裁判所の規則の定めるところにより、訴訟費用の全部又は一部について、その裁判の執行の免除の申立をすることができる。
② 前項の申立は、訴訟費用の負担を命ずる裁判が確定した後20日以内にこれをしなければならない。

第500條之2（訴訟費用概算金額之預繳）

被告或犯罪嫌疑人，得向檢察官提出預納訴訟費用之概算金額。

第500条の2（訴訟費用の概算額の予納）

被告人又は被疑者は、検察官に訴訟費用の概算額の予納をすることができる。

第500條之3（執行裁判訴訟費用）

① 檢察官在執行訴訟費用裁判之情形，有依前條所規定之預先繳納金額時，從該預納金額中，扣除相當該訴訟費用額度之金額，將該金額充作該訴訟費用之繳納。
② 依前項之規定，從預納金額扣除相當訴訟費用額度之金額後，尚有殘餘時，該殘餘之金額，依繳納人之聲請發還之。

第500条の3（訴訟費用の裁判の執行）

① 検察官は、訴訟費用の裁判を執行する場合において、前条の規定による予納がされた金額があるときは、その予納がされた金額から当該訴訟費用の額に相当する金額を控除し、当該金額を当該訴訟費用の納付に充てる。

② 前項の規定により予納がされた金額から訴訟費用の額に相当する金額を控除して残余があるときは、その残余の額は、その予納をした者の請求により返還する。

第500條之4（預納金額之發還）

符合下列各款情形之一，依第500條之2所規定已預納之金額，依繳納人之聲請，發還之：

一、依第38條之2規定辯護人之選任失其效力時。

二、在訴訟程序終結之情形，未進行命被告負擔訴訟費用之裁判時。

三、被命負擔訴訟費用之人，關於訴訟費用之全部，已受免除裁判之執行時。

第500条の4（予納金額の返還）

次の各号のいずれかに該当する場合には、第500条の2の規定による予納がされた金額は、その予納をした者の請求により返還する。

一　第38条の2の規定により弁護人の選任が効力を失つたとき。

二　訴訟手続が終了する場合において、被告人に訴訟費用の負担を命ずる裁判がなされなかつたとき。

三　訴訟費用の負担を命ぜられた者が、訴訟費用の全部について、その裁判の執行の免除を受けたとき。

第501條（請求解釋裁判之聲請）

受刑之宣告之人，就裁判之解釋有疑義時，得向作出宣判之法院，提出請

求解釋裁判之聲請。

第501条（裁判の解釈を求める申立て）
刑の言渡を受けた者は、裁判の解釈について疑があるときは、言渡をした裁判所に裁判の解釈を求める申立をすることができる。

第502條（關於執行異議之聲請）
受裁判之執行之人或其法定代理人或輔佐人，關於執行，認為檢察官所作之處分不當時，得向作出宣判之法院，提出聲請異議。

第502条（執行に関する異議の申立て）
裁判の執行を受ける者又はその法定代理人若しくは保佐人は、執行に関し検察官のした処分を不当とするときは、言渡をした裁判所に異議の申立をすることができる。

第503條（聲請之撤回）
① 第500條及前第2條之聲請，得在作出裁定之前撤回之。
② 第366條之規定，關於第500條及前2條之聲請及其撤回，準用之。

第503条（申立ての取下げ）
① 第500条及び前2条の申立ては、決定があるまでこれを取り下げることができる。
② 第366条の規定は、第500条及び前2条の申立て及びその取下げについてこれを準用する。

第504條（即時抗告）
對於就第500條、第501條及第502條之聲請，所作的裁定，得提起即時抗

告。

第504条（即時抗告）
第500条、第501条及び第502条の申立てについてした決定に対しては、即時抗告をすることができる。

第505條（勞役場留置之執行）
關於無法繳納罰金或罰款之情形中的勞役場留置之執行，準用關於刑之執行之規定。

第505条（労役場留置の執行）
罰金又は科料を完納することができない場合における労役場留置の執行については、刑の執行に関する規定を準用する。

第506條（執行費用之負擔）
第490條第1項裁判之執行費用，如由受執行之人負擔，應依照有關民事執行法及其他強制執行程序之法令規定，於與執行同時，徵收之。

第506条（執行費用の負担）
第490条第1項の裁判の執行の費用は、執行を受ける者の負担とし、民事執行法その他強制執行の手続に関する法令の規定に従い、執行と同時にこれを取り立てなければならない。

第507條（向公務機關等之照會）
檢察官、法院或法官，關於裁判之執行，認為有必要時，得照會公務機關或公私立團體，並要求其作必要事項之報告。

第507条（公務所等への照会）

検察官又は裁判所若しくは裁判官は、裁判の執行に関して必要があると認めるときは、公務所又は公私の団体に照会して必要な事項の報告を求めることができる。

人生不可能永遠處在下坡、低潮、淺處。

參考文獻

壹、中文文獻

一、專書（依姓氏字劃）

· 李春福，刑事訴訟法論，新學林出版公司，2017年9月初版。
· 李春福，非常上訴制度之研究，承法數位公司，2014年4月初版。
· 朱學瑛・張弘昌・劉河山・蔡甄漪等譯，日本刑事訴訟法暨刑事訴訟規則，法務部編印，2016年6月初版。
· 宋英輝譯，日本刑事訴訟法，中國政法大學出版社，2000年1月初版。
· 蔡墩銘譯，德日刑事訴訟法，五南圖書有限公司，民國82年7月初版。

二、期刊

· 李春福，〈檢訊筆錄與傳聞證據─以日本法制之運作為中心〉，東吳學報第25卷第4期（2014年4月）。
· 李春福，〈刑事再審制度之過去、現在與未來〉，法令月刊第67卷12期（2016年12月）。
· 李春福，〈臺灣日治時期刑事訴訟近代化之探討〉，興大法學第21期2017年5月。
· 李春福，〈論不利益變更禁止原則－兼評非常上訴制度〉，東吳學報第28卷第3期（2017年1月）。
· 李春福，〈一事不再理之探討〉，高大法學論叢，2019年9月（15卷第1期）。

貳、日文文獻

一、專書（依姓氏字劃）

· 三井誠・河原俊也・上野友慈・岡慎一編，《新基本法コンメンタール刑事訴訟》，日本評論社，平成30年（2018）2月三版=三井誠ほか編，《刑事訴訟法：三版》。

- 松尾浩也（1928-2017）監修，編集代表：松本時夫、土本武司、池田修、酒卷匡，《条解刑事訴訟法》，弘文堂，平成30（2018）年9月四版＝松本時夫、土本武司ほか編，《条解刑事訴訟法：四版》。
- 伊丹俊彦、合田悦三編集代表，編集委員上富 敏伸、加藤 俊治、河本雅也、吉村典晃，《逐条実務刑事訴訟法》，立花書坊，平成30（2018）年11月第1刷＝伊丹俊彦、合田悦三ほか編，《逐条実務刑事訴訟法》。
- 三井誠，《判例教材：刑事訴訟法》，東京大學出版社，2008年5月三版。
- 小野清一郎ほか，《ポケツト註釋刑事訴訟法：下卷》，有斐閣，昭和61年1月初版。
- 大久保泰甫，《日本近代法の父—ボワソナアド》，岩波書店，1977年12月初版。
- 大久保隆志，《刑事訴訟法》，新世社，2014年4月初版。
- 土本武司，《刑事訴訟法要義》，有斐閣，平成3年4月初版。
- 上口裕，《刑事訴訟法》，成文堂，2013年10月三版。
- 上口裕，《刑事訴訟法》，成文堂，2015年2月四版。
- 川端博、田口守一，《基本問題セミナー刑事訴訟法》，一粒米，1994年11月初版。
- 川崎英明，《刑事再審と証拠構造論の展開》，日本評論社，2003年5月初版。
- 川出敏裕，《刑事訴訟法（捜査、證據篇）》，立花書房，平成28年4月初版。
- 川出敏裕，《刑事訴訟法（公訴提起、公判、裁判篇）》，立花書坊，平成31年2月二刷。
- 山田晟，《ドイツ法概論》，有斐閣，平成2年5月三版。
- 平野龍一，〈非常上告〉，《刑事訴訟法講座：6卷》，有斐閣，昭和30年3月再版。
- 平出禾，《法律實務講座：12卷》，有斐閣，昭和32年9月初版。
- 平出禾，《綜合判例研究叢書：刑事訴訟法(14)》，昭和38年4月初版。

‧ 平野龍一，刑事訴訟法（法律學全集），有斐閣，昭和33年1月初版。
‧ 平野龍一，《刑事訴訟法》，有斐閣，1958年12月初版。
‧ 平野龍一，《刑事法研究‧最終卷》，有斐閣，2005年7月發売。
‧ 平場安治，《改訂刑事訴訟法講義》，有斐閣，昭和30年1月改訂再版。
‧ 平場安治、高田卓爾，《注解刑事訴訟法：下卷》，青林書院，平成元年2月新版。
‧ 山中永之佑，《新日本近代法論》，法律文化社，2002年7月初版。
‧ 安富潔，《刑事訴訟法》，三省堂，2013年6月二版。
‧ 安富潔，《刑事訴訟法》，慶應義塾大學出版社，2017年4月四版。
‧ 石井一正，《刑事控訴審の理論と實務》，判例タイムズ社，2010年5月版。
‧ 石井良助，《日本刑事法史》，創文社，昭和61年2月初版。
‧ 井ケ田良治等編，《日本近代法史》，京都、法律文化社，1982年版。
‧ 井戶田侃，《刑事訴訟法要說》，有斐閣，1993年3月版。
‧ 井上正仁，《強制搜查と任意搜查》，有斐閣，2014年12月新版。
‧ 井上正仁，〈強制処分与任意処分の限界〉，《刑事訴訟法判例百選：第8版》，有斐閣，2005年3月。
‧ 松尾浩也，《刑事訴訟法判例百選》，有斐閣，2011年4月九版。
‧ 井上正仁、大澤裕，川出敏裕編，《刑事訴訟法判例百選：第10版》，有斐閣，2017年5月發行。
‧ 加藤克佳，〈被疑者と弁護人の接見交通〉，《刑事訴訟法の争点‧ジュリスト增刊》，有斐閣，2013年12月20日發行。
‧ 古田正武，《刑事訴訟法綱要》，松華堂書店，昭和2年10月發行。
‧ 古江賴隆，《事例演習刑事訴訟法》，有斐閣，2011年2月初版。
‧ 田宮裕，《刑事訴訟とデュー‧プロセス》，有斐閣，1972年3月初版。
‧ 田宮裕，《刑事訴訟法》，有斐閣，1998年12月七版。
‧ 田口守一，《刑事訴訟の目的》，成文堂，2010年12月增補版。
‧ 田口守一，《刑事訴訟法》，弘文堂，2017年4月七版。

- 田島信威，法令用語の基礎知識，株式会社ぎょうせい，昭和59年9月初版。
- 白取祐司，《刑事訴訟法》，日本評論社，2017年3月九版。
- 出射義夫，《検察・裁判・弁護》，有斐閣，1973年6月初版。
- 吉井蒼生夫，《近代日本の國家形成と法》，日本評論社，1996年1月初版。
- 光藤景皎，《刑事訴訟法講座：3卷》，有斐閣，昭和44年7月初版。
- 池田修、前田雅英，《刑事訴訟法講義》，東京大学出版会，2012年2月四版。
- 河上古稀，《河上和雄先生古稀祝賀論文集》，青林書院，2003年12月初版。
- 河上和雄ほか編，《大コンメンタール刑事訴訟法：1卷》，青林書院，2013年2月二版。
- 河上和雄、中山善房ほか編，《大コンメンタール刑事訴訟法：5卷》，青林書院，2013年2月二版。
- 河上和雄ほか編，《大コンメンタール刑事訴訟法：7卷》，《刑事訴訟法》，青林書院，2012年10月二版。
- 河上和雄ほか編，《大コンメンタール刑事訴訟法：9卷》，青林書院，2012年2月二版。
- 河上和雄ほか編，《大コンメンタール刑事訴訟法：10卷》，青林書院，2013年9月二版。
- 米山耕二，〈犯罪捜査と写真撮影〉，《刑事訴訟法の理論と実務—施行30年の総檢討》，判例タイムズ社，1980年10月発行。
- 江家義男，《刑事証拠法の基礎理論》，有斐閣，昭和27年4月三版。
- 佐藤博史，〈再審請求における証拠の明白性判断—限定的再評価と全面的再評価〉，《河上和雄先生古稀祝賀論文集》，青林書院，2003年12月初版。
- 臼井滋夫，《註釋刑事訴訟法：4卷》，立花書房，昭和57年3月初版。
- 伊達秋雄，《刑事訴訟法講話》，日本評論社，昭和34年1月版。
- 松尾浩也，《刑事訴訟法：上卷》，弘文堂，1999年11月新版。

· 松尾浩也，《刑事訴訟法：下卷》，弘文堂，平成11年3月新版。
· 松尾浩也，〈刑事訴訟の課題〉，ジュリスト刑事訴訟法の争点，有斐閣，2002年4月三版。
· 岩村等，《入門日本近代法制史》，ナカニシヤ出版，2003年初版。
· 岸盛一，《刑事訴訟法要義》，広文堂，昭和36年8月版。
· 青柳文雄，《刑事訴訟法通論：下卷》，立花書房，昭和51年5月五版。
· 青柳文雄等編，《註訳刑事訴訟法：4卷》，立花書房，平成2年7月初版。
· 栗田知穂，《エクササイズ刑事訴訟法》，有斐閣，2016年3月初版。
· 兼子一、竹下守夫，《裁判法》，有斐閣，平成6年3月三版。
· 重松一義，《日本刑罰史年表》，東京柏書房，2007年7月初版。
· 柏木千秋，《刑事訴訟法》，有斐閣，1970年3月初版。
· 酒卷匡，《刑事証據開示の理論と実務》，判例タイズ社，2009年11月初版。
· 能勢弘之等編，《刑事訴訟法講義》，青林書院，1984年6月初版。
· 高田卓爾，《刑事訴訟法》，青林書院，1984年2月二版。
· 高田卓爾，《注解刑事訴訟法：下卷》，青林書院，平成元年2月新版。
· 堀田正忠，《治罪法要論》（日本立法資料全集－別卷165），信山社，明治18年刊（平成12年復刻版）。
· 渥美東洋，《刑事訴訟法》，有斐閣，2001年3月新版補訂。
· 《臺灣六法－復刻版》，東京綠蔭書房，1999年2月初版。
· 鈴木茂嗣，《刑事訴訟法》，青林書院，平成2年2月改訂版。
· 椎橋隆幸，《刑事訴訟法の理論的展開》，信山社，2010年8月初版。
· 渡辺直行，《刑事訴訟法》，成文堂，2011年3月補訂版。
· 横井秀明，《実用版・法律用語の基礎知識》，自由国民社，1996年9月最新版発行。
· 増井清彦，《刑事證據法》，立花書房，平成4年6月初版。
· 團藤重光，《新刑事訴訟法綱要》，創文社，昭和59年3月七版。

・團藤重光，《条解刑事訴訟法：上卷》，弘文堂，1950年4月初版（下卷は未刊行）。

・鴨良弼等ほか編，《刑事再審之研究》，成文堂，1980年10月版。

・G.スツテフアニ、G.ルウアスール、B.ブーロック著，澤登佳人、澤登俊雄、新倉修譯，《フランス刑事法》，成文堂，昭和57年12月版。

二、期刊（依姓氏字劃）

・川出敏裕，〈少年保護手続と不利益変更禁止の原則〉，研修（法総研）595號（1998）。

・平野龍一，「参審制の採用による『核心司法』を」ジュリスト1148号（1999年）。

・出射義夫，〈任意、実力、強制〉，有斐閣，ジュリスト65号，1954年9月。

・松尾浩也，〈刑事司法の日本的特色—いわゆるモデル論とも関連して—〉，法曹時報46巻7号（1994年）。

・酒巻匡，〈刑事訴訟法等の改正—新時代の刑事司法制度（その1）〉，法学教室2016年10号（第433号），有斐閣。

・筑間正泰，〈非常上告の沿革とその問題点(一)〉，《政経論叢》，第22巻第3.4号，1972年。

參、工具書（依姓氏字劃）

・日文電子辞書（CASIO XD-A6800），広辞苑、明鏡国語、日中辞典等。

・グループ・ジャマシイ（日）編著，徐一平（代表）等譯，《日本語句型辞典》，東京・くろしお出版，2001年10月出版。

・申泰海、趙基天、王笑峰，《詳解日語語法辭典》，鴻儒堂出版社，1996年7月版。

・肖厚國，《日語形式名詞與句型詳解》，華東理工大學出版社，2009年3月初版。

· 李濯凡，《日語句型例解活用辞典》，清華大學出版社，2003年1月初版。
· 泉原省二，《日本語類義表現使い分け辞典（下）》，致良出版社，2009年5月初版。
· 陳伯陶，《新時代日漢辭典》，大新書局，1992年1月版。
· 劉元孝主編，《簡明日華辭典》，永大出版社，1997年5月初版。

肆、網路資源

· 我國司法院網站：https://law.judicial.gov.tw/default.aspx
· 日本法務省網站：https://elaws.e-gov.go.jp/search/elawsSearch/elaws_search/lsg0500/detail?lawId=323AC0000000131
· 日本最高裁判所網站：https://www.courts.go.jp/saikosai/index.html
· 日本維基百科：https://ja.wikipedia.org/wiki/非常上告

事要藏住，才是格局；氣要沈住，方有本事。

國家圖書館出版品預行編目資料

日本刑事訴訟法之翻譯與實務略述／李春福
著. ――初版.――臺北市：五南，2020.08
　　面；　公分
ISBN 978-986-522-210-9（平裝）

1.刑事訴訟法　2.日本

586.931/2　　　　　　　109012631

1T87

日本刑事訴訟法之翻譯與實務略述

作　　　者 ― 李春福（86.9）

發 行 人 ― 楊榮川

總 經 理 ― 楊士清

總 編 輯 ― 楊秀麗

副總編輯 ― 劉靜芬

校對編輯 ― 呂伊真

封面設計 ― 姚孝慈

出 版 者 ― 五南圖書出版股份有限公司

地　　　址：106台北市大安區和平東路二段339號4樓

電　　　話：(02)2705-5066　傳　　真：(02)2706-6100

網　　　址：http://www.wunan.com.tw

電子郵件：wunan@wunan.com.tw

劃撥帳號：01068953

戶　　　名：五南圖書出版股份有限公司

法律顧問　林勝安律師事務所　林勝安律師

出版日期　2020年 8 月初版一刷

定　　　價　新臺幣500元